辉煌十年
有色巨变

中国有色金属工业协会　主编　◆

北　京

冶　金　工　业　出　版　社

2023

图书在版编目(CIP)数据

辉煌十年有色巨变/中国有色金属工业协会主编 . —北京：冶金工业
出版社，2023.3

ISBN 978-7-5024-9421-6

Ⅰ.①辉… Ⅱ.①中… Ⅲ.①有色金属冶金—冶金工业—概况—中国
Ⅳ.①F426.32

中国国家版本馆 CIP 数据核字(2023)第 038108 号

辉煌十年有色巨变

出版发行	冶金工业出版社	电　　话	(010)64027926
地　　址	北京市东城区嵩祝院北巷 39 号	邮　　编	100009
网　　址	www.mip1953.com	电子信箱	service@ mip1953.com

责任编辑　郭雅欣　张熙莹　美术编辑　彭子赫　版式设计　孙跃红
责任校对　王永欣　责任印制　禹　蕊

北京捷迅佳彩印刷有限公司印刷

2023 年 3 月第 1 版，2023 年 3 月第 1 次印刷

787mm×1092mm　1/16；20.25 印张；490 千字；314 页

定价 298.00 元

投稿电话　(010)64027932　投稿信箱　tougao@cnmip.com.cn
营销中心电话　(010)64044283
冶金工业出版社天猫旗舰店　yjgycbs.tmall.com
(本书如有印装质量问题，本社营销中心负责退换)

本书编委会

领导小组：

组　　长　葛红林

成　　员　范顺科　贾明星　王　健　段德炳

　　　　　朱景兵　陈学森

编　　委（按姓氏笔画排序）：

　　　　　王吉位　刘京青　安仲生　许　允

　　　　　李　璇　李秋香　宋　爽　张　龙

　　　　　张　弦　张湘斌　定　律　封云聪

　　　　　胡长平　胡德勇　段绍甫　莫欣达

　　　　　曹祥汉　彭　勃　彭　涛

编　　辑：叶　倩　付　宇　李开颜　郭沛宇

前　　言

　　党的十八大以来，我国有色金属行业以习近平新时代中国特色社会主义思想为指导，坚决贯彻落实党中央、国务院有关决策部署，沉着应对风险挑战和百年变局，踔厉奋发，笃行不怠，在向"有色强国"加速转变进程中，为铸就"制造强国"彰显了"有色"担当；在中华民族伟大复兴的历史征程上，交出了一份具有里程碑意义的时代答卷。

　　十年来，行业围绕支撑和保障发展，铸就实体经济重要"底盘"。面对世界百年未有之大变局，我国经济发展进入新常态，行业发展经历了市场价格断崖式下跌、中美贸易战、新冠肺炎疫情影响等一系列冲击，全行业积极应对风险挑战，总体保持了稳中求进、又好又快的发展态势，不仅满足了国内制造业需求，而且为国家重大工程、国防科技工业、战略新兴产业发展提供了坚实支撑和保障，是我国实体经济名副其实的重要"底盘"。

　　十年来，行业围绕供给侧结构性改革，产业结构持续优化。电解铝4500万吨产能"天花板"已经形成，产能向水电、风电等清洁能源丰富的地区有序转移。一批缺乏竞争力的产能退出市场，一批具有特色的新型工业化产业基地迅速崛起，构建了纵向不断延长、横向不断壮大的强大产业链。兼并重组稳步推进，中铝重组云冶集团、整合成立中国稀土集团，进一步重塑了行业发展新格局。

　　十年来，行业围绕提质增效瘦身健体，发展质量全面提升。面对国内外环境变化，全行业突出高质量发展导向，在做好"加减乘除"方面下功夫，发展效益明显提升。2021年，行业规模以上企业实现利润3508亿元，是2012年的2.1倍。去杠杆取得重要进展，行业标准质量体系不断健全完善，质量品牌建设取得丰硕成果。

　　十年来，行业围绕清洁生产节能减排，绿色发展成效显著。在产量逐年增加的情况下，行业工业废水、废气中砷、铅、汞、铜等重金属排放量显著降低。建成国家级"绿色矿山"163座、"绿色工厂"120家。冶炼能耗水平明显下降，清洁能源使用比重稳步提升，一批消纳光伏、风电的微电网、局域电网正在加紧建设，将进一步改善行业用能结构。

　　十年来，行业围绕创新驱动内生增长，科技赋能高质量发展。新技术大量涌现，新业态加快塑造，行业重点骨干企业主体生产工艺技术达到国际先进水平，产业技术创新能力不断增强，一批重大科技成果获国家表彰，一批铜、铝、钛、镁等加工技术取得新的突破，部分尖端产品满足国家重大战略工程需要；新能源材料正成为产业发展的重要增长极，在全球供应链中占据主导地位。

十年来，行业围绕积极践行"一带一路"倡议，国际合作硕果累累。刚果（金）和赞比亚的铜钴资源项目、几内亚铝土矿项目、印尼镍资源项目、秘鲁铜资源项目、澳大利亚锂和铅锌资源项目等一批重大项目相继开工运营，达产达标，既稳定了资源供给，又推动了所在国的经济社会发展。特别是近年来，契合新能源产业快速发展机遇，新能矿产发展步入高速发展新赛道。

十年来，行业企业不断壮大自身实力，国际地位明显提升。2021 年，我国铜、铝、铅、锌冶炼产品产量分别占到全球的 42%、56%、41% 和 45%，比重明显提高。行业 50 强企业平均资产总额、营收、净利润分别是 2012 年的 2.2倍、2.9 倍和 8.2 倍。一批企业的生产经营规模进入世界前列，2021 年世界 500强企业中，9 家有色金属企业入榜，比 2012 年增加 7 家。中国已经成为推动世界有色金属工业发展的重要力量。奋进十载，我国有色金属工业已经迈向高质量发展阶段，产业发展质量和效益同步提升，在全球竞争中的地位明显增强。再干十载，我国有色金属工业必将持续增强资源保障力、技术引导力、市场影响力和文化感召力，将我国建设成为世界有色金属强国。

站在新起点上，我国有色金属工业要更加紧密地团结在以习近平同志为核心的党中央周围，以习近平新时代中国特色社会主义思想为指导，把思想和行动统一到党的二十大精神和党中央关于有色金属行业的决策部署和重要指示精神上来，牢牢把握新时代新征程的使命任务，做铸就有色金属强国的奋斗者、实干家、追梦人，成为中国式现代化的重要参与者、有力推动者和坚定实践者。

以集纳成书的方式记录有色金属行业的非凡十年，是一个很好的方式。《中国有色金属报》的编辑记者们，以金属品种和典型企业为脉络，用一组组鲜活数据和一个个动人故事记载了有色十年非凡"蝶变"，展现了有色人敢为人先、奋勇拼搏的进取精神。期待书中讲述的有色故事，激励有色同仁笃定前行，接续奋斗，以更加优异的成绩，谱写有色金属更加辉煌的新篇章。

萧红林

2022 年 10 月

目　　录

奋进新时代

　　有色金属作为国民经济中重要的基础原材料，是支撑经济发展和国防科技事业的重要力量，也是建设制造业强国、提升高新技术产业的重点领域。经过多年的发展，特别是近10年来的发展，中国已发展成为世界有色金属工业生产、消费和贸易第一大国。中国有色金属工业目前已经形成门类齐全、体系完整、规模宏大、结构优化的产业体系和生产能力，为促进我国经济社会发展及世界有色金属工业进步作出了重要贡献。

　　2013年2月5日，习近平总书记到金川集团兰州科技园调研考察时强调："实施创新驱动发展战略，是加快转变经济发展方式、提高我国综合国力和国际竞争力的必然要求和战略举措，必须紧紧抓住科技创新这个核心和培养造就创新型人才这个关键，瞄准世界科技前沿领域，不断提高企业自主创新能力和竞争力。"①

　　2016年6月3日，在国家"十二五"科技创新成就展上，习近平总书记来到由宝钛集团研制的4500米载人球舱前，亲手抚摸了球舱表面，手指停留在一颗螺钉上，语重心长地说："这上面的每一个零部件，都不容易啊。"②

　　2017年4月20日，习近平总书记到南南铝加工有限公司考察时指示："国有企业要做落实新发展理念的排头兵、做创新驱动发展的排头兵、做实施国家重大战略的排头兵。"③

　　2018年4月12日，习近平总书记在海南考察中国科学院深海科学与工程研究所时，与"深海勇士"号的研究技术人员进行了交流互动。在介绍到4500米载人潜水器球壳项目组组长、宝钛股份总经理贾栓孝时，习近平总书记说："宝钛不错，我知道。"④

　　2018年6月6日，习近平总书记在关于中铝集团将党建与业务深度融合，促进企业起死回生、扭亏脱困的有关报告上作出重要批示。⑤

　　2018年9月27日，习近平总书记在辽宁考察时指出："党中央历来支持和鼓励民营企业发展，党的十八大以来，党中央出台了一系列扶持民营经济发展的改革举措，民营企业要坚定信心。要坚持'两个毫不动摇'，为民营企业发展营造良好的法治环境和营商环境，依法保护民营企业权益，鼓励、支持、引导非公有制经济继续发展壮大。""民营企业要进一步弘扬企业家精神、工匠精神，抓住主业，心无旁骛，力争做出更多的一流产品，发展一流的产业，为实现'两个一百年'目标作出新的贡献。"⑥

　　2019年5月20日，习近平总书记到江西金力永磁科技股份有限公司考察后，在会议

---

　　① 2013年2月5日新华网新闻《习近平春节前夕赴甘肃看望各族干部群众》。

　　② 2016年6月3日新华社新闻《习近平 李克强等参观国家"十二五"科技创新成就展》。

　　③ 2017年4月24日新华网新闻《布局广西发展，习近平提出4个"下功夫"》。

　　④ 2018年4月13日中央电视台《新闻联播》。

　　⑤ 2021年10月21日《中国有色金属报》刊登文章《以高质量党建引领高质量发展——中铝集团贯彻落实全国国企党建会精神综述》。

　　⑥ 2018年9月27日新华网新闻《习近平：党中央毫不动摇地支持民营经济发展》。

上强调："稀土是重要的战略资源，也是不可再生资源。要加大科技创新工作力度，不断提高开发利用的技术水平，延伸产业链，提高附加值，加强项目环境保护，实现绿色发展、可持续发展。"①

蓝图已经绘就，画卷徐徐展开。

认真学习贯彻习近平总书记对有色金属工业的嘱托，有色金属工业紧扣时代的脉搏，坚决贯彻总书记提出的实施创新驱动发展战略，紧紧抓住新一轮科技革命和产业变革的机遇，用科技创新引领行业发展，正昂首阔步走在建设高质量发展的有色强国之路上，不负习近平总书记对有色金属工业的嘱托。

让我们跟随总书记考察调研的足迹，回顾有色金属工业 10 年发展的历程，生动展现广大企业深入贯彻落实习近平经济思想和党中央决策部署，在高质量发展之路上奋勇前行的积极成效，激励广大干部群众满怀信心、团结奋斗，以实际行动贯彻落实党的二十大精神。

苗壮成长　规模更大

回眸历史，我国有色金属工业经过了艰苦奋斗、不断探索、深化改革、扩大开放、勇于创新、协同攻关等发展历程，取得了从无到有、由小到大、由弱变强的非凡业绩。据中国有色金属工业协会统计，2021 年，我国有色金属生产保持平稳增长，10 种常用有色金属产量突破 6000 万吨大关，达到 6454.3 万吨，同比增长 4.7%，占全球主要有色金属的比重稳定在 50% 以上，在全球有色金属总量规模方面领先优势十分突出；规模以上有色金属企业实现利润 3644.8 亿元，创历史新高，固定资产投资维持正增长，国际竞争力持续提升，推动世界有色金属工业发展的作用进一步显现。

党的十八大以来的这 10 年，有色行业紧紧抓住供给侧结构性改革这条主线，坚定不移地推进"三去、一降、一补"，做好"加减乘除"的同时，堵住"出血点"、发掘"盈利点"，产业竞争力和影响力迈上新台阶；全行业依法全面从严治党，为建设有色金属工业强国提供了有力精神引领和制度保障……一组组亮眼的数字、一项项重大的改革、一次次高光的时刻，有色金属行业以优异的成绩为有色金属工业发展史书写了浓墨重彩的一笔。

这 10 年，新旧动能转换已成为推动产业发展的新动力。到"十三五"时期，有色金属工业由低端向高端、由高速向高质量转型取得了初步成效。有色金属行业在产业综合实力方面成就显著，国内有色金属企业的国际地位显著提升。2019 年，在世界 500 强企业中，中国有色金属企业占 8 家；在全球精炼铜前 10 位企业排名中，中国占据了 5 家，其中，江西铜业位居榜首；全球 10 大电解铝企业，中国占据 5 家，其中，中铝集团和山东魏桥集团位居前两位。这 10 年，有色金属行业以科技创新引领产业全面升级。有色金属企业通过产学研技术攻关，在引进、消化、吸收基础上实现了自主创新，成功研发出一批共性关键技术，并应用生产，迅速实现产业升级。近年来，有色金属行业加强了基础研究，在原始创新和协同创新方面取得了重大技术突破，其中，电解铝技术最为显著。近年

---

① 2019 年 5 月 22 日新华社新闻《习近平在江西考察并主持召开推动中部地区崛起工作座谈会》。

来，开发的 600 千安超大型铝电解技术，属世界首创、国际领先；自主研发的 300 千安及以上大型铝电解技术早已输出国外，在伊朗、印度、越南、哈萨克斯坦等国建厂，并取得了良好业绩；自主研发的悬浮铜冶炼、氧气底吹、双底吹和"两步"炼铜技术达到世界先进水平；自主生产的高端铝材、镁材和钛合金材已应用于航空、汽车、高速铁路等；超粗、超细、超纯均质硬质合金，核电锆铪材料及其他稀有金属加工材，在替代进口上，取得了重大进展。

我国成功研制出的重型运载火箭用直径 10 米级铝合金环件

这 10 年，我国有色金属行业实现了工艺技术装备的整体升级换代和生产的大型化、自动化、现代化。有色金属企业实现了从跟跑向并跑到领跑的跨越，形成了一大批具有国际领先水平、拥有自主知识产权的专有关键核心技术，取得了一大批优秀科研成果。上可九天揽月，下可五洋捉鳖。涉及战略性产业和高新技术产业的有色金属行业，不仅本身许多领域属于战略性新兴产业，且其战略地位和产业优势对一些战略性新兴产业的发展也具有越来越重要的引领和促进作用。一是加快高端材料的进口替代，不断提升关键铝合金材料自主可控能力，为嫦娥四号、长征五号、北斗导航等重点工程及新一代战机、国产航母等重大装备提供材料保障；二是一批民用飞机、汽车用铝板带项目建成投产，支持了大飞机、铝结构汽车等高端制造业的发展；三是铸轧法铜管生产技术提升，单根铸坯突破 32 米，质量达 1.6 吨；四是"全深载人潜水器用钛合金载人舱研制"为中国载人深潜装备制造提供了关键材料支撑；五是多晶硅、动力电池材料的发展，为光伏、动力电池产业发展提供了新动能。2021 年 10 月 16 日凌晨，搭载神舟十三号载人飞船的长征二号 F 遥十三运载火箭在酒泉卫星发射中心按照预定时间精准点火发射，顺利将 3 名航天员送入太空。"中铝造"在服务国家战略中发挥了中流砥柱的作用，东北轻合金责任有限公司、西南铝业（集团）有限责任公司、西北铝业有限责任公司为我国航天事业所需材料提供了保障。2016 年，由陕西有色集团下属宝钛集团研制的 4500 米深潜器钛合金载人球舱得到了习近平总书记的勉励，总书记等国家领导人对宝钛研制的深潜器钛合金载人球舱给予了充分肯定，并提出殷切希望。

这 10 年，有色金属工业扎实践行习近平总书记生态环保理念，绿色发展取得了巨大成就。在上游开发过程中做好绿色开采，打造绿色矿山。近几年来，全面推广"采矿—选矿—充填"和"排土—开采—复垦"一体化有序开采，实现了矿山开采科学化、资源利用无害化、管理信息数字化和矿区社区和谐化。同时，大力推进低品位复杂难选矿产资源的综合利用与选冶尾渣、废水、废气的减量化、无害化与资源化，实现了清洁生产和资源的有效利用。再生金属回收利用是有色金属工业污染控制的重要途径，依托"城市矿产"示范基地，加强再生资源综合利用，为节省原生金属矿产资源、能源，减少污染物排放，保护环境，作出了重要贡献。2020 年，再生铜、再生铝、再生铅、再生锌产量分别为 325 万吨、740 万吨、240 万吨、145 万吨。近年来，有色金属企业率先淘汰了全部落后产能，依靠科技进步，坚持源头减量、过程控制，推动节能减排全面持续开展，主要技术经济指标达到了世界先进水平，电解铝综合交流电耗达到世界领先水平。2010 年，全国电解铝原铝综合交流电耗为 15480 千瓦时/吨，2020 年降为 13543.3 千瓦时/吨，比 2010 年下降 1936.7 千瓦时/吨。

这些成绩的取得既得益于我国经济快速发展带来的巨大机遇，也是政府部门、生产企业、下游企业、科研机构、国际社会团结协作、共同努力的结果。

我国经济社会已进入新的发展阶段，贯彻新发展理念、构建新发展格局，坚持走低碳绿色高质量发展之路是时代赋予有色金属行业的新使命。近年来，国务院办公厅、工信部、国家发改委、生态环境部等部委陆续印发了《关于营造良好市场环境促进有色金属工业调结构促转型增效益的指导意见》《"十四五"原材料工业发展规划》《工业领域碳达峰实施方案》等重要产业政策，明确了"十四五"有色金属工业的工作目标和任务，有色金属行业面临减量发展、低碳绿色、科技创新、智能制造、资源保障等新的形势和挑战，高质量发展已是行业发展的必由之路。

生机勃勃　活力更足

"十四五"期间，我国有色金属工业发展仍处于战略机遇期，产业增长潜力继续释放。同时，外部环境不确定性和挑战也明显增加，国际市场环境复杂性上升，国内市场需求深刻变化。特别是突如其来的新冠肺炎疫情在全球的蔓延，给世界经济带来的冲击和影响更是无法考量。面对复杂多变的外部环境，有色金属工业必须加快向高质量发展的战略性转变。按照建设现代化经济体系的战略要求，以供给侧结构性改革为中心，坚持需求导向，加快结构优化提升，增强核心技术创新力，推动工业互联网、大数据、人工智能与有色金属产业深度融合，突破一批"卡脖子"材料产品和关键技术，全面实现有色金属工业发展水平迈向中高端，为建设有色金属工业强国提供强力支撑，为我国经济持续健康发展提供新动能。

坚持科技创新引领。有色金属行业正在以满足国家重大工程和高新技术等领域重大需求为导向，重点围绕"高精尖缺"集成和应用水平为目标，组织开展"卡脖子"技术攻关，推进一批重大关键技术突破；以满足集成电路、大型客机、海洋工程及高技术船舶、先进轨道交通、新能源汽车、节能环保等高端领域的关键基础材料需求为重点，加强基础研究，增强原始创新、集成创新和协同创新能力，尽快实现批量化生产和应用，填补国内空白，解决进口替代。

提高矿产资源保障能力。近年来，有色金属行业立足国内，加大重点成矿区带找矿力度，增加储量。加快推进西南、西北地区铜、镍、锂等重点成矿区带远景调查与找矿预测，提高稀土等战略性矿产资源保障能力。积极开展老矿山深部和外围勘探，形成一批重点矿产资源接续区；着眼全球，加大境外矿产资源勘探、开发。通过投资并购、联合投资等多种方式获取境外矿产资源。以刚果（金）、赞比亚、秘鲁等国家铜资源，几内亚、印尼、牙买加、老挝、柬埔寨等国家铝土矿资源，印尼、菲律宾、缅甸、巴布亚新几内亚等国家红土镍矿为重点，统筹规划、合理布局、长期跟进，有序推进区域内重大项目并完善相配套的基础设施和港口建设，形成一批具有国际竞争力的境外有色金属生产基地和产业园区，增强境外资源保障能力。2021年12月23日，中国稀土集团有限公司正式挂牌成立。为保障国家战略资源供应链安全稳定，统筹推进资源整合和产业协同，推动资源聚合发展及产业链上下游纵向贯通，中国稀土集团从全局上谋划，在关键处落子，对中国稀有稀土、五矿稀土、南方稀土生产经营各环节进行全面梳理、整合重组，产业布局向集约化、专业化、多元化迈进。

推动产业绿色发展。在加强重金属污染防治方面，有色金属行业也绝不手软。近年来，在确保污染物达标排放，开展污染土壤、废弃土地治理，推广矿山冶炼废水生物制剂法深度处理与回收技术，实施烟气脱硫、脱硝、除尘改造工程，确保"三废"污染物达标排放等方面开展了大量工作，投入了大量的人力、物力，进行了艰苦卓绝的技术攻关。未来，全行业要鼓励支持以废杂铜为原料生产高附加值铜加工产品，提高现有冶炼中含有铜、钨、锆、铟、锗、镓、铼等有价元素二次资源回收利用水平；对废旧电器电子产品、报废汽车等含有色金属废旧再生资源，建立回收、拆解、熔炼到深加工的产业链体系，进一步提高资源利用水平。

加快实现产业模式智能化。随着5G等现代化信息技术的革命性进步，企业智能化建设目标是在企业已有自动化、信息化建设基础上，推进互联网、大数据、人工智能、5G、边缘计算、虚拟现实等前沿技术在有色金属矿山、冶炼、加工企业的应用，实现设备、物料、能源等制造资源要素的数字化汇聚、网络化共享和平台化协同，建成集全流程自动化生产线、综合集成信息管控平台、实时协同优化为一体的智能工厂（矿山）。未来，以绿色矿山为代表的一大批有色金属企业，将把智能化运用到企业生产、管理、经营等方面，为实现高质量发展提供智能助力。

扩大产品应用。推动产业集群发展是今后扩大产品应用的主要途径。探索推广有色金属"原材料生产+终端应用"衔接发展模式，通过上下游联动实现资源高附加值利用，促进消费升级是有色金属行业正在摸索的一种全新模式。建设"铝型材—汽车零部件—建筑构件—家居产品"产业群，"稀有稀土金属—新能源材料—新能源汽车零部件—动力电池材料"产业群。持续推进"以铝节木""以铝代钢""以铝代塑"等，拓展有色金属应用新领域已经成为行业共识。推动产业集群发展，就要优化资源配置。突破上下游产业链衔接瓶颈，促进有色金属产业上下游一体化发展，提升整体产业发展质量和效益；促进铜产业走矿山、冶炼、加工一体化发展道路；支持铝产业与煤炭、电力、化工和清洁能源一体化发展，形成若干特色鲜明的产业集群……有色金属行业正在量体裁衣，向高质量发展迈出坚实的步伐。

加强国际产能合作。积极推进有色金属企业围绕国内矿产资源短缺，加大境外资源开发力度，通过境外并购、股权投资等多种方式，建设一批大规模、品种齐全、配套完整的境外矿产资源基地，有色金属行业在"走出去"上早已拔得头筹。充分发挥有色金属企业在国际竞争中的优势，特别是借助有色金属冶炼先进技术、装备、管理及资本优势，积极向资源、能源丰富的国家地区拓展产业发展新空间。在"一带一路"沿线国家选择有条件的国家和地区布局铝铜等加工企业，延长产业链，填补所在国家的空白，为当地的经济社会发展作贡献等，已经成为有色金属企业"走出去"的一张张亮丽的"名片"，广泛受到国际社会的褒奖，为我国在国际上赢得了良好的声誉。下一步，有色金属行业将继续落实习近平总书记提出的"一带一路"倡议和"走出去"战略，在国际舞台上发挥作用。

强化人才队伍支撑。人力资源是高质量发展的第一资源。培养一支规模宏大、专业齐全、结构合理，具有世界领先水平的有色金属人才队伍是关键。有色金属行业依托重点企业、高等院校、科研院所、行业联盟和公共服务平台，加大行业高管人才、专业技术人才和高级技能人才培养力度。加强科教融合、产教融合、校企融合，重点培养一批专业精深的"高级工匠"，提高产业技术队伍整体素质。依托大平台、大团队、大项目，发现、培养、使用和激励拔尖人才。积极开展国际交流合作，引进具有国际视野和创新能力的高层次紧缺人才，为有色金属工业高质量发展提供强力支撑。从"中铝杯"全国有色金属行业职业院校技能大赛，到中国—赞比亚职业技术学院的成立，有色金属行业强化人才队伍建设在国际、国内两个大舞台上熠熠生辉。

开拓进取　　实力更强

回望党的十八大以来的 10 年，我国有色金属行业始终走在转型升级、改革发展的前沿，既为我国有色金属产业高质量发展开辟了道路，也为我国经济社会发展奠定了基础。

党的十八大以来，习近平总书记的足迹从兰州到南宁，从辽阳到赣州；从金川集团到南南铝加工再到金力永磁科技公司……总书记深入有色金属企业，对有色金属行业的重点企业进行考察调研，对关系国计民生的重点产业表示了深切关怀，并发表重要讲话。总书记的嘱托是对有色金属工业的关心与肯定，更是对全行业的极大鼓舞。

中国有色金属工业协会迅速组织全行业深入学习习近平总书记的指示和重要讲话精神，深刻领会习近平新时代中国特色社会主义思想，坚决拥护"两个确立"，增强"四个意识"，坚定"四个自信"，做到"两个维护"；不忘初心、牢记使命，坚决贯彻落实习近平总书记对有色金属工业的指示精神。要求全行业深化结构调整，落实创新驱动发展战略，加强科技创新，实现高质量发展，为建设有色金属强国而努力奋斗。

特别是在新冠肺炎疫情发生后，我国有色金属工业与世界经济一道陷入震荡之中。2020 年 2 月 23 日，习近平总书记在统筹推进新冠肺炎疫情防控和经济社会发展工作部署会议上发表重要讲话，对行业协会推动行业企业统筹做好疫情防控和复工复产工作作出部署。中国有色金属工业协会积极响应总书记的号召，指导和帮助企业等会员单位科学精准防疫、有序复工复产，在统筹推进疫情防控和经济社会发展中发挥了积极作用。有色金属企业也在协会的指导下，有序复工复产，实现了稳步发展。

党的十八大以来，中国有色金属工业发展日新月异。伴随着我国经济的转型，我国有色金属产业在变局中主动转观念、谋发展，发展稳中求进，成长为全球有色金属产业的"领军"者。10年来，我国有色金属行业发展实现了飞跃前进，走进了高质量发展的新时代，并即将迎来新的历史性跨越。

撰稿人：定 律 张 弦

附表

附表1　2021年有色金属企业营业收入50强名单

企业名称	营业收入/万元	
	排序	2021年
中国铝业集团有限公司	1	51864838
江西铜业集团有限公司	2	45741836
山东魏桥创业集团有限公司	3	41113475
中国五矿股份有限公司	4	33560279
金川集团股份有限公司	5	26419154
信发集团	6	23120970
铜陵有色金属集团控股有限公司	7	22905863
紫金矿业集团股份有限公司	8	22510249
海亮集团有限公司	9	20027392
洛阳栾川钼业集团股份有限公司	10	17386259
陕西有色金属控股集团有限责任公司	11	16116923
中国有色矿业集团有限公司	12	14446669
东岭集团股份有限公司	13	13276579
中国黄金集团有限公司	14	12996121
宁波金田投资控股有限公司	15	12285695
南山集团有限公司	16	11582816
国家电力投资集团有限公司（铝板块）	17	11034367
广东省广晟控股集团有限公司	18	10595462
全威（铜陵）铜业科技有限公司	19	9514282
杭州锦江集团有限公司	20	8056432
浙江富冶集团有限公司	21	7937051
白银有色集团股份有限公司	22	7227998
云南锡业集团（控股）有限责任公司	23	6616608
河南豫光金铅集团有限责任公司	24	6203224

企 业 名 称	营业收入/万元	
	排序	2021 年
山东创新金属科技有限公司	25	5895479
山东黄金集团有限公司	26	5633929
西部矿业集团有限公司	27	5182186
伊电控股集团有限公司	28	4631719
金龙精密铜管集团股份有限公司	29	4474123
万基控股集团有限公司	30	4370043
重庆市博赛矿业（集团）有限公司	31	4203879
安徽楚江科技新材料股份有限公司	32	3734960
河南豫联能源集团有限责任公司	33	3663388
河南金利金铅集团有限公司	34	3627977
河南神火集团有限公司	35	3558638
浙江华友钴业股份有限公司	36	3531655
广西南丹南方金属有限公司	37	3431436
厦门钨业股份有限公司	38	3185220
济源市万洋冶炼（集团）有限公司	39	3102041
甘肃东兴铝业有限公司	40	3085090
江西钨业控股集团有限公司	41	2692045
葫芦岛宏跃集团有限公司	42	2500199
河南明泰铝业股份有限公司	43	2461261
山西兆丰铝电有限责任公司	44	2286932
新特能源股份有限公司	45	2252304
中条山有色金属集团有限公司	46	2219710
合盛硅业股份有限公司	47	2134324
北方矿业有限责任公司	48	2037700
湖南黄金集团有限责任公司	49	2010631
吉利百矿集团有限公司	50	1822694

注：未报送申报表的企业视为自动放弃。

附表 2　2021 年综合及其他品种营业收入前 10 名企业

企 业 名 称	营业收入/万元	
	排序	2021 年
中国五矿股份有限公司	1	33560279
紫金矿业集团股份有限公司	2	22510249
洛阳栾川钼业集团股份有限公司	3	17386259
陕西有色金属控股集团有限责任公司	4	16116923

续附表 2

企 业 名 称	营业收入/万元	
	排序	2021 年
中国有色矿业集团有限公司	5	14446669
中国黄金集团有限公司	6	12996121
广东省广晟控股集团有限公司	7	10595462
云南锡业集团（控股）有限责任公司	8	6616608
山东黄金集团有限公司	9	5633929
浙江华友钴业股份有限公司	10	3531655

中国有色金属行业的八个维度

2012—2022 年，中国有色金属行业踔厉奋发、勇毅前行，在中华民族伟大复兴的历史征程上，镌刻下可圈可点的有色烙印。

党的十八大以来，我国有色金属行业以习近平新时代中国特色社会主义思想为指导，坚决贯彻落实党中央、国务院有关决策部署，沉着应对风险挑战和百年变局，奋力完成改革发展稳定任务，在向"有色强国"加速转变的进程中，为铸就"制造强国"彰显了有色担当。

如果用不同的维度描述中国非凡十年的发展成就，那么，"支撑与保障、根基与栋梁"就是中国有色金属行业由大变强 10 年复兴路的鲜明坐标。

有 色 高 度

目送 C919 大型客机爬升，凝望太空探测器腾空，一次次扣人心弦的时刻，让有色人泪眼婆娑，这些用特殊合金制造的"大宝贝儿"，代表了中国高度，也彰显着有色金属行业支撑与保障能力的新高度——

党的十八大以来，面对世界百年未有之大变局，我国经济发展进入新常态，有色金属行业发展经历了市场价格断崖式下跌、中美贸易战、新冠肺炎疫情影响等一系列冲击。10 年来，行业围绕支撑和保障发展，应对挑战稳中求进。10 种有色金属产量保持了年均 6.3% 的增速，不仅满足了国内制造业需求，而且为国家重大工程、国防科技工业、战略新兴产业发展提供了坚实的支撑和保障，是我国实体经济名副其实的重要"底盘"。

提质增效瘦身健体，做足"加减乘除"功夫。不仅是支撑与保障能力，刷新高度的，还有行业发展的质量——

10 年来，面对国内外环境变化，全行业突出高质量发展导向，发展效益明显提升。2021 年，行业规模以上企业实现利润 3508 亿元，是 2012 年的 2.1 倍。去杠杆取得重要进展，全国第一家实施"债转股"的地方国有企业和民营企业均是有色金属企业。2021 年，行业规上企业资产负债率 60.1%，比 2012 年下降 2.4 个百分点。同时，行业标准质量体系不断健全完善，质量品牌建设取得丰硕成果。

没有最高，只有更高。有色人挑战新高的志气从未动摇。

有 色 深 度

上九天揽月，下五洋捉鳖。2020 年 11 月 28 日，"奋斗者"号成功创造 10909 米坐底纪录。中共中央总书记、国家主席、中央军委主席习近平致信祝贺"奋斗者"号全海深载人潜水器成功完成万米海试并胜利返航。

中国自主研制的全球首架 C919 大飞机交付中国东方航空，有色金属行业为
该大飞机提供了多种金属材料

（供图：中国商用飞机有限责任公司）

10909 米！创造了中国深度，同时也代表了有色深度。

从"蛟龙"号、"深海勇士"号，到"奋斗者"号，有色人研制的"全深载人潜水器用钛合金载人舱"为中国载人深潜装备制造提供了关键材料支撑，几代人的梦想变成现实，"中国钛"不断刷新载人深潜新高度的同时，让有色深度成功"出圈"。

挺进深海，也向深地掘进——设计施工了"中国岩金勘查第一深钻"、以 4006.17 米刷新国内岩金钻探的最深孔纪录；井深 1915 米的"亚洲第一深矿井"——三山岛金矿副井建设，正如火如荼。

有色深度向未知的空间探索的脚步从未停歇。

有 色 厚 度

什么最能体现有色厚度？是 5G 智慧工厂，是高端原材料研制，是先进的生产线，是有色金属行业不断壮大的实力！

在云南文山壮族苗族富宁县电解铝厂调度中心里，技术主管蒙良鹏紧盯着眼前的大屏幕，全厂的动态通过一个系统、一块大屏尽在掌握。毕业于南开大学计算机与科学技术专业的蒙良鹏见证了家乡 5G 智慧工厂"从无到有，从有到优"的全过程，他说："5G 智慧工厂让我有学以致用回报家乡的机会，在此之前，谁能想到山沟沟里也能建起全国标杆的5G 智慧工厂呢？"

10 年间，有色金属行业创造了很多惊喜，诠释着行业厚重的创新底蕴——2019 年 12

有色金属企业为神舟十三号飞船返回舱提供的铝合金材料，涵盖锻件、板材、型材、管材等多个大类多个规格品种，主要用于返回舱蒙皮、支撑锻环、结构件及航天员座椅

月 27 日，我国研制的新一代最先进的通信卫星在文昌航天发射场发射成功。航天器的高性能太阳电池衬底凝聚着有色人的智慧；世界首创的 600 千安超大型铝电解技术，国际领先的悬浮铜冶炼、氧气底吹、双底吹和"两步"炼铜技术，惊艳了世界。

有色厚度，是科技赋能高质量发展的厚积薄发——

在新一轮科技革命和产业变革中，有色金属行业企业坚持走创新驱动、内生增长的发展道路，新技术大量涌现，新业态加快塑造。2020 年，行业规上企业研发人员、研发经费投入相较 2012 年分别增长 42%、46%；行业重点骨干企业主体生产工艺技术达到国际先进水平，产业技术创新能力不断增强，一批重大科技成果获国家表彰，一批铜、铝、钛、镁等加工技术取得新的突破，部分铜、铝、钛等尖端产品满足国家重大战略工程需要；新能源材料正成为产业发展的重要增长极，在全球供应链中占据主导地位。

有色厚度，是推动世界有色金属工业发展的雄厚实力——

10 年来，行业企业不断壮大自身实力，国际地位明显提升。2021 年，我国铜、铝、铅、锌冶炼产品产量分别占到全球的 42%、56%、41% 和 45%，比重明显提高。2021 年，有色金属企业 50 强的平均资产总额、营业收入、净利润分别是 2012 年的 2.2 倍、2.9 倍、8.2 倍。一批企业的生产经营规模进入世界前列，2021 年世界 500 强企业中，共有 9 家有色金属企业入榜，比 2012 年增加 7 家。

有 色 跨 度

2013 年 10 月，习近平主席和印尼时任总统苏西洛共同见证了印尼年产 200 万吨氧化铝项目签约；2016 年 3 月 22 日，秘鲁邦巴斯铜矿建成投产后首批装运的 1 万吨铜精矿抵达南京港，标志着中国金属矿业史上迄今为止实施的最大境外收购项目取得了切实成果；2020 年，在非洲几内亚，博法铝土矿数十公里长的传输皮带满载矿石，高速运转。

有色金属行业国际化跨越从未像今天这般活力四射。

10 年来，有色金属行业积极践行"一带一路"倡议，国际合作硕果累累。刚果（金）和赞比亚的铜钴资源项目、几内亚铝土矿项目、印尼镍资源项目、秘鲁铜资源项目、澳大利亚锂和铅锌资源项目等一批重大项目相继开工运营，既稳定了资源供给，又推动了所在国的经济社会发展。特别是近年来，契合新能源产业快速发展机遇，新能源矿产发展步入高速发展新赛道。据初步统计，截至目前，中资企业已在境外投资铜、镍、钴、锂等新能源矿产项目多达 130 余项，累计投资近千亿美元。

通过国际合作，我国进一步增强了在全球产业链、供应链中的影响力和竞争力，也为顺畅联通、紧密连接国内国际双循环奠定了坚实基础。

自新冠肺炎疫情在全球蔓延以来，外部环境复杂多变，有色金属矿业国际交流合作面临更多压力和挑战。尽管如此，有色金属企业克服新冠肺炎疫情和全球经济下滑带来的不利影响，积极开拓布局，在资源保护、项目建设、金属冶炼、装备和技术、职业教育、人才与文化交流等方面践行全方位、多领域、多层次的"走出去"战略，取得了显著成绩，为积极推动新发展格局贡献了"有色力量"。

有 色 力 度

世界上最大尺寸规格的整体铝合金锻环，为我国重型运载火箭研制、建设"航天强国"提供了坚实的保障；被称为"胖丫"的全球最大容积 680 立方米超大型浮选机，成为服务矿山企业的"扛把子"；硬质合金打造的盾构刀成为盾构机的"利齿"，是"钻山打洞"的能手。

最大、最重、最硬，代表着有色力量；供给侧结构性改革，持续优化产业结构，彰显着有色力度。

10 年来，有色金属行业围绕供给侧结构性改革，产业结构持续优化。电解铝 4500 万吨产能"天花板"已经形成，产能向水电、风电等清洁能源丰富地区有序转移。一批缺乏竞争力的产能退出市场，一批具有特色的新型工业化产业基地迅速崛起，构建了纵向不断延长、横向不断壮大的强大产业链。

兼并重组稳步推进。2021 年，规模前十的电解铝企业和规模前五的精炼铜企业，产量合计分别占全国的 68% 和 61%，分别比 2012 年提高 13.6 个百分点和 3.4 个百分点。中铝集团整合云冶集团、整合成立中国稀土集团，进一步重塑了行业发展新格局。

10 年来，有色金属行业围绕清洁生产节能减排，绿色发展成效显著。在产量逐年增加的情况下，行业工业废水、废气中砷、铅、汞、镉等重金属排放量显著降低。建成国家级绿色矿山 163 座，绿色工厂 120 家。铜冶炼、铅冶炼和电锌综合能耗相较 2012 年分别下降 49.3%、27.8% 和 3.0%，吨铝综合交流电耗下降 333 千瓦时，均为世界领先水平。同时，清洁能源使用比重稳步提升，截至 2021 年底，我国电解铝生产清洁能源消费占比已超过 23%；一批消纳光伏、风电的微电网、局域电网正在加紧建设，将进一步提高行业的清洁能源使用比例。

循道而行，方能致远。有色金属行业正向着正确的方向一路前行……

有 色 纯 度

2022 年，航天太阳电池所需 6 英寸低位错单晶和超高纯 13N 锗单晶的研制取得积极成果；2021 年，我国高纯镓研发实验室已经掌握了 7N 纯度以上级别的高纯镓生产技术；2022 年，电子级六氯乙硅烷、电子级三氯氢硅、高纯四氯化硅实现国产化，这些航天器、电子芯片制造所需重要材料的突破，为我国破解"卡脖子"技术增强了信心。

对于纯度的追求，是科技实力的证明，更是摆脱受制于人、掌握话语权的"杀手锏"。

为适应钛产业新时期的发展，解决民营企业发展中的"瓶颈"问题，我国钛企业开始转变传统的经营方式，突出细分市场品牌，在细分领域中找到属于自己特色的产品之路，从而依靠自主创新在细分领域中提升企业的核心竞争力，改变了以往生产粗放、大而全的生产经营模式。以专精特新为特色，定位更纯粹、专一，成为细分领域的"隐形冠军"和行业佼佼者。

有 色 密 度

2021 年 10 月 19 日，位于山东省滨州市的轻量化基地首台全铝车身下线，除了突破 10 多项"卡脖子"关键技术夺人眼球，"铝水—轻量化零部件研发与制造—整车组装"的完整产业链也是亮点。从铝水到整车，环环相扣、紧密相连的全流程产业链条，实现了从规模经营向"价值效益"的产业攀升。

产业紧密了，集中度有了，效益就上去了。密度提升，可以是产业提质增效，也可以是资源循环再利用。

在山东茌平的一家企业，以低消耗、低排放、高效率为特征，通过建链、补链、强链，不断完善循环经济，逐步形成四大循环产业链网：以煤矿开发、发电、供热为主的能源产业链网，以铝土矿开发、氧化铝、炭素、电解铝、铝深加工为主的铝产业链网，以盐矿开发、液碱、石灰、电石、聚氯乙烯及精深加工为主的化工产业链网，以电石渣脱硫，脱硫膏生产石膏粉、石膏板，粉煤灰渣生产蒸压标砖、砌块等固废综合利用为主的生态环保产业链网。链网上下产业衔接，左右工序交织相连，环环相扣、闭路循环。上一家企业生产过程中产生的废气、废水、废渣及能量变废为宝，成为下一家企业生产所需的能源、原料，循环再生能够将各种废物吃干榨净，实现资源、能源高效利用的最大化。经专家评估，这家企业通过发展循环经济，可节约资金 100 多亿元/年。

有 色 精 度

φ0.01 毫米极小铣刀，实现在一粒米上铣出 56 个汉字的上机加工。

在中国最大的单体铜矿——西藏玉龙铜矿智能采矿办公区内，监控屏幕上各种生产数据、设备信息不断跳动，工作人员娴熟地操控着按键和摇杆，远程同步进行挖掘和钻孔、推土作业。

对精度不懈追求的有色金属材料制备加工国家重点实验室铝合金研究团队而言，意味着十几年的付出。为了突破国产大飞机"骨架"材料，研究人员们锲而不舍，精益求精，最终成功研发了国产大飞机机翼翼梁及壁板、机身承力框及长桁、蒙皮、翼身对接接头等机体关键构件。

科技提升了有色金属行业整体形象，未来，行业由大变强之路怎么走？中国有色金属工业协会第四届理事会给出了精准方案。

做好自己的事。要完整、准确、全面贯彻新发展理念。习近平总书记强调，贯彻新发展理念是新时代我国发展壮大的必由之路。有色金属行业要实现由大变强，必须练好内功，必须真正做到崇尚创新、注重协调、倡导绿色、厚植开放、推进共享。

作为节能降碳的重点领域，有色金属工业要站位更高、格局更大、眼光更远地助力国家"双碳"目标的实现。要坚持总量控制，在确保产业链供给链自主可控的前提下，实现行业产能产量自律的降碳；要推广低碳技术，高度重视颠覆性的工艺创新和流程再造，实现若干变革性的降碳；要构建绿色模式，实现用能结构调整的降碳，以电解铝为例，如果清洁能源电力占我国电解铝生产用电量的30%以上，那么，我国吨铝碳排放平均值可以下降到8吨以下，比2020年降低三分之一，约减少1亿吨碳排放；也要提高资源综合利用率和回收利用率，加强产业协同，实现刀刃向内的降碳。通过努力，有色金属行业完全可以实现2025年的降碳目标。

奋进十载，我国有色金属工业已经迈向了高质量发展新征程，再干十载，我国必将建设成为有色金属工业强国。

道阻且长，行则将至；行而不辍，未来可期。

撰稿人：刘京青

铝 业 篇

　　10 年路漫漫。党的十八大以来，我国铝产业牢记习近平总书记的嘱托，上下求索，在工厂的轰鸣声中，用不变的初心铸炼出七十二般变换。

　　这 10 年，我国铝产业执着坚守，造福千户万业的初心不变——我国稳居全球规模最大的铝生产国和消费国，铝产业规模及消费需求稳步增长，为筑牢国家繁荣、人民安康、社会和谐的物质基础发挥了不可替代的作用。

　　这 10 年，我国铝产业把准时代脉搏，"腾笼换鸟"，析忧图变——习近平总书记亲临铝企业视察指导，实地了解企业进行传统产业优化升级，发展高性能铝材产业的情况。我国铝工业谨记总书记嘱托，自觉与党中央的决策部署同频共振、与国家发展同向发力，坚定不移贯彻新发展理念，坚决端正发展观念、转变发展方式，深化供给侧结构性改革，推动科技创新引领。以"一带一路"建设为重点，坚持引进来和"走出去"并重，推动铝业发展的平衡性、协调性、可持续性明显增强，发展质量和效益不断提升，告别粗放式增长的老路，走上了高质量发展的新路。我国由铝工业大国向铝工业强国加速迈进，为满足人民群众日益增长的美好生活需要、建成社会主义现代化强国、在未来国际竞争中立于不败之地作出了重要贡献。

高品质铝合金卷材

无处不在的铝

　　铝是人类应用的第二大金属，仅次于钢。由于具有优良的物理和化学性能，且造价相对低廉，铝及铝合金被广泛用于航空、化工、交通、建筑、国防等工业。同时，铝资源十分丰富，据初步计算，其矿藏储存量占地壳构成物质的 8% 以上，在金属中含量最高。

铝产业是我国国民经济重要的基础原材料产业，在经济建设、国防军工及高技术新兴产业发展中发挥着不可替代的战略作用。目前，我国铝工业体系已完整建立，技术装备水平总体进入世界先进行列，成为全球最大的铝生产和消费国。

不断成长的铝产业，正在托举起中华民族更加灿烂的明天。无论是在载人航天、探月工程、深海工程等项目的大国重器锻造中，还是在集成电路、高速动车、新能源电池等领域的高精尖产品制造中，以及在建筑、交通、办公、生活等方面的基础设施建设和必需品生产中，都能够见到铝的身影。尤其是 2020 年以来，随着落实"双碳"目标不断走深走实，铝作为一种理想的绿色材料正在得到越来越广泛的认可，为新能源汽车等国家战略性新兴产业发展做坚实后盾，也在建筑、包装、交通等行业走低碳之路中扮演着重要角色。

按照产业链，我国铝产业主要包括铝土矿、氧化铝、电解铝、铝加工、再生铝五大主要模块。铝土矿经过提取得到氧化铝，氧化铝经过电解得到电解铝，电解铝再经过熔铸、轧制、挤压、拉伸和锻造等手段加工成铝材，在各领域中进行应用。按照粗略计算，每生产 1 吨氧化铝需要耗费 2 吨铝土矿，每生产 1 吨电解铝需要耗费 2 吨氧化铝。此外，为大力发展循环经济，并缓解我国铝土矿资源紧张情况，再生铝产业已经逐渐成长为我国铝工业的重要组成部分。再生铝是由废旧铝和废铝合金材料或含铝的废料经重新熔化提炼而得到的铝合金或铝金属，是金属铝的一个重要来源，主要以铝合金的形式出现。

主要产品产量快速增长

一、电解铝行业供给侧结构性改革取得突出成效，电解铝产量由中高速增长步入低增长阶段

2013—2021 年，我国电解铝年产量由 2653 万吨增长到 3850 万吨，增长量为 1197 万吨，增长率为 45.1%。

其增长大致可以分为两个阶段。第一阶段是 2013—2016 年，该阶段为中高速增长阶段，年复合增速约为 5.4%。第二阶段是 2017 年至今，该阶段为低速增长阶段，年复合增速约下降至 3.6%。2017 年，电解铝行业开始实施供给侧结构性改革，严格限制新增产能规模，新建产能必须通过关闭旧产能来等量或减量置换。在一系列行业政策的调控下，我国电解铝产量增速成功"刹车减速"，科学回归合理增长空间。目前，我国已形成电解铝产能"天花板"4500 万吨。

二、氧化铝产量稳中有增，随电解铝步入低增速阶段

2013—2021 年，我国氧化铝年产量由 4775 万吨增长到 7748 万吨，增长量为 2973 万吨，增长率为 62.3%。其增长随电解铝大致可以分为两个阶段。第一阶段是 2013—2016年，该阶段为中高速增长阶段，年复合增速约为 6.3%。第二阶段是 2017 年至今，该阶段为低速增长阶段，年复合增速约下降至 4.9%。

三、铝材产量大幅增长，为我国国民经济建设提供物质基础

随着我国经济不断发展和绿色产业加速壮大，民商领域用铝需求持续上升；同时，铝也是航空航天、深海开发等领域重大项目的重要材料。2013—2021 年，我国铝材年产量由

3349 万吨，增长到 6105 万吨，增长量为 2756 万吨，增长率为 82.3%，满足了社会各领域的用铝需求。

四、再生铝产量持续上升，再生铝产业已经成为我国铝工业的重要组成部分

2013 年 2 月 5 日，国务院印发了我国第一部循环经济发展战略规划——《循环经济发展战略及近期行动计划》（以下简称《行动计划》）。根据《行动计划》，我国发展循环经济的近期目标是：到"十二五"末，主要资源产出率将比"十一五"末增长 15%，资源循环利用产业总产值达到 1.8 万亿元；中长期目标是：循环型生产方式广泛推行，绿色消费模式普及推广，覆盖全社会的资源循环利用体系初步建立，资源产出率大幅提高，可持续发展能力显著增强。为此，我国铝工业采取措施，大力提升再生铝产量。2013—2021 年，我国再生铝年产量由 527 万吨增长到 800 万吨，增长量为 273 万吨，增长率为 51.8%。

进出口贸易亮点频现

一、铝土矿净进口量稳步提升，以进口铝土矿为原料的氧化铝产量大幅增长

我国铝工业快速发展，对铝土矿的需求大幅上升，但由于我国铝土矿资源禀赋不佳，完全依靠开采国内铝土矿不能保证用铝需求，长期以来，我国铝土矿保持净进口。2013—2021 年，我国铝土矿净进口量由 7070 万吨增长到 10738 万吨，增长量为 3668 万吨，增长率为 51.9%。自 2019 年以来，铝土矿进口量连续 3 年破亿吨。

随着铝土矿净进口量的稳步提升，2020 年以来，为利用进口的优质铝土矿，位于我国山西省和河南省的部分氧化铝企业把使用国产矿的生产线改造成使用进口矿的生产线，企业包括国家电力投资集团山西铝业有限公司、中铝中州铝业有限公司、山西华兴铝业有限公司、东方希望（三门峡）铝业有限公司和洛阳香江万基铝业公司等，合计改造产能达到 795 万吨/年。同时，我国氧化铝产业布局逐步向西南转移，2020 年新投产的 380 万吨/年产能中，使用进口铝土矿的产能占比达到 79%。2020 年，我国以进口矿为原料生产的氧化铝产量达到 3542 万吨，比 2019 年增长 21.7%，远远高于氧化铝总产量的增速。

华北铝业新材料科技有限公司航拍图

二、氧化铝进出口基本保持平稳，为我国电解铝生产提供原材料补充

除 2018 年受海德鲁巴西氧化铝厂减产、美国制裁俄铝、美铝澳洲氧化铝厂罢工等事件影响，国际氧化铝价格暴涨，导致我国氧化铝进出口情况波动较大，并出现净出口外，2013—2021 年，我国氧化铝进口量与出口量基本保持平稳，且进口量大于出口量。

三、废铝进口逐年下滑，国内废铝回收逐渐成为再生铝发展主要动力

2013—2021 年，我国废铝净进口量由 250 万吨下滑至 103 万吨，增长量为 -147 万吨，增长率为 -58.8%，年复合增长率为 -9.4%；而我国再生铝产量以 4.7% 的增速持续提升。这说明，我国废铝回收体系不断完善，国内回收的废铝逐渐成为再生铝发展的主要动力。

四、铝材出口克服贸易摩擦等不利影响，实现出口量稳中有增

2008 年，加拿大对我国铝挤压材启动"双反"调查，此后多年来，我国铝材行业频繁遭遇贸易调查和制裁，且覆盖了主要铝材品种和铝制品。2020 年，新冠肺炎疫情在全球的暴发更是激发了单边主义情绪，我国铝材的出口形势愈发严峻，不确定性增加。

然而，我国铝材行业克服各种不利因素，2013—2021 年，我国铝材净出口量由 259 万吨增长到 498 万吨，增长量为 239 万吨，增长率为 92.3%。

行业效益显著提升

2013—2021 年，我国铝行业规模以上企业主营业务收入增长率为 34.6%。

装备技术达到世界先进水平

我国铝产业装备技术水平不断提升，能耗持续优化，并已进入全球先进水平行列。

近年来，我国铝冶炼企业通过自主创新和引进技术消化、吸收、再创新，实现一系列节能技术的广泛应用，能耗持续优化，并已处于全球先进水平。2013—2022 年，全国铝锭综合交流电耗累计值由吨铝 13740 千瓦时稳步下降到 13511 千瓦时，下降了 229 千瓦时；氧化铝综合能耗由吨铝 528 千克标准煤稳步下降到 342 千克标准煤，下降了 186 千克标准煤。

产业结构明显优化

党的十八大以来，随着我国环保要求的不断提升，我国电解铝产量分布发生结构性变化，呈现了向云南省、四川省等清洁能源丰富地区转移的趋势。河南省和山西省等以煤电为主要发电方式的省份的电解铝产量逐年下滑。山东省和内蒙古自治区作为传统产铝大省、自治区，电解铝产量依然保持着增长势头。不过，位于山东省的大型铝企业也正在将产能向云南省等地转移。截至 2021 年底，山东魏桥创业集团 646 万吨合规电解铝产能中，已转移到云南省建设水电铝的产能约 400 万吨，转移产能全部建成投产后，水电铝占比约达 62%。按电解铝产能指标统计，云南省已跃居全国首位；按建成产能统计，全国电解铝建成产能中采用清洁能源的比例已达到 23%。

铝消费在爬坡式增长中提质升级

一、我国铝消费量增长近三分之二

我国人均铝消费与发达国家还存在差距，铝消费水平仍有巨大潜力。为使铝材料在更多领域应用，近年来，行业协会和企业共同努力，促进扩大内需与深化供给侧结构性改革有机结合，坚持技术创新和商业模式创新，充分发挥铝的结构功能一体化特性优势，围绕国民经济发展重大需求，聚焦重点领域、重点产品，搭建上下游合作平台，产品标准及设计规范体系，发展服务型制造，不断提升铝材供给能力，充分挖掘铝在交通运输、包装容器、机械装备、建筑结构、应急抢险等领域的消费潜力。我国铝消费量增长显著，成为拉动全球铝业发展的重要力量。2013—2020年，我国铝消费量由2521万吨增长到4045万吨，增长量为1524万吨，增长率为60.5%。

二、新兴领域铝消费增长迅猛

长期以来，建筑结构、交通运输及电力是我国铝消费最主要的领域。目前，由于房地产、汽车等铝消费的主要领域仍处于降速区间，整体表现仍以去库存为主，相应的铝材需求增速也随之下滑。与此同时，包括光伏发电、新能源汽车及包装、日用消费品等与人民日益增长的美好生活密切相关的新兴领域成为拉动铝消费增长的主要动力。2021年，全国新能源汽车产销分别完成354.5万辆和352.1万辆，同比均增长1.6倍；光伏组件产量约为137吉瓦，同比增长9.6%。据不完全统计，在2021年中国铝加工重点投产或建设（含拟建）的20个项目中，汽车轻量化、电池箔、光伏相关铝加工项目异军突起。

全铝车身

行业高质量发展不断取得新成效

一、深化供给侧结构性改革，形成电解铝产能"天花板"，推动行业实现碳达峰

自 2002 年起，我国就将电解铝行业列为宏观调控的重点行业之一，多次通过禁止盲目投资建设、淘汰落后产能、鼓励兼并重组等手段促进铝工业健康有序发展。同时，国务院及各有关部门就电解铝行业的健康发展，有针对性地出台了《国务院关于化解产能严重过剩矛盾的指导意见》《政府核准的投资项目目录》《国家发展改革委、工业和信息化部关于印发对钢铁、电解铝、船舶行业违规项目清理意见的通知》等一系列政策，责令杜绝以任何名义、任何方式新增电解铝产能，新项目建设需严格实施产能置换。

2015 年 6 月，国家发改委、工信部印发《关于对钢铁、电解铝、船舶行业违规项目清理意见的通知》（发改产业〔2015〕1494 号）。

2016 年 6 月，国务院办公厅出台《关于营造良好市场环境促进有色金属工业调结构促转型增效益的指导意见》（国办发〔2016〕42 号），对中国铝工业推进供给侧结构性改革、化解产能过剩、促进行业技术进步起到了积极作用。同时，我国铝企业积极开展行业自律，自发实施弹性生产，电解铝、氧化铝市场供需基本面得到根本性改善，铝行业供给侧结构性改革初现成效。氧化铝、电解铝价格企稳回升，出现恢复性增长；企业效益明显好转，铝冶炼行业全年实现盈利 226 亿元；库存量明显下降，2016 年末，我国可统计社会铝锭库存为 30 万吨左右，较年初下降约 50%。

2017 年 4—11 月，国家发改委、工信部、国土资源部、环保部四部委联合发布《清理整顿电解铝行业违法违规项目专项行动工作方案的通知》（发改办产业〔2017〕656 号），并开展了清理整顿电解铝行业违法违规项目专项行动。该专项行动是深入落实铝行业供给侧结构性改革的重要举措，为我国铝工业加快高质量发展提供了强大支撑。一是专项行动共叫停了未落实 1494 号文件处理意见及 2013 年 5 月以后新建设的违规建成产能 517 万吨/年、违规在建产能 371.8 万吨/年。二是电解铝投资盲目扩张势头得到有效遏制。2017 年，铝冶炼项目完成固定资产投资同比下降 17.6%。三是有力提振了市场信心，铝价恢复性上涨势头得以巩固。2017 年，铝现货平均价格同比上涨 15.9%。四是结合产能置换政策，促进电解铝产业布局结构调整，使不具有竞争力的产能退出市场，有效优化了市场结构。

现阶段，我国电解铝产能无序扩张的状况得到了有效遏制，形成了产能"天花板"——4500 万吨/年。电解铝供给侧结构性改革持续推进，引导我国电解铝产能向优势企业和更具比较优势的地区集中。截至 2020 年底，我国累计置换电解铝产能指标 1031.6 万吨/年。产能指标主要向内蒙古自治区和云南省等具备能源优势的地区转移。通过产能转移，我国电解铝生产要素进一步优化，产业经济效益明显增强，供给侧结构性改革成效显著。

二、优化产业布局，调整能源结构

在祖国西南，一座座绿色铝工厂正在拔地而起，形成了一道道亮丽的工业风景线。近年来，随着中国环保要求的不断提升，我国电解铝产能呈现了向水电丰富地区转移的趋势。截至 2021 年底，按电解铝产能指标统计，云南省已跃居全国首位；按建成产能统计，在全国电解铝建成产能中采用清洁能源的比例已达到 23%，同比提高 4 个百分点。目前，在魏桥创业集团 646 万吨合规电解铝产能中，已转移到云南省建设水电铝的产能约 400 万吨，转移产能全部建成投产后，水电铝占比约达 62%。中铝集团在云南布局水电铝的项目产能约 318.8 万吨，其中，包括云铝股份的 305 万吨。另外，河南神火股份 170 万吨合规产能中，有 90 万吨已经转移到云南建设水电铝。其亚铝业集团的 120 万吨合规电解铝产能指标中，已有 35 万吨转移到了云南大理州建设水电铝，目前项目已经投产。公开信息显示，2022 年年初，四川其亚铝业集团有限公司又与大理州政府签订了 50 万吨再生铝和 30 万吨铝加工项目的投资协议。

云南绿色电解铝及铝加工产业规模不断壮大，产业体系不断完善，帮助铝行业在守住电解铝产能"天花板"的同时，保障了原铝的稳定供应，并推动绿色铝实现就地高端加工，加速铝行业全面完成绿色转型。同时，云南省全面落实国家对铝工业发展的宏观调控政策。为贯彻国家发改委关于完善电解铝行业阶梯电价政策的通知，云南省发改委发布通知，要求云南各州（市）严格执行国家电价政策，严禁出台优惠电价政策，全面清理并取消各种形式的优惠电价政策和措施。自 2022 年 1 月 1 日起，云南省内电解铝企业用电阶梯电价标准，按照国家规定的分档、加价标准执行。

近日，《云南省绿色铝产业发展三年行动（2022—2024 年）》方案中明确，将把绿色铝产业作为云南省产业强省三年行动中的重要部分进行打造，力争到 2024 年，绿色铝产业链薄弱环节、高附加值环节延链、补链、强链取得显著成效，全省铝合金化率达到 90% 左右，中高端铝制品占比大幅提升，规模以上涉铝工业企业实现倍增、突破 60 家，率先打造 2~3 个绿色低碳高端铝产业园区，培育形成一批各具特色、协同发展的绿色铝先进制造基地，绿色铝产业链产值力争达到 3500 亿元左右，努力成为国家重要的铝产业基地。当前，云南绿色铝产业在绿色发展、产业规模、精深加工、创新研发上已跻身全球领先行列，力争到 2030 年，全面建成中国绿色铝谷。

除云南外，在四川也有不少水电铝项目布局。其中，中孚实业向四川广元转移了 25 万吨绿色水电铝材产能。2019 年 7 月，四川省出台文件，明确将广元电解铝纳入精准电价政策支持范围，广元电解铝（新增产能）到户电价不高于 0.30 元/千瓦时。在广元市编制的《150 万吨铝产业发展规划（2019—2025 年）》中，该市计划用 3~5 年时间，发展成为 150 万吨电解铝和 500 万吨铝基复合材料基地，形成千亿元级铝产业集群。

除水电外，各地风电、光伏发电也随着电网建设的发展开始应用于工业生产中。如全国清洁能源、新能源装机占比最高省域——青海省，当前电网累计装机 4050 万千瓦，其中清洁能源装机 3657 万千瓦，占比达 90.3%，新能源装机 2464 万千瓦，占比达 60.9%。此外，风、光资源丰富的甘肃省也在大力发展清洁能源产业。风电、太阳能发电技术可开发量分别达 5.6 亿千瓦和 95 亿千瓦。截至 2022 年 5 月底，甘肃新能源装机容量占全网总装机容量的近一半，新能源装机发电利用率由 2016 年的 60.2%，提升至目前的 96.83%。2021 年，甘肃省新能源发电量突破 400 亿千瓦时，减排二氧化碳约 4000 万吨。

同时，陇西的新能源电力成功向东部地区输送，每年外送电量将超千亿千瓦时。与此同时，为新能源开发配套的抽水蓄能、化学储能、火电配套等调峰电源也正在建设中。通过储能与新能源电厂组合成的虚拟电厂参与调峰，可进一步提升电网系统的调峰能力，让新能源更加稳定可靠。另外，内蒙古等地区风光能源较为丰富，在具备一定的储能技术和火电混合配给的情况下，绿色能源发展也具备一定的竞争能力。

三、发展再生铝产业，铝资源循环水平有效提升

"一次耗能，终生受用。"全国政协常委、中国有色金属工业协会党委书记、会长葛红林认为，高耗能产品往往也是高载能产品，要珍惜初次生产过程中的耗能，最大限度地将其转化成为今后循环利用中的载能。可以说，循环再生就是将释放高耗能转变为低耗能产品的过程。用再生铝生产的铝材，省去了通过氧化铝生产电解铝的耗能。所以，发展再生铝产业对我国铝工业可持续发展具有重要意义。与生产等量原铝相比，每吨再生铝可节约3.4吨标准煤，节水22立方米，减少固体废物排放20吨。

我国再生铝产业起步较晚，20世纪70年代后期才形成雏形，但当时工业基础薄弱，再生铝生产规模不大。20世纪80年代，在旺盛的铝需求拉动下，再生铝企业纷纷成立，数量众多的小型再生铝厂和小作坊发展较快。20世纪90年代以来，外资企业进入我国再生铝行业，废铝进口数量和再生铝出口规模逐年增大。我国再生铝行业加快了与国际接轨的步伐，先进的设备工艺开始引入我国。国内部分企业在吸收引进后逐步着手自主研发，并开始规模化生产，个别企业的技术和工艺已经达到比较先进的水平。

国家发改委在《关于印发"十四五"循环经济发展规划的通知》中指出，到2025年，再生铝产量要达到1150万吨。

为实现这一目标，我国再生铝产业原料回收渠道不断完善，产业规模不断扩大。部分再生铝企业预处理技术显著提升，并形成了专有技术和产业特色。再生铝产品质量稳步提升，应用领域不断拓展。

虽然目前我国再生铝产业整体发展水平与发达国家相比还有距离，但在大力发展循环经济、推动高质量发展的康庄大道上，我国铝行业当仁不让，奋起直追。

四、坚持创新引领，高端制造水平大幅提升，为国家战略产业发展提供强大助力

铝是战略性新兴产业和国防科技工业发展不可或缺的重要基础原材料，我国铝企业以满足国家战略需要为己任，不断打破国外封锁，坚持高端制造，研发生产关键之铝，奋力保障国家重点工程的铝材需求，为国家战略性新兴产业发展做坚实后盾。

近年来，我国企业生产制造的高精尖铝材广泛运用于"长征"系列火箭、"神舟"系列飞船、"嫦娥"系列卫星、"天宫"系列目标飞行器、"天问"探测器、国产民机等众多国家重点项目。2021年3月，西南铝开展了某铝合金船用超大规格带筋薄壁圆管的挤压试制工作，打破长期依赖进口的局面，成功试制出新型大型舰船建造的重要结构部件——大规格薄壁带筋管材。2021年4月，西南铝、东轻、西北铝等中铝系企业持续加大科技创新能力、应用基础研究和产品研制研发，以更严要求执行生产工艺，及时解决生产过程中的"卡脖子"问题，研发棒材、蒙皮板、自由锻件、超大规格板、锻环等高精端铝合金材料，助力"天和"号核心舱升空。2021年5月，由西南铝牵头研究开发的5米级铝合金异型环试制取得重大突破，获得了成型效果良好、性能稳定的环件，满足了我国航天事业发展的迫切需求，继续保障国家重大工程研发任务的顺利完成。2021年7月，国内大规格直径1400毫米的2系高强高韧铝合金圆铸棒，在位于新疆乌鲁木齐甘泉堡经济技术开发区的新疆众和新材料产业园一次性试制成功。产品性能整体低倍晶粒度达 2 级，将是未来新型号运载火箭环锻部件的重要应用坯料。2021 年 12 月，我国新一代高轨中型运载火箭长征七号改遥三运载火箭在文昌航天发射场点火升空，东北铝合金材料的身影再次出现在大国重器之中。目前，西南铝、东轻已为 C919 提供了数十种规格铝合金材料，主要应用于机翼、结构件、窗框、起落架等部位，是飞机的关键结构件，生产的铝合金板材、锻件、型材已实现向商飞批量供货，多项技术填补国内空白。

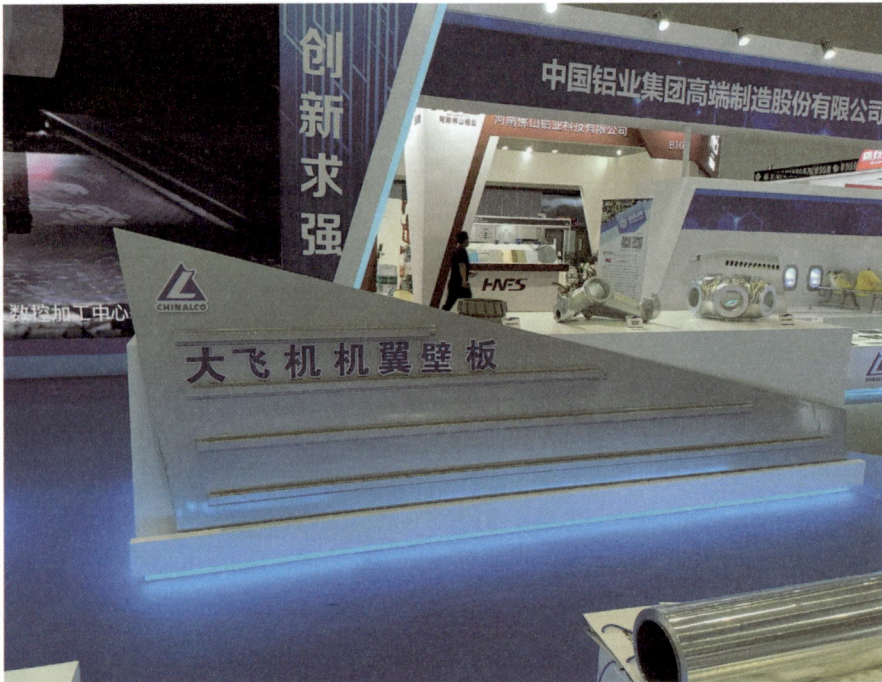

大飞机机翼壁板

五、铝材料绿色性能不断获得市场认可，成为落实"双碳"目标的重要材料

在节能降碳政策的驱动下，让汽车轻起来成为新能源汽车的迫切需求。据统计，汽车质量降低一半，燃料消耗也会降低将近一半。特斯拉、蔚来汽车、比亚迪、北汽新能源、吉利汽车等车企纷纷加码轻量化布局。目前，铝合金材料凭借轻质、高强、可回收等优势，成为主流轻量化材料。汽车轻量化的飞速发展也给铝行业抛出了巨大的橄榄枝。铝行业采取措施强链、补链、延链，抢抓机遇，遨游新蓝海。

除此之外，太阳能框架所需的铝型材用量大、技术含量高，也是扩大铝材使用的重点方向。铝合金在光伏产业中主要应用于光伏边框的生产制造。光伏边框的作用是保护组件。

铝合金具有一系列优异的性能，且使用寿命可达 30~50 年，与光伏组件的特性和使用寿命要求一致，因此，成为光伏边框的主导材料，预计在 10 年内，将占据 80%以上的市场份额。据估算，每吉瓦光伏边框的耗铝量为 0.9 万~1.1 万吨。同时，还有大量铝合金用于光伏支架的生产制造。每吉瓦光伏电站所需光伏支架的用铝量约为 1.9 万吨。因此，到 2025 年，全球光伏产业铝需求量保守估计将达到 270 万吨，乐观估计将达到 330 万吨。

除铝合金光伏边框与支架外，铝合金电缆以其优良的电气性能、安全性能、力学性能和相比铜芯电缆更为低廉的使用成本，有望在低压直流和高压交流领域替代铜芯电缆在光伏电站中实现大规模应用。在满足相同电气性能的条件下，铝合金电缆的使用成本要少于铜芯电缆，且随着使用电缆数量的增加，降本效果越明显。

六、铝行业上游积极开展国际产能合作，铝资源全球性布局不断取得新进展

我国铝土矿进口主要来源于几内亚、澳大利亚和印尼等国家，少量来自巴西、马来西亚、黑山、加纳等国家。近年来，随着我国对外铝土矿依赖程度的提高，特别是在"一带一路"倡议的推动下，我国企业在海外开采铝土矿的意愿也越来越强，尤其是印尼政府2014年实施原矿出口禁令计划后，印尼铝土矿出口受阻，也从某种程度上加快了我国企业在境外投资开采铝土矿资源的步伐。

作为全球重要的铝土矿产地，几内亚已然成了我国铝土矿的重要进口国和企业的投资国。

山东魏桥创业集团是在这个领域第一个"吃螃蟹"的企业。2014年初，由山东魏桥创业集团、中国烟台港集团、几内亚 LMS（法国在几内亚投资企业）、新加坡书立国际集团4家企业组成的联合体——"赢联盟"，成功开发了魏桥创业集团的几内亚博凯铝土矿项目，并于2019年5月6日将第一船26万吨铝矾土矿运抵烟台港。这是我国企业在海外成功开采并将铝土矿运回国内的第一个大项目。自此，也拉开了我国企业与西非国家几内亚铝工业国际产能合作的帷幕。

2016年10月31日，中铝集团与几内亚政府、几内亚国家矿业公司就博法区块开发签署合作框架协议。2020年2月26日，首船铝土矿运抵山东日照港。

目前，我国在几内亚投资铝土矿项目的企业，除中铝集团和魏桥创业集团外，还有新疆众和、中国河南国际合作集团及淄博润迪铝业公司等企业，且所投建的铝土矿项目大部分都已经投产。据公开消息称，东方希望集团投资人员在2021年也赴几内亚开展投资考察并成立矿业公司，为日后铝土矿投资及贸易提供便利。据有关数据统计，截至2020年，中资企业在几内亚的铝土矿协议产能约1.84亿吨。

我国企业在海外投资铝项目，除了西非的几内亚外，在东南亚的投资力度也不小。略有不同的是，几内亚主要集中了铝土矿开采及运输项目，东南亚主要集中了铝产业链下游的氧化铝、电解铝及配套的炭素项目。在东南亚的投资地区主要分布在印尼等国家。

作为铝行业国际产能合作的头部企业，魏桥创业集团从2013年就开始在印尼投资建设氧化铝工厂。2013年10月3日，国家主席习近平和印尼时任总统苏西洛共同见证了魏桥创业集团在印尼投资项目的签约。该氧化铝项目由山东魂桥铝电和印尼哈里达公司共同出资建设，产能共计200万吨。这也是印尼第一家大型氧化铝生产企业。山东南山铝业公司也在印尼投资了200万吨产能氧化铝项目。

在印尼，我国企业除投资建设氧化铝项目外，还有电解铝及配套项目。浙江华峰集团与青山实业合资组建的印尼华青铝业正在印尼苏拉威西岛的青山工业园内建设铝电一体化项目一期100万吨/年电解铝（500千安）配套及50万吨/年预焙阳极项目。

值得一提的是，在我国加快铝产能"走出去"的同时，作为全球一流的铝冶炼技术也在加快输出。作为铝行业工程项目设计单位，贵阳铝镁设计研究院和沈阳铝镁设计研究院在印尼、马来西亚、沙特阿拉伯、土耳其、越南、意大利等"一带一路"沿线国家提供了大量的优质工程服务。

2021年4月9日,沈阳铝镁设计研究院有限公司成功签约印尼国际铝业公司(INALUM)电解铝厂电解系列升级改造工程项目,总承包合同额约1亿美元。工程技术走出去的同时,也带动了我国大量的装备产业走出国门。

笃行不怠　赓续前行

一、维护资源供应安全

铝土矿供应安全稳定是我国铝工业发展的基本保障。随着国产铝土矿资源储量及经济性不断下降,铝土矿供应正逐步转向以海外为主。2019年以来,我国铝土矿进口量连续3年破亿吨,对外依存度超过50%,且还将进一步提高。从进口来源看,几内亚、澳大利亚、印尼合计占比超过99%。面对印尼出口配额制度、中澳货物贸易往来不确定性、几内亚政变等影响,确保海外供应链安全稳定至关重要。2021年,我国铝土矿主要进口来源国家(地区)中,自几内亚进口铝土矿5481万吨,占比51.0%;自澳大利亚进口铝土矿3408万吨,占比31.7%;自印尼进口铝土矿17828万吨,占比16.6%。

二、重视氧化铝产能过剩

全球氧化铝投资热情过高,存在发展过热现象。目前,我国在全球建成氧化铝产能1.014亿吨,其中,国内9675万吨/年,海外465万吨/年。与此同时,我国在建、拟建氧化铝产能规模庞大,国内外均超千万吨。投资过热将加剧全球产能过剩局面,不仅威胁国内氧化铝产业健康发展,也会影响我国铝产业国外投资前景。

三、绿色低碳发展大势所趋

2020年,我国电解铝行业二氧化碳排放量约4.2亿吨,分别占铝行业和有色金属行业排放量的84%和64%,是有色金属行业实现"双碳"目标的重要领域。2021年,我国相继出台了一系列节能降碳政策,明确具体能效约束节能降碳行动方案,将持续推动全行业提升能源利用效率。电解铝作为用电大户,为助力实现"双碳"目标,将在以下四个方面持续推进:一是巩固供给侧结构性改革成果,严格执行产能置换,严控新增产能;二是继续调整能源结构,积极消纳新能源;三是加快全石墨化阴极推广应用及惰性阳极等先进绿色低碳技术研发,推动单位产品能耗持续下降;四是加强产业链融合发展,坚持电解铝、再生铝和铝加工产业融合发展。

同时,电解铝可能被纳入第二批碳排放交易试点行业,通过市场化途径促进"双碳"目标实现。

四、积极主动应对贸易摩擦

截至目前,我国铝产品已遭遇来自20多个国家及地区超过70起贸易救济调查。其中,2021年新立案三起,分别是巴西铝板带箔反补贴案、英国铝挤压材反倾销案、泰国铝挤压材反倾销案。行业协会一直高度重视贸易摩擦应对工作,积极组织行业应诉,全力维护出口企业利益,2021年取得了泰国铝箔保障措施案和巴西铝板带箔反倾销案的全面胜诉。在复杂严峻的应诉环境下，该案的胜诉极大地鼓舞并振奋了行业企业应对贸易摩擦的信心和底气。但国际贸易形势的复杂性和不确定性仍很严峻，企业一方面要积极应诉，全力抗辩；另一方面，要练内功，巩固并提升竞争力。

五、突出产品特色，做好"三个坚持"

铝加工企业在深耕细分市场、争做单项冠军、打造品牌优势的同时，要做好"三个坚持"：坚持升级改造、智能化发展方向；坚持向深加工延伸不动摇，提高产品附加值，提升企业盈利能力和核心竞争力；坚持绿色低碳环保路线，提高产业绿色发展水平。

撰稿人：李开颜

附表

2021 年铝企业营业收入前 10 名

企 业 名 称	营业收入/万元	
	排序	2021 年
中国铝业集团有限公司	1	51864838
山东魏桥创业集团有限公司	2	41113475
信发集团	3	23120970
南山集团有限公司	4	11582816
国家电力投资集团有限公司（铝板块）	5	11034367
杭州锦江集团有限公司	6	8056432
山东创新金属科技有限公司	7	5895479
伊电控股集团有限公司	8	4631719
万基控股集团有限公司	9	4370043
重庆市博赛矿业（集团）有限公司	10	4203879

铜　业　篇

走进新时代，迈上新台阶。

万山磅礴有主峰。党的十八大以来，在以习近平同志为核心的党中央坚强领导下，在习近平新时代中国特色社会主义思想、习近平经济思想的科学指引下，全党和全国完整、准确、全面贯彻新发展理念，我国经济建设取得重大成就，正在意气风发地向着全面建成社会主义现代化强国的第二个百年奋斗目标迈进，实现中华民族伟大复兴进入了不可逆转的历史进程。中国铜工业顺时代而为，在新征程中奋勇拼搏，在全面深化改革的背景下，各项改革措施不断推进，各项促进行业高质量发展的政策文件陆续出台，资源保障能力稳步提升，创新水平持续提高，标准及专利数量不断增加，各类高端铜加工产品竞相而出，释放出市场活力。

度之往事，验之来事，参之平素，可则决之。10 年的伟大变革，具有里程碑意义。回眸我国铜工业 10 年发展历程，铜业人用"坚定"与"改变"回答了时代之问。

坚定的，是我国铜工业在全球占据的重要地位依然稳固。进入 21 世纪以来，我国有色金属工业实现了历史性跨越发展，中国铜消费量自 2002 年超过美国，产量 2006 年超过智利以来，一直稳居世界第一位。2021 年，我国铜产量占全球总量的 42%，为满足我国经济社会发展需要和稳定全球产业链、供应链作出了重要贡献。

改变的，是近 10 年来我国铜工业在产业结构、生产效率、企业效益、技术水平、铜材应用等方面不断优化提升。新时代担当新使命，新征程呼唤新作为。党的十八大以来，中国铜产业逐步开拓了创新驱动、智能制造、绿色低碳和防控风险的新发展路径。

近年来，传统安全威胁和非传统安全威胁相互交织，我国面临发展环境、发展条件的深刻复杂变化。当百年不遇的疫情来袭，受疫情的影响，世界经济形势更加艰难，金融市场风险不断积累，全球能源供应受阻，商品供求矛盾更加突出，大宗商品价格大幅波动。直面世界之变、时代之变带来的严峻挑战，中国铜工业不畏艰险，不断砥砺前行，实现了产业布局持续优化、数字化水平逐步提升、风险防控扎实有效，绿色内涵更加丰富，向着建设铜工业强国目标阔步前行。

产业规模不断壮大　　经济效益稳步提升

2022 年 1 月 17 日，中国亮出 2021 年经济答卷，全球瞩目——经济总量跃上 114 万亿元的新台阶，比上年增长 8.1%，人均国内生产总值超过 1.2 万美元，货物进出口总额达到 6 万亿美元，创历史新高，创新指数全球排名升至第 12 位……与此同时，中国铜产业也交出了一份满意的成绩单。

2021 年，中国铜产品产量和经济效益保持增长，增幅较 2020 年同期均有所扩大。中国有色金属工业协会初步统计数据显示，2021 年，中国铜工业规模以上企业实现营业收入同比增长 36.2%；实现利润同比增长 70.2%。2021 年，中国精炼铜产量达 1048.7 万吨，同比增长 7.4%；铜材产量 2123.5 万吨，同比增长 0.27%。目前，我国铜产业具备了矿山 170 余座、冶炼企业 50 余家，加工企业逾千家，形成了粗炼产能 884 万吨/年，精炼产能 1279 万吨/年，加工能力 2500 余万吨的产业规模。预计到 2025 年，粗炼产能可达到 1000 万吨/年，精炼产能 1400 万吨/年。

站在时间的节点回望历史，2012 年，我国经济增速自 21 世纪以来首次滑落至 8% 以下。由于一些地方和部门存在片面追求速度与规模、发展方式粗放等问题，国际金融危机后，受世界经济持续低迷的影响，体制性矛盾不断累积，发展不平衡、不协调、不可持续的问题十分突出。

这一年，我国铜产品产量继续保持增长，但经济效益均出现不同程度的下滑。据中国有色金属工业协会统计，2012 年，中国铜工业实现工业总产值（现价）1.4 万亿元。2012 年，中国铜精矿含铜产量 160 万吨；1—11 月实现主营业务收入 600.88 亿元，同比增长 17.69%；实现利润 82.96 亿元，同比下降 13.10 亿元；实现利税 128.34 亿元，同比下降 9.03 亿元。2012 年，精炼铜产量为 582 万吨；1—11 月实现主营业务收入 6516.00 亿元；实现利润 140.41 亿元，同比下降 71.64 亿元。2012 年，铜加工材产量 1154 万吨，同比增长 10.78%；1—11 月实现主营业务收入 7443.82 亿元；实现利润 198.05 亿元；利税总额为 316.52 亿元。

10 年间，中国铜工业直面各种挑战，稳中求进。产品产量方面，中国铜精矿含铜年产量保持了稳定增长；2021 年的精炼铜年产量是 10 年前的 1.8 倍。铜加工材方面，以线材、板带材、管材和棒材为主的中国铜加工材产量增幅较大。

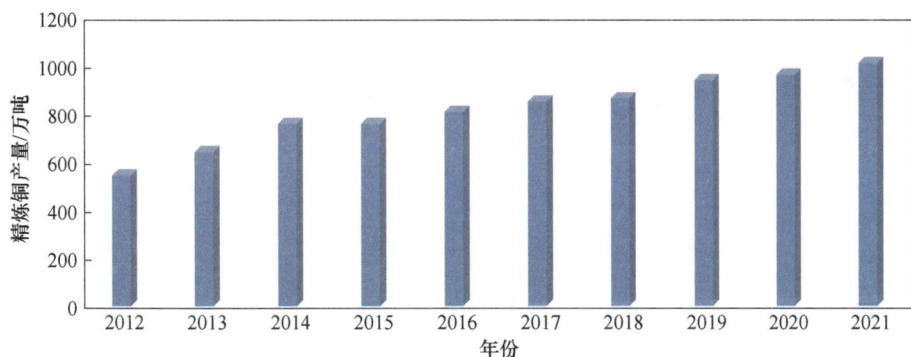

2012—2021 年中国精炼铜产量

经济效益方面，铜矿采选业利润率在 2012—2016 年期间，前 4 年该指标由于受到铜价下跌的挤压，利润率下降明显。2016 年，采选业利润率有所回升，但依然处于低位水平。铜冶炼行业利润率在此期间同样整体呈下降趋势，2012—2016 年，铜加工行业利润率相对平稳，其中，2013 年下降较为明显，2014—2016 年走势平稳。2017 年，采选、冶炼、加工 3 个环节实现利润较 2016 年均有较大幅度的增长，其中，采选环节利润实现了翻番，采选环节的主营业务利润率也明显好于其他两个环节。2018—2021 年，中国铜行业经济效益继续保持增长，采选、冶炼、加工各环节产品产量、实现营业收入和利润均有不同程度增长。

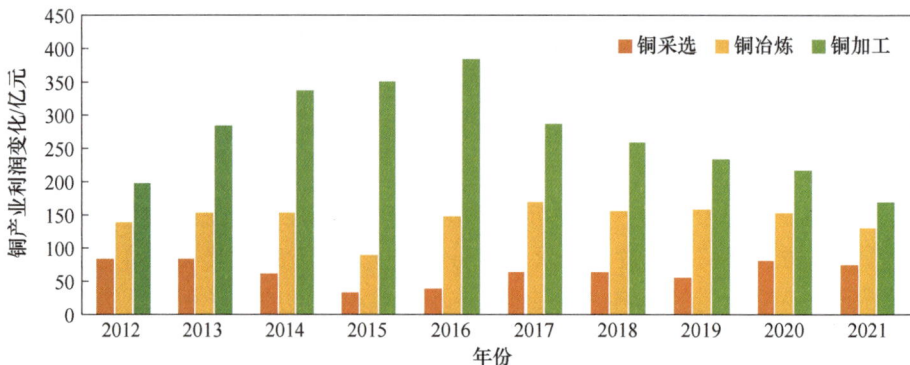

2012—2021 年中国铜产业利润变化

跟随时代发展步伐　原料供应结构及产业布局改变

中国铜冶炼企业生产原料主要为原生铜矿和废杂铜，受原料依赖程度高和下游铜消费放缓的影响，中国原生铜冶炼产能增速放缓，但再生铜产业稳步发展。2021 年，矿产精炼铜和再生精炼铜占比分别为 75.7% 和 24.3%。

矿产精炼铜原料来源为国产铜矿、进口铜矿和进口粗铜。2021 年，国产铜矿产量有一定的增长，但原料占比仍然较低，进口铜矿依然是原料主要来源。2020 年，受疫情影响海外铜矿生产受到影响，2021 年，情况逐渐恢复。再生铜原料来源为国产废杂铜和进口废杂铜，近年来，国内再生铜产业稳步发展，特别是在"双碳"背景下，国家加快推动完善再生回收体系的步伐，再生铜产量将持续稳步增长。

2020 年 7 月 1 日，《再生黄铜原料》《再生铜原料》《再生铸造铝合金原料》三项国家标准正式实施，对于促进装备技术升级、提升再生铜铝原料品质、保障生产原料稳定供应具有现实意义，也将对我国再生有色金属产业高质量可持续发展产生影响。2020 年 7 月 1日，国家发改委发布的《"十四五"循环经济发展规划》指出，到 2025 年，再生铜产量达到 400 万吨。到"十四五"末期，我国再生铜国内回收量力争达到 300 万吨，按 2020年铜矿含铜量计算，国内回收量可达国内含铜量的 1.79 倍，资源保障效应进一步凸显。随着再生铜原料政策的落地到稳步实施，2021 年，中国进口再生铜原料数量大幅增长。初步估算，到"十四五"末期，再生铜产业将实现降碳 1080 万吨，为有色金属产业节能减排作出贡献。此外，企业利用废铜实施规模化、规范化发展的水平持续提高，正在向专精特高质量发展。

在产业布局方面，根据中国有色金属工业协会统计，2021 年，江西、云南、黑龙江、西藏、甘肃、新疆、陕西、内蒙古、安徽和福建 10 省区合计产量占全国产量的 85%，生产相对集中，其中，西藏产量增量较大，带动了全国产量的增速。中国铜冶炼产业正向沿海和资源地区聚集。

根据国家统计局初步统计数据，2012 年，我国精炼铜产量居前 10 位的省区产量达517.71 万吨，主要集中在江西、山东、甘肃等地。2021 年，精炼铜产量排名前 10 位的省份合计产量为857.0万吨，占总产量的81.7%，其中，江西、安徽产量超过100万吨，山东产量受个别企业影响下降明显。近年来，在环保和原料的区位优势推动下，新增铜冶炼产能不再局限于传统铜冶炼基地，而是转向优势更加明显的地区布局。目前，除江西、安徽、山东、甘肃、云南等5大传统冶炼基地外，福建、广西已逐渐成为新的铜冶炼重要省份。近5年来，广西、福建和内蒙古3个省区，精炼铜产量均实现了翻倍，成为新的铜冶炼重要省份，且是未来企业新建铜冶炼项目重点布局区域。

近年来，中国铜加工产业保持地区集群化发展的特点，江西、江苏、浙江、广东和安徽5省产量占比保持在70%以上，并在原有规模优势的前提下逐步向高端发展。根据国家统计局初步统计数据，2012年，中国铜材生产排名靠前的10个省（区）合计产量为1026.76万吨。其中，浙江、江西、江苏、安徽、广东5个省份排名靠前，占全国总产量的88.98%；安徽、山东和江西3个省份继续保持较快的增长速度。到2021年，根据国家统计局初步统计数据，铜加工材产量排名前10位的省份合计产量为1870.3万吨，占总产量的88.1%。其中，江西、江苏、浙江、广东和安徽5个省份仍然保持着龙头地位，合计产量占总产量的72%，但受2021年高铜价影响，铜加工材产量普遍下降，前10位省份中仅江西、河南、湖南保持较快增长，江西铜加工材产量占比由2020年的18.8%提升至2021年的24.2%。

铜消费大国地位进一步巩固　国内市场消费结构改变

根据国际铜研究组统计，2021年世界精炼铜产量2507万吨，其中，中国精炼铜产量为1048万吨，占世界总产量的42.0%，稳居全球最大精炼铜生产国地位；2021年，世界精炼铜消费量为2518万吨，其中，中国表观消费量1385万吨，占世界总产量的54%，稳居全球第一。

回顾2012年，我国各主要用铜行业普遍出现不同幅度的增速减缓，甚至是下降，导致中国铜需求量增速进一步缩减。中国电力企业联合会数据显示，火电、核电和风电投资均出现较大回落。此外，在2012年，我国铜需求主要依靠电力、空调制冷和汽车行业支撑，这几个行业在当年都出现增幅放缓情况。2012年，国内的精铜消费量为768万吨，比上年回落3个百分点，增幅进一步放缓。2013年以后，我国步入经济发展新常态，铜消费增速有所放缓。

2012—2021年，中国精炼铜年表观消费量实现了翻倍增长。近几年，随着新基建步伐的加快，5G基建、特高压、城际高速铁路和城市轨道交通、新能源汽车充电桩、大数据中心、人工智能、工业互联网等领域带动了多个产业的发展。对铜需求来说，新能源充电桩、风力光伏等领域的拉动比较明显，大数据、5G基建、特高压等领域自身对铜需求的拉动不大，但对电力的消耗较为明显。

从消费结构看，电力行业仍然是我国主要铜消费领域。电力行业是我国铜材主要的需求领域之一，铜材在电力行业主要用于生产变压器、电线、输电用电缆等。随着我国新基建等行业的不断发展，全社会用电量不断增加，其对电线、电缆等输电设备的需求也不断增加，需求的增长推动了我国铜材行业的发展。根据中国电力企业联合会初步数据，2021年，中国电源和电网完成投资均实现同比增长，主要发电企业电源工程完成投资5530亿元，同比增长 4.5%；电网工程完成投资 4951 亿元，同比增长 1.1%；发电装机容量约 23.8 亿千瓦，同比增长 7.9%。随着 10 年间中国经济社会的发展，电子通信和日用消费领域的铜消费显著提高。此外，2021 年，空调制冷行业的家用空调生产 1253.1 万台，同比下滑 2.5%；2021 年，中国乘用车产销 2140.8 万辆和 2148.2 万辆，同比分别增长 7.1% 和 6.5%；2021 年，全国房地产开发投资 14.8 万亿元，同比增长 4.4%。

数字化助推采选冶水平不断提升　驱动铜工业实现"绿水青山"

2021 年，中国铜矿出矿品位为 0.74%，较 2011 年下降了 0.03%；2021 年，铜矿出矿品位为 0.64%，较 2020 年继续下降了 0.03%。从长期来看，10 年间，铜矿品位整体呈下降趋势。虽然可开采的矿石品质下降明显，2012 年中国铜选矿回收率为 86.84%，但是，2021 年该指标依然维持在 86.61%。有赖于我国选矿工艺技术的不断提高，选矿回收率和精矿品位等指标未明显下滑。

在"双碳"目标的背景下，我国各项环保政策日益严格，铜冶炼技术和装备不断升级，铜冶炼相关技术指标不断提升。2012 年，我国铜冶炼总回收率为 97.73%；2021 年，我国铜冶炼总回收率 98.68%、精炼铜回收率 99.55%，10 年间指标持平。此外，2012 年，铜冶炼综合能耗为吨铜 324.69 千克标煤；2021 年，铜冶炼综合能耗为吨铜 215.32 千克标煤。10 年间，铜冶炼综合能耗总体保持了下降趋势。

经过多年的努力，目前，国内骨干铜冶炼企业已经逐步形成了集铜矿山采选、冶炼与加工，稀散金属的提取与加工，硫化工及金融、贸易的多元化企业，具备完整产业链条，企业规模逐步壮大，已经形成了一批具备世界一流供应链水平的骨干企业。同时，中国铜矿山采矿、冶炼、加工产业链各个环节的技术取得了重大进展。近年来，互联网、大数据、云计算、人工智能、区块链等技术加速创新，日益融入经济社会发展各领域全过程。党的十八大以来，在以习近平同志为核心的党中央坚强领导下，在习近平新时代中国特色社会主义思想特别是在总书记关于数字经济重要论述的科学指引下，我国深入实践数字经济发展战略，推进数字产业化和产业数字化取得积极成效，数字经济成为高质量发展的新引擎，为经济社会持续健康发展提供了重要动力。10 年间，数字化也成为中国铜产业把握新一代科技革命和产业变革新机遇的战略选择。

智慧矿山抢占新时代高质量发展先机。一方面，我国矿山企业开采技术不断进步，矿山回采作业向高分层、高分段发展，矿块崩落法已成为贫矿大规模开采的首选采矿方法，充填工艺已经发展成完整体系。另一方面，随着在智能矿山建设方面，线监测、自动设备、智能设备使用更加普遍，与国际相比较，差距正逐步缩小，智能化装备技术应用方面与国际基本处于同步发展，智能软件设计和应用方面也达到了世界先进水平。

发展是人类永恒的主题。世界科技日新月异，5G 技术、人工智能（AI）、机器人、物联网、自动驾驶车辆、纳米技术等，颠覆了传统矿业模式。10 年间，数字技术推动了我国各类资源要素快捷流动、各类市场主体加速融合，实现跨界发展，搭配时空限制，延伸产业链条。此外，数据作为新型生产要素，对传统生产方式变革具有重大影响。在此背景下，党的十八大以来，中国铜矿山企业都在积极地探索数字化发展新路径。目前，我国井下有轨矿山智能化改造、选矿智能控制等方面已经处于国际先进水平，形成了一批智能化矿山标杆企业，铜矿山智能化步伐正在加快。

在庐山脚下、赛城湖畔，成立于 1987 年的江西铜业股份有限公司城门山铜矿是江铜集团重要资源地之一。自 2018 年启动智能化矿山建设以来，城门山铜矿走出了一条传统产业蜕变的智能兴矿之路。在这里，5G 技术、物联网、自动驾驶车辆等技术与铜采选业碰撞出火花，实现了完美跨界融合。作为中国铜产业骨干企业，近年来，江铜集团旗下矿山全维度对标世界一流矿山，提升核心技术经济指标，增强资源综合回收能力，实现了矿产资源高效开发、集约利用。该公司传统产业重点领域的智慧建设和智能升级，实现了关键生产要素的数字化变革，以数据资源助推江铜产业链、供应链、效益链升级，助力江铜产业集群的数字化转型，培育形成具有江铜内核的跨界融合数字生态。2021 年 7 月 29 日，江铜德兴铜矿采区生产指挥中心启用，北斗全球卫星定位系统在富家坞采区投入运行。该定位系统测速精度为 0.2 米/秒，授时精度为 50 纳秒，定位可达到厘米级。

近年来，紫金矿业也正在实施"科技强安"战略，因地制宜，积极推进"机械化换人、自动化减人"工程，逐步打造一批信息化、智能化矿山。紫金山金铜矿湿法厂启动的井下电机车无人驾驶建设项目，以高速无线通信及工业环网为传输平台，依托矿用轨道运输监控系统，采用井下机车精确定位技术、图像识别处理技术和机车安全运调技术，并结合矿井安全生产运输综合监控系统，目前可实现 11 台电机车联动无人自动行驶。紫金矿业旗下的青海威斯特铜业在采场边坡及滑塌体治理过程中，为提高安全系数，与三一智矿、华为公司、中国电信等多方合作，于 2019 年 9 月启动自动化采矿系统建设项目，从 5G 信号传输系统建设和自动化设备配置两个方面推进自动化远程操控系统建设。目前，青海威斯特铜业的远程遥控 SY485H 挖掘机、SKT90E 电动宽体自卸车及遥控驾驶、无人驾驶辅助设备实现智能交互，并正式投入使用。

在选矿装备自主研发方面，铜矿选矿设备向大型化迈进。北京矿冶科技集团有限公司针对大型现代化矿山的需求，开发出了单槽容积 680 立方米的 KYF-680 超大型浮选机，为目前世界最大规格，技术水平位于国际前列。该项目的实施打破了国外厂家在 600 立方米以上超大型浮选机的垄断地位，并被评为中关村"首台（套）重大技术装备示范项目"。几年前，江铜德兴铜矿开始探索半自磨优化控制技术，一款名为"先控"软件问世，实现了生产过程可视化、全流程自动协同控制，可随时随地了解系统的各项参数和运行状况。在半自磨系统智能"先控软件"填补国内空白的同时，"无线巡检"平板，生产、设备、电气维修一体化的智能"运维"投入运用，可实现动态实时生产督导及远程遥控生产组织指挥，还可以对出现的设备隐患在网上下单、派工，生产、维修的互联互通。

以绿色为底色，以高效为目的，以创新为手段，铜冶炼行业行稳致远。在优化和维护中国现有铜冶炼产能、实现稳定生产十分重要的"十四五"时期，经济社会发展要以推动高质量发展为主题，这是根据我国发展阶段、发展环境、发展条件变化做出的科学判断。我国仍处于并将长期处于社会主义初级阶段，仍是世界上最大的发展中国家。确保现有铜冶炼产能稳定运行，既是"六稳""六保"的需要，更是保供稳价的基础。党的十八大以来，在一系列国家相关政策的推动下，中国铜冶炼技术正朝着绿色、创新、自主方向发展。

目前，在铜冶炼技术方面，闪速熔炼及闪速吹炼技术和自主研发的氧气底吹、氧气侧吹冶炼技术，以及连续吹炼技术正逐步成为国内主流技术。

　　2012 年 12 月 18 日，铜陵有色金冠铜业设计规模为年产阴极铜 40 万吨"双闪"项目工程正式建成投产，这是世界上一次性建成的规模最大的铜冶炼厂；2018 年 5 月 18 日，设计为年产阴极铜 20 万吨的"奥炉"项目工程正式投料试生产，其中，电解系统采用"一次设计，分期建设"。2017 年 12 月 11 日，铜陵有色将"双闪"与"奥炉"厂区全面整合，集世界先进的闪速熔炼、闪速吹炼、顶吹熔炼、智能数控吹炼、PC 电解等各类成熟冶炼工艺技术于一体，阴极铜优质品率、铜冶炼综合能耗、电解电流效率、选矿尾渣含铜、硫捕集率等多项生产技术指标国际领先，含重金属废水零排放，冶炼废渣综合利用，实现了高效、绿色冶炼目标。2022 年 5 月，金冠铜业奥炉厂区电解车间内，来自三门三友科技股份有限公司的技术人员对剥片机组进行调试，机器人将阴极铜板进行剥片、打垛成捆，由此，金冠铜业奥炉厂区向全面国产化迈进。

　　另外，国内骨干铜冶炼企业正逐步采用连续吹炼技术替代传统的 PS 转炉工艺。其中，广西南国铜业有限责任公司采用的"富氧侧吹熔炼+多枪顶吹连续吹炼+火法阳极精炼"热态三连炉连续炼铜技术，在冶炼工艺控制上采用"双高冶炼工艺"技术理念，即富氧浓度高达 85%、冰铜品位高达 74%～75%，较现有同类型冶炼工艺技术更进一步强化冶炼、降低能耗。该项目于 2019 年 4 月 10 日一次投产成功，实现了热态三连炉连续炼铜。

　　"智慧冶炼"代表着中国冶炼行业的发展趋势，也在近几年取得了不错的成绩。2022 年 3 月 18 日，江铜贵溪冶炼厂数字化部正式成立。自 2016 年被工业和信息化部遴选为铜冶炼行业唯一一家试点示范企业以来，贵冶在铜冶炼行业智慧冶炼新模式上精耕细作，建设成果"铜冶炼极板智能化转运及质检系统"项目成功入选全国智慧企业建设智能装备/智能产品类最佳实践案例；"铜冶炼智能制造示范工厂"入选工业和信息化部智能制造试点示范工厂揭榜单位和优秀场景；"基于大数据的智慧冶炼知识平台试点示范"项目入选中国国际大数据产业博览会十佳大数据案例。

　　此外，10 年间，中国铜冶炼关键技术与装备实现了出口发达国家，在中国铜冶炼发展史上具有里程碑意义，我国铜冶炼行业实现了从"买技术"到"卖技术"的跨越。2020 年，我国自主研发的祥光铜业悬浮冶炼技术和喷嘴设备出口美国并顺利投产和验收，标志着我国铜冶炼关键技术与装备第一次出口发达国家取得成功，一颗先进的"中国心"在美国的铜冶炼厂里跳动。2021 年，祥光悬浮冶炼技术及喷嘴设备再次起航发往欧洲塞尔维亚紫金博尔铜业，祥光悬浮冶炼技术第二次踏上海外征程。

矿业发展重心外延　中国铜企"走出去"步履坚定

　　铜产业作为重要的基础原材料产业，在我国经济建设、国防建设、高技术新兴产业发展中具有十分重要和不可替代的战略作用。

　　从总体上看，虽然中国铜矿储量相对丰富，但是资源禀赋欠佳，资源相对分散，大型矿床少，含铜品位低。虽然国家通过开展矿产资源大调查、找矿战略突破行动，发现了一批大型矿床，但主要集中在西藏地区，外部建设条件和开采技术条件均欠佳。作为连续 20 年稳居世界铜生产国、世界铜消费国、世界铜贸易国首位的中国，对于铜资源的渴求从未改变。铜原料供应短缺，已经成为制约中国铜工业发展的瓶颈。与此同时，中国在资源勘查方面的投入逐年下降，与世界资源勘查投入形成鲜明对比。近年来，根据国家发展需要，在"一带一路"倡议的推动下，有色金属行业加快实施"走出去"战略，通过不断深化国际产能合作，为实现资源全球化、多元化配置，保障产业链、供应链安全稳定发挥了重要作用。

党的十八大以来，中国对海外铜资源控制能力逐步增强，中国矿企通过"买买买"增强了中国铜产业的发展底气。2021年，国内矿企积极地参与海外收购，足迹遍布10多个国家和地区，将50多个项目收入囊中，涉及资源量1.5亿吨，铜矿含铜量200多万吨，阴极铜80多万吨。有色金属行业在"走出去"过程中，谱写了一个又一个辉煌篇章。

"走出去"进行铜资源开发，一方面，是为了获取铜资源；另一方面，是要在经济全球化背景下，打造我国铜产业链全球配置体系，形成若干具有竞争优势的境外铜资源开发基地，实现生产要素全球优化配置，提升我国铜工业资源保障能力和可持续发展能力。

秘鲁矿业特罗莫克铜矿项目是中铝集团响应国家"走出去"号召，在保证国家资源安全的战略背景下，于2007年收购的世界级特大型铜矿项目，在2013年12月正式投产。该项目是我国在海外从零开始建成的第一个世界级铜矿矿山。2018年6月，中铝特罗莫克铜矿二期扩建项目开工，标志着中铝集团响应国家"一带一路"倡议，加快海外发展，促进当地经济社会建设，迈出了更加坚实的步伐，"海外中铝"再启新征程。

中国五矿集团公司牵头收购的拉斯邦巴斯（Las Bambas）铜矿，是中国企业主动利用全球行业调整和国际企业变动的商业机会完成境外收购的典型案例。中国五矿集团所属五矿有色金属股份有限公司心怀矿业报国的赤子初心，厚植矿业强国的一流本领，先后建成海外世界级铜、锌矿山，矿产铜、矿产锌产量倍增，跻身全球前十之列，矿山开发成本和生产效率显著优化，勘探找矿扩充资源成效显著，国际化矿业管理管控能力不断提高，在贡献丰厚利润的同时，保障了我国资源供应安全，用实际行动向党的二十大胜利召开献礼。

五矿集团拉斯邦巴斯铜矿选厂运营情景

2014年，中国五矿组成的联合体成功收购秘鲁拉斯邦巴斯铜矿，交易金额高达70亿美元，项目总投资超过100亿美元，保有铜储量550万吨，是中国金属矿业史上迄今为止实施的最大境外并购。2016年1月，秘鲁邦巴斯铜矿正式投产。2016年3月22日，秘鲁邦巴斯铜矿建成投产后首批装运的1万吨铜精矿抵达南京港，标志着中国金属矿业史上迄今为止实施的最大境外收购项目取得了切实成果，也意味着我国企业响应国家号召，建立海外资源基地，保障国内紧缺资源供应的努力得见回报。该矿实现了按工期、按预算建成投产，按计划向国内发运。这在矿业项目开发史上较为罕见，意味着我国公司在海外大型矿山项目的建设、调试、运营等方面已具有国际一流竞争力和专业能力，大幅提高了我国在国际铜市场的话语权。

作为世界级大型矿山，自拉斯邦巴斯铜矿投产以来，年产值占秘鲁GDP总量的1%，占阿普里马克大区（邦巴斯所在地）的72%，占秘鲁矿产GDP的9%、矿物出口的8%、铜出口的15%。邦巴斯公司（MLB）也是秘鲁第三大铜精矿生产商，占全国矿产量的近10%。作为当地矿业企业的税收大户，在拉动当地经济社会发展方面发挥了重要作用。自2014年五矿收购以来，邦巴斯铜矿纳税高达17.06亿美元，2016年邦巴斯铜矿建成投产以来缴纳特许权费4.08亿美元，2010年邦巴斯铜矿开始进行社区安置以来社会发展类投资达3.51亿美元，在2004—2017年间社会基金投入0.48亿美元。邦巴斯铜矿每年辐射到的工作岗位有75000个，直接工作年平均岗位约9000个，占阿普里马克大区就业的28%，占库斯科就业的21%。同时，2016—2021年，邦巴斯铜矿在两地进行的采购订单金额达到4.04亿美元，为当地的就业创收作出了巨大贡献。

中国有色集团在赞中经贸合作区内投资经营着中国在境外投资开发的第一座迄今为止最大的有色金属矿山——谦比希铜矿、中国在境外投资建成的最大的铜冶炼项目——谦比希粗铜冶炼厂、非洲第一座数字化矿山——中色非矿、曾经是世界三大铜矿山之一的卢安夏铜矿和大型湿法冶炼项目——谦比希湿法冶炼有限公司等。在刚果（金），中色集团开创矿业合作新模式，建设运营着大型露天开采矿山——迪兹瓦矿业有限公司、具有世界先进工艺技术水平的现代化大型粗铜冶炼项目——卢阿拉巴铜冶炼有限公司和中色矿业香港控股有限公司等，推动了我国成熟技术、先进装备和冶炼产能的"走出去"。目前，中国有色集团海外投资超过400亿元，拥有境外重有色金属权益资源（金属量）超3000万吨，在赞比亚和刚果（金）已形成了集群式和规模化发展的模式，海外有色金属年产能达到100万吨，建成中南部非洲地区两个重要的铜钴资源基地，年回运粗铜占我国粗铜进口的近四分之一，为我国战略资源保障作出了积极贡献。

卡莫阿-卡库拉铜矿是21世纪全球最重大的铜矿发现，拥有资源储量超过4369万吨，投产后将成为全球品位最高的大型铜矿。2015年，紫金矿业与艾芬豪矿业结成合作关系，获得艾芬豪旗下卡莫阿控股公司约一半的股份，联手开发卡莫阿铜矿。2021年，年产380万吨的卡莫阿铜矿选厂使用第一批矿石进行球磨机和其他选矿设备的带料试车，铜品位5%~6%的矿石直接从卡库拉井下运输至选厂进行处理。目前，该项目地表已堆存约300万吨中高品位矿石，平均铜品位约4.74%，铜金属量超过14万吨。

2016年，洛阳钼业以26.5亿美元拿下刚果（金）滕凯铜钴矿56%的股权；2017年，又以约11.5亿美元购买该矿24%股权，持股比例提升至80%，极大地增强了自身实力。

2020年2月，来自铜陵有色集团开发的米拉多铜矿的首批2.17万吨铜精矿，横渡太平洋，顺利运抵铜陵。截至 2022 年 2 月，米拉多铜矿顺利完成第 21 批 3.64 万吨铜精矿装船发运。自投产以来，该矿已累计运送 66.45 万吨铜精矿回国，增强了我国铜资源保障能力。

厄瓜多尔米拉多铜矿选矿车间

创新驱动铜产业稳步向前　　高附加值产品增强话语权

有色金属行业是我国实现"双碳"目标的重点领域，有色金属工业要在优化产业结构、利用清洁能源、扩大循环再生、强化技术创新、建设绿色体系和参与碳排放权交易等方面协同发力，统筹推进。在"双碳"目标下，中国有色金属行业面临着多个机遇。与"双碳"经济相关的新能源电池及交通工具轻量化等对有色金属的需求不断增加。全国政协常委，中国有色金属工业协会党委书记、会长葛红林指出，有色金属产业供给高端化是我国有色金属工业由大到强的必然趋势。葛红林认为，要在突破关键材料上下功夫，促进有色金属产业供给高端化，与有色金属高端关键材料的开发与应用密不可分，也是提升有色金属产业链、供应链、价值链的重要一环。

铜板带箔是我国国民经济制造业重要的基础原材料。目前，我国国防、军工领域用铜板带箔产品已经基本实现了自给自足，但电子信息行业为主所需的部分中高端铜板带箔仍然依赖进口，有个别产品遭到禁运，给我国供应链、产业链安全带来许多隐患。加强铜加工产品创新研发，做好铜板带箔进口替代工作，是完整、准确、全面贯彻新发展理念，确保产业链、供应链安全，促进高质量发展的重要途径，也是中国铜加工产业向全球产业链、供应链、价值链高端不断攀升的必然选择。

　　10 年间，受新能源汽车锂电池用铜箔需求增长和电子信息产业用铜箔等方面的加速拉动，我国电解铜箔产量已经从 29 万吨增长至 46.6 万吨，增幅达 60%，年均增速 5.4%，自 2016 年以来，连续两位数增长，2021 年国内立项、签约的电解铜箔新项目总量达到 112 万吨。

　　近年来，锂电铜箔技术发展较快，满足了我国新能源领域对产品质量的要求，4.5 微米铜箔已经批量应用；电子电路铜箔中，低轮廓铜箔产品质量还存在明显差距，近年来，经过技术攻关，其品种开发、批量生产及应用取得了一定的成果。

　　作为电子铜箔行业"领军"企业，安徽铜冠铜箔集团股份有限公司的技术工艺及装备水平居国内前列、国际先进，通过引进消化吸收并自主研发电子铜箔核心工艺技术，可生产 4.5 微米到 210 微米各类高精度电子铜箔，完全满足高性能线路板及新能源储能电池需求。该公司产能合理分布于 PCB 铜箔和锂电池用铜箔领域，是国内规模最大的电子铜箔全产业应用企业之一，目前，已形成"PCB 铜箔+锂电池铜箔"双轮驱动发展模式。

　　近年来，江铜集团立足以铜为本的发展思路，围绕铜这一重要战略基材的深化运用，不断延伸产业链，提升价值链，全力推进高端铜加工等主营产业做优，积极推动高端铜加工领域创新研究，江铜的铜加工产品研发不断取得突破。2022 年 5 月，江铜铜箔科技股份有限公司首卷万米 4 微米极薄锂电铜箔顺利下线。历经多年努力，江铜成为国内少数几家能够批量生产极薄锂电铜箔产品的企业之一。在"薄如蝉翼"的锂电铜箔世界里，江铜铜箔公司一直不断进行着"极限挑战"。锁定市场高端需求，不断增加研发投入，试验几千种添加剂配比，最终产品从实验室走向批量工业生产，为该公司在新一轮市场竞争中抢占先机。此外，江铜还在大螺旋角内螺纹铜管、无氧铜管等方面下功夫。为适应便携式移动设备向高性能化与轻薄化的方向发展，江铜加工事业部自主研发超薄超细无氧铜热管制备技术，丰富了热管的制造工艺，拓宽热管的应用领域。目前，该厂推出了 12 种热管规格，每月产能可达 50 吨。

　　"十三五"期间，金川集团铜产品产量由 2016 年的 96 万吨增加到 2020 年的 140 多万吨，工业总产值达到 600 多亿元。其中，深加工产品涉及铜粉、电线电缆、铜管、电解铜箔等 7 大类近 20 个品种，形成从采、选、冶到高端深加工全流程产业链。2018 年 4 月，金川集团第一批铜箔走下生产线，实现了甘肃省铜箔史上零的突破。2021 年 3 月，"十四五"规划纲要提出了"提升产业链供应链现代化水平，形成具有更强创新力、更高附加值、更安全可靠的产业链供应链"的要求，金川集团正在全力加快从"原"字号到"材"字号企业的转型。在智能家居生活风靡的当下，引线框架为无数智能产品安上了"大脑"。作为电子电路芯片载体和连接芯片与电子电路的"桥梁"，引线框架的"根"，就是异型铜带。经过两年多的努力，一条每分钟锻打频率高达 1000 次、铜带厚度波动不超过 0.01 毫米的自动化一体高频锻打线在镍都实业诞生。镍都实业成为目前国内唯一一家贯通锻打法和轧制法双工艺异型铜带生产线企业，异型铜带年产能达到 7000 吨。

　　党的十八大以来，中国铜产业始终走在奋勇前行的路上。10 年间，一个欣欣向荣的中国铜产业，不忘初心，肩负着使命不断向前。10 年间，每一次签约仪式上的合作握手、每一声厂房内项目完成后的欢呼、每一个实验室中完成的成果，都包含着有色人的激情与梦想。

　　山河海阔，点滴的进步，也可拼凑出星河；千帆过后，可见前路回响。"一带一路"

步履铿锵，两岸绿水青山常在，三种产品产量增长，四季坚守勇立潮头，五项要求稳步推进，"六稳""六保"贡献力量，齐心协力拢指成拳，八方压力何以畏惧，久久为功坚韧不拔，十年非凡再创辉煌。

撰稿人：邱熙然

附表

2021 年铜企业营业收入前 10 名

企业名称	营业收入/万元	
	排序	2021 年
江西铜业集团有限公司	1	45741836
金川集团股份有限公司	2	26419154
铜陵有色金属集团控股有限公司	3	22905863
海亮集团有限公司	4	20027392
宁波金田投资控股有限公司	5	12285695
全威（铜陵）铜业科技有限公司	6	9514282
浙江富冶集团有限公司	7	7937051
白银有色集团股份有限公司	8	7227998
金龙精密铜管集团股份有限公司	9	4474123
安徽楚江科技新材料股份有限公司	10	3734960

资本市场篇

　　党的十八大以来，中国特色社会主义进入新时代，资本市场在砥砺奋进、攻坚克难中逐步向高质量发展迈进。在以习近平同志为核心的党中央坚强领导下，我国紧扣金融供给侧结构性改革的主线，坚持用改革的思路和办法来破解资本市场体制机制性障碍，坚定推进全面深化资本市场改革，推动资本市场发生深刻的结构性变化，服务经济发展实现量质双升。

　　10 年来，资本市场助力中国有色金属工业在砥砺奋进、攻坚克难中迈向高质量发展。10 年来，我国资本市场总体规模稳居全球第二，一批具有全球竞争力的企业进入世界 500 强，有色金属板块上市公司市值达到 2.7 万亿元，商品期货交易规模连续多年位居全球前列。2021 年，上海期货交易所有色金属品种期货及期权合约累计成交近 8 亿手，成交总额约 111 万亿元，服务经济高质量发展能力不断提升。资本市场以其应有的力量，为中国有色金属工业发展注入了无限活力。

服务实体经济和国家战略

　　有色金属行业具有产业周期化、市场国际化、价格金融化的显著特性。而资本市场在资源配置、风险缓释、政策传导、预期管理等方面有独特而重要的功能，在有色金属工业的高质量发展中能够发挥更大作用。资本市场和有色金属行业的有机结合，可以更好地服务实体经济和国家战略。

　　有色金属行业企业通过引入各类金融资本和产业资本股改上市，完善了公司治理结构、解决了融资难融资贵的难题，提高了市场竞争力和市场占有率，促进了产业集中度的提高，为建立中国有色金属行业齐全完整产业链、形成规模和成本优势奠定了坚实基础，拓展了可持续发展空间。

　　10 年来，资本市场服务实体经济的广度与深度不断拓展，多层次的市场体系日益完善，资本市场对实体经济的适配性大幅增强。我国先后设立新三板、科创板、北京证券交易所，合并深交所主板和中小板。资本市场已形成涵盖沪深主板、科创板、创业板、北交所、新三板、区域性股权市场、私募股权基金在内的多层次股权市场，以及债券市场和期货衍生品市场。

　　同花顺 iFinD 数据显示，截至 2022 年 5 月底，有色金属板块上市公司市值从 2012 年的 9793.322 亿元增加至 26962.31 亿元，有色金属板块上市公司数量从 2012 年的 85 家增加至 133 家，有色金属板块年融资额从 2012 年的 4591.87 亿元增加至 2021 年底的 5432.98 亿元。

　　据 Wind 统计，截至 2022 年 4 月，有色金属冶炼及压延加工业企业的数量从 2012 年的 6746 家增加至 8474 家；资产总计从 2012 年的 2.714 万亿元，增加至 4.714 万亿元；利润总额从 2012 年 12 月的 1427.37 亿元增加至 2021 年底的 3131.2 亿元。有色金属矿采选业企业数量从 2122 家减少至如今的 1174 家；利润总额从 2012 年 12 月的 764.39 亿元减少至 2021 年底的 513.7 亿元。

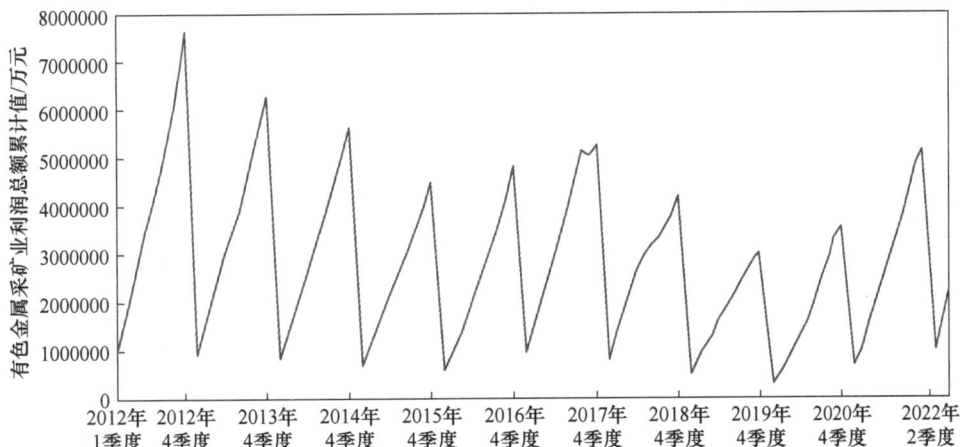

2012—2022 年有色金属采矿业利润总额累计值

（数据来源：Wind）

有色金属行业是进入我国期货市场最早、运行最为成熟、市场化和国际化程度最高的代表性行业之一。作为风险分散的场所，渐趋完善的期货市场正发挥其市场功能，助力企业稳健经营，增强企业的竞争力。

上海有色金属期货价格已融入全球有色金属定价体系，价格国际影响力逐年提升，渐渐体现出中国作为全球最大的有色金属生产与消费国相应的价格话语权。

2015 年 3 月，锡、镍期货上市。

2018 年 9 月 21 日，铜期权在上期所挂牌上市，是国内首个工业品期权，进一步完善了有色金属衍生品市场结构。

2018 年 9 月，铜期权在上海期货交易所上市

2020 年 8 月，铝、锌期权产品正式在上海挂牌交易，国内有色金属类期货期权产品进一步完善。

2019 年 12 月 24 日，国内首只有色金属期货 ETF——大成有色金属期货 ETF 基金在深交所上市交易，进一步实现了证券基金与期货市场的连接。

2020 年 11 月 12 日，习近平总书记在浦东开发开放 30 周年庆祝大会上的讲话中指出："要完善金融市场体系、产品体系、机构体系、基础设施体系，建设国际金融资产交易平台，提升重要大宗商品的价格影响力，更好服务和引领实体经济发展。"[①]

2020 年 11 月 19 日，国际铜期货在上海期货交易所子公司上海国际能源交易中心正式挂牌交易。国际铜期货是中国期货市场上首次以"双合约"模式实现国际化的期货品种。国际铜期货的上市，为企业参与境外交易提供了便利，既避免了境外平台相对烦琐的交易制度、不菲的交易成本，也解决了外汇额度、境外通道等问题，进一步丰富了市场参与者结构。

中国有色金属期货市场的创新发展，服务实体经济价格发现和风险管理功能不断增强，产融结合、期现互动，中国有色金属工业已成为市场化程度最高、适应国际市场变化最快、应对国际市场冲击能力最强的工业行业之一。这主要体现在 3 个层面：国民经济层面，期货市场为国家宏观经济调控、产业政策制定、行业运行监测等提供了决策参考；行业层面，期货的价格发现功能，提高了有色金属资源市场化配置效率，提升了中国有色金属产业市场竞争力；企业层面，合理使用套期保值工具提高了实体企业风险管控能力，成为大中型有色金属企业规避市场风险、稳定生产经营、提质增效的重要手段。

随着有色金属市场期现融合的不断深入，我国有色金属工业的国际竞争力也在不断提升。伴随着我国有色金属期货市场日趋成熟、影响力不断扩大，国内外有色金属市场实现了紧密联动，"上海价格"和"伦敦价格"互为引导，共同成为全球最具影响力的定价参考依据，受到国内外广大生产者、消费者和投资者的青睐。同时，随着国内有色期货市场功能的充分发挥，有色金属企业的风险管控能力不断提升，我国有色金属工业在国际定价体系中的作用和地位不断增强。

10 年来，有色金属企业积极利用期货市场套期保值。从产业链各环节企业的参与情况看，上游矿山、冶炼、下游加工企业和贸易企业根据自身生产、消费和库存等情况进行买入和卖出套保，有色金属期货市场参与结构更趋优化。境外企业也积极参与上海有色金属期货市场套期保值交易"市场化定价机制"形成，优化生产经营模式。从行业层面来看，经过长期的实践发展，期货市场深深地渗透到企业生产经营管理活动的方方面面，推动了有色金属企业生产经营模式的转变。

2021 年，上海期货交易所铜、铝、铅、锌、镍、锡、黄金、白银、锌期权、铜期权、铝期权、黄金期权，以及上海国际能源交易中心国际铜期货合约累计成交 7.95 亿手，成交总额 110.977 万亿元。2022 年上半年，有色金属期货总成交量 1.59 亿手，累计成交金额 27.11 万亿元；贵金属期货总成交量 0.94 亿手，累计成交金额 13.37 万亿元。

深化改革不断向纵深推进

资本市场的发展史就是一部改革史。党的十八大以来，习近平总书记关于资本市场的

---

① 2020 年 11 月 12 日新华社新闻《浦东开放 30 周年庆祝大会隆重举行 习近平发表重要讲话》。

一系列重要论述中，改革的主线贯穿始终，改革的内容占据绝大多数。实践证明，必须坚持用改革的方法破除市场发展的体制机制障碍，以刀刃向内的勇气不断自我革新。

这10年，全面深化改革积极推动我国有色金属工业发展，有力地提升了我国有色金属工业基础能力和产业链现代化水平，加快我国有色金属工业转型升级，有力地夯实了有色金属工业高质量发展的产业基础，为全面建设社会主义现代化国家提供强大动力。

这10年，我国全面深化改革，强调使市场在资源配置中起决定性作用、更好地发挥政府作用，为各类资本发展营造更加有利的市场环境和法治环境。随着金融扩大开放和全面深化资本市场改革的持续推进，我国资本市场发生深刻的结构性变化，日益成为全球资产配置的重要引力场，有力地赋能构建新发展格局。

这10年，我国改革开放开创新局面。以经济体制改革为重点全面深化改革，社会主义市场经济体制更加成熟定型，高标准市场体系建设稳步推进，要素市场化配置体制机制更加完善，全国统一大市场正在加快形成，产权保护、市场准入、公平竞争和社会信用等市场体系的基础制度建设取得积极进展。

《中共中央 国务院关于加快建设全国统一大市场的意见》明确提出了加快推进大宗商品期现货市场建设，不断完善交易规则。

这10年，宏观经济治理改革取得新成就。我国宏观调控方式持续创新，区间调控、定向调控、相机调控、逆周期和跨周期调节等更加灵活有效，保持经济运行在合理区间。有色金属行业政策主要在于控制产能产量，以便于在逆周期时调节行业利润。出台行业政策，控制有色金属行业的产能与产量规模，进行逆周期调节，有利于有色金属行业整体良性、可持续发展。国家对电解铝行业所采取的宏观调控政策就是逆周期调节和跨周期调节有机结合的成功典范。以《国务院关于化解产能严重过剩矛盾的指导意见》为标志，一系列调控政策相继出台，特别是《关于印发部分产能严重过剩行业产能置换实施办法的通知》和《关于印发清理整顿电解铝行业违法违规项目行动工作方案的通知》两个文件的落实，使我国电解铝行业无序扩张乱象得到根本治理。电解铝4500万吨总产能"天花板"形成，新增产能只能通过产能等量或减量置换实现。也正是得益于此，我国电解铝产业在环保、"双碳"等工作要求下，走出了向清洁能源地区转移的高质量发展之路。而在稀土行业，国家进行对私挖稀土的"打黑"行动，来控制国内稀土行业的产量规模，对行业整体进行调控。2021年12月23日，中国稀土集团有限公司在江西赣州成立，进一步畅通了稀土产业链上下游及不同领域之间的沟通衔接，更好地保障传统产业提质升级和战略性新兴产业发展。

这10年，市场主体改革取得新成就。国资国企改革完成顶层设计，国有经济布局优化和结构调整持续推进，中国特色现代企业制度建设取得实质性突破，混合所有制经济稳健发展，以管资本为主的国资监管体制不断健全。我国有色金属工业固定资产投资规模不断扩大，投资结构逐步优化。多年以来，中铝集团、中国五矿集团、中国有色集团等中央企业加大投资力度，不断扩大产业规模；金川集团、陕西有色金属控股集团、江西铜业集团、铜陵有色金属集团、云锡集团、西部矿业集团等地方国有企业也得到大力发展。与此同时，大量的民营资本进入有色金属行业，如魏桥创业集团、南山铝业、信发集团、海亮集团等一批技术装备水平先进的大型民营铜、铝加工企业。

这10年，产业布局和供给结构得到优化。多层次资本市场可以提供相对高效透明的定价机制和灵活多样的支付工具与融资手段，推进产业结构调整，化解产能过剩。这也是从根本上解决我国目前污染和生态问题的重要途径。有色金属工业把结构调整作为推动行业发展的重要途径。一直以来，我国有色金属工业始终围绕传统产业升级改造、优化资源配置、推进企业兼并重组和优化产业布局，不断调整和优化产业结构。有色金属工业由低端向高端、由高速发展向高质量发展转型升级。推进企业兼并重组，积极稳妥发展混合所有制企业，培育打造具有国际竞争力的企业集团，提高产业集中度，增强企业实力和竞争力。我国统筹考虑境内外资源、能源、环境和运输等生产要素，优化产业布局。魏桥创业集团、信发集团利用境外铝土矿资源，建成了大型氧化铝项目；中铝集团和金川集团利用境外铜资源分别在福建宁德和广西防城港建设了现代化的铜冶炼厂。

这 10 年，法治建设和监管效能持续增强。新《证券法》《刑法修正案（十一）》《中华人民共和国期货和衍生品法》相继出台。《中华人民共和国期货和衍生品法》的实施，是期货市场具有里程碑意义的大事。期货市场法治"四梁八柱"形成，为实体经济利用期货市场发现价格、管理风险提供了制度支持，增强了交易者和套期保值者的市场信心，对于活跃商品流通、防控金融风险、提高企业风险管理水平、促进经济高质量发展具有重要意义。期货市场基本法律制度的确定，对于推动我国期货市场对外开放和国际化进程，增强国际交易者对我国期货市场的信心意义重大。

《中华人民共和国期货和衍生品法》的颁布，一方面，对标国际最佳实践，更好地构建期货市场对外开放的新格局，将促进我国期货市场进一步扩大对外开放，为在国际期货市场上打造中国价格、形成中国声音创造有利条件；另一方面，充分体现了中国特色期货市场发展特征，强调国家对期货市场多方位服务实体经济能力的支持，确立品种上市注册制，明确支持套期保值并对相关概念进行界定，便利实体企业参与期货市场。

高质量发展赋能新发展格局

党的十八大以来，以习近平同志为核心的党中央提出坚持把发展经济着力点放在实体经济上，坚定不移建设制造强国、质量强国、网络强国、数字中国，推进产业基础高级化、产业链现代化，提高经济质量效益和核心竞争力，并作出一系列重要部署。

一个产业的高质量发展，重要表现之一就是产业结构的破旧立新、优化升级。10 年来，通过积极稳妥化解过剩产能，持之以恒抓技术改造升级，传统产业焕发出全新生机。以我国有色金属行业为例，在产品的研发制造上不断向产业链前端和价值链高端迈进，更是为我国一大批重大科技工程提供了坚实的材料保障。从"蛟龙"号成功下潜 7062 米海底，到 C919 大型客机即将取证交付，从时速 600 千米高速磁浮样车成功下线，到"中国天眼"巡天探宇……中国有色金属工业以高质量发展成果推动了我国高端合金材料工业的升级发展。

完成"从大到强"的跨越，离不开市场主体的顽强拼搏、奋勇争先。制造业强，企业必须强。拥有一批世界领先的优质企业，是制造强国的鲜明标志，也是经济迈向高质量发展的必然要求。10 年来，一个个"顶天立地"的领先企业脱颖而出，一大批优质的中小企业成长壮大。在最新公布的 2022 年《财富》中国 500 强企业中，有色金属企业达到 37 家。

科技创新对经济持续增长起到至关重要的作用。我国资本市场在支持科技创新、经济转型方面成效显著，通过设立创业板、科创板及北交所等，有力地推动了要素资源向科技创新领域集聚。

资本市场的发展为企业在科技创新上提供了多方面支持，其中，最为基础的是资金支持。一方面，资本市场为有技术的个人或企业提供大量资金进行生产经营和规模扩张，鼓励更多的个人或企业进行创新；另一方面，企业在市场中面临激烈的竞争，需要足够的资金支持，在技术创新和人才引进等方面进行持续投入，进而达到降低生产成本、提高经营效益、实现产品创新和产业升级等目的。除了资金支持以外，资本市场在发展过程中出现了一些商业银行所不具备的功能，为科技创新提供更多的支持。

因为创新资本的形成，加速科技成果向现实生产力转化，资本市场和有色金属工业进行高水平循环，资本市场做好我国有色金属工业的"助推器"。2021年，规模以上有色金属企业实现利润大幅增长，规模以上有色金属工业企业（不包括独立黄金企业）实现营业收入同比增长34.4%，实现利润总额同比增长121.4%。据国家统计局数据，有色金属工业（包括独立黄金企业）完成固定资产总投资经过几年下降后，2021年实现增长。其中，矿山采选完成固定资产投资额同比增长1.9%；冶炼和压延加工完成固定资产投资额同比增长4.6%。有色金属工业完成民间固定资产投资额增长较快。其中，矿山采选完成民间投资额同比增长12.3%，冶炼和压延加工完成民间投资额同比增长11%。

2016年，我国开始构建绿色金融体系，"绿水青山就是金山银山"这一重大理念深入人心，目前市场格局基本形成，正蓬勃发展。2020年9月，我国宣布2030年前实现碳达峰，2060年前实现碳中和的总体目标。围绕这一目标，我国有关部门先后出台一系列政策，着力构建绿色金融体系，增加绿色金融供给。同时，重点省份、地市陆续开展绿色金融试点。如今，我国的绿色贷款、绿色债券余额位居世界前列。风电、光伏发电等绿色电力的装机容量和新能源汽车产销量都居世界第一。与"双碳"相关的风电、光伏、新能源电池及交通工具轻量化等对有色金属需求增加，成为拉动有色金属需求的新增长点。

国际竞争力和影响力大幅增强

党的十八大以来，我国持续扩大对外开放，着力构建以国内大循环为主体、国内国际双循环相互促进的新发展格局，建设更高水平开放型经济新体制。资本与有色金属工业有机结合，取得了一系列的显著成就。

这10年，我国对外开放广度和深度得到全面拓展。商品出口占国际市场份额由11%增长至15%，货物贸易第一大国的地位得到了增强。我国全面实行外商投资准入前国民待遇加负面清单管理制度，利用外资规模不断扩大。我国积极构建高标准自由贸易区网络，对外签署的自由贸易协定数由10个增加至19个。我国部署建设了21个自贸试验区和海南自由贸易港，打造了一系列对外开放的新高地、试验田，形成了全方位、高水平对外开放的新格局。

这10年，我国坚定不移扩大对外开放，利用外资取得重要成果。一是我国引资规模一直稳居发展中国家首位。2021年，我国实际使用外资达到1.15万亿元，位居世界第二，较2012年增长62.9%。二是外商投资法律体系进一步完善。2020年，外商投资法正式实施，以对外开放为主基调，确定了外商投资促进、保护、管理的基本制度，为外商投资权益提供了更全面、更有力的法治保障，体现了高水平对外开放的时代特征。三是对外开放水平大幅提升。我国在制造业、采矿业、农业、金融业等领域推出了一系列重大开放措施，吸引更多外资企业来华经营。四是外商投资环境明显改善。我国连续3年清理与外商投资法不符的法规、规章和规范性文件，充分保障了外资企业公平竞争待遇。作为全球最大、增长最快的市场之一，我国拥有完善的产业配套体系、丰富的人力资源、良好的创新环境和无可比拟的内需潜力。外资企业始终看好我国经济发展前景，愿意扎根深耕我国市场、与我国经济共成长。

这10年，资本市场的国际吸引力和影响力大幅增强。资本市场有序推动市场、行业和产品对外开放和境内外市场互联互通，有力地促进了我国经济和金融体系与国际接轨，并先后开通沪港通、深港通、沪伦通等互联互通机制，QFII、RQFII、QDII等制度不断完善，境外上市制度改革稳步推进，跨境投融资便利程度显著提高。A股纳入多个国际知名指数。期货市场对外开放品种达到9个。

2013年，习近平总书记开创性地提出了共建"一带一路"倡议。我国共建"一带一路"秉持共商共建共享原则，坚持开放、绿色、廉洁理念，努力实现高标准、可持续、惠民生目标，国际凝聚力、感召力和影响力不断增强，取得了实打实、沉甸甸的成就。

一是共建"朋友圈"不断夯实。共建"一带一路"不断巩固扩大合作范围，截至目前，我国已与149个国家、32个国际组织签署200多份合作文件，战略规划对接日益深化。共建"一带一路"已先后写入联合国、二十国集团、亚太经合组织、上海合作组织等多边机制成果文件。在"一带一路"倡议下，更多的国内有色金属企业积极"走出去"，主要在赞比亚、刚果（金）、几内亚、秘鲁、厄瓜多尔、塞尔维亚、坦桑尼亚、印度尼西亚、加拿大等国家和地区开展矿业开发及相关工程，取得积极有效的成果。

二是有色金属海外资源开发取得较快进展。近年来，有色金属行业在亚洲、非洲、南美洲等地投资建设了大批矿业项目。其中，项目产品涉及40余个有色金属品种，境外出资企业本土员工近50万人。中铝集团、中国五矿集团、中国有色集团、金川集团、铜陵有色、洛阳钼业、江西铜业、山东黄金、中国黄金、中铁资源、北方矿业、金诚信、紫金矿业、魏桥创业集团、南山铝业、信发集团等多家有色金属企业在开发海外资源合作上硕果累累。2014—2020年，累计投资超过750亿美元，主要有色金属品种（铜、铝、镍钴等），中资企业获取的海外矿产权益资源量已经超过国内资源量。一批大型矿产资源开发项目相继投产，包括秘鲁的拉斯邦巴斯铜矿和特罗莫克铜矿、几内亚的博法铝土矿和博凯铝土矿、刚果（金）的腾凯（TFM）铜矿和卡莫阿铜矿、澳大利亚杜加尔河锌矿、巴布亚新几内亚瑞木镍钴矿等。

三是经贸交流与合作不断发展。近年来，在"一带一路"倡议的推动下，有色金属行业加快实施"走出去"战略，通过不断深化国际产能合作，为实现资源全球化、多元化配置，保障产业链、供应链安全稳定发挥了重要作用。中国有色金属国际产能合作企业联盟于2017年3月31日成立，截至2021年，联盟成员单位已达62家，基本涵盖了有色金属行业开展国际产能合作的相关企业和机构。积极良好的国际产能合作项目意义重大，不仅有利于我国企业"走出去"，创造经济效益，提升国家形象，同时有利于国家间互联互通、促进世界经济的发展。

四是新兴领域国际合作不断拓展。近年来，随着新能源的快速发展，我国对能源金属锂的需求不断增长。特别是2021年，紫金矿业、中矿资源、赣锋锂业、天齐锂业、华友钴业、盛新锂能等有色金属企业在锂资源开发上都取得了极大进展。其中，紫金矿业于2021年10月收购了加拿大新锂公司，其资源量在全球主要盐湖中排名前五，品位在全球主要盐湖中排名前三，具备建成世界级大型盐湖基地的条件。另外，赣锋锂业的墨西哥锂黏土项目、中矿资源的加拿大TANCO矿山锂辉石项目、华友钴业的津巴布韦Arcadia锂矿项目、盛新锂能的津巴布韦萨比星锂钽矿项目、西藏珠峰的阿根廷锂盐湖项目等也在当年取得有效进展。

纵观这10年全球资本市场的变化，在规模趋势上，我国对外投资与海外对华投资均呈上升态势，2012年以后，更注重发展平衡，并把高质量发展纳入考虑，出台相应的政策及措施。在产业投资上，无论是我国参与海外市场，还是外商来华投资，都向高技术产业、制造业引导，尤其是近几年对新材料及"双碳"领域的倾斜更为明显。在区域方面，近几年欧美的参与度有所降低，东盟、"一带一路"沿线国家与我国的交流更加频繁。受区域政策及国家博弈、各自国家的政策影响，我国与东盟和"一带一路"沿线国家的相互投资占比提升，这也带动了我国与相关主体的贸易往来。

10年春华秋实，10年风华正茂。回眸10年，虽然我国有色金属工业有涉滩之险、有闯关之难、有爬坡之艰，但是全行业历经风雨探索、披荆斩棘，高质量发展的基础和条件正在不断形成和巩固。

坚持党的全面领导，在重大历史关头、重大考验面前，党中央的判断力、决策力、行动力起到了决定性作用。

从我国经济发展进入新常态的判断、明确"稳中求进"的工作总基调，到提出以供给侧结构性改革为主线，再到提出立足新发展阶段，坚持"创新、协调、绿色、开放、共享"新发展理念，构建新发展格局，推动我国经济实现高质量发展，习近平总书记为新时代的我国经济擘画出清晰的发展方向和路径。坚持以人民为中心的发展思想，坚持底线思维和忧患意识，面对种种风险挑战，我国经济始终保持战略定力，统筹发展与安全，实现"稳"和"进"的辩证统一。

当前，我国已经开启全面建设社会主义现代化国家新征程、向着第二个百年奋斗目标进军，百年变局和世纪疫情相互叠加，我国经济仍将面临新的挑战。在以习近平同志为核心的党中央坚强领导下，我国有色金属工业必定披荆斩棘，在高质量发展的道路上阔步前行。

撰稿人：叶 倩 李 铮

铅　锌　篇

日月其迈，岁律更新。从 2012 年秋天到 2022 年秋天，新时代中国历经 10 年的中高速发展，时代的脉搏从未像今天这般强劲，也从未像今天这般扣人心弦。

习近平总书记指出："新时代 10 年的伟大变革，在党史、新中国史、改革开放史、社会主义发展史、中华民族发展史上具有里程碑意义。"

其间，中国有色金属工业顺势而为、借势而进、造势而起、乘势而上。作为重要的有色金属品种，铅锌工业也牢牢把握住了机会。

10 年来，中国仍是世界上最大的铅锌金属生产和消费大国。但是，铅锌产业结构矛盾长期存在。资源、能源和环境的刚性约束制约着其发展空间，成本高企和扩大应用难度大的双重矛盾挤压着其生存空间。铅锌采选企业、冶炼企业的盈利能力不同，存在利润占比与产量占比不匹配的问题，且面临同质化竞争的冶炼企业经营压力更大，其中，铅冶炼企业的利润更多地依赖黄金、白银、硫酸等副产品及对有价金属的综合回收。因此，在构建国内国际双循环格局和实现"双碳"目标的大环境下，我国铅锌产业转型升级和高质量发展之路充满挑战。

10 年来，也正是源于科技进步和资源环境的强大约束，我国铅锌工业的产业规模和生产效率均取得长足发展。生产与消费基本保持平稳，产业结构逐步优化，科技创新成果显著，不断深入国际化合作，市场竞争力有所增强，特别是在工艺技术、装备水平、智能制造和绿色发展等方面迈上新的台阶。作为制造业最基础的原材料工业之一，铅锌工业在提升我国有色金属产业链和供应链的安全性、稳定性、竞争力中发挥了重要作用，抗风险能力有所增强，冶炼企业经济效益有所改善。以绿色低碳循环为主的固定资产投资项目呈现优化态势，涌现出多个成功转移转型的高端绿色智能制造铅锌基地，为实现铅锌工业高质量发展奠定了坚实的基础。

坚持循环利用　强化资源保障

虽然面临锂离子电池等新能源产品在汽车、电动自行车、通信基站等传统消费领域的替代压力，但中国铅消费需求依然旺盛，且拥有铅炭电池等领域的新兴市场。此外，铅具备优良的可循环再生性，随着精铅累计消费量的不断增长，再生铅金属产量占比呈上升趋势，对原生铅消费增长形成冲击。

锌主要用于镀锌、压铸锌合金、氧化锌等领域。镀锌的防腐特性，使其与建筑、汽车、家用电器等领域关联密切。目前，我国经济处于由高速发展阶段向高质量发展阶段转变的关键时期，基建、房地产及密切相关的汽车、白色家电领域面临新形势下的市场机遇，消费动力较为充足。

由此可见，经历 10 年发展，铅锌工业产能配置趋近于饱和，铅锌消费逐渐进入平台期，面临着新发展格局下的市场变化，相关企业已充分认识到规模的增长很难带来经济效益的增长。同时，冶炼投资不再集中于新增产能，而是向资源综合利用、危险废弃物无害化处置等领域延伸。

知者行之始，行者知之成。随着铅锌产业规模优势的减弱，叠加环保、人力、物流等运行成本的刚性上升，铅锌企业更加重视资源综合回收、尾渣综合利用，以切实的挖潜增效实现稳健经营。中国五矿集团有限公司、河南豫光金铅集团有限责任公司、河池南方有色集团等企业，通过打造铜铅锌联合冶炼体系，实现不同系统间有价金属的高效回收，提升盈利能力；深圳市中金岭南有色金属股份有限公司、云南祥云飞龙再生科技股份有限公司、鑫联环保科技股份有限公司等企业，通过延伸产业链集中处置二次物料，在保障产业绿色环保发展的前提下，盘活二次资源的经济价值；云锡文山锌铟冶炼有限公司建设的国内首条、世界第二条二氧化硫还原浸出—赤铁矿除铁炼锌工艺生产线取得良好的经济效益；西部矿业集团有限公司成功打造国内首条 5G 全自动智能化锌冶炼熔铸生产线，为青海省乃至整个行业提供了数字化转型经验。

云南驰宏锌锗股份有限公司第一个在国内建成了有较高技术含量的铅锌
数字化矿井和现代化的选矿系统

与此同时，再生铅锌产业有序健康发展。受生产者责任延伸制度影响，铅酸蓄电池企业通过新建再生铅厂、并购再生铅生产企业、与再生铅企业展开合作等多种途径，积极布局再生铅产业。原生铅企业具有装备、技术、环保等优势，再生铅企业与铅酸蓄电池企业的深度合作，则赋予其废旧铅酸蓄电池回收、循环渠道优势，因而原生铅企业与再生铅企业的深度合作形成优势互补，实现铅产业的高质量发展。

再生锌产业的发展与钢铁行业发展息息相关。高炉瓦斯灰、电葫芦烟尘等含锌二次物料的有效利用，不但发挥了再生锌产业的技术、装备优势，也有效地解决了钢铁行业污染物处置等问题，实现资源的循环再生，也实现有色金属行业与钢铁行业的融合发展。

善弈者谋势，善谋者致远。随着中国经济由高速增长阶段转向高质量发展阶段，铅锌工业也进入新的发展时期，以习近平新时代中国特色社会主义思想为指引，进一步深入贯彻落实"创新、协调、绿色、开放、共享"的新发展理念，稳步推动供给侧结构性改革，坚持高水平"引进来""走出去"，坚持走创新驱动、内生增长的发展道路，努力提高产业发展的质量和效益。铅锌企业以更加开放的姿态和行动，与行业同仁携手合作、互利共赢，不断破解资源开发与环境保护的矛盾，主动适应国内消费平台期的到来，持续推进智能制造水平的提升，努力消化成本刚性上升的压力，为铅锌工业可持续发展作出新的贡献。

践行社会责任　　整治污染源头

2012年11月，党的十八大从新的历史起点出发，作出大力推进生态文明建设的战略决策；随着党的十八届五中全会召开，增强生态文明建设首度被写入国家五年规划；习近平总书记在党的十九大报告中指出，加快生态文明体制改革，建设美丽中国。

"不蹶于山，而蹶于垤。"作为重金属污染防控的重点行业，中国铅锌工业的环保问题累积时间长、历史欠账多，重金属污染防治形势严峻、责任重大。中国有色金属工业协会对铅锌行业发展提出要求，要全面加强生态环境保护，坚决打好污染防治攻坚战，打造绿色铅锌产业。

10年来，在生态文明建设的总体要求下，按照"创新、协调、绿色、开放、共享"的新发展理念，中国铅锌工业以清洁生产为生命线，把重金属污染风险当作不可触碰的高压线，将重金属防控压力转化为绿色发展动力；积极向绿色低碳转型升级，突出绿色发展，切实做好协同减污降碳工作，筑牢生态文明底线。

近年来，中冶葫芦岛有色金属集团有限公司牢牢守住环保高压线，正视历史欠账，积极承担社会责任，累计投资3亿余元进行环保治理，大刀阔斧淘汰落后污染产能，实施挥发窑脱硫、污水处理系统升级等100余项环保治理改造，实现工业"三废"达标排放，彻底解决了威胁企业生存的污染问题。

沿线贡献湖南省四分之三GDP的湘江，一度成为全国重金属污染最严重的河流之一。党的十八大以来，湖南省全面打响湘江流域重金属污染防治攻坚战，3个"三年行动计划"依次展开。"等不得"的紧迫感、"慢不得"的危机感、"松不得"的责任感、"停不得"的使命感，让湖南省重点区域重金属污染防治工作加速推进并取得显著成效，基本完成历史遗留重金属污染整治目标。"十三五"期间，株洲清水塘老工业区261家企业实现全面关停退出，土壤修复和遗留污染治理稳步推进；湘潭竹埠港及周边地区28家化工企业全部关停退出，累计完成土壤修复治理114.52万立方米，处置危险废渣3.8万吨，处理废水约3.4万吨，处置建筑垃圾31万吨；衡阳水口山及周边地区基本完成水口山区域产业结构调整和历史遗留污染治理任务，完成水口山有色金属产业园区的循环化改造；湘西锰三角地区163家铅锌浮选企业关闭了162家，关停（淘汰）浮选产能9.3万吨，清理废石90多万立方米；郴州三十六湾及周边地区在完成源头控制和河道尾砂治理示范的基础上，加快推进退矿复绿，深化矿区源头和矿山尾砂污染治理，推进甘溪河、陶家河等流域污染治理。

习近平总书记指出，绿水青山就是金山银山，改善生态环境就是发展生产力。良好生态本身蕴含着无穷的经济价值，能够源源不断创造综合效益，实现经济社会可持续发展。

生态文明建设和污染防治攻坚战对我国铅锌工业发展环境产生重大的影响，不仅淘汰了落后产能和散乱污企业，还减少了"劣币驱逐良币"的怪象，促进产业集中度的提高。

落实规划发展　打造行业标杆

10 年来，中国铅锌产业管理日趋严格。从《铅锌行业准入条件》到之后的《铅锌行业规范条件》等，各项规章制度及时出台并根据实际做出相应调整、更新，对促进铅锌工业技术进步、装备提升起到良好的示范作用，对行业集中度的提升也起到积极的作用。数据显示，铅锌采选规模以上企业数量，已由 2015 年的 491 家下降至 2019 年的 328 家；同时期的铅锌冶炼规模以上企业数量，由 365 家下降至 267 家。因此，行业准入门槛的不断提升，既是对铅锌工业的挑战，也是铅锌企业抓住转型升级机遇，提升行业竞争力的契机。

为贯彻落实《国务院办公厅关于印发生产者责任延伸制度推行方案的通知》要求，规范废铅蓄电池回收和利用行为，提高资源循环利用水平，保护生态环境，国家发改委会同有关部门组织起草了《铅蓄电池回收利用管理暂行办法》，并于 2019—2020 年多次公开征求意见，根据反馈情况对文稿进行修改完善。其中指出，国家实行铅蓄电池回收目标责任制；到 2025 年底，铅蓄电池回收率要达到 70% 以上；国家根据行业发展情况适时更新回收目标。

生态环境部印发《重污染天气重点行业应急减排措施制定技术指南（2020 年修订版）》，首次将再生铅、锌行业列入重污染天气应急减排绩效分级的重点行业，并对再生铅、锌企业污染处理技术、无组织排放管控、排放限值、运输管理、环境管理水平提出具体的要求。

为进一步加快铅锌产业转型升级，促进铅锌行业技术进步，提升资源综合利用率和节能环保水平，推动铅锌行业高质量发展，根据国家有关法律法规和产业政策，工信部制定了《铅锌行业规范条件》（2020 年第 7 号公告）；于当年 3 月 30 日组织开展铅锌行业规范管理工作；于 2021 年 1 月 4 日和 2022 年 4 月 24 日公布了两批符合《铅锌行业规范条件》的企业名单。

据统计，铅锌矿山行业中，云南驰宏锌锗股份有限公司会泽矿业分公司、云南澜沧铅矿有限公司、南京银茂铅锌矿业有限公司、福建金东矿业股份有限公司、西部矿业股份有限公司锡铁山分公司、彝良驰宏矿业有限公司（毛坪铅锌矿）、云南永昌铅锌股份有限公司、深圳市中金岭南有色金属股份有限公司凡口铅锌矿、金徽矿业股份有限公司共 9 家企业位列其中。

在铅冶炼行业中，云南驰宏锌锗股份有限公司会泽冶炼分公司、云南驰宏资源综合利用有限公司、安徽铜冠有色金属（池州）有限责任公司、江西铜业铅锌金属有限公司、河南金利金铅集团有限公司、岷山环能高科股份公司、洛阳永宁有色科技有限公司、广西南丹南方金属有限责任公司、内蒙古兴安银铅冶炼有限公司、河南豫光金铅股份有限公司、济源市万洋冶炼（集团）有限公司共 11 家企业位列其中。

锌冶炼行业中，云南驰宏锌锗股份有限公司会泽冶炼分公司、云南驰宏资源综合利用有限公司、巴彦淖尔紫金有色金属有限公司、安徽铜冠有色金属（池州）有限责任公司、江西铜业铅锌金属有限公司、河南豫光锌业有限公司、云锡文山锌铟冶炼有限公司、深圳市中金岭南有色金属股份有限公司丹霞冶炼厂、南丹县南方有色金属有限责任公司、西部矿业股份有限公司锌业分公司、内蒙古兴安铜锌冶炼有限公司共 11 家企业位列其中。

与此同时，危废、固废、二次物料规范管理同样得到重视。《国家危险废物名录》《危险废物转移联单管理办法》《锌冶炼用氧化锌富集物》标准等相关规章制度出台，积极推动铅锌工业高质量发展。

夯基固本求新　行业全面发展

10 年来，很多铅锌企业满怀"走在前列"的自觉追求、为中国铅锌工业发展探路的责任担当，不驰于空想、不骛于虚声，干在实处。因为迈向世界一流，是企业不断成长壮大、实现基业长青的内在需要，是中国经济高质量发展的必然要求。

中国铜业有限公司借助国家重点实验室平台优势，当好铅锌领域技术中心建设的"勤务兵"，全力推进铅锌领域技术中心实现创新链、人才链、产业链三链深度融合，努力打造创新资源集聚的铅锌创新智谷。其所属的云南驰宏锌锗股份有限公司积极落实"双碳"目标，全面推进煤改气、热渣回收、蒸汽余热发电等降碳措施，被评为首批循环经济试点单位，其矿山、冶炼厂获得绿色矿山和绿色工厂称号。

"十三五"期间，中国五矿集团有限公司所属的湖南有色金属控股集团有限公司通过全面深化改革、加快转型升级、优化产业布局，成功打造铜铅锌产业示范基地，实现新旧动能转换，走上高质量发展的道路。到"十四五"末，湖南有色将拥有 200 万吨铅锌矿石量的采选能力，年产铅锌金属含量 10 万吨以上，拥有 120 万吨铅锌冶炼加工能力，年营业收入达到 500 亿元以上，年利润达到 10 亿元以上，为中国铅锌工业高质量发展贡献力量。

中国有色矿业集团有限公司所属的中色股份赤峰中色白音诺尔矿业公司一矿技术组完成并实施的内蒙古自治区赤峰市白音诺尔铅锌矿深部勘查项目方案，于 2018 年获得中国有色金属地质找矿成果一等奖，使白音诺尔铅锌矿增加资源量 500 万吨，有效延长了矿山服务年限。其所属的中色股份达瑞铅锌矿项目是做强做大铅锌开发、提高铅锌矿资源开发和工程承包国际影响力的重点项目，是中国有色矿业集团有限公司深入贯彻落实习近平总书记三次重要指示批示精神的重要举措、全力打造世界一流矿业企业的重要支撑。

河南豫光金铅集团有限责任公司首创废旧铅酸蓄电池自动分离—底吹熔炼再生铅先进工艺，开创再生铅和原生铅相结合的新模式，实现资源循环高效利用，使铅工业步入生产—消费—再生的循环发展之路，成为中国再生铅产业发展的样本；在发展循环经济的过程中，实现了对铅锌矿中伴生的多种有价金属回收，取得了良好的经济效益和社会效益。

作为陕西省首家铅锌资源拟上市企业，西北有色地矿集团权属企业陕西西北有色铅锌集团已正式全面运营，上市工作已步入实质运营"快车道"。目前，西北有色地矿集团全力推进铅锌采选板块主板 IPO 上市工作，努力将实体经营和资本运营双轮驱动战略构想变为现实。

白银有色集团股份有限公司是我国多品种有色金属综合生产基地，具有年产铅锌40万吨的生产能力；采用新型黄钾铁矾湿法炼锌工艺和改进型 ISP 火法炼锌工艺，152 平方米流态化焙烧炉是世界首台、炉床面积最大的焙烧炉，形成国内具有自主知识产权的新一代锌冶金技术，能耗与环保水平达到了行业最高要求，为行业创立了一条低成本绿色低碳发展之路。

西部矿业集团有限公司坚持绿色发展理念，彻底关停6万吨锌冶炼及铅业分公司铅冶炼系统等6个工艺落后、环境高风险项目的生产设施，大幅减少污染物排放，从根本上解决了影响绿色发展的问题。其所属的锌业分公司10万吨锌冶炼项目采用氧压浸出炼锌工艺，从根本上解决了锌冶炼制酸尾气问题。

深圳市中金岭南有色金属股份有限公司以打造"绿色冶炼、精品冶炼"为目标，坚持绿色发展，推进企业转型升级，实施了一系列节能环保技术改造和减排综合升级改造工程。此外，该公司以技术创新为核心，围绕生产经营和改革发展面临的难题和短板选题立项，通过技术改造、创新工艺、学习引进先进智能化设备，开启了向智能化方向迈进的新阶段。

中金岭南公司韶关冶炼厂全景

广西华锡集团股份有限公司所属的来冶公司通过采购海外锌精矿，保证锌系统满负荷开机，以规模化生产降低生产成本，以高效回收有价金属增加效益，以对标管理实现节能降耗，从而破解长期掣肘企业发展的重大难题，为实现高质量发展提供更广阔的思路。

2020年8月，锌期权在上海期货交易所上市，满足铅锌企业精细化的风险管理需求，帮助构建并完善行业风险管理体系，提升我国铅锌产业在全球有色金属市场的话语权，为行业高质量发展提供了有力支撑。近年来，铅、锌期货法人持仓和成交占比明显增长，广大铅锌企业运用期货工具管理价格风险，取得实效。

中国有色金属工业协会铅锌分会自成立以来，吸引力、凝聚力、影响力与日俱增。铅锌分会的骨干冶炼企业于2015年11月在上海率先打响了维护行业利益的限产稳价保卫战，成立了联合工作小组，在行业供给侧结构性改革中发挥了积极作用。通过行业加强自律、企业交流合作，铅锌分会为企业办了很多实事和好事，扎实做好"六稳"工作，全面落实"六保"任务，突出"绿色"在五大发展理念中的作用，加强绿色制造和智能制造，推动铅锌行业高质量发展。

10年来，中国铅锌工业坚持稳中求进的总基调，充分认识到供给侧结构性改革的长期性和艰巨性，加强行业自律协调和产业协作，靠科技创新推动绿色和智能制造，坚定不移地推动铅锌行业实现更高质量、更有效率、更加公平、更可持续、更安全的发展，为"十四五"期间建设有色金属工业强国作出新的更大贡献。

"为者常成，行者常至。"在新发展格局下，中国铅锌工业开创新局面。

一是开创绿色发展的新局面。铅锌产业、铅锌企业眼睛向内练内功，通过工艺、技术、流程优化改造，增强二次物料和复杂原料的综合利用能力，优化原燃料应用结构，提升能效，深度减排；在实现低碳排放的同时，提高伴生资源综合利用水平，努力提高行业绿色发展的综合效益。

二是开创体制机制改革新局面。铅锌产业勇于在体制机制方面创新，大力推行混合所有制改革，建立市场化的用人机制和激励机制，盘活存量资产，用好要素资源，激发人才创新积极性，开创改革发展新局面。

三是开创多元化发展的新局面。铅锌产业努力与相关产业主动融合，构建区域生态链和产业生态圈，增强产业发展支撑，削减发展瓶颈；将资源综合利用做到极致，变副产品为精深产品，做到资源价值最大化。

四是开创双循环互动的新局面。积极融入全球产业交流与合作，深化资源开发利用和贸易等方面的国际合作。对标国际领先企业，不断提升技术、管理和资本运作等方面水平；努力运用大数据、各类平台，在更高层面、更广范围深化国际合作。

数据显示，2022 年上半年，铅锌行业生产保持平稳，铅产量 364 万吨，同比增长 3.1%；锌产量 326.3 万吨，同比下降 1.7%。价格同比上涨，铅、锌现货均价分别为 15392 元/吨、26012 元/吨，同比分别增长 0.3%、15.1%；6 月末价格较年内高点分别下降 3.6%、15.9%。进口量同比下降，出口量大幅增长，铅精矿、锌精矿、精铅、精锌分别进口 42.8 万吨、181.6 万吨、231 吨、4.9 万吨，同比分别下降 20%、3.2%、83.5%、81.8%；受价格外强内弱影响，出口量大幅增长，精铅、精锌分别出口 8.8 万吨、6 万吨，同比分别增长 84 倍和 17 倍；铅酸蓄电池出口 10924 万只，同比增长 20.7%。

心中有念，眼中有光，身上有劲，脚下有路。新时代的中国铅锌工业充满信心，以昂扬姿态迈上新时代的发展之路。

撰稿人：付　宇

附表

2021 年铅锌企业前 7 名企业

企业名称	营业收入/万元	
	排序	2021 年
东岭集团股份有限公司	1	13276579
河南豫光金铅集团有限责任公司	2	6203224
西部矿业集团有限公司	3	5182186
河南金利金铅集团有限公司	4	3627977
广西南丹南方金属有限公司	5	3431436
济源市万洋冶炼（集团）有限公司	6	3102041
葫芦岛宏跃集团有限公司	7	2500199

稀 土 篇

稀土是元素周期表中的镧系元素和钪、钇共 17 种金属元素的总称。国外稀土工业的发展始于 1886 年。到 20 世纪 80 年代前半期，能进行稀土分离加工的国家主要有美国、日本、法国、英国、德国、奥地利、加拿大和苏联等。

我国稀土工业起步于 20 世纪 50 年代。到 20 世纪 80 年代，我国稀土工业快速发展，1986 年稀土冶炼分离产品产量超过美国，成为世界最大的稀土生产国。到 21 世纪初，我国以占世界总储量 23% 的稀土储量承担了世界 90% 以上的市场供应量。

党的十八大以来，我国稀土行业发展历经黄金 10 年。这 10 年，我国稀土行业以习近平生态文明思想为根本遵循，以绿色发展为战略基点，科学谋划，技术创新，全力打造资源节约型、环境友好型、绿色生态型智能化产业，并逐步向绿色低碳方向发展。

细分来看，我国稀土行业前端分离企业阔步前进，后端功能材料企业有序铺陈。

近年来，我国稀土行业坚持"创新、协调、绿色、开放、共享"的发展理念，大力发展稀土高端应用，加快稀土产业转型升级，推进稀土供给侧结构性改革，促进我国稀土行业适应、把握和引领经济新常态，为我国成为名副其实的原材料工业大国，形成较为完善的产业和产品体系，有效保障国民经济和社会发展需要作出了卓越贡献。

中国稀土步入世界第一梯队

回顾历史，我国稀土工业的发展可大致分为以下 4 个阶段。

起步阶段（1949—1977 年）。新中国成立前，我国没有稀土工业，所需稀土产品均依靠进口。1949 年，新中国刚成立，国家就组织北京地质研究所白云鄂博调查队（后改为241 地质队）对白云鄂博矿区进行了大规模地质勘探与研究。1956 年，国家发布《1956—1967 年科学技术发展远景规划纲要》，其中第 16 项中涉及对稀土元素的分析、提取、分离及其化合物的研究并探索新用途的内容。"一五"期间，白云鄂博矿的综合利用被列为国家重点科研项目。中央专门成立包头矿领导小组，组织国内有关科研单位开展工作。

稳步发展阶段（1978—1985 年）。十一届三中全会后，我国稀土工业进入了一个新的发展阶段。时任国务院副总理方毅受邓小平同志委托，从 1978—1986 年先后 8 次赴包头，组织领导稀土资源综合利用和科技攻关工作，并于 1978 年在冶金部设立全国稀土推广应用领导小组办公室。

高速发展阶段（1986—1995 年）。1988 年，国务院稀土领导小组成立，第一次会议讨论落实中央确定的"强化管理、保护资源、科学开发、联合对外"发展稀土工业的十六字方针。1992 年，邓小平在南巡时指出："中东有石油，中国有稀土。中国稀土资源占全世界已知储量的 80%，其地位可与中东的石油相比，具有极其重要的战略意义，一定要把稀土的事情办好。"

引领行业发展阶段（1996年至今）。"九五"期间，我国稀土工业逐步将发展重点转移到调整产业结构上，产品开发的重点向高技术含量的外延产品及各种稀土功能材料转移，行业进入并购重组、集约发展时期，生产继续保持稳定发展。

"十五"期间，我国稀土行业贯彻落实"开拓市场，推广应用，保护资源，合理开采"的发展思路，继续深入调整产业结构，稀土磁性材料、稀土发光材料、稀土储氢材料等稀土新材料发展迅猛，技术装备水平和生产规模有很大提高。

"十一五"期间，我国的稀土材料产量总体呈快速增加态势，不仅在稀土资源储量、生产量、出口量和消费量上居世界第一，各类稀土功能材料产量也居世界领先地位，稀土永磁材料、稀土发光材料年产量占世界总产量的80%以上，稀土储氢合金产量超过全球总产量的70%，我国成为名副其实的稀土大国。

党的十八大以来，我国战略性新兴产业快速发展，稀土新材料在新能源、节能环保、新能源汽车、电子信息、航空航天等领域应用快速增长，国内稀土市场更加活跃，稀土产品在电动汽车、绿色照明、液晶显示、风力发电等领域的需求进一步扩大，稀土永磁产品消费量持续增长，在国内市场的消费份额不断扩大。同时，稀土生产总规模在国家有效调控下，稀土行业供求关系更加平稳合理，主流稀土产品价格稳定运行，全行业利润持续增长。

稀土工业实现跨越式发展

党的十八大以来，以习近平同志为核心的党中央高度重视稀土产业发展。2019年，习近平总书记亲赴江西赣州调研稀土相关产业发展情况，并就我国稀土产业高质量发展发表重要讲话，为我国稀土产业发展指明了方向、提供了根本遵循。

稀土是国家重要的战略资源，也是不可再生资源，将这一资源优势转化为经济高质量发展和国家安全的助推器，政策支持、科技创新、应用拓展等方面发挥了不可或缺的作用。

10年来，我国稀土行业企业深入学习领会、坚决贯彻落实习近平总书记重要讲话精神，聚焦党中央重大决策部署，主动担当、积极作为，推动了新时代我国稀土产业发展，并在稀土、应用、环保等方面均取得了历史性成就。

政策护航稀土产业发展

2012年，《中国的稀土状况与政策》白皮书发布，白皮书全面介绍了我国稀土的现状、保护和利用情况、发展原则和目标及相关政策，增进了国际社会对我国稀土行业相关情况的了解。

同年，工信部印发《稀土企业准入公告管理暂行办法》及《稀土行业准入条件》，有效保护稀土资源和生态环境，推动稀土产业结构调整和升级，规范生产经营秩序，促进稀土行业持续健康发展。

2014年，国务院发布的《政府核准的投资项目目录（2014年本）》规定，稀土矿山开发项目由国务院行业管理部门核准，稀土冶炼分离项目由国务院行业管理部门核准，稀土深加工项目由省级政府核准。稀土深加工项目审批的完全下放，体现了国家对发展稀土深加工的鼓励和支持态度，有利于加快发展高性能稀土磁性材料、发光材料、储氢材料、催化材料等稀土新材料和器件，推动稀土材料在信息、新能源、节能、环保、医疗等下游领域的应用，鼓励发展高技术含量、高附加值的稀土应用产业。

2015 年，经国务院批准，商务部决定从 2015 年 1 月 1 日开始取消稀土出口配额，执行《2015 年出口许可证管理货物分级发证目录》，稀土许可证由特办签发，并自 2015 年 5 月 1 日起取消稀土出口关税；将稀土、钨、钼资源税由从量计征改为从价计征，按照不增加企业税负的原则合理确定税率。同时，严控稀土生产总量，工信部稀土办继续执行 2012 年《稀土指令性生产计划管理暂行办法》，继续严格执行生产总量控制管理。

同年，工信部、公安部等八部委联合发文，决定自 2014 年 10 月—2015 年 3 月 31 日开展打击非法稀土开采、生产、流通、出口等 4 个环节的违法违规行为的专项行动。

2016 年 6 月 30 日，工信部发布新版《稀土行业规范条件（2016 年本）》和《稀土行业规范条件公告管理办法》，进一步细化了稀土项目的设立和布局、生产规模、资源利用、产品质量等规定，对保护稀土资源和生态环境、推动稀土产业结构调整升级、规范稀土行业生产经营秩序、促进稀土行业持续健康发展具有重要的指导意义。

2016 年 10 月，工信部发布《稀土行业发展规划（2016—2020 年）》，提出构建合理开发、有序生产、高效利用、科技创新、协同发展的稀土行业新格局是"十三五"主要发展方向，在保护稀土战略资源，继续压缩过剩冶炼分离产能的前提下，重点发展稀土高端功能材料及器件，着力拓展稀土功能材料的中高端应用，加快稀土产业转型升级，提高行业发展质量和效益，发挥好稀土在改造传统产业、发展新兴产业及国防科技工业中的战略价值和支撑作用。

2017 年，国务院印发《全国国土规划纲要（2016—2030 年）》。该纲要提出，加强稀土等资源保护力度，合理控制开发利用规模，促进新材料及应用产业有序发展；加强重要矿产资源勘查。积极实施找矿突破战略行动，以铁、铜、铝、铅、锌、金、钾盐等矿种为重点，兼顾稀有、稀散、稀土金属和重要非金属矿产，完善以市场为导向的地质找矿新机制，促进地质找矿取得重大突破。

2018 年 12 月 14 日，自然资源部印发《关于进一步规范稀土矿钨矿矿业权审批管理的通知》。通知指出，除中央或省级财政资金勘查项目、国家确定的大型稀土企业集团勘查项目、符合国家产业政策、环境保护要求和开采总量控制要求的大型稀土企业集团稀土开采项目外，继续暂停受理新设稀土矿勘查开采登记申请；明确了新设稀土矿、钨矿勘查开采登记申请及指标分配，同等条件下依法对国家确定的贫困地区给予支持，开采总量控制指标适当向国家确定的贫困地区倾斜。该通知还提出，新设稀土矿、钨矿采矿权，必须依法进行环境影响评价，符合生态环境保护要求。对存在严重破坏环境、不履行矿山生态修复义务的采矿权，不得分配开采总量控制指标。

2018 年 12 月 25 日，国家发展改革委、商务部发布的《市场准入负面清单（2018 年版）》包含禁止和许可两类事项。市场准入负面清单直接衔接《产业结构调整指导目录》《政府核准的投资项目目录》最新版。其中，与稀土行业相关的规定是，禁止投资和新建 20000 吨/年（REO）以下混合型稀土矿山开发项目、5000 吨/年（REO）以下的氟碳铈矿稀土矿山开发项目和 500 吨/年（REO）以下的离子型稀土矿山开发项目；稀土矿山、稀土冶炼分离项目、稀土深加工项目需由省级政府核准，未获得许可，不得投资建设。

2019 年 11 月 6 日，国家发改委公布了《产业结构调整指导目录（2019 年本）》，其中，与稀土有关的内容是：鼓励含铝、铜、硅、钨、钼、稀土等大规格高纯靶材，蜂窝陶瓷载体及稀土催化材料，高品质稀土磁性材料、储氢材料、光功能材料、合金材料、特种陶瓷材料、助剂及高端应用，5 万吨/年及以上稀土顺丁橡胶，离子型稀土原矿绿色高效浸萃一体化技术的发展；限制含新建、扩建稀土采选、冶炼分离项目（符合稀土开采、冶炼分离总量控制指标要求的稀土企业集团项目除外）；淘汰离子型稀土矿堆浸和池浸工艺、独居石单一矿种开发项目、稀土氯化物电解制备金属工艺项目、湿法生产电解用氟化稀土生产工艺、20000 吨/年（REO）以下混合型稀土矿山开发项目、5000 吨/年（REO）以下的氟碳铈矿稀土矿山开发项目、500 吨/年（REO）以下的离子型稀土矿山开发项目、2000 吨/年（REO）以下的稀土分离项目及 1500 吨/年以下、电解槽电流小于 5 千安、电流效率低于 85% 的轻稀土金属冶炼项目。

2020 年 6 月 24 日，国家发改委、商务部发布《外商投资准入特别管理措施（负面清单）（2020 年版)》。本次修订按照只减不增的原则，进一步缩减外商投资准入负面清单。其中，全国外商投资准入负面清单由 40 条减至 33 条；自贸试验区外商投资准入负面清单由 37 条减至 30 条。负面清单经历多次缩减后，"禁止投资稀土、放射性矿产、钨勘查、开采及选矿"仍列为外商投资特别管理措施，凸显了稀土资源的战略意义。

2020 年 9 月 1 日，《中华人民共和国资源税法》实施。在稀土相关领域，资源税法明确规定：中重稀土实行固定税率，税率由原来的 27% 降至 20%；轻稀土实行幅度税率，税率为 7%~12%。幅度税率由省级人民政府确定具体税率。

2021 年 1 月，工业和信息化部公开征求对《稀土管理条例（征求意见稿）》的意见，提出国家对稀土开采、稀土冶炼分离实行总量指标管理，实行稀土资源和稀土产品战略储备，并首次明确对违反规定企业的处罚条例。

2021 年 12 月 29 日，工信部联合科技部、自然资源部印发《"十四五"原材料工业发展规划》。该规划强调，优化年度开采总量控制指标管理机制，科学调控稀土、钨等矿产资源的开采规模；支持企业加快跨区域、跨所有制兼并重组，提高产业集中度，开展国际化经营；培育一批具有生态主导力和核心竞争力的产业链领航企业，做强做大稀土企业集团，鼓励稀有金属企业加快整合；重点围绕大飞机、航空发动机和能源产业等重点应用领域，重点攻克超高纯稀土金属及化合物、高性能稀土磁性、催化、光功能、储氢材料等一批关键材料；推动离子吸附型稀土矿绿色高效开采、稀土多金属矿伴生等资源高效利用，推进高性能稀土永磁材料选区精准渗透等技术的工程化，推动高丰度稀土元素平衡利用等技术产业化应用。

这 10 年，国家出台了多项稀土行业相关政策，在规范稀土行业生产经营秩序、加强环境资源保护等领域取得了卓越成就。这是贯彻落实习近平总书记一系列重要讲话精神和践行"绿水青山就是金山银山"理念、加强对稀土资源保护性开发的具体体现，在新发展形势下，对促进稀土行业持续健康发展具有重大意义。

稀土工业运行持续向好

党的十八大以来，在以习近平同志为核心的党中央的高度重视下，相关部门出台了多项政策措施，为我国稀土工业的发展提供了最强有力的支撑，保障了我国稀土行业市场的健康平稳运行。

2012—2021 年，在国家有关部门、地方各级政府的重视下，在我国稀土全行业的共同努力下，我国稀土行业发展既有量的增长，更有质的提升。

（1）产业运行总体稳中有升。统计数据显示，2012 年，我国稀土开采总量控制指标为 9.38 万吨（以稀土氧化物计，下同），实际生产 7.6 万吨；稀土冶炼分离产品计划 9.04 万吨，实际生产 8.2 万吨，产量均控制在计划指标内。2013 年，全国稀土开采总量控制指标为 9.38 万吨，冶炼分离产品计划为 9.04 万吨。全年实际开采量为 8.04 万吨，冶炼分离产品产量为 8.33 万吨，分别为计划的 85.7% 和 92.1%，稀土出口配额总量 2.4 万吨（折合实物量 3.1 万吨）。全年实际出口稀土配额产品实物量 2.29 万吨，同比增长 36.3%，出口金额 6.03 亿美元。到 2021 年，我国稀土的开采总量控制指标为 16.8 万吨，其中，轻稀土为 14.885 万吨，中重稀土为 1.915 万吨。2021 年，我国累计出口稀土 48917.7 吨，出口金额 6.534 亿美元，同比分别增长 38% 和 90%。数据说明，在稀土开采总量控制指标和指令性生产计划等管理措施发挥作用的同时，我国稀土工业发展在开采总量、分离总量及出口总量上呈现逐年递增的趋势，也反映出了我国稀土工业稳定发展的情况。

（2）行业发展的质量有所提升。10 年来，在国家产业政策的引导和市场作用的调节下，我国稀土产业已经开始从主要依靠生产要素投入向主要依靠科技进步、创新驱动转变。同时，我国稀土行业固定资产投资额逐年稳定增长，新增资金主要用于整体搬迁、技术升级和环保整改等项目建设。10 年来，我国稀土行业企业转型升级与淘汰落后产能双管齐下，使我国稀土行业发展的质量和效益得到同步提升。

（3）市场秩序进一步规范。10 年来，国家有关部门、地方各级政府、行业协会和稀土企业共同努力，严厉打击稀土违法违规行为，遏制过剩产能建设，推动建立规范有序的资源开发、冶炼分离和市场流通秩序，并取得了阶段性成果，进一步规范市场秩序，促进稀土行业持续健康发展。

10 年来，我国稀土产业加快高质量发展，资源转化增值成效不断显现。同时，稀土产业技术创新能力不断提升，稀土产业链不断延伸，稀土产品附加值不断提高。统计数据显示，2022 年上半年，我国稀土行业实现营业收入 749 亿元，同比增长 51%；行业利润率达到 14%，较"十三五"初期增长 8 个百分点。

经过 10 年的发展，我国稀土产业已进入高质量发展的新阶段：第一，产业结构进一步优化，中国稀土集团成功组建，行业综合整治持续深入推进，为产业发展注入新的强劲动力；第二，创新能力不断提高，离子型稀土原矿浸萃一体化、铈磁体等技术实现工程化应用，稀土功能材料制造业创新中心等公共服务平台组建成立；第三，应用产业加速向高端迈进，磁性、发光等稀土新材料产量年均增幅超 10%，产品质量和国际竞争力大幅提升。

行业发展成果丰硕

我国是稀土资源大国，经过数十年的发展，稀土产业链不断完善，产品品种不断丰富，产品质量不断提高，市场规模不断扩大，国际影响力持续提升，实现了资源优势逐步向产业优势和经济优势的转变，积累了众多宝贵发展经验。

（1）坚持保护性开发，资源优势得到有效发挥。稀土属于重要的战略资源，为合理规划资源开发和利用强度，国家采取了总量控制指标管理措施，在有力保护宝贵资源的同时，调整了市场供需结构，推动了稀土价格的合理回归，提升了行业整体效益。

（2）坚持高端化、集约化发展，稀土行业整合成效显著。经过 10 年的发展，我国稀土行业基本扭转了原来"多、小、散"的局面，极大地降低了企业间的无序竞争，改善了行业经营秩序，强化了科技创新能力，提升了全行业绿色化、集约化和高端化的发展水平，增强了产业国际竞争力和影响力。

（3）坚持创新驱动，科研实力稳步提升。全行业坚持创新引领，紧扣战略新兴产业和绿色低碳发展趋势，取得一系列重要成果。烧结钕铁硼磁体产业化综合性能（磁能积+矫顽力）突破 75，突破高效固态绿色照明用稀土发光材料关键制备技术；建设了如先进稀土材料产业公共技术服务平台、北京稀土新材料技术创新中心等一批技术一流、装备先进的服务平台和研发中心，为我国稀土技术的研发创新与产业化奠定坚实基础。

（4）坚持绿色发展，持续推动行业换代升级。绿色低碳是我国经济社会发展进入新发展阶段的客观要求，稀土全行业坚决贯彻落实新发展理念，形成节约、清洁、循环、低碳的新型生产方式，把产业绿色发展水平不断提升到新高度。

（5）坚持高质量开放，稳步推进国际交流合作。坚持"引进来"和"走出去"两条腿走路，与日美和东南亚等国家和地区开展多领域交流合作。日立金属与中科三环合资设立日立金属三环磁材（南通）有限公司；日本 TDK 公司与广东广晟稀土集团合资成立广东东电化广晟稀土高新材料有限公司；盛和资源联合境外机构收购美国芒廷帕斯稀土矿，投资开发格陵兰稀土资源，有效地利用了两个市场、两种资源。

（6）重视专业人才培养，形成了强大的工程师队伍。中国稀土学科教育发展至今，依托我国的稀土资源优势，结合各地稀土开发与应用新技术，办学成果显著，为中国稀土行业培养并输送了一大批优秀稀土冶金专业技术人才和行业管理人才，也在教学实践中锻炼成长了一批高素质稀土冶金与材料等方面的教学与科学研究人才，为中国稀土产业发展作出了巨大贡献。

（7）强化政府引导和监管，行业秩序大为改善。工信部会同有关部门多次实施的稀土联合治理整顿行动成效显著，尤其是打击稀土违法违规专项行动由过去的"运动式"转变为常态化技术性治理后，市场经营秩序明显好转，产品价格企稳回升，企业效益明显改善，彻底扭转出口"量增价跌"态势，获得行业一致好评。

（8）国家重点关注支持，产业政策不断完善。中国稀土产业的发展离不开国家的大力支持，产业政策涉及稀土矿产开采、冶炼、加工、研发、流通、监管等各个环节，涉及范围广、支持力度大，世界其他国家难以与之相比。

技术应用创新引领行业高质量发展

稀土被誉为"现代工业维生素"和"21 世纪新材料宝库"，被广泛应用于国防科技、智能制造、节能环保和轨道交通等高端制造领域，是传统产业转型升级和高端技术突破的关键支撑材料。

10 年来，稀土在高新技术领域应用不断拓展，全球稀土产品市场需求不断增长。稀土新材料在新能源、节能环保、新能源汽车、电子信息、航空航天等领域应用快速增长，稀土产品在电动汽车、绿色照明、液晶显示、风力发电等领域的需求进一步扩大。因其具有优异的磁、光、电等功能性质，经过 10 年的发展，我国已经形成以稀土永磁、储氢、发光、催化、抛光、晶体等为代表的稀土功能材料产业，在国民经济和国防安全建设领域都发挥着至关重要的作用。

稀土永磁材料主要包括钕铁硼永磁材料、钐钴永磁材料，具有磁性能好、综合性能优异等特点，被广泛应用于汽车、风电、节能家电、工业机器人、消费电子和工业电机等领域。中国是稀土永磁材料第一大生产国，全球产量占比在85%左右，部分产品技术质量已经达到国际领先水平。例如，烧结钕铁硼磁体产业化综合性能（磁能积+矫顽力）突破75，开发出双（永磁）主相技术等。

电镀后的稀土永磁体

稀土催化材料主要用于石油催化裂化和汽车尾气净化等领域。国产稀土催化裂化催化剂在使用性能上已达到同类催化剂国际先进水平，国内市场自给率可达95%左右。

稀土储氢合金是目前业界公认综合性能最好的储氢材料之一，主要以镍氢电池的形式应用于各个领域。稀土储氢合金的生产主要集中在日本和中国，中国产量全球占比在50%左右，研发能力和品质管控能力已经达到世界先进水平。

稀土抛光粉具有抛光效率高、粒度均一、硬度适中、抛光质量好等优异性能，广泛应用于液晶玻璃、显示屏、光学器件、电子元器件等领域。中国已经成为全球最大的稀土抛光粉生产国和消费国。

稀土发光材料主要包括稀土三基色荧光粉、LED荧光粉和长余辉荧光粉三种类型，广泛应用于节能环保、电子信息、医疗卫生、国防科技和科学研究等相关领域，中国是稀土发光材料产消第一大国。

稀土晶体材料主要包括激光晶体和闪烁晶体两大类，前者主要应用于国防科技、信息存储、精密加工、医疗美容等方面，后者广泛应用于高能物理、放射医学、安全检测、工业无损探伤及地质勘探等领域。党的十八大以来，我国建成完整的稀土激光晶体产业链，所生产的产品品种齐全，产业整体技术水平已达到国际先进水平。

高纯稀土氧化物生产线

10 年来，在习近平新时代中国特色社会主义思想的指引下，中国稀土行业从业者牢记总书记的殷殷嘱托，发挥我国稀土资源的独特优势，不断提升科技创新水平，持续做大做强中国稀土产业。同时，我国稀土行业企业经过不懈努力，研制出了大量自主创新的高端稀土新材料，延伸了稀土产业链，维护了稀土行业供应链、产业链安全，保障了稀土行业经济运行畅通，发挥了我国稀土资源、产业链优势，巩固了我国稀土在全球的战略地位，为国家安全、经济建设和社会发展作出了卓越贡献。

踔厉奋发　赓续前行

党的十八大以来，我国稀土行业发展之所以能够取得上述成果，得益于不断深入学习贯彻落实习近平总书记一系列的指示批示精神，大力实施创新驱动发展战略，强化党对稀土行业企业发展的全面领导。未来，我国稀土行业企业将继续以习近平新时代中国特色社会主义思想为指引，推进我国稀土行业向高质量发展迈进。

这 10 年，绿色发展理念已经贯穿我国稀土行业发展全过程，稀土行业发展整体趋于稳定，我国稀土行业总体上已进入健康发展轨道。一方面，稀土逐渐告别"土"的价格，其价值和应用规模不断升级；另一方面，稀土永磁材料等下游产品供不应求，在终端应用领域发挥着关键作用，产业竞争力明显增强。产业链上下游协同发展趋势清晰，上下游正在形成供需良性循环。

这 10 年，我国稀土行业在科技、环保、应用等领域的创新能力和水平得到了实质性的提升，取得了一批具有标志性意义的重大科技成果，特别是在新材料产业发展领域发挥了引领作用，极大地振奋了我国稀土行业自信自强的志气、骨气和底气。

2017 年 6 月 22 日，习近平总书记在山西考察时指出："新材料产业是战略性、基础性产业，也是高技术竞争的关键领域，我们要奋起直追、迎头赶上。"① 党的十八大以来，党中央、国务院高度重视新材料产业发展，成立国家新材料产业发展领导小组。近年来，新材料在各领域的作用不断深化。《中国制造 2025》涵盖新一代信息技术产业、高档数控机床和机器人、航空航天装备、海洋工程装备及高技术船舶、先进轨道交通装备、节能与新能源汽车、电力装备、农机装备、新材料、生物医药及高性能医疗器械等 10 个重点领域。这些领域的发展与稀土产业有很高的关联度，对稀土材料的保障能力和质量性能提出了更高要求，这必将带动稀土产业高速发展。

"十四五"时期是深入贯彻习近平新时代中国特色社会主义思想、开启全面建设社会主义现代化国家新征程、实现百年未有之大变局的一个重要的发展时期。

步履不停，开拓进取。我国稀土行业在习近平新时代中国特色社会主义思想的指引下，深入贯彻落实习近平总书记一系列重要讲话精神，完整、准确、全面贯彻新发展理念，持续优化产业发展环境，强化创新引领作用，推动绿色化、智能化、高端化转型。同时，以推动稀土产业高质量发展为主线，充分利用两个市场、两种资源为我国稀土行业发展服务，促进稀土上下游产业企业协调、健康、稳定高质量发展，形成产业政策支持、重点项目有力推动行业技术进步、产业优化升级的局面；持续推进稀土行业供给侧结构性改革和需求侧管理，以有效供给创造新的需求，巩固提高我国在全球稀土领域的战略地位，为实现稀土产业向高端化发展谋篇布局。

撰稿人：周大伟

---

① 2017 年 6 月 23 日新华社新闻《习近平在山西考察工作》。

镍 业 篇

10 年，是时间的标尺，也是发展的刻度。

党的十八大以来，面对复杂严峻的国际市场环境和繁重艰巨的国内改革发展稳定任务，我国镍工业企业在以习近平同志为核心的党中央坚强领导下，坚持稳中求进工作总基调，顽强拼搏、接续奋斗，勠力同心、克难奋进，在栉风沐雨中，不断书写镍工业发展的新篇章。

回眸 10 年，在每一个四季轮回中，镍都在我国有色金属工业的发展历程中留下了不平凡的身影——

2012—2020 年，我国成为全球最大的镍钴消费国，也是跨国合作的最大镍钴生产国。

2013 年 2 月 5 日，习近平总书记视察金川集团兰州科技园时，对金川集团的发展寄予厚望并强调，必须紧紧抓住科技创新这个核心和培养造就创新型人才这个关键，瞄准世界科技前沿领域，不断提高企业自主创新能力和竞争力。[①]

2013 年 10 月，习近平主席和时任印尼总统苏西洛在印尼首都雅加达共同见证了双方合作开发中印尼经贸合作区青山工业园区及首个入园项目的签约。

2021 年，中国企业积极践行"走出去"战略，纷纷在印尼投资镍产业链，成功将中国的市场、技术和资金与印尼的镍矿资源完美结合。同年，印尼原生镍产量达到 92 万吨，首次超过中国，成为全球第一大原生镍生产国。

10 年来，我国镍工业发展取得了举世瞩目的成就，特别是在镍的采、选、冶及相关新材料领域，研发了一批达到国内领先水平且具有自主知识产权的核心技术。如今，我国已经成为新时代引领世界镍工业发展的重要力量。

多点发力　打造世界镍工业强国

从传统的产业分布格局，到镍铁—不锈钢一体化生产；从仅有少数国企开采、冶炼镍矿，到国企、民企齐头并进、共同发展，我国镍工业稳扎稳打、步履不停，走出了一条由大到强的发展道路。

10 年来，我国镍工业水平实现跨越式发展，科技水平得到提升，持续推动我国镍产业高质量发展。

按照习近平总书记"瞄准世界科技前沿领域，不断提高企业自主创新能力和竞争力"的指示精神，金川集团笃行不怠，根据行业技术发展趋势和技术需求，率先确定了 12 个重点领域及各领域的攻关方向，启动了"低成本镍矿冶炼关键技术及工程化应用研究"等 6 个重大研发项目，开展了新一轮科技攻关。

---

① 2013 年 2 月 5 日新华网新闻《习近平春节前夕赴甘肃看望各族干部群众》。

金川集团通过加大科技攻关力度，加强产、学、研、用深度融合，建立分级投入机制，建成了世界首座铜合成熔炼炉、世界首座富氧顶吹镍熔炼炉等世界领先的冶炼工艺设备，形成了一批具有自主知识产权的核心技术。

在镍钴新材料、电池材料和贵金属材料产业发展中，面对众多"技术壁垒"及"卡脖子"难题，金川集团潜心钻研，不断加快发展步伐，生产出的镍丸、镍带等工业产品，不仅填补国内市场空白，还解决了"卡脖子"问题。尤其随着国内电动车市场的兴起，金川集团大力发展新材料，延伸产业链，为我国动力电池行业的发展作出了较大贡献。

目前，金川集团已建成世界上最先进的镍闪速炉熔炼、富氧顶吹镍熔炼、铜合成熔炼、矿热电炉炼铜、铜自热炉熔炼五大生产系统。冶炼厂拥有各类大型冶金炉窑 38 座（台），这在全世界都是少有的，被称为有色冶金企业的"炉窑博物馆"。

金川集团选冶化厂区鸟瞰

10 年来，我国镍工业生产业态不断创新，工艺流程不断优化，能源利用率不断提高，在世界镍工业发展进程中的中流砥柱作用日益突出。

为了缓解在不锈钢需求方面的压力，我国开始运用红土镍矿冶炼成 NPI，解决不锈钢原料的瓶颈问题。为此，我国自主研发了回转窑—电炉镍铁工艺（RKEF），进而催生了回转窑—电炉—AOD 炉—精炼炉—连铸—热轧联产，开创了镍铁—不锈钢一体化生产新业态。随着该工艺的推广应用，我国镍产能得到大量释放，为不锈钢的大规模发展铺平了道路。

近年来，我国镍铁产量极速增长，2018 年达到了 47.6 万吨，是 2006 年镍铁产量的 15.9 倍，年均递增速度达 26%。在全国不锈钢粗钢产量排名前 5 的企业中，浙江青山控股集团有限公司、北海诚德镍业有限公司、江苏德龙镍业有限公司都是采用该生产业态的企业。其中，青山集团通过创新业态发展，成为了全球最大的镍（以含镍量计）和不锈钢生产企业。2021 年，青山集团不锈钢产量为 1237 万吨，生产镍铁折合镍当量 60 万吨，占据了全球四分之一左右的市场份额。

10 年来，我国镍产业供给侧发生变革，需求侧从不锈钢转向三元动力电池，供应侧从硫化镍转向红土镍。早年间，全球镍的主要驱动力为不锈钢产业的蓬勃发展；2017 年以来，新能源汽车行业大跨步发展，三元动力电池发展方兴未艾，镍在动力电池领域的需求得到了显著提升，供给端变革为需求大规模增长打开了新空间。此时，红土镍矿与传统镍产业的联系越来越密切，红土镍矿高压酸浸产出的氢氧化镍钴成为了生产电解镍和硫酸镍的重要材料。2018 年，我国以硫化镍为原材料的镍产业发展已经进入相对稳定阶段。其中，金川集团股份有限公司、新疆新鑫矿业股份有限公司、吉林吉恩镍业股份有限公司以传统硫化镍矿冶炼为主，广西银亿新材料有限公司、烟台凯实工业有限公司、天津市茂联科技有限公司、浙江华友钴业股份有限公司以红土镍矿湿法冶炼中间产品氢氧化钴为原材料。据统计，2018 年，我国电解镍产量为 15.2 万吨，是 2000 年产量的 3 倍，年均递增速度为 6.3%。

低成本的红土镍矿在一定程度上替代了高成本的硫化镍的供应，从而激发产业变革，使镍产业链形成了鲜明的"两元供应—两元需求"产业格局，即"红土镍矿—镍铁—不锈钢"和"硫化镍矿—金属镍/镍盐（硫酸镍）"路径。从 2021 年开始，我国对红土镍矿冶炼技术的掌握，逐步打通了硫酸镍的生产路径，形成"红土镍矿—镍中间品—硫酸镍"格局，真正使更大资源禀赋、更低成本的红土镍矿成为硫酸镍领域的主流供应原材料，进一步激发了三元动力电池的需求潜力。

10 年来，我国镍工业呈现出国有企业与民营企业齐头并进、共生发展的良好局面。随着镍铁—不锈钢一体化发展格局的形成，我国走出了镍工业上下游联动、"国企+民企"强强联合的发展道路，镍产业集中度不断提高。既有金川集团、基恩镍业、新鑫矿业、厦门象屿集团、德诚镍业等国有企业；也有青山集团、德龙镍业、广西银亿、烟台凯实、天津茂联、东泰山钢铁集团、广西柳钢中金不锈钢有限公司、福建福欣特殊钢等民营企业，两者竞争合作、优势互补、互利共赢，释放出了巨大的发展活力。

此外，我国不锈钢行业通过兼并重组，产业集中度进一步提高。2011 年，宝钢集团有限公司与德盛镍业的联合重组，打造了当时全球最大的绿色不锈钢基地；2020 年 8 月，中国宝武钢铁集团有限公司与太钢集团实施联合重组，打造了亿吨级的钢铁集团。而宝武重组太钢，缩小了与青山集团在产量上的差距，进一步增强了我国企业在不锈钢领域的综合竞争力。截至 2021 年，我国不锈钢粗钢产量为 3245 万吨，并形成福建、广东、广西、江苏四大集群。

"十三五"时期，我国深入推进供给侧结构性改革，推动不锈钢行业高质量发展。其间，我国处置了一大批低端落后产能和"僵尸企业"，市场决定要素配置的机制逐渐形成，供需结构逐渐趋于协调平衡。同时，我国坚持以高标准治理环境污染，高质量推动发展转型。2018 年 5 月，将江苏省兴化市戴南镇 353 家企业存在严重污染物排放的 687 台中频炉全部关闭，以"壮士断腕"式的硬举措，推动不锈钢产业转型升级。

"十四五"时期，我国不锈钢产业进入高质量发展新时期。以深化供给侧结构性改革为主线，以改革创新为动力，以绿色低碳为引领，推进质量变革、效率变革、动力变革，促进质量效益全面提升。数据显示，2021 年，全球不锈钢产量达到 5830 万吨的历史新高。其中，我国所占比重已达到 56%，成为了全球不锈钢生产和消费的绝对中心。

统筹资源保障　打好"走出去"战略主动战

习近平总书记强调，能源安全是关系国家经济社会发展的全局性、战略性问题，对国家繁荣发展、人民生活改善、社会长治久安至关重要。

在"一带一路"倡议的推动下，我国镍行业加快实施"走出去"战略，充分发挥主观能动性，持续加强对海外资源的战略布局，不断打通能源产业链，逐步形成发展合力。

我国是全球最大的镍消费国，但同时也是一个"贫镍"国。从消费量来看，我国所需的镍矿资源依赖大量进口，对外依存度长期保持在80%以上，且资源供应高度集中，90%以上来源于印尼和菲律宾两国，供需矛盾导致镍资源对外依存度长期维持高位，镍资源持续稳定供应存在很大的挑战。

10年来，我国企业"抱团出海"，纷纷在印尼投资建设镍工业全产业链条，成功地将中国的市场、技术和资金与印尼的镍矿资源紧密结合，在保障我国镍资源稳定供应的前提下，成为全球镍市场的重要增长极和"一带一路"国家沿线投资的典范，为全球镍产业的繁荣稳定作出了突出贡献。

2013年10月3日，中国和印尼两国元首在雅加达共同见证了青山园区设立及首个入园企业项目签约。截至2021年底，该园区已达到年产340万吨镍铁、300万吨不锈钢钢坯、350万吨普碳钢坯、6万吨镍金属（湿法）的生产能力，并配套建有铬铁、焦炭、兰炭、电解锰、石灰、硅铁等项目，该园区也是世界上首个集采矿—镍铬铁冶炼—不锈钢冶炼—热轧—退洗—冷轧于一体的不锈钢产业园区。

2016年11月，金川集团与印尼WP公司和RKA公司合作，合资建设印尼金川WP&RKA红土镍矿项目。2019年5月28日，印尼金川WP&RKA红土镍矿项目产出第一批合格镍铁；10月23日，冶炼厂最后一条生产线——1号生产线镍铁电炉顺利点火，生产主流程建设基本完成。该项目的全面投产，标志着金川集团正式进军红土镍矿领域，实现了硫化镍矿、红土镍矿资源全覆盖，为我国镍资源与镍产品结构战略性调整打下了坚实的基础。

2015年、2017年，江苏德龙镍业分别与中国一重集团、厦门象屿集团合作，在印尼投资建设镍铁合金一体化冶炼工业园；2022年，德龙镍业独资110亿元拟在印尼建设年产180万吨镍铁生产线。当前，上述三期项目均已被纳入中印尼共建"一带一路"重点项目库及印尼国家战略项目。同时，德龙工业园也被印尼政府列为印尼国家级大型产业园区。

2018年，宁波力勤资源科技股份有限公司与印尼HARITA公司合作，在印尼北马鲁古省奥比岛（OBI岛）建设了一座湿法冶炼厂。该项目的投产，让低品位红土镍矿大规模开发成为可能，使先进技术成为中国企业获得资源开发机会的利器，为新能源产业发展提供了坚实的材料供应保障。

2021年，德龙、华新丽华、华迪等项目近30条NPI生产线投产，随着后续其他镍铁生产线的逐步投运，印尼每月回流中国的镍铁量将进一步提高，中国镍铁产业转移正在加速中。

当前，随着新能源技术攻克及整个行业趋于良性发展，镍在新能源汽车动力电池的需求空间巨大，全球范围内对硫酸镍的需求持续增长，除上述项目之外，印尼依靠丰富的红土镍矿资源还吸引了许多的湿法项目投资。

盛屯矿业公司在印尼建设的3.4万吨高冰镍项目已经于2020年9月投产，领先同行1.5~2年时间；华友钴业在印尼纬达贝工业园IWIP投资建设年产4.5万吨金属镍的高冰镍项目（持股70%），并且该公司的印尼6万吨氢氧化镍钴合资项目于2020年3月正式开工建设，目前已处于调试试生产阶段，规划产能为 6 万吨硫酸镍和 7000 吨钴；格林美的印尼红土镍矿湿法生产硫酸镍晶体项目，从红土镍矿中炼出制备三元动力电池的关键原料——电池级镍钴，创造了从红土镍矿直接生产新能源材料的全球典范，由此拉开印尼镍资源向新能源行业创新升级的序幕……

随着各国纷纷出台"禁燃"时间表，镍矿资源更加紧俏，资源保有量关系到我国新能源汽车产业发展和能源安全。为此，我国电池企业把目光转向印尼，投资建设动力电池工厂，积极布局防范风险。成功建设了包括从红土镍矿开发、火法冶炼、湿法冶炼、三元电池材料到电池回收的全产业链。

从最初只能出口红土镍矿原料，不具备工业化生产加工能力，到成为全球镍铁和不锈钢生产大国，印尼的镍产业工业化升级离不开我国企业大型投资项目的助推。正是这些中国企业，使印尼的镍工业水平得到快速发展，其镍产量从 2013 年的 2.3 万吨，猛增到 2018 年的 28.9 万吨，不仅促进了当地经济发展，也显著增强了中国镍产业的国际竞争力。

据不完全统计，截至 2018 年底，我国企业在印尼累计投资约 44 亿美元，建成了 1 个镍铁—不锈钢一体化项目，10 个镍铁项目，合计形成不锈钢产能 300 万吨/年，镍铁产能 320 万吨/年，使印尼成为中国最重要的境外镍资源基地。除了在印尼投资建厂之外，中色集团、中国五矿集团等企业还在巴布亚新几内亚、缅甸、加拿大等国家和地区投资 44.2 亿美元，建设了 3 个镍资源开发项目，形成了矿山镍金属 7.5 万吨/年产能及相应的冶炼能力，构建了立足国内、面向海外、内外联动的双循环发展格局。

通过国际合作，我国进一步增强了在全球产业链、供应链中的影响力和竞争力，也为顺畅联通、紧密连接国内国际双循环奠定了坚实基础。

锚定技术升级　　实现跨越式发展

10 年来，我国在镍领域取得了快速发展，一批代表当今世界先进水平的生产工艺得到推广应用。

从镍火法冶炼技术的突破来看——

RKEF 镍铁冶炼技术在我国成功实现工业化应用，使我国镍铁冶炼工业步入世界先进行列。在我国镍铁生产起步时期，使用的是高炉冶炼工艺，但 2010 年以后，我国相继淘汰落后产能，大刀阔斧进行产业结构调整，伴随环保政策日益收紧，高炉生产镍铁工艺逐渐被回转窑—电炉（RKEF）工艺取代。虽然，RKEF 工艺在我国起步较晚，但发展速度较快。其主要原因在于我国镍资源贫乏，在 2011 年国家产业结构调整目录中，RKEF 被列为鼓励类工艺。该工艺具有节能、降耗的特性，成本优势明显，快速被我国镍铁行业所认可，成为主流生产工艺。目前，我国镍铁生产企业约 80% 都采用了该生产工艺，进一步实现了我国镍铁产业装备大型化、生产自动化、产品高端化，提高了我国镍铁冶炼的整体技术水平。

我国在富氧顶吹熔炼—转炉吹炼技术上的攻关取得巨大进步，建设了世界上第一座在硫化镍冶炼领域应用富氧顶吹熔炼技术的工厂。目前，金川集团富氧顶吹镍熔炼炉规格为直径 5 米×6.5 米，是世界上规格最大的顶吹熔炼炉。

我国在侧吹浸没燃烧熔炼技术上的突破，逐步解决了我国危废处置领域关键工艺流程绿色化程度不高的问题，做到了危废处理的减量化、无害化和资源化，并形成民族危废产业技术自主创新体系，使我国废旧线路板的综合处理能力达到世界领先水平。

由金川集团公司自主创新的顶吹炉顶侧复吹熔池熔炼技术，已达到国际先进技术水平，不仅填补了国际镍冶炼行业的空白，也为金川集团镍冶炼烙上了高端化、绿色化、智能化的标签。

我国在闪速熔炼—转炉吹炼技术上的突破，使镍回收率可达 96%、铜回收率达 94%、钴回收率达 55%。镍闪速熔炼是目前镍冶炼工艺中技术及装备最先进、熔炼强度高、规模大、集熔炼和渣贫化于一体的一种高效镍冶炼技术。中国恩菲工程技术有限公司将该技术应用于金川集团，建设了亚洲首座镍闪速熔炼炉。

此外，我国自主研发的自热炉冶炼技术，可处理二次铜精矿或硫化镍精矿，采用纯氧熔炼，完全自热，水冷喷枪采用非浸没式熔炼，作业率高、炉料适应性强、备料简单、生产效率高；富氧侧吹冶炼技术采用固定式水冷双侧吹冶金炉，硫化镍精矿既不用干燥也不用制粒，可直接入炉，原料适应性强、熔炼强度高、炉体寿命长、炉型密封好；喷吹与化学升温结合镍铁精炼技术，工艺简单，在一个操作位即可实现喷吹粉剂、喷氧、加入熔剂、扒渣等操作，优于国外转炉精炼 KR 法、LF 炉等脱硫和脱磷两段法；高温焙砂输送机电一体化成套装置，实现了高温物料无烟尘排放自动输送，可以将焙砂的温降控制在 75℃以内，并将焙砂再氧化降到最低，整个系统采用自动化控制，可实现自动化运行。

从镍钴湿法冶炼技术的突破来看——

一直以来，红土镍矿高压酸浸技术（HPAL）都是世界镍行业中的"痛点"，中国恩菲对该技术的突破，填补了我国对红土镍矿处理技术的空白，成功地将世界的目光聚焦到了中国。2021 年 5 月，力勤矿业在印尼成功生产出第一批镍钴混合氢氧化物沉淀（MHP），成为该国第一个投产的 HPAL 项目。随后，我国企业竞相在印尼大规模投资 HPAL 项目，也足以证明我国在 HPAL 技术上具有绝对优势。

此外，金川集团在羰基化冶金技术的工业应用上，一举打破了国外对羰基法生产技术的长期垄断与封锁，使我国成为继加拿大、俄罗斯之后，第三个全面掌握羰基镍生产工艺的国家。2018 年 12 月，金川集团年产 1 万吨羰基项目正式投产，通过自主创新解决了"卡脖子"技术难题，首创了 12 项国内核心技术，一跃成为世界上唯一一家同时拥有羰基镍和羰基铁生产线的产业化公司。

"十三五"以来，金川集团联合国内 38 家科研院校和大中小企业，组建了甘肃省镍钴资源高效利用及新产品开发创新联合体，为新一轮联合科技攻关奠定了基础。以第 21 次金川科技攻关大会为推手，金川集团实施了涉及采矿、选矿、镍铜冶炼、贵金属提取、新材料开发、"互联网+"等 6 个领域的重大科技攻关项目，破解制约镍铜钴资源高端、高质、高效综合利用的结构性技术难题，部分项目已获得突破性进展——

已掌握金川矿山深部和贫矿安全高效低成本采矿技术，可降低采矿成本 15 个百分点。

开发了金川硫化镍铜矿短流程湿法精炼技术，镍、铜直收率可分别提高 18%、7%，钴总回收率可提高 15%，镍精炼成本可降低 30%。

低成本红土镍矿冶炼关键技术工程化研究取得重大突破，为资源结构调整奠定了基础……

近年来，金川集团牢记习近平总书记嘱托，不断增强科技创新实力，面向国家重大需求，积极推动镍钴产业高质量发展。"十三五"以来，该集团累计投入研发资金 26.21 亿元，研发投入年均增长率为 35.8%，传统产业转型升级和新兴产业培育的步伐稳步迈进。2022 年上半年，金川集团完成工业总产值 1111 亿元，再创历史同期新高；实现纯利润 64 亿元，创历史同期最高水平。

立足国内大市场　稳定全球供应链

我国是全球最大的镍消费国，也是镍的主要生产国。镍的应用领域十分广阔，在我国工业发展进程中起到了至关重要的作用。

10 年来，我国镍应用取得了长足进步，既可用于不锈钢、合金、电镀等较为传统领域，也可用于新能源汽车动力电池领域。在我国不锈钢行业发展初期，主要以国防、航空航天、石油、电力、化工等工业领域为主。现阶段，我国不锈钢已广泛应用于民用领域。随着国民经济的快速发展，人民生活水平的不断提高，我国不锈钢消费规模日益扩大。轻工业、重工业领域的投资与建设扩大了工业设备对不锈钢的需求，并且消费领域逐步扩展到餐厨具等民用领域，医疗、交通运输等装备领域，市政设施、建筑物等建筑设施领域。

随着我国"双碳"目标的不断推进，清洁能源在能源结构中的占比提升，全球新能源汽车迎来发展高潮。由于能提供更高的能量密度和更大的储存容量，金属镍作为锂离子电池的关键材料备受关注。与此同时，随着高镍化成为三元锂电池发展路线的行业共识，新能源行业被认为是除不锈钢生产之外镍需求的最大增量来源。随后，能源企业、行业纷纷向新能源领域进军，而下游车企的倒逼机制，迫使行业逐渐向高质量发展目标迈进。

2017 年是新能源汽车的转折之年，国内动力电池企业在高镍 811 电池的布局明显提速。宁德时代、比克动力、力神电池、鹏辉能源、亿纬锂能、远东福斯特在内的诸多动力电池厂家生产的高镍/硅基体系单体电池的指标基本均已达到项目要求。

"十三五"末期，中国新能源汽车产业已建立了完善的科技创新体系，支撑大规模产业化发展。在动力电池方面，传统动力锂离子电池的性能得到显著提升，高镍/硅碳体系电池、长寿命电池已取得突破性进展，下一代电池高能量密度电池也取得了长足进步。

习近平总书记曾指出，扩大内需和扩大开放并不矛盾。国内循环越顺畅，越能形成对全球资源要素的引力场，越有利于构建以国内大循环为主体、国内国际双循环相互促进的新发展格局，越有利于形成参与国际竞争和合作新优势。

春风浩荡满目新，扬帆奋进正当时。沿着习近平总书记指引的方向，我国镍企业攻坚克难，培育新优势，挖掘新机遇，努力构建国内国际双循环相互促进的新发展格局，以"闯"的精神、"创"的劲头、"干"的作风，在劈波斩浪中开拓前进，在攻坚克难中创造辉煌。

撰稿人：张雪卉

环　保　篇

　　俯瞰山河大地，在广袤无垠的大山南北，处处可以寻见我国有色金属工业绿色发展的足迹。在草原深处、高原之巅，"无人化"智能应用为绿色矿山开采更添底气；在有色金属冶炼企业，绿树如荫的花园式工厂风景如画；在青山绿水中，节能环保生产展现着新时代有色金属工业高质量发展的风采。

　　有色金属行业既是国家重要的基础原材料产业，同时也是推进生态环保工作的重点领域。党的十八大以来，以习近平同志为核心的党中央把"美丽中国"和"生态文明"写入宪法，把绿色发展作为我国经济社会发展的五大核心理念之一。这 10 年来，作为以资源为依托的有色金属行业，在习近平生态文明思想指引下，坚决贯彻绿色发展理念，积极转变发展方式，坚持走绿色发展之路，按照国家产业政策要求，深入开展节能环保工作，在实施节能减排、淘汰落后产能、推进绿色矿山建设、推行清洁生产、着力提升污染防治水平等方面取得重要成果，推动了有色金属行业高质量发展，为美丽中国建设作出重要贡献。

　　——有色金属产品产量取得新突破。2020 年，我国 10 种有色金属产量首次突破 6000 万吨大关，达到 6168 万吨，同比增长 5.5%。有色金属行业主要产品能耗大幅降低，接近或达到世界先进水平，大大提高了有色金属工业的国际竞争力。

　　——节能减排成果显著。主要金属品种工艺技术装备大幅提升，大气常规污染物治理成效明显，重金属冶炼工艺废水深度治理成效显著，固废综合利用水平取得新进展。

　　——推进清洁生产环境治理水平全面提升。以科技助力绿色发展，实施能效提升工程，加强生产过程控制；加大科研攻关力度，开展锌湿法冶炼、铜连续熔炼、盐湖提锂、锂云母提锂、废旧锂电池回收等一批清洁生产技术，提升行业整体清洁化冶炼水平。

　　——绿色矿山建设成果显著。全行业 114 家矿山被评为国家级绿色矿山，占全国的 17%，为区域矿山建设开创了资源集约利用新模式。

　　——积极推进"双碳"目标落实。发布《有色金属行业绿色低碳标准化三年行动计划（2021—2023 年）》，进一步完善有色金属行业节能与绿色标准化工作体系，推动有色金属行业绿色、低碳、高质量发展。

全力提升污染防治水平　绿色低碳循环发展成效凸显

　　习近平总书记指出，牢固树立保护生态环境就是保护生产力，改善生态环境就是发展生产力的理念，更加自觉地推动绿色发展、循环发展、低碳发展。党的十八大以来，有色金属行业牢固树立绿色发展理念，全面履行安全环保"党政同责、一岗双责"，正确把握生态环境保护和产业发展的关系，全面实施节能减排，提升污染防治水平，以科技创新带

在海拔 3400 米的云南迪庆，中铝集团建设的现代化绿色矿山——普朗铜矿

动行业节能降碳，全面推进绿色低碳循环产业发展。

科技创新推动低碳循环发展。2013 年 2 月 5 日，习近平总书记视察兰州金川科技园时指出："金川集团和金川人为我们的工业现代化而奋斗，自力更生，在科技创新方面作出了很大的贡献。希望金川集团在科技创新中迈出更大步伐，再接再厉，更上一层楼。"[①] 金川人牢记习近平总书记的殷切期望。近年来，金川集团先后投资 50 多亿元，实施了环境污染治理达标工程和环境质量提升工程。同时，金川集团大力发展循环经济，形成了 "氯碱—电石—聚氯乙烯—PVC—水泥" 氯碱化工循环经济产业链，一批循环经济项目得以运行，并初步形成产业集群效应。

习近平总书记的殷切期望不仅是给予金川人的勉励，更是对有色金属行业的极大鼓舞。有色金属行业将总书记的殷切期望认真落实到节能降碳绿色发展的各项工作中。

这 10 年，随着重点节能技术的推广应用，有色金属行业主要产品能耗水平进一步提升，接近或达到了世界先进水平。2020 年，我国有色金属行业二氧化碳排放量约 6.7 亿吨，占全国总排放量的 4.7%。其中，冶炼环节 5.91 亿吨，占有色金属行业碳排放量的 88.2%；有色金属压延加工占比约 10.2%；采选环节占比约 1.6%。铝冶炼碳排放 5 亿吨，是有色金属行业碳排放的重点领域。

这 10 年，行业企业以科技创新助力行业节能降碳取得有效成果。中铝集团自主研发的绿色低碳铝电解深度节能技术，在国内外 20 余家大型电解铝企业的超过 400 万吨产能上推广应用，每年可节电超过 12 亿千瓦时，降低碳排放 60 万吨以上。2017 年 7 月，豫光集团利用液态高铅渣直接还原炼铅新工艺，建设资源循环利用及高效清洁生产技改项目，实现铅资源的循环利用。2019 年 7 月，世界首创全底吹连续炼铜新技术在内蒙古包头华鼎

---

① 2013 年 2 月 17 日人民网新闻《习近平视察兰州科技园区时强调科技创新人才培养》。

铜业发展有限公司落地;投产后,排放标准一直稳定在 10 毫克/立方米以内,实现了环保特别排放限值的超低排放标准。西部矿业玉龙铜业加大探矿测量和冶炼技术的更新力度,统筹推进节能、降耗、减排一体化建设,投资 1.2 亿元推进节能技术改造,成为有色金属行业生态友好和资源高效利用的典范。2019 年 9 月 7 日,中金岭南韶关冶炼厂烧结机环集烟气超低排放技术改造工程建成投用,大幅提高了废气治理水平。

节能减排全面开展。这 10 年,有色金属行业全面开展节能减排。陕西有色集团所属金钼集团先后投资 5.8 亿元对钼冶炼系统进行升级改造,年减排二氧化硫上万吨。中国黄金集团内蒙古矿业有限公司大力推进技术创新,在国内首次采用高浓度尾矿排放工艺,在世界有色金属矿山中首次将城市中水用于矿山选矿用水。2020 年,在《打赢蓝天保卫战三年行动计划》收官之年,有色金属企业大幅度提升了污染治理设施水平,削减了污染物的排放,成效显著。以 2015 年和 2020 年"三废"排放情况相对比,可以看到减污减排能力大幅提升。

淘汰落后产能成效显著。2013 年 10 月 15 日,国务院发布《关于化解产能严重过剩矛盾的指导意见》,对于钢铁、电解铝等产能严重过剩行业,严禁建设新增产能项目。同时,工信部加大对钢铁、电解铝、水泥等产能严重过剩行业的治理力度,被列入 2013 年公告的 19 个行业共 1569 家企业的落后生产线于当年完成关停。

这 10 年,有色金属行业通过技术升级与改造,使主要金属品种工艺技术装备大幅提升,淘汰落后产能工作取得实效。目前,国内大型骨干冶炼企业均采用国际先进的冶炼技术,闪速熔炼技术、氧气底(侧)吹熔炼连续炼铜技术等先进工艺的铜冶炼产能已占全部产能的 95% 以上。铅冶炼技术改造步伐加快,铅冶炼企业均采用了液态高铅渣底吹炉直接还原工艺等,彻底淘汰了鼓风炉铅冶炼工艺。电解铝行业已经建立起拥有完整自主知识产权的技术装备体系,低温低电压铝电解技术、新型结构铝电解槽、新型阴极钢棒、电解槽大型化等一批节能降耗技术投入运行,能耗高的落后产能已全部退出市场。电解槽大型化的步伐越来越快,240 千安及以上占比达到 53.8%,500 千安及以上占比 37.1%,600 千安及以上占比 7%。

提升资源综合利用水平 创建更加美丽的生态环境

习近平总书记指出,推动经济高质量发展,决不能再走先污染后治理的老路。建设生态文明、推动绿色低碳循环发展,不仅可以满足人民群众日益增长的优美生态环境需要,而且可以推动实现更高质量、更有效率、更加公平、更可持续、更为安全的发展,走出一条生产发展、生活富裕、生态良好的文明发展道路。党的十八大以来,有色金属行业坚持预防为主、综合治理,强化水、大气、土壤等污染防治,强化源头预防和过程控制,全面推行清洁生产,提升末端治理水平,推动固废综合利用,让有色金属工业向绿色环保方向迈进。

有力推行清洁生产。2012 年,有色金属行业积极推进清洁生产,在铅冶炼系统液态渣直接还原、锌冶炼废渣回收镉、无砷炼银领域开展了 10 多项清洁生产示范项目,大大提高了有色金属工业清洁生产水平。2013 年,有色金属行业组织实施了一批清洁生产技术示范工程,使企业资源能源利用效率有所提高,污染物产生量大幅消减。

2013 年,有色金属行业清洁生产技术研发加快,成功开发出一批先进的清洁生产技术。有色金属行业还组建了金属矿山资源与循环利用、有色金属短流程节能冶金、重金属污染防治、有色金属工业环境保护等一批产业技术创新联盟，建立了清洁冶金工程研究中心、重金属污染防治工程技术研究中心等一批研究中心和重点实验室，为促进清洁生产提供了强有力的技术支撑。

2017年12月，株冶30万吨锌冶炼整体转移项目开工建设。这是自国家有关湘江治理保护方案的实施，坚定践行国家提出的长江"共抓大保护、不搞大开发"战略，实施整体搬迁，开启绿色转型发展的"涅槃"之路。2020年，株冶营业收入147亿元，利润近3亿元，创近10年来最好业绩，锌生产成本和关键技术指标行业领先，二氧化硫较转移前减排90%以上，劳动生产率提高2倍，产业示范带动效应凸显。

2019年12月9日，云南驰宏资源综合利用有限公司顺利打通水资源控污减排技改项目全流程，通过节水优化管理—分质处理回用—深度处理回用的集成技术，将生产过程中的工业废水、化学浓水、循环排污水、雨水、污水等全部实施资源利用。该项目每年减少废水处理量约35万立方米，减少外购新水量约64万立方米，提升工业用水重复利用率，增加收益约794万元，带来可观的经济效益的同时，减轻了工业废水排放对区域水环境的影响。

近几年来，云南文山依托独特的资源优势，先后引进山东魏桥创业集团、河南神火集团落户文山。使文山州绿色铝产能达到343万吨，占全国产能的十分之一，形成了铝土矿—氧化铝—绿色铝—铝精深加工—综合利用全产业链。2019年12月，云南神火一期90万吨绿色水电铝材一体化项目投产；2020年9月17日，山东魏桥创业集团云南绿色铝创新产业园203万吨绿色铝项目投产，该项目成为有色金属行业清洁生产的代表。

固废处理水平不断提升。这10年，有色金属行业着力发展循环经济，十分重视开展固体废弃物的综合利用工作。有色金属企业积极开展大修渣、铝灰等危废治理。中铝环保节能集团有限公司、中国恩菲工程技术有限公司、山东魏桥铝电有限公司、信发集团有限公司、中南大学、杭州锦江集团有限公司、矿冶科技集团有限公司等企业、高校和科研院所研发了一批无害化、资源化技术，建设了若干条示范线。

在氧化铝行业，赤泥的产生是令人棘手的难题。每年赤泥产生量达上亿吨。近年来，我国企业通过自主技术创新，初步实现了赤泥的综合利用，从中回收了大量的铁、碱等有价元素和产品，综合利用量达到产量的25%以上。2021年，中国有色金属工业协会成立了中国有色金属工业协会赤泥综合利用推进办公室，以进一步引导企业切实做好赤泥的污染治理、风险防控和土地复垦，力争在减量化、资源化等方面取得突破。

"金山银山"变绿水青山　绿色矿山建设迈出新步伐

习近平总书记指出，环境就是民生，青山就是美丽，蓝天也是幸福。党的十八大以来，我国把生态文明建设放在突出地位，是建设绿色矿山、发展绿色矿业的重要保证。"金山银山"变绿水青山，已成为矿山企业的发展目标。建设绿色矿山是矿山企业生存与发展的必然选择，发展绿色矿业是我国矿业发展的必由之路。

2018年，在我国评选出的661家国家级绿色矿山试点单位中，有色金属矿山达到119家，占全国绿色矿山的18%，占全国有色金属矿山的3.5%，远高于国家级绿色矿山占全国矿山的比例。这几年，有色金属行业在绿色矿山建设方面取得了重要进展。截至2019

年，全行业有 114 家矿山被评为国家级绿色矿山，占全国的 17%，区域矿山成功建设开创了资源集约利用的新模式，在我国绿色矿业发展大潮中闪耀光芒，起到示范和引领作用。

有色金属是资源依赖型产业，经过多年高速发展，矿山建设和资源开发取得重大成就，为国民经济发展作出了重要贡献。但同时，在产品短缺的时代，由于主要追求发展数量和速度，发展方式相对粗放，技术水平相对落后，对生态环境保护的重视程度与投入相对不足，绿色矿山建设存在一定的历史欠账。为此，在新时代坚持科学发展，推进绿色矿山建设是现实的选择。2010 年和 2017 年，国土资源部等部委两次下发关于建设绿色矿山的意见。2018 年 6 月，自然资源部正式颁布《有色金属行业绿色矿山建设规范》，有色金属绿色矿山建设实现了从理念到行动的跨越。

这 10 年，有色金属绿色矿山建设以更高的定位、更长远的眼光，树立预防为主和全流程管理的理念，有色金属矿山企业节能减排、资源综合利用、数字化矿山建设水平不断提升，有力地促进了资源开发与经济社会全面协调可持续发展。有色金属绿色矿山建设以"矿业+文化"的生态产业理念，强化矿区生态治理，成功打造矿区生态旅游品牌，促进了转型发展。有的企业推进智能矿山、数字化矿山建设，"互联网+矿山"发展模式取得重要进展，提高了安全、环保水平与生产效率。

不断创新采矿工艺技术。这 10 年，有色金属企业以技术进步推动绿色矿山建设，露天矿山大力推进剥离—排土—造地—复垦一体化技术、井下开采鼓励企业采用充填开采及减轻地表沉陷的开采技术、氧化矿宜推广采用溶浸采矿工艺技术和直接从矿床中获取金属的工艺技术、水力开采的矿山宜推广水重复利用率高的开采技术等一大批应用技术为绿色矿山高质量发展开创新路径。

陕西有色金属集团以开采方式科学化、资源利用高效化、生产工艺环保化、矿山环境生态化为基本要求，走出了一条绿色、高效、可持续发展之路，实现了经济、生态和社会效益的共赢。截至 2020 年底，陕西有色集团拥有 5 座国家级绿色矿山。

陕西有色金堆城钼业集团有限公司任家滩水库

2016 年，西部矿业在全国范围内率先提出并启动智慧矿山建设，主动向"智能"要效益；2018 年 5 月，其投资近亿元启动锡铁山智慧矿山建设。江西铜业集团德兴铜矿坚持"资源开发与节约并举，把节约放在首位"的方针，大力发展循环经济，提高矿山资源利用率，在国内同类矿山企业中，率先实现了规模效益。

同时，有色金属行业在推动绿色矿山建设中，充填技术得到广泛应用，部分矿山采用全尾砂充填技术，大大减少了尾矿的堆存。目前，金川集团拥有世界先进水平的机械化坑采技术和充填工艺。少数矿山基本实现了废石不出坑、废水循环利用、尾砂充填全部利用，真正做到了零排放。

全面实施矿山生态修复。这 10 年，有色金属矿山进行了卓有成效的探索。中铝广西分公司、福建紫金矿业、金川露天矿等，矿山生态修复都取得了令人瞩目的成绩。

中铝广西分公司平果铝土矿建成的剥离—采矿—复垦—还地一体化联合工艺，被公认为矿山复垦与生态重建的典范。该公司在 100 多个采场采空区完成复垦，面积达 6694 亩，已建成 6 个高效复垦技术示范区共计 1000 多亩，真正实现了"采矿无痕、绿色矿山"。

近年来，金钼集团为保护秦岭生态环境，累计投资 4600 余万元，对金堆矿区 2400 余亩土地进行生态恢复治理，在国家打赢蓝天保卫战、打好碧水保卫战、推进净土保卫战、加快生态保护与修复等重大部署行动中作出大型国有企业应有的贡献。

推动矿山资源综合利用。这 10 年，有色金属行业形成加强生态保护的自觉意识。大型矿山、老企业同样越来越重视矿山废弃场地的复垦和生态恢复，多数骨干矿山的绿化覆盖率达到 90% 以上。不仅矿区生态环境明显改善，而且达到了土地的集约化利用、"还地于民"等目的，最终实现了政府满意、企业满意、农民满意的"三赢"目标。

西部矿业在矿山建设中，探索形成了"四化"建设模式，绿化面积达 6 万多平方米，在戈壁荒漠与生活区之间建立了一道绿色防线，并且坚决停止开发并退出涉及自然保护区的矿业权，积极开展生态恢复工作。

在共伴生资源综合利用方面，洛钼集团实现了伴生钨、铜、铼、硫资源综合回收并取得了显著效益。其中，研发和持续改进的低品位白钨矿回收技术，实现了三道庄钼矿伴生钨资源综合利用的产业化和高效化，在低品位白钨矿选矿方面填补了国内空白，开启了低品位伴生白钨矿综合回收利用的先河。

规范引领节能环保发展　推动行业实现跨越发展

习近平总书记指出，建设生态文明，重在建章立制，用最严格的制度、最严密的法治保护生态环境。要深化生态文明体制改革，尽快把生态文明制度的"四梁八柱"建立起来，把生态文明建设纳入制度化、法治化轨道。

党的十八大以来，在我国有色金属工业发展取得举世瞩目成就的同时，全行业也更加深刻地认识到保护生态环境、治理环境污染的重要性和紧迫性，牢固树立生态"红线"的观念，努力建设山更绿、水更清、环境更美的现代化绿色发展环境。

积极推动产业优化调整。2013 年，国务院印发了《循环经济发展战略及近期行动计划》；2013 年 2 月，工信部发布了《关于有色金属工业节能减排的指导意见》，以推动有色金属行业产业结构优化调整、加强节能减排与资源综合利用关键技术研发、推动节能减排先进适用技术应用示范等方面积极开展工作。

2014 年，新的《环境保护法》正式实施，面对更严格的制度、更严密的法制，有色金属行业在环保倒逼机制下寻求高质量发展机遇。这 10 年来，中国有色金属工业协会在配合政府部门制订相关政策、强化行业环保约束，在组织行业环保政策宣贯解读、引导行业企业绿色发展、开展热点难点问题调查研究、如实反映行业共性诉求等方面做了很多具体工作。

依规开展防污治理。2017 年 6 月，环境保护部修订了铜、铝、铅、锌、镁等污染物排放标准，增强了对企业环境监管的有效性。2017 年 9 月，环境保护部《排污许可证申请与核发技术规范》中相关有色金属工业铅锌冶炼、铝冶炼、铜冶炼等 3 个方面的技术规范，进一步完善排污许可技术支撑体系，指导和规范有色金属工业相关产业排污单位许可证申请与核发工作，同时，加强对重金属冶炼工艺废水深度治理。2020 年，生态环境部等部门加大了对含重金属废水的管控力度，修订了铅锌工业、锡锑汞工业污染物排放标准，修改中增加了对废水中总铊的控制要求，总体上含重金属废水排放趋于"零"，重金属排放量大幅度下降。

打造绿色标准体系。2016 年 9 月，工信部办公厅印发了《关于开展绿色制造体系建设的通知》，要求全面统筹推进绿色制造体系建设，到 2020 年，建设百家绿色园区和千家绿色工厂。2016 年，有色金属行业制订了《有色金属绿色工厂评价》标准，并细分了铜、铝、铅、锌、稀土等分产品绿色工厂评价细则及相关品种冶炼的绿色产品标准。2017 年，在绿色工厂公示名单中，广东兴发铝业有限公司、深圳市中金岭南有色金属股份有限公司丹霞冶炼厂、广西金川有色金属有限公司、云南铝业股份有限公司、云南锡业锡材有限公司等 14 家有色金属企业上榜。2018 年 6 月，自然资源部发布《有色金属行业绿色矿山建设规范》等 9 项行业标准的公告，让有色金属矿山企业的"绿水青山"之路有规可循。2018 年 10 月 1 日，由自然资源部发布的《有色金属行业绿色矿山建设规范》正式实施。行业协会作为政府与社会联系的"桥梁"和"纽带"，要积极开展行业标准的实施跟踪评估，加强绿色矿山建设先进适用技术、工艺和装备及典型模式的总结宣传和推广，为政府决策提供有价值的参考意见。

这 10 年，我国对绿色工厂、绿色矿山建设出台了更加明确的政策，推动了行业绿色发展。2020 年 6 月，自然资源部印发《绿色矿山评价指标》和《绿色矿山遴选第三方评估工作要求》，对评价指标标准进行了统一，并对第三方评估工作进行了规范，自然资源部要求第三方评估机构组成不少于 5 人的评估组，且明确判定矿山企业是否符合标准要求的依据。2020 年 12 月，工信部发布《有色金属冶炼业绿色工厂评价导则》，填补了有色金属行业绿色工厂评价标准的空白，对促进有色金属行业绿色制造体系发展具有重要作用。2021 年 12 月，工信部印发《"十四五"工业绿色发展规划》，为 2030 年工业领域碳达峰奠定坚实基础，并对有色金属再生产业发展提出明确目标。

规范行业节能降碳。2021 年 10 月 21 日，国家发展改革委等部门发布《关于严格能效约束推动重点领域节能降碳的若干意见》，以推动重点工业领域节能降碳和绿色转型，坚决遏制"两高"项目盲目发展，确保如期实现碳达峰目标。根据该《意见》，同时制定了冶金、建材重点行业《严格能效约束推动节能降碳行动方案（2021—2025 年）》，有力推动钢铁、电解铝、水泥、平板玻璃等重点行业绿色低碳转型，确保如期实现碳达峰目标。2022 年 6 月 29 日，工信部等 6 部门联合印发《工业能效提升行动计划》，以进一步提高工业领域能源利用效率，推动优化能源资源配置。其中规定，有色金属行业节能提效改造升级重点方向：加强铝用高质量阳极、铜锍连续吹炼、大直径竖罐双蓄热底出渣炼镁、液态高铅渣直接还原等应用，加快多孔介质燃烧、短流程冶炼技术等推广。

党的十八大以来，我国在推进节能环保发展中出台了诸多切实可行的政策支持与指导，逐步实现有章可循、有规可依，有力地推动了有色金属行业绿色节能环保发展。

推动"双碳"目标落实　绿色发展理念深入人心

习近平总书记指出，生态文明是人类社会进步的重大成果。人类经历了原始文明、农业文明、工业文明，生态文明是工业文明发展到一定阶段的产物，是实现人与自然和谐发展的新要求。

党的十八大以来，《关于加快推进生态文明建设的意见》《生态文明体制改革总体方案》相继出台，数十项改革方案接连实施，构建起生态文明制度建设的"四梁八柱"。2020 年提出"双碳"目标以来，在习近平总书记亲自谋划、亲自部署、亲自推动下，已经完成了碳达峰、碳中和顶层设计，基本构建起"1+N"政策体系，碳达峰、碳中和工作扎实有序推进，实现良好开局。

积极参与健全市场机制。2021 年 4 月 27 日，紫金矿业集团股份有限公司 2021 年第一期绿色中期票据（碳中和债）在银行间债券市场发行，成为全国贵金属行业首单、福建省地方国企首单碳中和债券。募集资金全部用于光伏发电绿色低碳产业项目建设。2021 年 6 月 1 日，中国铝业股份有限公司首次成功发行绿色超短期融资券（碳中和债），全部用于公司绿色风电项目。充分体现了中国铝业作为行业龙头企业，引领践行绿色发展，率先支持"双碳"迈出实质步伐。

推动建立低碳高效发展新格局。2021 年 1 月 15 日，中国铝业集团有限公司和山东魏桥创业集团有限公司联合发布的《加快铝工业绿色低碳发展联合倡议书》中表示，全面落实新发展理念，率先联合行动，积极主动作为，加快建立绿色低碳高效循环的新发展格局，打造高质量发展新模式，率先推动铝工业走出一条清洁低碳、安全高效、智能发展的可持续发展之路。与此同时，中铝集团探索推动源网荷储一体化规划建设，提前谋划城市矿山开发，加快布局有色金属系列新材料开发，大力推广铝材循环利用。积极优化电解铝布局，中铝集团云南、青海片区电解铝企业每年可为社会提供 270 万吨低碳铝。

2021 年 9 月 23 日，为有效引导绿色电力消费，促进经济社会发展全面绿色低碳转型，中国有色金属工业协会等 19 家行业协会联合发布积极参与绿色电力交易的倡议。倡议将为推动能源绿色低碳转型，助力实现碳达峰、碳中和目标作出更大贡献。

2022 年，为贯彻落实《2030 年前碳达峰行动方案》《"十四五"工业绿色发展规划》等有关文件精神，进一步完善有色金属行业节能与绿色标准化工作体系，中国有色金属工业协会组织编制并发布了《有色金属行业绿色低碳标准化三年行动计划（2021—2023 年）》。计划中包括了低碳、二次资源分类及产品、固废综合处理等领域制修订标准 238

项。以此充分发挥标准的引领、门槛、规范和倒逼作用，推动有色金属行业绿色、低碳、高质量发展。

踏上新时代新征程。在习近平生态文明思想指引下，我国有色金属工业发展将保持定力、善作善成，继续为促进行业绿色健康发展，为建设美丽中国，实现中华民族伟大复兴作出有色金属行业应有的贡献。

撰稿人：郭沛宇

专　利　篇

在知识经济快速发展的今天，关键核心技术对推动我国经济高质量发展具有十分重要的意义，专利已成为技术保护和开拓市场的利剑。10 年来，我国在专利工作、知识产权等方面由过去的粗放式发展，发生了根本性转变。我国全社会研发投入从 2012 年的 1.03 万亿元增长到 2021 年的 2.79 万亿元，研发投入强度从 1.91%增长到 2.44%。世界知识产权组织发布的全球创新指数排名，我国从 2012 年的第 34 位上升到 2021 年的第 12 位。我国在全球创新版图中的地位和作用发生了新的变化。我国既是国际前沿创新的重要参与者，也是共同解决全球性问题的重要贡献者。

2011—2021 年，有色金属行业中国专利申请量始终保持上升态势，根据已公开的专利数据统计，有色金属行业公开的专利总量为 971529 件。其中，发明专利 502127 件，占比 51.7%；实用新型专利 380932 件，占比 39.2%；外观设计专利 88462 件，占比 9.1%。从创新主体来看，有色金属行业的创新主力军以企业为主，大专院校为辅；从创新主体占比情况看，企业占比 70.90%，大专院校占比 18.95%，个人占比 9.95%，其他占比 0.20%。

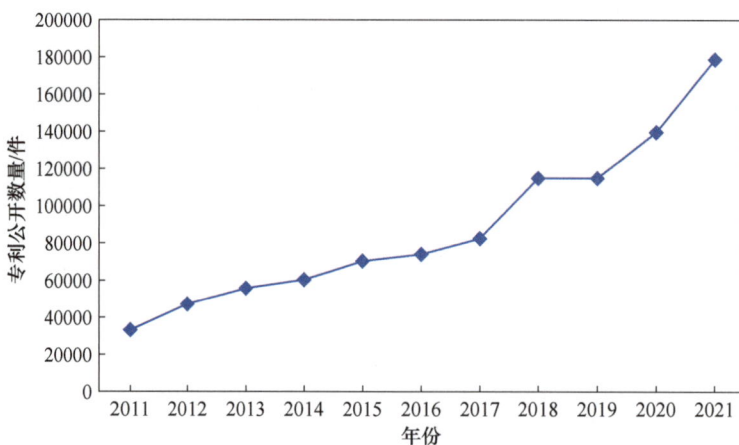

2011—2021 年有色金属行业中国专利申请趋势图

从粗放型向高端发展

党的十八大以来，以习近平同志为核心的党中央把创新摆在国家发展全局的核心位置，高度重视科技创新，围绕实施创新驱动发展战略，提出了一系列新思想、新观点、新论断。习近平总书记强调，国有企业特别是中央所属国有企业，一定要加强自主创新能力，研发和掌握更多的国之重器。

　　有色金属行业专利工作站位不断提高，企业对专利的重视程度越来越高。有色金属行业专利发展过程经历了4个阶段：第一个阶段是跟踪模仿先进技术以满足低端市场需求；第二个阶段是在粗放型向高端发展进程中，行业发展由于不断遭受国外技术垄断的制约，迫使行业企业从跟踪模仿转为学习消化，在消化吸收的基础上，慢慢向创新开拓发展；第三个阶段是随着创新理念的不断提高，我国在加大创新力度的基础上，将尊重知识、尊重劳动、尊重创造的自主研发专利技术通过法律进行了有效的保护；第四个阶段是随着国际社会的不断融合发展，发达国家对专利技术、知识产权进行严格封锁，为了打破国外技术的长期垄断，国内相关行业企业针对行业领域的优势地位，根据多学科交叉等特点，联合攻关，形成合力，使专利技术落地实现"领跑"，通过前瞻性技术为社会创造了更多的经济效益和社会效益。

　　不论对于有色金属行业还是其他行业而言，只有产生社会价值和经济价值的专利技术，才具有一定的价值和保护意义。这10年，有色金属企业积极研发专利技术为行业服务，为社会多作贡献，专利发明呈现百花齐放的发展态势，申报中国专利领域数量大幅增加、专利技术年年增长。

　　这10年，我国有色金属行业的发明专利呈现出授权率高、覆盖面广、专利转让量不断攀升等特点，增强了行业自主创新能力，助力了有色金属行业科技创新水平的不断提升。

发明专利授权率略高于全国平均值

　　2011—2018年，有色金属行业的发明专利授权率与全国平均授权率相比，除2012年外，其他年份有色金属行业发明专利授权率高出全国平均授权率在2%~4%。随着我国对专利质量的从严把控，全国发明专利平均授权率呈下降趋势，有色金属行业发明专利的授权率也从50%左右降至40%左右。

2011—2018年发明专利授权情况

序号	申请年	有色行业结案量/件	有色行业授权率/%	全国平均授权率/%
1	2011	22000	54.42	57.82
2	2012	27257	54.34	54.08
3	2013	34363	53.32	57.56
4	2014	38192	53.33	49.51
5	2015	40759	48.05	44.33
6	2016	48344	45.29	42.24
7	2017	48897	41.25	38.06
8	2018	49325	44.45	42.58

技术领域覆盖面较广

　　从整体上看，首先是有色金属行业各个技术领域的专利申请数量呈上升趋势，特别是有色金属合金领域（对应国际分类号 C22）申请数量占绝对优势；其次是基本电气元件领域（对应国际分类号 H01）、钎焊领域（对应国际分类号 B23）。近年来，钎焊领域的专利申请数量赶超了有色金属合金领域，有色金属加工领域的申请数量也呈现快速上升趋势。

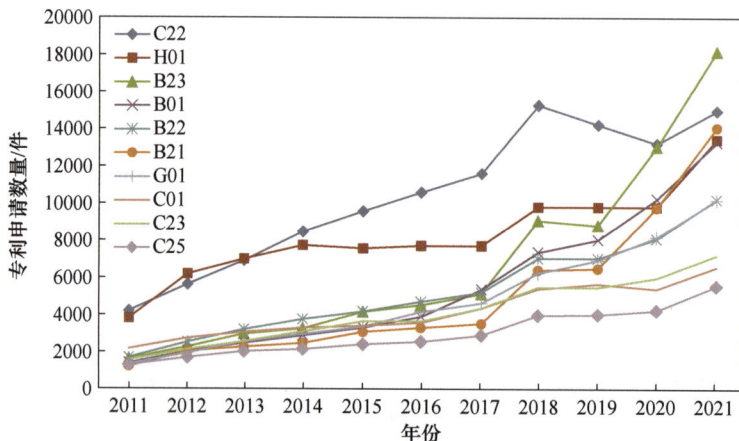

2011—2021 年有色金属行业技术领域专利申请数量分布图

海外专利申请布局有待加强

这 10 年，我国有色金属行业企业开始逐渐重视专利的海外布局，通过《专利合作条约》（Patent Cooperation Treaty，PCT）向国外申请专利的数量有所提高，但绝对数量仍然较少。从 PCT 申请前 10 名的企业可见，国内有色金属企业要进一步加强海外专利的布局，提高国际竞争力。

海外 PCT 企业主要申请人

序号	申请人	专利数量/件
1	深圳市孙兴轻合金材料有限公司	114
2	宁夏东方钽业有限公司	59
3	中国铝业国际工程有限公司	54
4	江苏华东锂离子电池研究院有限公司	51
5	福建长亭金龙稀土有限公司	44
6	中国科学院过程工程研究所	42
7	厦门钨业有限公司	42
8	中国恩菲工程总公司	41
9	宁波博威合金材料有限公司	39
10	中国科学院上海硅酸盐研究所	38

专利转让量不断攀升

　　10 年来，有色金属行业专利转让件数不断攀升。2021 年，有色金属行业专利转让量达到 19343 件，同比增长 9.1%。从专利转让涉及的专利类型占比情况来看，发生转让的发明专利件数最多，占专利转让总量的 64.9%，实用新型和外观设计占比分别为 31.3% 和 3.8%。这 10 年，发生专利转让最活跃的技术领域主要是有色金属合金、金属生产或精炼、电池材料、表面处理等领域。

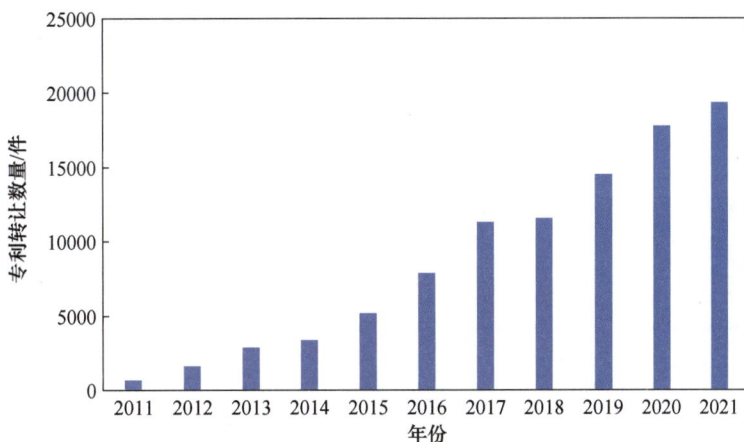

有色金属行业专利转让趋势图

保护发明权益不受侵害

　　10 年来，为了更好地保护知识产权不受侵害等，我国政府在国家知识产权方面实施了前瞻性发展战略，通过开展专利池管理等工作，使专利技术得到全面发展，实现了有效保护。

　　专利池可以认为是专利的集合，不仅指一个行业的一项专利，而是指围绕多行业、多学科交融的某一关键技术形成的多项专利。以手机技术为例，包括材料研发、通信等领域，这些与手机技术相关的行业通过一系列技术突破研发，形成专利之后，为了防患于未然，将一系列技术通过专利池"防火墙"进行有效保护，防止由于技术单一造成被抄袭。

　　过去，日本对彩铝铁光材料技术通过专利池进行技术封锁，也正是日本采取制约措施，我国企业开始"倒逼"自己，自主创新搞研发，通过共同努力形成了很多关键性核心专利。这些核心专利的申请保护，不仅为发明权益提供了保障，也为实施创新驱动科技战略夯实了基础。比如航天技术领域，高端材料难以突破，"倒逼"了每个相关行业进行技术攻关，在有色金属行业材料方面，汇集了冶炼、加工等相关产业的技术创新，行业科技工作者们脚踏实地奋起直追，有担当有作为，推动我国航天技术取得了历史性成就，有力地促进了我国经济的高质量发展。

核心设备实现国产化

　　10 年来，随着我国经济的快速发展，通过有色金属行业企业的共同努力，有色金属产品质量和环保效应明显提升，技术工艺装备趋于成熟。

　　以锌冶炼行业装备为例，10 年前，很多关键设备需要引进，当时，我国企业购买高压热水泵、二氧化硫风机等大型生产设备，首先考虑有没有美元做后盾，还要思考有没有购买进口关键核心设备的能力。如今，我国锌冶炼全系统核心设备已经打破了国外的垄断地位，实现了装备国产化。虽然个别设备仍处于国产化起步阶段，但企业实施自动化生产水平的发展理念，与以前截然不同。以前，提到自动化生产水平，理念是机械化水平；当下提及的自动化水平，是指实现自动化管理、调度、数字化检点，以及包括设备在线智能诊断等一系列装备的相互配合，使整个系统工业化大数据跨上新台阶。

　　经过 10 年发展，锌冶炼行业生产线已经发生了翻天覆地的变化，虽然目前一些岗位还不能完全实现自动化，但锌冶炼行业已然在向全部实现自动化、全系统达到智能化水平的无人工厂目标而努力。

　　从机械化到自动化，再到智能化，10 年的发展中，这些看得见的技术进步与专利技术密不可分。

　　在锌冶炼行业，中国恩菲目前正着手进行 186 平方米流态化焙烧炉的设计方案，可以说，从 152 平方米流态化焙烧炉的生产规模向 186 平方米流态化焙烧炉的生产规模展开了设计。186 平方米流态化焙烧炉与 152 平方米流态化焙烧炉进行比较，优势更胜一筹，也就是在 152 平方米流态化焙烧炉的基础上，能确保单系列焙烧系统生产能力达到 200 千吨/年，而且通过该规模焙烧炉开发出了包括焙烧余热锅炉、抛料机、流态化冷却器、内冷式冷却圆筒等配套专利设备。这些专利产品的问世，不仅能保障焙烧系统各项配套设备的更新换代，而且还能确保特大型焙烧系统的整体稳定运行。

　　在第一代自动剥锌机领域，中铝集团长沙有色冶金设计研究院有限公司通过专利技术与制造业有效对接，实现了成果成功转化和技术快速升级。长沙有色院从研发到试制用了 8 年时间，根据市场需求，合作公司成立后，仅用 2 年时间实现了自动剥锌机系列化，合作公司已成为全球唯一一家同时掌控 1.13~3.6 平方米大、中、小极板自动剥锌技术的制造企业。

　　任何一个行业想要获得重大技术突破，需要集全国、全行业学科之间的共性力量。这些进步是无数细分领域学科之间相互交叉后产生的专利，如机器人、智能装备、智能工厂等，不是某一个行业或某一家企业能够创新研发完成的。就锌冶炼行业技术装备取得的成绩来看，在研发过程中，为了打破一系列技术制约和封锁，行业企业、设计院所、科技工作者围绕实施创新驱动发展战略，加快前沿技术工艺创新步伐，推进核心装备全面创新；生产企业围绕生产实践，发挥创新主体作用，为了践行高质量发展理念，让重大科技成果在企业实施落地，发挥了生产企业的引领作用；装备供货商为了对接新技术、新工艺，力争技术再上新台阶，积极配合院所和企业根据工艺需求，把装备技术高质量发展落实落细，通过一次次攻关、一次次改进，最终，各领域形成合力，使国产化装备的研制走出了一条以产、学、研、用相结合的协同创新之路，有效地促进了锌冶炼行业装备自主化发展。

在铜冶炼行业，当面对低品位原料充斥市场，以及加工费走低等资源及环境要素的制约，新上项目难度越来越大，行业企业根据自身发展需要及现状，有的企业采用底吹连续炼铜新技术力求走绿色发展之路。

2019 年 7 月，世界首创全底吹连续炼铜新技术在华鼎铜业发展有限公司落地，通过对传统炼铜工艺 PS 转炉旧生产线进行改造，实现了氧气底吹炉熔炼→氧气底吹连续吹炼炉吹炼→底吹精炼炉精炼全底吹炼铜的"三连炉"工艺技术突破式发展，形成了世界首条在 PS 转炉基础上进行全底吹全热态连续炼铜改造的生产线，与传统工艺比较，技术优势凸显：全底吹炼铜工艺技术投产前，二氧化硫排放标准为 150 毫克/立方米；投产后，排放标准稳定在 10 毫克/立方米以内，远远低于国际标准，仅四十分之一，为特排标准的十分之一；炉料适应性强，整个环节脱杂优势明显，适合处理高杂铜金精矿，在铜冶炼市场中具有较强竞争力；炉子、流槽密封好，无烟气外溢，环境效果好；氧势高、熔炼强度大，自热熔炼，能耗低；烟气 SO_2 稳定连续，量小浓度高，制酸尾气 SO_2 排放浓度远低于国家最低排放标准，降本增效效果明显；无单独环集烟气处理系统，大大降低了环集烟气的处理成本；炉内反应均匀、温差变化小，炉体整体寿命长；全热料生产，利用吹炼炉余热可以大量处理高品位冷铜，最大可以做到 1∶1，大幅度降低了生产成本。

值得骄傲的是，国产化装备的崛起打破了国外装备长期制约国内核心设备的垄断地位。目前，已经研发成功的国产化装备，价格仅是国外智能化设备的三分之一，这是有色金属行业企业不断加大科研投入、在关键技术攻关和破解"卡脖子"技术等方面作出的积极贡献，是有色金属行业通过科技创新取得的显著成效。

中国专利奖助推专利工作高质量发展

近年来，随着发展脚步不断向纵深迈进，有色金属行业专利技术奏出了高质量发展的最强音，有色金属行业荣获一系列"中国专利奖"。

"中国专利奖"是我国唯一的专门对授予专利权的发明创造给予奖励的政府部门奖，是在专利领域由我国政府颁发的最高奖项，并得到了联合国世界知识产权组织（WIPO）的认可。该奖项设立于 1989 年，以高质量发展为导向，由国务院各有关部门和单位知识产权工作管理机构、各省（区、市）知识产权局、各有关全国性行业协会组织以及两院院士推荐。目前，该奖项设有中国专利金奖、银奖、优秀奖和外观设计金奖、银奖、优秀奖，已评选了 23 届，累计评选出 7500 余项创造质量高、应用效益好、保护能力强、管理水平高的专利项目。

随着有色金属行业专利申请量的逐年增加，发明专利授权率、质量也保持了较高水平。近年来，有色金属行业广大科研院所、高校、企业对中国专利奖的申报越来越重视，纷纷将专利奖申报作为单位知识产权重要工作之一。有色金属行业企业通过中国有色金属工业协会、地方政府等途径积极参评中国专利奖，取得了不俗成绩。

据统计，在近 10 届获奖项目中，有色金属行业获奖项目总数达到 200 余项，其中，获得中国专利奖金奖 6 项，银奖 7 项。

有色金属行业获得的中国专利奖金奖、银奖项目

序号	专利号	专利名称	专利权人	获奖届次	获奖级别
1	ZL200910044036.9	在线高压水射流喷砂表面清理系统	长沙矿冶研究院	第23届	金奖
2	ZL201611033386.1	一种二硫化钼/铅钛合金纳米多层薄膜及其制备方法	中国科学院宁波材料技术与工程研究所	第23届	银奖
3	ZL201010104082.6	一种适合于结构件制造的铝合金制品及制备方法	有研工程技术研究院有限公司西南铝业（集团）有限责任公司	第23届	银奖
4	ZL201310248660.7	氮化物荧光粉、其制备方法及包括其的发光装置	北京有色金属研究总院有研稀土新材料股份有限公司	第22届	银奖
5	ZL201610558972.1	一种碳化钛强化细晶钨材料的制备方法	长沙微纳坤宸新材料有限公司	第22届	银奖
6	ZL201110185383.0	一种多晶硅还原炉	中国恩菲工程技术有限公司	第21届	银奖
7	ZL201310018088.5	一种由废杂铝再生目标成分铝合金的方法	北京科技大学肇庆市大正铝业有限公司	第21届	银奖
8	ZL201210354020.X	一种高电压锂离子电池复合正极材料及锂离子电池	东莞新能源科技有限公司	第20届	银奖
9	ZL200710121059.6	生产多晶硅的方法	中国恩菲工程技术有限公司	第19届	金奖
10	ZL201010605107.0	一种从白钨矿中提取钨的方法	中南大学	第18届	金奖
11	ZL201020214751.0	一种真空蠕变校形炉	宝钛集团有限公司	第18届	金奖
12	ZL200910230500.3	一种脉动旋流法铜冶炼工艺及装置	阳谷祥光铜业有限公司	第16届	金奖
13	ZL200710049813.X	硫酸锂溶液生产低镁电池级碳酸锂	四川天齐锂业股份有限公司	第15届	金奖

专利奖项的获得在一定意义上激发了企业加强关键前沿技术知识产权的创造热情，形成了更多高价值的专利组合，更好地支撑了创新驱动发展。

其中，长沙矿冶研究院的"在线高压水射流喷砂表面清理系统"专利，主要针对现有技术系统水未循环使用、系统管路磨损严重、磨料供给不均匀且磨料未回收、清理质量一致性差等缺点，提出一种可循环使用的在线高压水射流喷砂表面清理系统，有效地解决了在线高效彻底清理金属表面氧化物、磨料和水循环利用、磨料均匀供给及回收等技术难题，解决了该领域内现有技术长期存在的痛点和"卡脖子"问题。

有研工程技术研究院有限公司和西南铝业（集团）有限责任公司的发明专利"一种适合于结构件制造的铝合金制品及制备方法"获得了第23届中国专利奖银奖。该专利可实现大厚度高性能7×××系铝合金板材和锻件等产品的生产制造，可使合金材料表层、表层以下不同深度及芯部之间的各项性能具有优良的均匀一致性，填补了国内空白，解决了航空铝合金领域"卡脖子"问题，实现了核心关键材料自主可控。该专利在美国、日本和欧洲等地区 11 个国外航空铝材主要生产制造国家和地区获得授权，打破了国外知识产权制约，可全面为国产大飞机等重大装备的发展及国产铝材参与国际竞争提供知识产权保驾护航。

中南大学于 2010 年 12 月 24 日申请的"一种从白钨矿中提取钨的方法"发明专利，优点在于实现了白钨矿的一步高效常压浸出，节省了资源和能源消耗，其分解率可达 98% 以上，克服了传统的酸分解工艺中的 Cl^- 腐蚀和 HCl 挥发严重问题；基本实现了磷酸的循环利用，极大地降低了浸出成本和废水排放量；浸出设备简单，操作方便，易于实现工业化；得到单一、稳定的二水石膏，该石膏过滤效率高，洗涤性能好，经洗涤后该石膏中 P_2O_5 含量降低到 2% 以下，降低了磷酸的损失；避免了钨矿浸出时硫酸钙固体膜的"钝化现象"。2016 年 12 月 7 日，"一种从白钨矿中提取钨的方法"获得第 18 届中国专利奖金奖。

宝钛集团有限公司于 2010 年 6 月 3 日申请的"一种真空蠕变校形炉"发明专利主要效果是：提供的真空蠕变校形炉，由于去掉了蓄热量大的校形压板，而炉体的保温性能又相当好，因此可以快速高效的升温；经过一定的高温后，材料的表面及内部应力被完全释放，钛及钛合金板材的板形由于蠕变而完全接近于平面度极高的陶瓷平台平面，因而板形完全满足了校平要求，这种校平还避免了材料在热处理过程中被氧化和被外界物质污染。用该设备对钛及钛合金板材进行校形，解决了某些牌号和规格的钛及钛合金板材无法完全校平的问题，使成品板材的平整度有很大的提高。

四川天齐锂业股份有限公司发明的"硫酸锂溶液生产低镁电池级碳酸锂的方法"专利获得中国专利奖金奖。该成果相比传统工艺技术，首次采用稀有金属冶金与材料的一体化集成技术，用以锂辉石矿为原料生产的硫酸锂溶液，实现"一步法"生产出电池级碳酸锂。该技术首次利用流程中的废渣作为除杂过滤介质，在解决纯碱除杂难题的同时，将锂回收率提升了 0.6%，实现了循环利用；首次将络合除杂技术引入锂冶炼行业，制备出低镁锂产品以满足锂电正极材料的需求。

近年来，多晶硅的价格持续下降，产业利润不断被压缩，市场竞争日趋激烈。有效降低多晶硅能耗，提高产品质量、提高生产效率，是多晶硅生产企业需要解决的重要问题。2011 年 7 月 1 日，中国恩菲工程技术有限公司申请的专利产品"一种多晶硅还原炉"，是多晶硅生产中产出最终产品的核心设备，也是决定系统产能、能耗的关键环节；多晶硅还原炉的设计和制造，直接影响产品的质量、产量和生产成本。同时，该还原炉可以合理利用热能，避免炉体内侧壁带走过多热量，降低热量损耗。

以上列举的部分有色金属行业科研院所和企业获得金奖、银奖的专利，涉及清洁环保、循环经济、减污降碳等各个方面，凝聚了有色金属行业企业苦干实干、加快核心技术转化的精神和决心。从整体上来看，有色金属行业科研院所和企业的科技创新能力和水平得到了实质性提升，在科技创新领域发挥了引领作用，为国家的重大需求提供了关键支撑。

专业机构助推行业专利发展

党的十八大以来，有色金属行业以"产学研用"一体化发展为纽带，各行各业发挥合力进行攻关，助推了行业整体创新能力有效提升。长期以来，中国有色金属工业专利中心致力于推进行业专利成果转化，提供专利代理服务，帮助多家企业实现专利的零突破，见证了行业专利突飞猛进的发展。

该中心先后服务了中国铝业集团有限公司、有研科技集团有限公司、金川集团股份有限公司、格林美股份有限公司、东北大学等企业和高校；在知识产权课题研究方面，承担了国家知识产权局、国防知识产权局、工信部及地方政府有关部门的课题项目，为提升有色金属行业专利信息应用水平，以及国防知识产权政策制订、装备知识产权管理等工作起到了一定的促进和支撑作用。

该中心通过对接企业需求，完成了国家知识产权局项目"专利信息应用优势行业协会培育工程"，得到了国家知识产权局认可，中国有色金属工业协会成为国家知识产权局认定的专利信息应用优势行业协会。在专利信息咨询服务方面，该中心长期为行业协会提供相关专利统计数据，结合行业企业的实际情况，开展铝合金、铜合金、镁合金、钛合金、稀土磁性材料等领域专利信息分析，并建设了铝、稀土磁材、稀贵金属等领域专题数据库，为相关行业企业提供专利基础数据服务，以专业服务为契机，在重塑专利高质量发展创新体系的同时，探索出一条科技创新体制改革的新路径，为行业专利创新体系的健全完善发展服务。

直面挑战　奋力前行

10年来，有色金属行业科技创新不断向前发展，有色金属行业企业在砥砺前行中取得了丰硕成果。我们通过采访，把一些科技工作者积累的经验进行了总结，以期对指引企业今后专利工作向高质量发展起借鉴作用。

经验一：必须营造积极向上的专利氛围

中国有色金属工业协会科技部主任张龙认为，第一，要加强法制建设，贯彻落实《中华人民共和国专利法》，营造全社会尊重知识、尊重劳动、尊重创造的积极向上的创新氛围，切实发挥专利保护知识产权作用。如果企业10年攻关，形成了专利技术，却不能得到很好的保护，就不会再有人去下功夫开展专利技术攻关，这对行业科技创新是极为不利的。第二，企业是技术创新的主体，是产业的主战场，企业要坚持自主创新，破解"卡脖子"难题，提升产业链自主保障能力，推动行业高质量发展。第三，在知识产权方面，要有规划、有目标，制订并实施企业知识产权发展战略，久久为功，形成自有技术的集成专利池，提升企业核心竞争力，助力"走出去"发展战略，在国际上打造中国品牌。

经验二：必须要数量质量并重

有色金属技术经济研究院有限责任公司首席专家、教授级高工、中国有色金属工业专利中心主任李子健认为，有色金属科研生产单位要回归专利制度保护创新、激励创新的初衷，基于高质量创新产出高质量专利，逐步实现从追求专利数量到数量质量并重的转变；要通过各类专利运营平台、行业协会等途径对接技术需求方，促进专利的转化应用；要加强专利保护意识，尊重他人专利权，利用司法、行政、调解手段保护自有专利，加强海外专利布局，为企业走出去保驾护航；要加强专利分级分类管理，建立科学有效的专利价值评价指标体系，在专利创造、运用和保护全链条上开展专利价值评价，针对不同价值的专利采取不同的管理策略。

经验三：必须在研发上加大投入力度

中国恩菲项目总设计师、教授级高工、全国有色金属行业设计大师李若贵总结，不论研发单位还是生产企业，都要在研发上加大投入力度，不能不投入就想产出。专利发明需要集成创新，需要自主创新，企业要不忘初心，要潜心钻研不断攻克技术难题。当下，全世界都在做专利，原创的东西越来越少，这也迫使技术工作者要从点滴做起，持之以恒才有收获。

经验四：必须提高专利转化效率

矿冶科技集团有限公司首席专家王海北建议，要切实在专利转化效率上下功夫。我国专利从数量上来说已经名列前茅，甚至在某些领域遥遥领先，但是多数专利成为挂在墙上的照片，这说明我国专利在申报之前工作基础较少，与企业需求和工业实践结合不够紧密，导致转化效率和效益产出明显偏低。他表示，一要严格审核专利申报前期基础，建立关键数据审核制度，避免空中楼阁式的专利；二要倡导资本与专利紧密结合，使资金真正投入到原创性技术上去；三要鼓励产学研用多单位联合申报，建立以企业为创新主体、多单位联合的申报机制。

经验五：必须要从战略高度重视和加强知识产权保护

中铝郑州研究院总经理、正高级工程师陈开斌建议，要从战略高度重视和加强知识产权保护，站在服从国家战略和提升行业自主创新能力与核心竞争力的高度，加强顶层设计，谋划构筑高质量的"专利池"，牢牢抓住知识产权保护主动权，织密科技创新的"保护伞"。要巩固和扩大知识产权保护成果，提高专利质量，贯彻和坚持国家创新发展理念，从源头上解决知识产权"大而不强、多而不优"的问题，通过高质量专利促进行业创新发展，推进各行各业人才辈出，以更多的高质量专利推进经济社会高质量发展；要将专利书写在高质量发展的实践上，知识产权是一种潜在生产力，充分发挥市场的激励机制，鼓励、调动科研人员将知识产权转化为现实生产力的积极性；让知识产权观念深入经济社会的各个行业、各个领域，让"沉睡"的知识产权走出"深闺"，将每一个发明专利转化为实实在在的经济效益。

经验六：必须具有市场价值意识

华鼎铜业总经理袁俊智认为，专利申报工作要打破数量，重视质量；申请授权的专利除技术本身对企业的贡献外，必须要形成市场价值意识和技术专利维权意识；国家应该引导和鼓励企业通过自主创新，除实现本企业创新技术带来的本质价值外，还应该鼓励企业维权和使技术专利产生市场价值，促使广大技术创新工作者积极为创新技术发展努力钻研，最大化实现技术专利的价值。

经验七：必须开展高水平专利布局

在矿冶科技集团矿山工程研究所副所长、教授级高工、国际矿山充填委员会委员郭利杰看来，推动专利工作进一步发展，要更加注重具有成果转化效益的专利知识产权的顶层设计，开展有组织的高水平专利布局，避免申请无用处的专利，才能驱动我国知识产权得到高质量发展；要注重"卡脖子"技术等高价值专利布局，在突破原有技术瓶颈的原创技术或颠覆性技术方面，形成高质量专利群，形成专利体系与技术创新体系的良性互动发展。

经验八：必须做好专利维权和风险控制

长沙有色冶金设计研究院有限公司知识产权主管施耘建议，企业和科研单位要循序渐进加大科研投入力度，每年研发投入不低于营业收入的 6%；实施重点项目研发和技术市场前瞻性战略布局，推动新产品研发和产品升级换代的专利申请保护；建立激励机制，给予专利发明人专项奖励，提升科技创新人员荣誉感，增强发明人的获得感和成就感；完善知识产权管理体系，做到有制度、有计划、有平台；做好专利维权和风险控制，专利领域的诉讼风险比较高，要形成专利风险分析研究报告，更好地指导生产经营工作。

经验九：必须打击投机取巧现象

金诚信矿业管理股份有限公司矿建总工程师、教授级高工、全国有色金属行业设计大师李红辉建议，要进一步落实《中华人民共和国专利法》，切实保护专利权人的合法权益，充分调动大家申报专利的积极性和主观能动性；严格审查申报的专利，防止鱼目混珠，授权的专利应充分体现创新的技术方案；走向国际市场的行业企业，应利用吸收国外先进技术的机会，通过学习、消化，研发形成自己的专利技术。他认为，技术创新、成果转化是专利发展的土壤和目标，应加强政策支持、打击投机取巧，逐步呈现万众创新、百舸争流的新景象。

经验十：必须破解"创新驱动发展"难题

北京百世通管道科技有限公司总经理缪宏建议，相关部门要加强专利创新的引导和监管。管好专利这把双刃剑，既有利于调动创新积极性、促进技术进步，又有利于国家整体实力强盛，在激烈的国际竞争中占领技术高地，避免遭受技术封锁和制约。在专利创新方向上，加强基础技术研究创新非常重要，对既有技术的重新排列组合也是创新，而且出成果快、能有效解决实际问题。技术创新路长且艰辛，困难重重，但是为了国家强盛，必须沉下心来，加强技术创新，破解"创新驱动发展"难题，提高研发投入强度。

经验十一：必须要对发明人进行有效激励

金堆城钼业股份有限公司科技质量部经理、高级工程师刘东新认为，专利是一个企业价值的重要组成部分，也是一种与发明人个人价值密切相关的特殊产品。因此，如何对发明人进行有效激励是企业，特别是国有企业亟待解决的重要问题。他希望，相关部门能够尽快出台专利价值认定办法，并明确职务发明中发明人利益与企业利益的分配原则。对于传统制造型企业而言，专利最根本的价值在于通过解决生产问题、开发新产品从而有效提升企业效益。熟悉生产问题和市场的人员，大部分在基层，因此，需要改变专利"高大上"的观念。他建议，要通过有效的培训，把编写专利的技能下沉到一线，从一线发现更多更有价值的专利技术。

10 年来，有色金属行业奋力攻坚克难、勇攀科技高峰，加快推进高水平科技自立自强，聚焦重要领域和关键环节，不断加大科研投入，开展关键核心技术攻关和破解"卡脖子"难题，让行业发展在技术上不再受制于人，企业和国家竞争力得到了进一步提升，在建设科技强国的新征程中展现了新作为、取得了新成就。

撰稿人：李幼玲　杨净茹

资　源　篇

2012 年至今的 10 年，是党和国家历史上具有里程碑意义的 10 年，也是中国有色金属矿业转型发展的 10 年。10 年来，在以习近平同志为核心的党中央坚强领导下，有色金属矿业沉着应对百年变局和新冠肺炎疫情，奋力拼搏，走高质量发展道路，全面展现出矿业现代化新气象。

回眸这 10 年，有色金属矿业凝聚奋进力量，在总结历史经验中守正创新、在紧扣时代脉搏中担当作为，为经济社会持续发展强基固本，为开创党和国家事业新局面提供坚定的动力源泉和强大的资源保障。

——矿产资源勘查取得巨大成就，形成了比较完善的矿产品生产和供应体系；主要矿产品产量持续增加，供应能力不断增强。

——矿产资源开发、利用、管理水平不断提高，绿色矿山和智能矿山建设持续推进，新的规章制度和标准体系得以确立。

——科技创新继续突破，为矿产资源勘查及开发利用提供理论支撑。

——矿企内外兼修、提质增效。以企业为主体的国际交流合作进一步深化。

风好正是扬帆时，不待扬鞭自奋蹄。有色金属矿业 10 年发展历史，是一部坚持党的领导、全面推进工业现代化的历史。

进入新时代、迈向新征程，有色金属矿业将始终牢记初心使命、弘扬光荣传统、全面深化改革，在推动全行业高质量发展进程中担当作为，不断书写无愧于时代的精彩篇章。

十年找矿结硕果　主要矿产保有资源量普遍增长

2011 年，国务院批准实施找矿突破战略行动。10 年来，我国形成了一批重要矿产资源战略接续区，在开采消耗持续加大的情况下，主要矿产保有资源量普遍增长。10 年找矿突破战略行动取得丰硕成果。

——新增钼 1874 万吨、钨 612 万吨、金 8085 吨，约占总量的 50%；铅锌 1.37 亿吨、铝土矿 18 亿吨、钾盐 5.23 亿吨，约占总量的 35%；铜 3711 万吨、镍 349 万吨，约占总量的 25%；新形成 32 处非油气矿产资源基地；西藏多龙新增铜资源量 1837 万吨，成为我国首个千万吨级铜矿；江西朱溪和大湖塘分别新增钨资源量 363 万吨和 84 万吨，成为排名世界前两位的大型钨矿床；胶东金矿深部找矿累计新增资源量超 4600 吨，跃居世界第三大金矿集区。

——铜、铝等大宗紧缺矿产增储显著，镍、锂等战略新兴矿产资源勘查取得显著成果，新兴材料资源保障加强。

——矿产资源勘查开发重心向西部转移。全国新形成的 32 处非油气矿产资源基地中，25 处分布在西部，占全国总数的 78%。西部铜矿新增资源量占全国的 70%，西部铅锌矿新增资源量占全国的83%。这些找矿突破对西部地区脱贫攻坚、支持当地经济发展有重要意义。

——矿山找矿新增一批资源量。老矿山深部和边部找矿取得突破，80余座老矿山新增资源量达到大中型矿床规模，近800座生产矿山不同程度地延长了服务年限。一批危机矿山重新焕发生机，为资源型城市转型发展争取了时间。

——基础地质调查工作程度不断提高，1∶5万区域地质调查覆盖率由24.7%提高到45.5%，重要找矿远景区基本实现全覆盖。

——科技创新能力增强。形成"青藏高原地质理论创新与找矿重大突破"等科研成果，固体矿产勘查区"三位一体"找矿预测理论与深部找矿预测技术，有力提高找矿成功率。

——矿产资源节约与综合利用水平提升。发布124个矿种"三率"指标要求，遴选推广360项先进适用采选技术、工艺及装备，固体矿产开采回采率平均提高8个百分点，选矿回收率平均提高9.5个百分点。

——深化矿产资源管理制度改革。推进修订《矿产资源法》，形成了我国矿产资源储量分类新规范，推广应用绿色勘查标准规范。

找矿突破战略行动实施10年来，通过实施地质找矿运行新机制，深化矿产资源管理改革，推动科技创新，形成了一批重要矿产资源战略接续区，国内资源生产保障能力进一步增强。

主要矿种找矿取得突破进展。"十二五"期间，找矿工作取得显著成效，主要矿产新增查明资源储量明显增长。新发现铜矿矿产地52处，其中，大中型矿产地11处，新增查明资源储量2341万吨，在西藏、江西、云南等地新探获一批世界级铜矿区；新发现铅锌矿矿产地81处，其中，大中型矿产地41处，铅矿、锌矿新增查明资源储量分别为2330.2万吨、3783.2万吨；新发现镍矿矿产地6处，新增查明资源储量279.2万吨，其中，新疆若羌县罗布泊坡北和青海夏日哈木发现超大型镍矿床；新发现钨矿矿产地25处，其中，大中型矿产地23处，新增查明资源储量459.9万吨，江西南部地区发现超过200万吨的世界级矿床；新发现钼矿矿产地29处，新增查明资源储量1559.5万吨，发现超过100万吨的矿产地3处，其中，安徽金寨县沙坪沟钼矿为世界级；新发现金矿矿产地131处，其中，大中型矿产地51处，新增查明资源储量4949.4吨。

"十三五"期间，全国新发现铜矿矿产地25处，其中，大型矿产地3处、中型矿产地4处、小型矿产地18处；新发现铅锌矿矿产地28处，其中，大型矿产地2处、中型矿产地9处、小型矿产地17处；新发现铝土矿矿产地15处，其中，大型矿产地5处、中型矿产地8处、小型矿产地2处；新发现钨矿矿产地14处，其中，大型矿产地2处、中型矿产地6处、小型矿产地6处；新发现金矿矿产地53处，其中，大型矿产地2处、中型矿产地18处、小型矿产地33处；新发现银矿矿产地9处，其中，大型矿产地2处、中型矿产地5处、小型矿产地2处；新发现稀有、稀土、稀散矿矿产地14处，其中，大型矿产地5处、中型矿产地8处、小型矿产地1处。

另据《2021年全国地质勘查通报》资料，2021年，全国新发现矿产地95处，其中，大型38处、中型34处、小型23处。新发现矿产地中，铜矿2处、铅锌矿1处、铝土矿1处、金矿2处，稀有、稀土、稀散矿产6处。

综合公开数据，过去 10 年间，我国新发现金属矿产地主要分布在云南、河南、广西、内蒙古、贵州、山东、湖南、新疆等地。

矿产资源供应能力不断提高。"十二五"期间，10 种有色金属产量 2.1 亿吨，黄金产量 2100 吨，相比"十一五"期间，有了较大增长；"十三五"期间，我国 10 种有色金属产量总体保持稳中有升的态势，年均增长 3.6%，精炼铜产量年均增长 4.7%，原铝产量年均增长 3.3%。

2020 年，我国 10 种有色金属产量首次突破 6000 万吨，达到 6168 万吨，同比增长 5.5%。2021 年，我国有色金属生产保持平稳增长，保供稳价成效显著，国际竞争力持续提升。10 种常用有色金属产量为 6454.3 万吨，比上年增长 5.4%。

矿产资源兜底保障作用进一步夯实。随着现代化、工业化进程，矿产资源的保障和支撑作用愈加凸显，为我国经济社会发展提供了坚强的资源后盾。

2016 年 9 月，新疆和田县火烧云一带发现资源储量近 1900 万吨的世界级超大型铅锌矿，这也是目前我国资源储量最大的铅锌矿。

2016 年，我国黄金查明资源储量突破万吨大关，达 1.16 万吨。另据《中国黄金年鉴 2020》信息，截至 2019 年底，全国黄金查明资源储量 14131.06 吨，比上年净增 492.66 吨，同比增长 3.61%。我国黄金查明资源储量已经连续 5 年突破万吨大关。

2017 年，山东发现世界级的巨型单体金矿床，预计可提交金资源量 550 吨以上，潜在价值 1500 多亿元。

2019 年 12 月，河南栾川探获超大型钼钨矿床，新增钼资源量 317.04 万吨、钨资源量 43.96 万吨、铅资源量 36.16 万吨、锌资源量 236.29 万吨、铜资源量 2.71 吨、银资源量 391.82 吨，相当于新发现 39 个大型钼矿、14 个大型钨矿、5 个大型铅锌矿。

2020 年 4 月，贵州赫章县发现全隐伏、品位高、厚度大的超大型铅锌矿床，经济价值超 700 亿元。圈定主要矿体 92 个，铅锌平均品位 10%，平均品位 6.76%，勘探提交铅锌金属资源量（金属量）达到 327.44 万吨，并伴有金、银、镓、镉、锗、硒等重要矿产资源，矿体厚度是工业可采厚度的 10 倍，相当于 6 个大型铅锌矿。

聚焦绿色、智能矿山　矿产资源开发利用水平持续提升

这 10 年，矿产资源的开发、利用和管理取得长足进展。矿产资源告别粗放、破坏性的开发利用方式，转向提高采矿技术装备水平，大力发展绿色矿山，积极投入生态环境修复，依托新技术打造智能矿山，不断提高矿产资源的开发利用水平。与此同时，矿产资源管理改单持续推进，法律法规及管理制度不断完善，治理体系和治理能力现代化建设加快推进。

绿色矿山建设从理念走向实践。2017 年 5 月，国土资源部、财政部、环境保护部等国家相关部门印发了《关于加快建设绿色矿山的实施意见》，明确将绿色矿山建设上升为国家行为，要求新建矿山全部达到绿色矿山建设要求；2018 年 4 月，自然资源部公示了非金属、化工、黄金等 9 个行业绿色矿山建设规范，首个国家级绿色矿山建设行业规范就此形成；2019 年 12 月，自然资源部按照相关要求，对通过遴选的 556 家矿山（不含原国家级绿色矿山试点单位）进行了公示。556 家矿山是在企业自评、第三方评估、省级推荐基础

上，经过实地抽查、材料审核而选出的；2020年3月，自然资源部印发《关于全面开展矿产资源规划（2021—2025年）编制工作的通知》，全面启动各级矿产资源规划编制，明确要求统筹矿产资源勘查、开发利用和保护活动，推动矿业绿色发展，并将加快矿业绿色发展作为规划编制重点。

绿水青山就是金山银山。10年间，一批批矿山企业通过建设绿色矿山，形成了一批可复制可推广的资源绿色开发和产业绿色发展新模式，实现了由"注重资源开发"向"资源环境并重"、由"粗放浪费"向"集约高效"、由"要素驱动"向"创新驱动"、由"矿群关系紧张"向"和谐共建共享"四个转变，不仅走出了一条资源集约、安全环保、科学高效、绿色发展的新路，也练就了从"绿"中掘金的本领，更好地解决了矿产资源供需矛盾、资源开发与环境矛盾。

中铝集团全力打造绿色矿山，加大环保投入，开展系列减排措施，在实现绿色和效益双丰收的同时，也实现了企业可持续发展，中铝集团13家矿山入选全国绿色矿山名录。

中国有色集团于2019年启动绿色矿山建设，践行绿色矿山理念、加强绿色矿山建设，所属中色大冶铜山口铜矿、中色大冶新疆萨热克铜矿、中色大冶丰山铜矿、中色沈矿大井子银铜矿、中色红透山铜锌矿、中色平桂珊瑚矿共6家矿山企业入选全国绿色矿山名录。

深圳市中金岭南有色金属股份有限公司凡口铅锌矿被评为"国家级绿色矿山"，采取系列措施对矿山生态环境进行系统修复、综合治理，工程累计投资1.4亿元以上，打造绿色环保、安全高效、和谐共赢的生态矿山。

西部矿业集团锡铁山分公司成为青海省首个国家级绿色矿山试点单位，矿山工厂绿化覆盖率达到可绿化面积的100%，各矿山全部达到省级绿色矿山认证，各下属企业厂区全部建成花园式工厂。

紫金矿业在资源评价、工艺技术研究及选择、矿山建设及生产过程管理上不断取得新优势。目前，已建成国家级绿色矿山9家、国家级绿色工厂2家。

2012年10月，河南发恩德矿业有限公司月亮沟铅锌银矿被正式命名为"国家级绿色矿山试点单位"，2015年11月，河南发恩德月亮沟铅锌银矿被原国土资源部正式命名为"国家级绿色矿山"。

全国矿山智能化水平整体提高。10年来，我国矿山行业已进入高质量发展阶段，建设本质安全、资源集约、绿色高效的有色金属智能矿山成为有色矿业发展的内生动力，工业互联网、人工智能等新技术陆续应用于有色金属矿山，目前，我国智能化矿山已完成阶段性目标规划，基本实现掘进工作面减人提效，综采工作面少人或者无人操作，实现固定岗位的无人值守和远程监控。

2020年5月，工信部、发展改革委、自然资源部联合编制了《有色金属行业智能矿山建设指南（试行）》《有色金属行业智能冶炼工厂建设指南（试行）》《有色金属行业智能加工工厂建设指南（试行）》，切实加快了5G、人工智能、工业互联网等新一代信息通信技术与有色金属行业融合创新发展，引导有色金属企业智能升级。

中国五矿集团、山东黄金集团、招金集团等已率先完成远程智能采矿系统、凿岩台车自动钻孔系统、自动灭火系统等的应用，为智能矿山一体化建设打下坚实基础；中国黄金集团、大冶有色金属集团等也相继实现了矿山生产过程的可视化、自动化、智能化、无人化；甘肃金徽矿业先后引进凿岩台车、撬毛台车、无人驾驶有轨电机车等设备，使选矿过程控制达到可视化、信息化和网络化，各项工艺参数实现了实时在线检测，并加快转型升级，实现无人驾驶电机车、井下快速定位与自动导航等智能服务；铜陵有色冬瓜山铜矿研发了适应于深井矿山高温、高湿、灰尘密集环境的有轨运输无人驾驶专用设备和通信系统，并设计构建了完整的无人驾驶运输远程遥控系统、机载控制系统、巷道通信系统、装矿站远程控制系统等，实现负 1000 米井下中段矿石无人驾驶电机车运输全过程自动化；中国恩菲开发了数字矿山、数字工厂 MIM 技术体系，构建了矿冶企业全数字信息模型，形成了适用于有色行业的全要素、全数字一体化解决方案；并已为国内外多座矿山和厂企提供了数字化、智能化顶层设计和一体化整体解决方案。

5G 赋能智慧矿山。随着 5G 时代的到来，矿山生产模式和智能制造技术快速融合，矿业向规模化、集约化、协同化方向急速发展，并迈入智能化新阶段，建设绿色、智能和可持续发展的智能化矿山也已成为业界发展的共识。矿业正以 5G 作为"新引擎"，在数字经济新赛道上奋力前行。

2019 年 4 月，洛阳钼业与华为、跃薪智能公司合作，首次将 5G 技术应用在无人矿山领域，对原有智能采矿设备进行基于 5G 网络的升级改造，利用 5G 网络的超高速率、超低时延的特性，彻底解决了矿山特殊复杂环境信号传输的技术瓶颈，实现了基于 5G 网络的钻、铲、装超远程精准控制和纯电动矿用卡车智能编队运行。

2020 年 7 月，山东黄金矿业（莱西）有限公司联合中国移动、华为技术有限公司共同设计部署的矿井 5G+远程遥控+无人化智能开采技术，成为全国首家具有 5G+无人驾驶技术的矿井。

2022 年初，西藏巨龙铜业联合中国移动西藏公司与华为技术有限公司，成立青藏高原"高原 5G 智慧矿山融合创新实验室"，创建我国高原地区首个 5G 智慧矿山融合创新实验室，通过 OnePower 智慧矿山平台、OnePoint 智慧交通平台、5G+北斗高精度定位、集群语音等核心技术，探索 5G 在智慧矿山领域的各类应用场景。

创新找矿理论　新技术装备助力矿业高质量发展

这 10 年，我国有色金属矿产资源领域科技创新成果显著，找矿理论屡获突破，我国找矿技术装备不断创新，多个项目取得重要进展，多项成果获得国家科学技术奖，多个重点实验室和工程技术创新中心先后建立，矿产资源领域科技创新平台建设持续推进，行业技术标准与时俱进，知识产权保护力度不断加强，为加强国家资源保障能力提供科技支撑。

创新找矿理论指导实践。10 年间，我国成矿理论不断取得突破，找矿模型及勘查方法有所创新，研发或集成了一批地质勘查技术仪器装备，矿产资源勘查开发技术得到深度应用，先后涌现出青藏高原地质理论创新、大深度高精度广域电磁勘探技术与装备等一系列成果。

2012 年，青藏高原地质理论创新与找矿取得重大突破，发现 3 条巨型成矿带和 7 个超大型、25 个大型矿床。该项目找到的储量相当于 64 个大型铜矿、17 个大型钼矿、30 个大型铅锌矿、23 个大型银矿、28 个大型金矿，获得 2011 年度国家科学技术进步奖特等奖。

2019 年，以大陆碰撞成矿理论为指导，青藏高原甲玛矿区成功实施了固体矿产首个

3000 米科学深钻，发现厚层斑岩铜钼矿体；创新深部探测技术方法体系，丰富和发展深部金矿成矿理论，通过深钻验证将焦家金矿总资源量增至 2500 多吨；中国大型锂矿成矿新机制与找矿实现新突破，为寻找伟晶岩型锂辉石矿床、稀有稀土金属找矿打开了新思路。

2021 年，深部矿产资源智能预测理论方法创新与找矿实现重大突破。例如，首次提出了找矿模型—三维建模—定量预测等"三元"大数据深部矿产资源预测理论方法体系，自主研制深部综合信息预测评价平台系统；创新提出"五个一定"三维地质找矿模型及深部成矿构造重建理论与方法，研发了深部地球物理、地球化学结构分析等深层次异常信息提取新技术，解决矿集区深部成矿空间三维结构重建、成矿地质异常空间重构及矿化空间定位等技术难题，实现 3000 米以浅深部地物化多源深层次成矿信息融合及透明化、智能化，推动了我国在找矿模型、三维预测领域的技术进步，为国家深部"第二成矿空间"找矿突破提供指导思路和技术支撑。

矿产资源开发利用技术持续进步。10 年间，我国有色金属矿产资源开发与综合利用技术体系不断进步，实现节约高效利用资源，为新时代有色金属矿业提质增效奠定了坚实的技术基础。

2016 年，针对豫西地区金矿中伴生的钨资源选矿综合回收，提出了"磁铁矿超细碎—分级分选—磁筛精选"新工艺，有效地实现节能降耗；针对攀西地区深部钒钛磁铁矿开发阶段磨矿—选择性解离—高效磨选的选铁新技术，获得了 TFe 品位 58.5%、回收率 56.5% 的合格铁精矿。

2017 年，"红土镍矿生产高品位镍铁关键技术与装备开发及应用""有色金属共伴生硫铁矿资源综合利用关键技术及应用"荣获国家科学技术进步奖二等奖。

2018 年，建立了稀土选择性富集新工艺和"深海"稀土综合利用技术，前者在贵州"沉积型"稀土矿综合利用中实现了稀土浸出率 85% 以上，铝、铁、钛和硅等主要杂质浸出率均小于 5% 的重大突破；研发了盐湖泻利盐矿制取硫酸镁产品技术，实现中间试验成功，盘活了罗布泊盐湖呆滞的镁资源。

2020 年，依托国家重点研发计划"青藏高原碰撞造山成矿系统深部结构与成矿过程"项目，围绕大陆碰撞带深部过程与成矿驱动机制、碰撞成矿系统三维结构与"源—运—储"、大型矿床的形成过程与定位机制 3 个关键科学问题，取得了重要科研成果。

完善法律法规及标准体系　有色金属矿产资源管理水平进一步提升

这 10 年，有色金属矿业全面落实相关法律法规，深化"放管服"改革，进一步完善了矿产资源管理，启动了新一轮矿产资源规划编制工作，实施了新的矿产资源储量分类标准，优化了矿业权申报，进一步提升了矿产资源管理水平，为新时代有色矿业高质量发展保驾护航。

2019 年，我国首部《资源税法》表决通过，并于 2020 年 9 月 1 日起施行。按照落实税收法定的要求，资源税立法保持了现行的税制方向和税负水平总体不变的原则，对不适应社会经济发展和改革的要求做了适当调整，将《资源税暂行条例》上升到了现在的《资源税法》。

　　继续推进《中华人民共和国矿产资源法（修订草案）》修改工作，进一步加强矿产资源领域立法与监管。

　　2019年，《关于推进矿产资源管理改革若干事项的意见（试行）》对建立和实施矿业权出让制度、优化石油天然气矿业权管理、改革矿产资源储量分类和管理方式等作出了一系列重大制度创新；《矿山地质环境保护规定》和《土地复垦条例实施办法》也相继发布。

　　2020年1月9日，自然资源部发布《关于推进矿产资源管理改革若干事项的意见（试行）》，对我国矿产资源管理实行重大改革。该意见主要包括矿业权出让制度改革、油气勘查开采管理改革、储量管理改革3个方面内容11条措施，深化"放管服"改革，充分发挥市场对资源配置的决定性作用和更好地发挥政府作用。同时，立足矿产资源勘查开采实际，解决多年来矿产资源管理中存在的突出问题，将实践中一些成熟、可行的经验提炼总结上升到制度层面，为正常有序推进矿产资源管理提供政策保障，也为矿产资源法修改积累重要实践经验。

　　2020年5月1日，《固体矿产资源储量分类》国家标准正式实施。该标准主要包括适用范围、术语和定义、资源量和储量类型划分、资源量与储量的相互关系、资源量和储量、发布与术语使用等内容。

　　2021年5月10日，自然资源部出台《关于促进地质勘查行业高质量发展的指导意见》，统筹推进地勘单位改革，促进地质勘查行业高质量发展。

企业深化改革谱新篇　矿产资源国际交流合作开新局

　　这10年，有色金属矿业企业深化改革，不断拓展国际交流合作，在参与国家总体外交、拓展矿业合作网络、支撑有色金属资源业务、完善国际合作平台等方面开展了大量的工作，为服务支撑国家开放合作大局和有色金属工业发展作出了积极贡献。

　　企业整合重组加剧、大型企业集团组建。10年间，有色金属行业企业不断做大做强做优，通过调整经济布局结构、企业合并重组等，进一步拓展行业企业发展空间，提升企业资本实力和资源掌握力，为打造具有国际竞争力的世界一流企业奠定了发展基础。

　　2016年，中国五矿与中冶集团正式合并，重组后资产规模超7000亿元。重组后的中国五矿通过整合相关资源，对标世界一流，形成了独特的商业模式与核心竞争力，打造世界一流金属矿产企业集团。

　　2020年6月7日，紫金矿业投入38.83亿元控股西藏巨龙铜业，主导开发我国已探明铜金属资源储量最大的斑岩型铜矿。收购完成后，紫金矿业权益铜资源量超过6200万吨，确立了该公司在中国铜矿行业的绝对领先地位。

　　2021年12月23日，中国稀土集团有限公司在江西省赣州市挂牌成立。该集团第一大股东为国务院国资委，持股比例31.21%，中铝集团、中国五矿股份有限公司、赣州稀土集团有限公司分别持股20.33%，有研科技集团有限公司、中国钢研科技集团有限公司分别持股3.90%。中国稀土集团成立，进一步奠定了稀土产业南北双雄并立的格局，有利于加大科研投入，集成创新资源，提升稀土新工艺、新技术、新材料的研发应用能力，进一步畅通稀土产业链上下游及不同领域之间的沟通衔接，更好地保障传统产业提质升级和战略性新兴产业发展。

2022 年 7 月 25 日，中国矿产资源集团有限公司在北京成立。组建中国矿产资源集团有限公司，是党中央、国务院着眼于用好国内和国际两个市场、两种资源，增强我国重要矿产资源供应保障能力的重大举措，对于保障产业链和供应链安全、促进高质量发展具有重要意义。作为中央直接管理的国有独资公司和国家授权投资机构，该公司将坚持开放协同、合作共赢，坚持市场化、法治化运营，打造具有全球竞争力和影响力的世界一流矿产资源综合服务企业。

国际交流合作走向纵深。10 年间，根据国家发展需要，在"走出去"战略和"一带一路"倡议的推动下，有色金属矿业企业通过不断深化国际产能合作，为实现资源全球化、多元化配置，保障产业链、供应链安全稳定发挥了重要作用。

国企成为"走出去"的排头兵。

2018 年 10 月，中铝集团首个海外大型铝土矿项目——中国铝业几内亚博法铝土矿项目奠基。2020 年 4 月，中国铝业几内亚博法铝土矿项目 23 千米皮带输送系统带料重载联调一次成功，标志着我国在几内亚投资的最大铝土项目全线贯通投运。中铝几内亚博法铝土矿项目是中铝集团响应国家"一带一路"倡议，构建人类命运共同体，实施"两海战略"打造的示范项目，保有可开发资源量约 17.5 亿吨，可持续开采长达 60 年，对于改善我国铝行业用矿结构，提升重要矿产资源保障能力发挥了重要作用。

秘鲁矿业特罗莫克铜矿项目是中铝集团响应国家"走出去"号召，在保证国家资源安全的战略背景下，于 2007 年收购的世界级特大型铜矿项目，在 2013 年 12 月正式投产。该项目是我国在海外从零开始建成的第一个世界级铜矿矿山。2018 年 6 月，中铝特罗莫克铜矿二期扩建项目开工，标志着中铝集团响应国家"一带一路"倡议，加快海外发展，促进当地经济社会建设，迈出了更加坚实的步伐，"海外中铝"再启新征程。

中国五矿集团公司牵头收购的拉斯邦巴斯铜矿（Las Bambas），是中国企业主动利用全球行业调整和国际企业变动的商业机会完成境外收购的典型案例。中国五矿集团所属五矿有色金属股份有限公司心怀矿业报国的赤子初心，厚植矿业强国的一流本领，先后建成海外世界级铜、锌矿山，矿产铜、矿产锌产量倍增，跻身全球前十之列，矿山开发成本和生产效率显著优化，勘探找矿扩充资源成效显著，国际化矿业管理管控能力不断提高，在贡献丰厚利润的同时，保障了我国资源供应安全，用实际行动向党的二十大胜利召开献礼。

2014 年，中国五矿组成的联合体成功收购秘鲁拉斯邦巴斯铜矿，交易金额高达 70 亿美元，项目总投资超过 100 亿美元，保有铜储量 550 万吨，是中国金属矿业史上迄今为止实施的最大境外并购。2016 年 1 月，秘鲁拉斯邦巴斯铜矿正式投产。2016 年 3 月 22 日，秘鲁拉斯邦巴斯铜矿建成投产后首批装运的 1 万吨铜精矿抵达南京港，标志着中国金属矿业史上迄今为止实施的最大境外收购项目取得了切实成果，也意味着我国企业响应国家号召，建立海外资源基地，保障国内紧缺资源供应的努力得见回报。该矿实现了按工期、按预算建成投产，按计划向国内发运。这在矿业项目开发史上较为罕见，意味着中国公司在海外大型矿山项目的建设、调试、运营等方面已具有了国际一流竞争力和专业能力，大幅提高了我国在国际铜市场的话语权。

作为世界级大型矿山，自拉斯邦巴斯铜矿投产以来，年产值占秘鲁 GDP 总量的 1%，

2016 年 3 月 20 日，由中国五矿、中国国新、中信集团三家公司联合投资 105 亿美元的秘鲁拉斯邦巴斯铜矿建成投产后第一批装运的 1 万吨铜精矿抵达南京港

占阿普里马克大区（邦巴斯所在地）的 72%，占秘鲁矿产 GDP 的 9%、矿物出口的 8%，铜出口的 15%。邦巴斯公司（MLB）也是秘鲁第三大铜精矿生产商，占全国矿产量的近 10%。作为当地矿业企业的税收大户，在拉动当地经济社会发展方面发挥了重要作用。自 2014 年五矿收购以来，拉斯邦巴斯铜矿纳税高达 17.06 亿美元，2016 年拉斯邦巴斯铜矿建成投产以来缴纳特许权费 4.08 亿美元，2010 年拉斯邦巴斯铜矿开始进行社区安置以来社会发展类投资达 3.51 亿美元，在 2004—2017 年间社会基金投入 0.48 亿美元。拉斯邦巴斯铜矿每年辐射到的工作岗位有 75000 个，直接工作年平均岗位约 9000 个，占阿普里马克大区就业的 28%，占库斯科就业的 21%。同时，2016—2021 年，拉斯邦巴斯铜矿在两地进行的采购订单金额达到 4.04 亿美元，为当地的就业创收作出了巨大贡献。

　　2017 年 11 月 8 日，中国五矿旗下五矿资源有限公司（MMG）全资所有和管理的澳大利亚杜加尔河锌矿项目正式建成投产。杜加尔河锌矿拥有锌矿资源量 6500 万吨，锌平均品位达 12%，并含铅、银等副产资源，是全球已知规模最大、品位最高的锌矿之一。该项目采用地下开采及常规浮选工艺，设计年采选能力 170 万吨，年产锌 17 万吨以上，服务年限超过 25 年，投产后将进入全球 10 人锌矿行列。该项目是中国五矿把握全球矿业周期成功实施的又一项世界级矿业开发项目。2018 年 5 月，杜加尔河在全球锌矿供应紧张和价格走强之际如期实现商业化生产，成为中国五矿践行"保障国家金属资源供应"使命的重要一步，标志着中国五矿建设世界一流的金属矿产企业集团取得又一重要里程碑。该项目将进一步增强我国锌资源战略保障能力，提高我国矿企在全球金属市场的话语权。

　　中国有色集团在赞中经贸合作区内投资经营着中国在境外投资开发的第一座迄今为止最大的有色金属矿山——谦比希铜矿、中国在境外投资建成的最大的铜冶炼项目——谦比希粗铜冶炼厂、非洲第一座数字化矿山——中色非矿、曾经是世界三大铜矿山之一的卢安夏铜矿和大型湿法冶炼项目——谦比希湿法冶炼有限公司等。在刚果（金），中色集团开创矿业合作新模式，建设运营着大型露天开采矿山——迪兹瓦矿业有限公司、具有世界先进工艺技术水平的现代化大型粗铜冶炼项目——卢阿拉巴铜冶炼有限公司和中色矿业香港控股有限公司等，推动了我国成熟技术、先进装备和冶炼产能的"走出去"。在缅甸，中色集团建设运营的中缅第一座合资镍矿山——达贡山镍矿项目，是与东盟国家产能合作的典型代表，总投资10亿美元，不仅推动了国内镍铁冶炼产能"走出去"，也带动了国产冶金装备的自主创新，成功突破了欧美国家的技术封锁；中国和蒙古国第一座合资锌矿山——图木尔廷敖包锌矿，"以工程换资源"模式开发，年产锌精矿14万吨，产品全部运回国内，被誉为"中蒙合作的典范"。目前，中国有色集团海外投资超过400亿元，拥有境外重有色金属权益资源（金属量）超3000万吨，在赞比亚和刚果（金）已形成了集群式和规模化发展的模式，海外有色金属年产能达到100万吨，建成中南部非洲地区两个重要的铜钴资源基地，年回运粗铜占我国粗铜进口的近四分之一，为我国战略资源保障作出了积极贡献。

铜陵有色集团厄瓜多尔米拉多铜矿近年来取得了长足发展，不仅大幅提升了铜陵有色集团资源保障能力，而且对增强国内铜产业链韧性和安全发展能力起到了重要作用。米拉多铜矿积极探索国企改革三年行动，践行人类命运共同体构建和"一带一路"倡议，开发利用海外资源，实施国际化战略。米拉多铜矿一期工程于2019年7月18日建成投产，短短3年半即建成年采选2000万吨大型露天矿山。2021年，该公司生产铜量完成年度计划的131.42%，利润创历史新高。2022年1—7月，该公司生产铜量完成年度计划的68.93%，实现利润接近2021年全年，成功跻身世界级在产大型矿山之列。这是铜陵有色集团国际化发展进程中的标志性成果，也是有色金属行业企业中海外办矿的成功典范。

民营企业在完善自身产业链和供应链的同时，也积极参与国际分工，不断加快"走出去"步伐。洛阳栾川钼业完成对澳大利亚北帕克斯铜金矿、刚果（金）铜钴矿和巴西铌磷矿等世界级优质资源的并购整合；山东魏桥创业集团积极推进几内亚铝土矿开采项目，掌握优质铝土矿资源超过20亿吨，为地方及全国铝产业发展提供了稳定的原料保障；南山铝业在印尼投资8亿美元，建设100万吨氧化铝项目，积极融入全球化产业链；信发集团在印尼、斐济、澳大利亚等国家和地区实施铝土矿合作开发及加工业务。

2017年3月，中国有色金属国际产能合作企业联盟成立。截至2021年，该联盟成员单位已达62家，基本涵盖了有色行业开展国际产能合作的相关企业和机构。积极良好的国际产能合作项目意义重大，不仅有利于中国企业"走出去"，创造经济效益，提升国家形象，也有利于国家间互联互通、促进世界经济的发展。

有色金属海外资源开发取得较快进展。有色金属行业在亚非拉地区投资建设了大批矿业项目，截至2020年，产品涉及40余个有色金属品种，境外出资企业本土员工近50万人。中铝集团、中国五矿、中国有色集团、中国黄金、金川集团、铜陵有色、洛阳钼业、江西铜业、山东黄金、中铁资源、中矿资源、北方矿业、金诚信、紫金矿业、魏桥创业集团、南山铝业、信发铝业等多家有色企业在开发海外资源合作上硕果累累。

据不完全统计，截至2020年底，我国主要企业境外投资有色金属资源开发项目超过

100个；2014—2020年，累计投资超过750亿美元，对主要有色金属品种（铜、铝、镍钴等），中资企业获取的海外矿产权益资源量已经超过国内资源量。一批大型矿产资源开发项目相继投产，包括秘鲁的拉斯邦巴斯铜矿和特罗莫克铜矿、几内亚的博法铝土矿和博凯铝土矿、刚果（金）的腾凯（TFM）铜矿和卡莫阿铜矿、澳大利亚杜加尔河锌矿、巴布亚新几内亚瑞木镍钴矿等。截至2021年，中铝几内亚博法项目首艘30万吨级铝土矿船到达日照港，北方矿业刚果（金）拉米卡股份有限公司钴系统顺利产出首批合格氢氧化钴产品，国电投几内亚一期项目22万多吨铝土矿成功发运回国，紫金矿业刚果（金）卡莫阿-卡库拉铜矿一期建成投产，紫金矿业塞尔维亚丘卡卢-佩吉铜金矿上部矿带采选项目进入试生产阶段，这对缓解我国国内资源短缺局面发挥了重要作用。

2021年，有色金属企业继续扩大"走出去"成果。其中，金城信公司与欧亚资源集团协议，获取了刚果（金）铜矿项目；太钢集团与鑫海科技组建的合资体将与淡水河谷印尼组建一家合资公司，共同开发印尼巴哈多比镍铁冶炼项目；赤峰吉隆黄金矿业收购多伦多金星资源有限公司。

近年来，随着新能源产业的快速发展，我国对能源金属——锂需求不断增长。2021年，紫金矿业、中矿资源、赣锋锂业、天齐锂业、华友钴业、盛新锂能等有色企业在锂资源开发上都取得了极大进展。其中，紫金矿业于2021年10月收购了加拿大新锂公司，其资源量在全球主要盐湖中排名前五，品位在全球主要盐湖中排名前三，具备建成世界级大型盐湖基地的条件。另外，赣锋锂业的墨西哥锂黏土项目、中矿资源的加拿大TANCO矿山锂辉石项目、华友钴业的津巴布韦Arcadia锂矿项目、盛新锂能的津巴布韦萨比星锂钽矿项目、西藏珠峰的阿根廷锂盐湖项目等也在当年取得有效进展。

自新冠肺炎疫情全球蔓延以来，外部环境复杂多变，有色金属矿业国际交流合作面临更多压力和挑战。尽管如此，有色企业克服新冠肺炎疫情和全球经济下滑的不利影响，积极开拓，在资源保护、项目建设、金属冶炼、装备和技术、职业教育、人才与文化交流等方面开展全方位、多领域、多层次的"走出去"，取得了显著成绩，为积极推动新发展格局贡献了"有色力量"。

这10年的精彩蝶变，是新时代10年伟大变革在有色金属矿业领域的生动体现。新征程上，有色金属矿业将继续高举习近平新时代中国特色社会主义思想伟大旗帜，勇毅前行，不断壮大综合实力、市场竞争力和国际影响力，在高质量发展中奋力推进有色金属工业强国建设。

撰稿人：罗　娜

钛 业 篇

2020年11月28日，"奋斗者"号成功创造10909米坐底纪录。中共中央总书记、国家主席、中央军委主席习近平致信祝贺"奋斗者"号全海深载人潜水器成功完成万米海试并胜利返航，让"奋斗者"号研制和海试团队备感荣幸、备受鼓舞。从"蛟龙"号、"深海勇士"号到"奋斗者"号，钛业人以团结协作、拼搏奉献的精神，以材料为支撑，不断刷新中国载人深潜新高度。时至今日，梦想变为现实，深潜器钛合金关键部件终于实现了国产化。

千淘万漉虽辛苦，吹尽狂沙始到金。10年前，钛产业在快速扩张中发展失衡，企业效益下滑，"活下去"成为多少企业的心声；10年后，钛产能、产量实现双提升，钛产业规模逐步发展壮大，"火起来"成为行业发展的真实写照。从党的十八大到二十大，10年风雨兼程，钛产业由小变大、由大向强，以军工和民用领域融合发展的模式，走出了一条适合中国国情的钛业之路。

钛产业在发展中转型　在转型中跨越

"十一五"期间，我国钛产业盲目扩张，在利益驱使下，社会资本开始投向钛产业，海绵钛产能在2004年时还不足5000吨，到2008年已接近20万吨，但当年钛加工材年产量只有5万吨，一时间，海绵钛成为"有价无市"的产品，需求量与产能形成强烈反差，无序发展致使海绵钛产能过剩，供需矛盾凸显。海绵钛市场价格从20万~30万元/吨直线降至4.6万~4.8万元/吨，全行业陷入亏损状态，多数钛企业挣扎在生死线上。2014年，抚顺钛厂与唐山天赫全面停产，金川、云铜、贵州西南钛业的海绵钛项目投产相继停摆，宝鸡市一带的钛材加工企业在当年项目"高回报"的诱惑下，快速上设备、抓投产，结果超越市场需求，导致产品大量积压，累计损失上亿元，有的企业因此背上沉重的包袱。一边是产能持续增长，一边是行业全面亏损，如何生存成为企业乃至行业面临的重大问题。

在我国钛产业面临转型升级的关键时期，党的十八大为钛行业提供了动力。党的十八大报告提出，以科学发展为主题，以加快转变经济发展方式为主线，把推动发展的立足点转到提高质量和效益上来。对于钛行业来说，就是要始终坚持科学发展，牢牢把握"转方式""调结构""提质量"3个核心，不断优化产业结构，坚持创新发展，提升自主研发能力。

全产业链整合速度加快。从建国初期开始，我国工业经济发展以粗放型为主，出现高投入、低产出、高耗能、低效益的现象。10年间，在供给侧结构性改革等相关政策的引导下，我国钛工业由粗放式发展向集约式发展转变。我国钛企业加快转型升级的步伐，积极调整产业布局，在探索中积累新的生产经验。宝钛集团充分发挥龙头带动作用，加快内部项目建设，通过兼并的方式，整合成立了宝钛华神钛业，以海绵钛氯化+精制+还原+电解循环经济生产模式，满足宝钛主要材料海绵钛的部分需求；为进一步提升锻造产业加工能力，宝钛集团整合产业资源，与民营企业宝鸡拓普达钛业有限公司、宝鸡锐邦钛业有限公司"混改"成立宝钛精锻公司，发挥各自在原材料、技术、设备、资金、市场方面的优势，做优做强做大精密锻造产业。至此，宝钛集团实现了海绵钛+钛材加工的上下游产业链升级。

在宝钛集团这面中国钛工业旗帜的引领下，以轻化产业起家的湖南五江集团瞄准钛产业的广阔前景，在新疆投资建设了高钛渣熔炼，全流程海绵钛，配套氯气，钛材熔炼、轧制、锻造生产线，打通了由原料至钛及钛合金深加工的全产业链。目前，已经形成年产3万吨海绵钛、2万吨钛加工材、1万吨复合带材和1000万件以上钛制品的产能，形成独具特色的五江钛品之路。

民营企业龙佰集团按照全产业链发展思路有序扩张，其钛产业已布局河南焦作、四川德阳、攀枝花、湖北襄阳、云南楚雄、甘肃金昌等5省6地市，形成从钛的矿物采选加工到钛白粉和钛制造的产业链体系。

装备制造业标准水平提升。10年间，我国钛产业结构性调整取得明显进展，在航空航天、海洋工程、高端化工装备、体育休闲等中高端消费占比稳步提升，特别是在国防军工建设与国家重大工程实施中，钛材的战略地位日益提升，钛行业向高质量发展迈出稳健步伐。2021年，我国船舶、海洋工程、航空航天等高端领域的用钛量达到29864吨，相比2012年的6112吨增长388.6%。在高端钛材需求快速增长的背景下，宝钛集团、西北有色院、湖南金天等一批行业骨干企业以装备提升为基础，通过技术创新，加快新材料研发和先进制造技术的产业化应用，产品加工由低端向高端转变。

由宝钛集团自主创新研发的真空电子束熔炼炉，打通了真空电子束冷床熔炼炉国产化研制的关键环节，实现EB炉全流程国产化设计制造，完成替代进口。有付出就有收获。通过新材料研发与装备升级，宝钛通过了美国波音公司、法国宇航公司、空中客车公司、英国罗罗公司和欧洲宇航工业协会及美国RMI等多家国际知名公司的质量体系和产品认证，囊括了进入世界航空航天等高端应用领域绝大多数的通行证，并成为国际第三方质量见证机构及分析检测基地。企业的快速发展，为我国钛产业步入高端国际钛市场奠定了良好的基础。

同期，一些有实力的钛企业把目光瞄准了高端制造领域，积极引进国外大型装备，提升技术水平。一批企业从同质化竞争中脱颖而出。10年间，重庆金世利航空材料有限公司建立了12吨真空自耗电弧炉，宝鸡拓普达钛业公司引进奥地利产GFM450精锻机，宝鸡大力神航空新材料科技股份有限公司兰石6000吨快锻机和奥地利产GFM500精锻机投入使用，天成航材10000吨西马克快锻机组试车成功，宝鸡金山钛业与朝阳百盛合作、聚和信作为供方与宝鸡核力新材合作先后完成了EB炉建设并竣工投产。这些大型先进装备的上马，加速推进了钛产业结构优化升级，加工设备走向专业化，我国钛产业装备水平逐步提升。

上游的海绵钛企业紧密跟随国家战略步伐，围绕高品质海绵钛和高端领域用钛原材料的"双高战略"，通过技术优化和设备更新，向全流程、大型化和精细化方向发展。

以双瑞万基钛业为代表的国有企业率先实现海绵钛生产全流程化，先后引进、消化、吸收，并创新了国际先进的多极镁电解槽技术、大型沸腾氯化技术，自主研发了四氯化钛氧碳检测技术、10吨智能高效还蒸炉技术、超级电解槽技术、大型海绵钛智能化匀料技

宝色股份承制的华友钴业高压反应釜

术和智能仓储技术。这一创新成果在实践中不断消化、吸收、完善，逐步实现海绵钛生产大型化、节能化、资源型、效益型目标。

民营企业朝阳金达钛业以小粒度海绵钛打开市场，成为西部超导、宝钛、北京百慕高科、北京航材院和中科院金属研究所等客户的稳定供货商，以质量打造品牌，以品牌提升效益，使企业跻身高端领域供应体系。

朝阳金达钛业的发展只是民营企业中的一个缩影。众多民营企业通过不断的创新投入，提升产品质量和企业效益。截至目前，国内海绵钛主要生产企业产能增长14.6%，达到18.1万吨。2012年，海绵钛产量只有8.1万吨。截至2021年，海绵钛产量达到14万吨，增幅达73%。

10年间，在经济高速发展的带动下，钛及钛合金产量实现快速提升。据统计，2012年钛材销量4.3万吨，2021年销量13万吨，增幅达202%。在产量快速增长的同时，钛产业优势互补、协同创新同步加快，形成区域集群式发展的良好态势。在陕西宝鸡地区，众多中小企业通过转型升级，形成"中国钛谷"产业集群。以宝钛集团、西北院为依托，注重钛行业在航空航天、海洋工程及船舶、医疗等高端领域的创新发展，以细分领域开拓新产品，极大地提升了钛产品的知名度，钛的应用领域取得重大突破；在四川、云南地区，依托攀枝花钒钛资源和昆钢的区域优势，形成了新的钛行业聚集区，以钛矿为基础延伸钛深加工产业链；广东及江浙地区则以民用产品集散地的优势，将目光集中到钛的日用品开发及钛民品的创新上，力求开发出新产品，为钛的应用拓宽道路。

"十二五"到"十三五"期间，钛产业大多为中小企业，由于资金、人才和技术等方面的制约，产业发展失衡，产品质量良莠不齐，产品附加值低、企业间恶性竞争等问题突出。为了摆脱同质化竞争，我国钛企业在提高技术水平上狠下功夫，高端钛合金产品科技含量得到不断提升，钛产业走出了产能过剩、同质化竞争的泥潭，完成了从低端领域向高端领域的转型升级，实现了跨越式发展。

钛产业释放创新动能　多维度支撑高质量发展

党的十九大以来，党中央、国务院及各部门围绕深化供给侧结构性改革这条主线，把制造业高质量发展摆到更加突出的位置，在国家军民融合、工业 4.0 和"一带一路"倡议等相关政策指导下，在提质增效、创新驱动和转型发展等一系列政策措施的推动下，我国钛工业进入新一轮上升通道，企业重点项目建设火热，高质量发展势头强劲，蹄疾步稳。

融合创新，探索发展路径。面对整个钛产业的形势和挑战，我国钛产业大胆创新、敢于探索发展新模式，积极应对市场变化。钛材在轧制方面，受成本投入、技术难以攻克等诸多影响，企业依托钢铁生产的技术、装备优势，利用钢-钛结合的方式，走出了一条高质量、低成本、低投入的钛及钛合金生产之路。从 2019 年起，宝武集团、云南钛业、攀钢集团等就开始了钢-钛结合创新模式的探索，目前，已实现钛及钛合金管、带卷的低成本制造。近几年，攀钢研究院还建立了钛-钢联合实验室，将目光从钢材转向钛材，着力钛-钢联合的技术研究。围绕军民市场对高端钛材的需求，开发高强高韧耐蚀钛合金宽厚板、超长薄壁无缝管、钛铝合金等，探索研发更加先进的钛加工工艺流程和装备，满足高端钛材的市场需求。

近几年，在"高精尖"领域大放异彩的钛，也在民用领域崭露头角。我国钛企业凭借着敏锐洞察和大胆创新，加快钛在建材领域的研发力度和速度，并在各型号的板材制作方面取得一定成果，将钛合金应用于屋顶、外墙、装饰领域；跨行业与美的集团合作，积极探讨民用生活领域用钛；与下游制造企业合作研发钛民品材料。钛企业依托其技术实力，按市场需求做好材料研发，为中国钛民品发展提供更多更好更优质的材料。

做大做强，夯实高质量发展根基。我国钛企业以多年行业技术积累和背景为依托，在一些国之利器上，为国防事业与国家经济建设作出了突出贡献，特别是"十三五"期间，宝钛集团、西部超导、湖南金天、西部材料和中船 725 所等国有大型企业为代表的一线骨干企业为宇宙飞船、"嫦娥"工程、C919 大飞机、天宫一号等国之重器提供高端钛材料，引领钛行业发展。

科技创新是国际竞争的焦点。打破国际技术掣肘，培育和发展本土技术的竞争力，形成"创新—规模"的良性循环，是我国钛行业企业的时代使命，也是钛行业实现高质量发展的现实之需。近年来，我国钛企在工艺及标准化研究等方面均取得了一系列成果，大型企业牵头制订新的国际标准首次实现零的突破，此举将使我国钛企在国际标准中有一定话语权，同时助推我国由钛业大国向钛业强国转变。

做精做专，打破技术壁垒。我国是全球最大的海绵钛生产国，但在高纯钛领域却有很长一段空档期。尤其是纯度高达 99.995% 的超高纯钛，在 2014 年以前，全世界只有美国和日本的 3 家公司能够生产，中国的超高纯钛完全依赖进口，长期受制于美国和日本，且价格居高不下，在一定程度上限制了我国高纯钛及超高纯钛方面的应用与推广。2014 年 6 月 30 日，宁波创润新材料有限公司自主设计建设的"年产 250 吨电子级低氧超高纯钛项目"正式投产，产出了中国第一炉超高纯钛，不仅填补了我国相关产业和技术的空白，也打破了发达国家对这一项目的垄断。

专注细分领域，拓展多元市场。为适应钛产业新时期的发展，解决民营企业发展中的瓶颈问题，我国钛企业开始转变传统的经营方式，突出细分市场品牌，在细分领域中找到属于自己特色的产品之路，从而依靠自主创新在细分领域中提升企业的核心竞争力，改变了以往生产粗放、大而全的生产经营模式。宝鸡鑫诺新金属材料有限公司一直专注于钛在医疗器械领域产品的生产，研发的特种医用钛材成为钛产业中医用细分市场的佼佼者；陕西大力神新材料科技股份有限公司、宝鸡兴盛钛业公司产品向高端航空航天和深海领域发展，重视市场和技术开发，在细分领域成为"隐形冠军"企业；忠世高新、河北恒祥和鑫鹏源智能装备公司研发的大口径钛合金管在石油行业中的应用取得了突破性进展，为石油用管开辟新的路径。

我国钛企依靠科技放眼未来，以智慧智造高端，带动我国钛产业高速发展，赋能产业链高质量发展。

军工+民用　构建钛产业发展新格局

目前，我国已是世界最大的钛生产国和消费国。我国钛产业除了扩大规模，在应用方面也取得了长足进展。一方面，我国钛产业的技术进步将以航空航天、舰船、核电站及国民经济的重大需求为导向，通过技术改造和创新及严格的生产过程控制，全面提高钛制品的质量水平，大力发展高端钛产品，在"十三五"末，高端钛制品基本可以满足国家战略需要。另一方面，民用钛品领域正在壮大，已经形成海洋工程、石油化工、医疗、体育及家庭日用品的民用市场体系。自此，我国钛工业走出了一条适合我国国情的发展道路：做精军品，做大民品。我国钛工业有望在"十四五"期间，形成"双轮驱动"的产业优势而鼎立世界。

在高端需求驱动下，钛产业蓬勃发展，钛不仅应用于航空领域，在"天问"探火星、"嫦娥"登月球、"神十三"和"天和"核心舱成功对接也有钛的身影，"深海勇士号""奋斗者号""海斗一号"等潜水器，钛更是发挥了重要的作用。在这些高端钛材的应用中，宝钛集团、西部超导等成为钛材的探索者；遵义钛业、朝阳金达、宝钛华神、朝阳百盛、双瑞万基成为钛材加工企业的优质原料供应商。2016 年 6 月 3 日，习近平、李克强等党和国家领导人在参观主题为"创新驱动发展、科技引领未来"的"十二五"科技创新成就展时，在 4500 米载人钛合金球舱前，对该项目研制给予了充分肯定。这是钛工业发展中的"国家印象"，更是国家领导人对钛工业科技创新中的"中国制造""中国创造"留下的极为深刻的印象。值得骄傲的是，深潜器载人球壳突破了国际先进的整半球成型技术、电子束焊接技术，实现了载人潜水器关键部件的国产化，我国部分钛高端生产技术由国际跟跑迈向国际领跑。

随着钛材市场不断壮大，民用领域的钛科研与生产也在取得进步与突破，未来，钛民用领域必将形成无限大的市场。20 世纪 80 年代后，我国许多湿法冶金企业都在进行技术改造，改造中要求首先选择钛管作为换热管，加快推进了钛的应用。特别是近几年，湿法冶金核心设备单台整体出厂重量连创新高，企业取得了显著的社会效益及经济效益。

在建筑行业，我国钛企业通过表面加工、钛合金阳极氧化着色技术、钛合金表面氮化处理技术等使钛更加美观。近 10 年来，宝鸡大剧院钛屋顶、邢台钛雕塑"乾坤球"、武汉地铁外部装饰钛材、海口高楼上全钛避雷针及王冠等都已成为地标性建筑。尤其是北京市平谷区石林峡景区的钛合金观景平台，主体圆盘结构由内外两圈钛合金方管构建而成，钛合金玻璃走廊结构采用 H 型钛合金焊接梁组成，平台中央飞碟外形结构采用钛合金制造，共用钛约 20 吨。钛合金在民用领域的使用占比越来越高，放眼未来，钛及钛合金的用量将实现跨越式发展。

从医疗器械到厨房革命都已融入钛元素，涌现出了多家民营企业为代表的生力军。其中，有杯壶茶具、医疗、体育等家庭民用市场的小民品企业，他们以为全人类提供健康智能的高品质家居生活为宗旨，以不断满足人民日益增长的美好生活需要为目标，积极做新一代健康生活的引领者；也有民航、石油化工、海水淡化、航海、装备应用、建筑等工业应用领域的大民用品企业，这些企业用钛合金提高材料的性能，为国民经济发展贡献力量。

这 10 年，是我国钛产业从供给侧结构性改革到高质量发展的岁月印证，开启了钛企业向智能制造发展，民用与工业领域"双翼齐飞"，构建了钛产业发展新格局。

"雄关漫道真如铁，而今迈步从头越。"在新征程上，钛业人士将不忘初心，牢记使命，敢于担当，勇毅前行，奋力实现由钛业大国向钛业强国的历史性跨越。

撰稿人：淮　金

锡 业 篇

10 年磨砺奋进。党的十八大以来，以习近平同志为核心的党中央勇立时代潮头，引领我国向着中华民族伟大复兴的光辉彼岸奋勇前进，引领我国经济社会发展取得历史性成就、发生历史性变革，推动中国经济巨轮向着高质量发展目标扬帆远行。百年征程，筚路蓝缕，中国共产党带领全国人民，克服了一个又一个困难，创造了一项又一项奇迹。当前，中国共产党团结带领中国人民又踏上了实现第二个百年奋斗目标新的"赶考"之路。

在以习近平同志为核心的党中央坚强领导下，中国锡工业顺时代而为，积极应对复杂的宏观经济形势和发展环境，扎实推进供给侧结构性改革，不断优化产业结构，全面统筹发展与安全，加大技术创新，竞争力不断增强，坚持绿色发展，助力构建"双循环"新发展格局，产业发展活力得到显著提升，为推动中国锡工业的高质量发展提供了根本保证。

"绿色金属" ——锡

锡，亮如镜、色如银，被称为"绿色金属"，享有盛水水清甜，盛酒酒香醇，储茶味不变，插花花长久的美誉。它是人类最早生产和使用的金属材料之一，始终与人类的文明进步紧密相连。在当代科技发达的社会中，锡的应用更加广泛，在半导体芯片、5G 通信、光伏电池、国防军工等多个产业门类中，锡都是不可或缺的功能材料，被认为是重要的战略性资源。

党的十八大以来，我国锡工业在全球锡工业中的地位更加突出，已形成成熟完备的产业链，在资源、生产、消费等方面位列全球第一，技术装备、科技研发水平总体处于世界第一梯队。

产业规模不断扩大　行业地位更加稳固

10 年来，我国锡产业积极应对复杂多变的国内外宏观经济形势和发展环境，调结构、转方式，保持行业的平稳发展。2021 年，中国规模以上锡工业资产总额为 833.6 亿元，较 2012 年增长 52.5%；主营业务收入为 794.6 亿元，较 2012 年增长 69%。

我国锡行业在全球的地位更加稳固。随着经济的快速发展，锡需求不断增长，锡生产和贸易也更加活跃。通过充分利用两种资源、两个市场，我国长期保持着世界第一锡生产大国和消费大国的地位。2021 年，我国金属锡产量和消费量均达到 20 万吨，分别占世界总产量和消费量的 50.4%和 53.3%。相较 10 年前，消费占比显著提升。

我国锡企业规模在全球同行业中占据重要地位。云南锡业集团（控股）有限责任公司既是全球锡行业的龙头企业，也是最大的锡生产商。2021 年，全球前十大锡生产企业中，我国占有 4 席，年产量约占全球总产量的 35%，相较 10 年前提高 4 个百分点。

产业布局更趋合理　产品结构进一步优化

在产业布局方面，过去 10 年间，我国锡精矿和精锡生产地主要集中在南方地区，主要生产区域为云南、江西、广西、内蒙古和湖南，5 省区精锡产量占全国总产量的98%。其中，云南省精锡产量最大，2021 年，占全国总产量的56%。锡的下游产业布局，也是从零散化向相对集中转变。锡焊料生产企业逐步向珠三角和长三角地区（广东、上海、江苏、浙江）聚集，云南、北京、天津也有一些生产企业，整体集中程度不断提高；锡化工企业分布趋向云南、湖北、江西等南方省市；镀锡钢板生产企业主要分布于上海、广州、河北、武汉等食品饮料基地。

在产品结构方面，伴随5G、汽车电子、光伏、新能源汽车等锡终端领域产业的快速发展，锡产品结构不断调整，行业也随之加快转型升级。10 年间，我国已经能够生产各种类型的锡焊丝、锡焊条、锡粉、锡焊膏、预成型锡片、BGA 焊锡球，部分产品已经接近国际水平。为顺应全球绿色发展形势和不断提升的环保要求，我国电子锡焊料着力向无铅化方向发展，无铅锡焊料产品已占领市场供应的主导地位，成为当代电子封装技术应用的主流材料；随着塑料工业环保化进程不断加快，硫酸亚锡、甲基锡等锡化工产品的应用不断扩大。在全球掀起新能源革命的背景下，光伏和汽车电子领域用锡呈现快速增长；我国国防军工、汽车、钢铁、电子和电工机械制造业、医疗产业的发展，为锡焊料、锡合金、锡化工等深加工产品带来更广阔的应用空间。

践行绿色发展理念　走可持续发展之路

党的十八大以来，随着经济形势与技术环境的不断变化，企业园区建设与规范化管理得到进一步加强，云南、江西等主要锡生产地区相继统筹企业进入工业园区发展。2014年，为推进振兴发展和落实全面深化改革的战略决策，江西省赣州市南康区积极鼓励企业转型升级、加快发展，并从政策、技术、资金等方面重点扶持，培育壮大骨干龙头企业。赣州市开源科技有限公司奥斯麦特锡冶炼技术改造项目就是南康区大力促进工业经济转型升级的实例。该区在龙华工业园内，形成以开源科技奥斯麦特锡冶炼技术改造项目为龙头，突出发展铜铝有色金属加工和资源综合回收利用产业。云南锡业集团锡冶炼退城入园搬迁改造项目是云南省"三个一百"重点项目和红河州工业转型升级重点项目，创造了全球锡冶炼"五个世界之最"，成为行业新标杆。通过搬迁改造、整体规划锡冶炼工艺配置，从工艺的物质流、能量流、信息流入手，实现对现有工艺的重构优化、协调优化、解析优化，使工艺流程在升级改造后达到动态、有序、连续、紧凑的目的；通过升级改造，提高锡冶炼设备装备水平和自动化控制水平，使锡冶炼工艺及装备均达到世界领先水平。综合来看，"企业入园"在促进锡工业创新发展、绿色发展和高质量发展中起到示范引领作用，对推动城市化发展、优化空间布局及转变经济发展方式有借鉴意义。

10 年来，云南锡业集团在生态环境保护和安全生产上投入资金超过53 亿元。其中，4家主力矿山均被评为国家级绿色矿山，矿山生态修复面积达3.56 万亩，复绿复垦成活率超95%；建设云南首个"光伏+生态修复"大型新能源项目——中澜·云锡尾矿库光伏电站群项目，同时实现绿电供电、矿山尾矿库生态修复和资源增值。2019 年，华锡集团来宾冶炼有限公司投资 3000 余万元用于锡系统烟气脱硫项目，进一步降低二氧化硫排放浓度，并提高烟气处理量。2018 年开始，主要民营骨干冶炼企业积极对生产流程进行环保改造。"十三五"期间，全行业环保升级，达到 2016 年开始执行的《锡、锑、汞工业污染物排放》国家标准。

坚持创新驱动　　打破国外技术垄断

10 年来，国内企业注重科技创新和科技发展，锡生产技术得到进一步升级。奥斯麦特炉熔炼技术应用得到推广；难选锡中矿高温氯化工艺，焊锡真空蒸馏工艺，粗锡离心机除铁、砷工艺，钽铌粗精矿和钽铌锡炉渣的等离子电炉和电阻电弧炉熔炼工艺，离心过滤机除铁、砷，电热螺旋结晶后分离铅、铋，焊锡真空脱铅、铋等技术得到提升和改造。复杂锡合金真空蒸馏新技术及产业化应用项目获得 2015 年国家科技进步奖二等奖。

下游锡焊料行业加快适应焊料产品高端化需求，不断进行科技创新改造，生产具有国际市场竞争力的高端焊料产品，在国际市场占有一席之地。近年来，我国智能制造快速发展，对锡材料的性能、品种、质量不断提出新要求的同时，也从多层面、多角度为锡创造在新能源、新基建、微电子、新型化工等领域应用的历史机遇。在国产化替代方面，云南锡业集团等锡材加工龙头企业，聚焦国家电子新兴产业的"卡脖子"技术展开攻关，芯片封装用焊锡球等一批国产替代新产品加快研发转化。亿铖达、唯特偶、翰华-康普、中兴通讯等上下游企业合作，联合工业和信息化部电子第五研究所，组成国内高可靠性微电子装备用焊膏研制工程团队，攻关的国内高可靠性微电子装备用焊膏可以满足国内高可靠性微电子装备生产应用所需要的有铅和无铅各 3 种品牌焊锡膏，填补了我国无法生产高可靠性微电子装备用焊锡膏的空白，打破了国外的技术垄断。

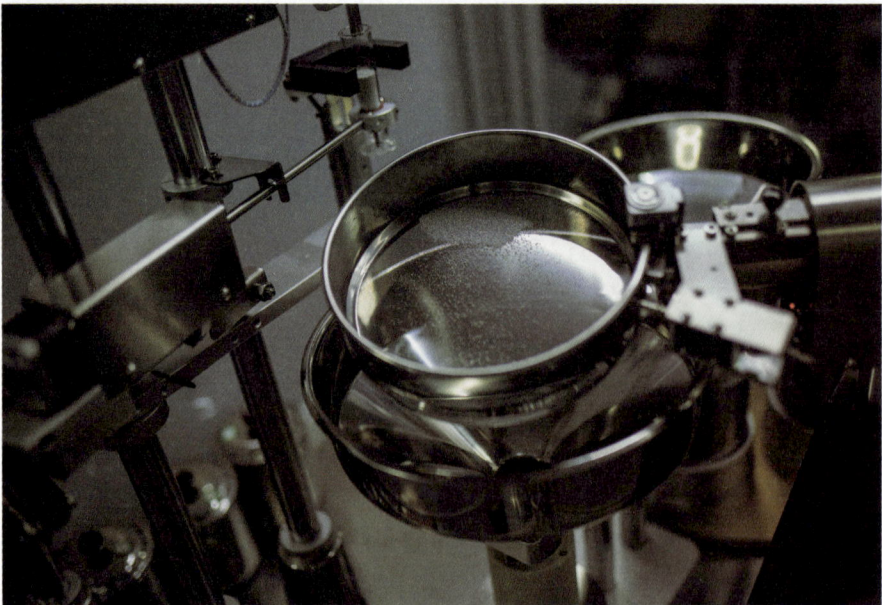

云锡集团焊膏自动包装

坚持循环利用 再生资源地位凸显

金属矿产资源的开发，对我国的经济发展十分重要。10 年来，我国锡资源随着持续开发，储量呈下降趋势。为弥补锡原生资源供应紧张的局面，行业内大大地提高其他金属矿产伴生锡资源及再生锡资源的利用率，再生锡资源回收与利用产业发展迅速，已成为我国锡原料供应的重要组成部分，中国成为全球再生锡第一生产国。根据中国有色金属工业协会锡业分会的统计，2021 年，中国再生锡产量（包括利用冶炼渣、烟尘、废电子器件等物料）达到 5 万吨，占全球总再生锡产量的 60%，占国内总精锡产量的 25%。再生锡产业的崛起，有效地缓解了锡资源供应约束的矛盾，提升了行业生态效能，同时也提升了锡行业整体的经济效益。

坚持产融结合 服务保供稳价

2015 年 3 月 27 日，锡镍期货品种正式在上海期货交易所挂牌交易。我国锡期货品种的上市，完善了锡市场定价机制，为企业搭建规范、透明、公平、高效的避险交易平台，保障企业生产经营的稳定性，服务于行业的可持续发展。锡期货上市以来，不断改进交易合约的连续性和流动性、提高交割产品的质量，交易量和产品交割量逐年放大，推动了实体经济高质量发展，增强了锡行业在国际市场定价话语权，同时为企业规避市场价格波动风险提供了有效的工具。

自 2020 年初新冠肺炎疫情暴发以来，锡行业原料供应、生产、物流、终端消费受到很大的影响，特别是在各国出台宽松货币政策拯救经济下滑的背景下，包括锡在内的大宗商品价格大幅上涨，现货升水扩大。国内主要骨干企业坚持诚信交割，确保市场供应，为保障我国相关产业链供应链稳定和国家保供稳价作出了重要贡献。

十年栉风沐雨，十年春华秋实。中国锡工业正以昂扬的姿态迈步新时代，为早日实现世界锡工业强国的目标而努力奋斗！

撰稿人：王中奎 郭 宁 杨依林

锑 业 篇

锑是全球相对稀缺的战略金属资源，被广泛用于阻燃材料、聚酯催化剂、蓄电池、特殊合金、荧光粉、电子陶瓷、医药、军事国防等领域。锑是现代工业生产不可或缺的重要原材料之一，对保障人民生命安全和国民经济发展起着极其重要的作用。

辉锑矿

锑是我国优势矿产资源之一，新中国成立以后，党和国家高度重视锑工业的发展，大力改建、扩建旧矿。经过几代人艰苦奋斗和不断创新，中国锑工业从落后的困境中奋发，逐步发展成为具有国际竞争优势的产业之一。特别是党的十八大以来，面对世界经济格局深刻变化和错综复杂的发展环境，我国锑工业认真贯彻落实党中央的决策部署，灵活调整发展策略，积极适应百年未有之大变局，沉着应对疫情冲击，在产业集中度、技术创新、产品结构、节能减排、安全环保及含砷碱渣无害化处理等方面开展积极探索，取得了长足的进步，为实现中国有色金属工业强国目标作出了巨大贡献。党的十九大报告指出，我国经济已由高速增长阶段转向高质量发展阶段，正处在转变发展方式、优化经济结构、转换增长动力的攻关期。我国锑工业也已进入由规模快速扩张阶段转向高质量发展阶段的历史关键期，正经历着由大到强的历史跨越。

产能结构持续优化　行业集中度进一步提高

凭借锑矿资源的优势，我国锑工业经过多年发展，形成了成熟完备的产业链，长期以来对全球锑产业的格局具有重要影响。

党的十八大以来，围绕保护性开采特定矿种和战略性矿产的管理，我国从战略高度的角度审视锑工业发展，不断研究和优化锑业管理政策，提高资源安全供应能力和开发利用水平，行业集中度持续提高。2012—2020年，我国规模以上锑企业数量从109家减少至58家，锑资源进一步向优势企业聚集。2017—2020年，我国锑矿采选能力分别从19.1万吨和21.5万吨下降至14.8万吨和15.2万吨，降幅分别为22.5%和29.3%。目前，已经形成湖南、广西、云南、贵州四大锑产业基地，基地内的闪星锑业、辰州矿业、木利锑业、东峰锑业、久通锑业、华锡集团等骨干企业均为采选、冶炼、加工一体化生产企业，锑品合计产量占全国总量的70%以上。

产量保持平稳　产品结构向高端方向进一步延伸

党的十八大以来，我国锑行业供给侧结构性改革不断深入，锑品产量过快增长情况得到有效的抑制，2013年，达到26.3万吨历史峰值后开始稳步回落，2015—2021年，我国锑品产量进入稳定阶段，始终保持20万吨的总量规模。同时，我国锑品结构也在持续优化，后端深加工锑品占比明显提高，包括高纯三氧化二锑在内的多系列多规格三氧化二锑、乙二醇锑、锑酸钠及阻燃母料等深加工产品的产量逐年增长，具备良好阻燃性能及加工性能的锑系复合阻燃剂和高纯锑方面取得了突破性进展，锑产品结构向高端方向进一步延伸。

出口稳步增长　深加工产品出口占比逐年递增

中国是全球最大锑品贸易国，锑品出口对我国有色金属创汇贡献巨大。党的十八大以来，我国锑品出口保持增长，2012—2021年，我国累计出口锑品约45万吨，创汇33.5亿美元。

海关数据显示，2013—2021年，我国锑品出口量稳步增长，从3.4万吨上涨至6.0万吨，年增长率7.2%。与此同时，出口锑品结构持续优化。党的十八大以来，锑工业科技人员积极探索，不断创新，取得了丰硕的成果，逐步实现了锑产品由初级低端向深加工高端的转变。中国锑品出口从以初级冶炼产品为主转向以深加工产品为主。阻燃级、催化剂级、无尘环保等多系列氧化锑成为主流出口产品，深加工产品的出口比例呈现明显上升态势，并进一步向着个性化、差异化、环保化方向发展。

绿色发展效果显著　污染防治水平迈上新台阶

党的十八大以来，我国把生态文明建设放在突出地位，是建设绿色矿山、发展绿色矿业的重要保证。"金山银山"变"绿水青山"，已成为矿山企业的发展目标。建设绿色矿山是矿山企业生存与发展的必然选择，发展绿色矿业是我国矿业发展的必由之路。

2019年，锡矿山闪星锑业有限责任公司与长沙矿冶院合作的"锡矿山南矿无尾绿色矿山建设工程示范项目"，即"南矿尾矿零排放系统工程承包协议"正式签约，拉开了项目序幕。该项目设计原理是通过对浮选锑尾矿进行浓缩、压滤处理，实现渣水分离，分离后的废渣外卖或用作采空区充填，废水返蓄水池进行生产循环回用。该项目的建成投产，可彻底解决 300 多吨细尾砂外排问题，实现尾矿零排放。

长期以来，砷碱渣无害化处置一直是世界性技术难题。2022 年，中南大学资源加工与生物工程学院积极展开产学研协同工作，联合湖南黄金集团有限责任公司、冷水江锑都环保有限责任公司、湖南省环境保护科学研究院等单位，经过长期科研攻关，开发出以"砷碱高精度矿化分离"为核心的砷碱渣高精度矿化分离及减污降碳资源化利用成套技术。新技术把废渣中的砷变成一种不溶性矿物，把碱制成产品，使砷碱渣无害化、减量化和资源化成为现实。自该项目投产以来，累计处理砷碱渣 6453.58 吨，预计节约历史遗留砷碱渣处理成本 20 多亿元。按照目前的处理能力，锡矿山地区遗留的 15 万吨砷碱渣，有望在近几年得到完全处理。

冶炼工艺加速发展　　工艺水平领跑世界

党的十八大以来，我国锑冶炼技术加速发展，为攻克锑清洁低碳冶炼技术难题，实现锑冶炼工业的重大技术进步，以中南大学、昆明冶金研究院、中国恩菲为代表的科研院校进行了大量的研究和试验。以闪星锑业、辰州矿业、云南木利、新邵辰州为代表的骨干企业克服重重困难，积极组织科研力量，与科研院所合作，攻坚克难，开展了大量的研究工作，在锑富氧侧吹熔池熔炼和湿法冶炼等方面取得突破。行业装备不断大型化，操作机械化、自动化，并逐步实现自动控制，锑冶炼工艺技术，装备水平居世界先进行列，引领着世界锑冶炼工艺的发展。

海外资源布局加快　　积极参与全球资源竞争

党的十八大以来，我国锑工业主动作为、扎实工作，充分利用"两个市场、两种资源"，积极参与国际竞争，积极践行"一带一路"倡议，充分发挥自身技术、资金、人才、装备等方面的优势，在矿山采选、冶炼、工程建设等领域，建设了一批具有示范带动性的境外合作项目和标志工程。

2017 年，西藏华钰矿业股份有限公司签订境外股权投资合同，塔吉克铝业以 9000 万美元的价格向华钰矿业转让塔铝金业 50% 股权。根据塔吉克斯坦国家资源储量委员会出具的储量备案证明，该项目矿区范围内保有 C1+C2 级别资源储量 2300 万吨，其中黄金 49.9 吨（金属量）、锑金属量 26.46 万吨，平均品位金 2.17 克/吨，锑 1.15%，金、锑均属优质大型矿床。

2018 年，湖南辰州矿业有限责任公司与澳大利亚曼德勒资源公司举行贸易长单合作签约仪式。这也是我国锑企业通过贸易合作方式和建设资源基地，整合全球的金、锑、钨共生资源，抓住国家"一带一路"建设和经济全球化的机遇，参与国际合作与竞争，加快企业国际化的进程，实现生产经营跨越式发展。

科技协同创新发展　　应用领域不断拓展

　　锑的主要消费领域主要集中在阻燃材料、合金应用、聚酯工业等。近 10 年来，锑行业上下游企业开展了大量应用理论和产品开发的研究工作，并在科研成果转化为生产力及市场开拓等领域作了很大的努力，研究工作的深度和产品质量均已赶上世界先进水平。

　　党的十八大以来，随着世界经济和现代科技的高速发展，锑的应用领域越来越广泛。除去应用在轴承、电缆扩套、焊料、装饰用铸造件等方面的制造合金和半导体材料外，更广泛应用于电子电气、家居家电、交通工具等众多领域，涉及诸多行业。随着新能源材料、高纯金属材料、高分子材料等产业的不断发展，锑作为重要基础原材料之一，未来将在技术产业发展中占据重要地位，其战略价值将在更多领域中得到充分的体现。

　　"十四五"时期，是深入贯彻习近平新时代中国特色社会主义思想、开启全面建设社会主义现代化国家新征程、实现百年未有之大变局的一个重要的发展时期。中国锑行业及行业企业将继续紧密团结在以习近平同志为核心的党中央周围，聚焦"十四五"规划发展目标，顺应新时代发展要求，坚决贯彻落实党中央的决策部署，坚持稳中求进工作总基调，完整准确全面贯彻新发展理念，全面深化改革开放，坚持创新驱动发展，统筹发展与安全，攻坚克难，努力实现发展质量、结构、规模、速度、效益、安全相统一，形成需求牵引供给、供给创造需求的更高水平业态。

　　沧海横流显砥柱，万山磅礴看主峰。在习近平新时代中国特色社会主义思想指引下，中国锑工业已站在新的历史起点上，凝聚行业合力以更加昂扬的姿态推动行业高质量发展，无愧历史担当、再创时代伟绩。

撰稿人：赵振军　孙　旭

钼 业 篇

钼是重要的工业原材料，主要用于生产合金钢、不锈钢、工具钢和高速钢等。如今，钼在耐高温材料，尤其是火箭、飞机发动机领域也发挥着重要作用。党的十八大以来，中国钼工业取得了长足进步。在地质勘探、矿山采选、冶炼加工、推广应用、循环经济等各个环节和领域都取得了重大成就，已形成完整的、独立的工业生产体系。10 年来，中国战略性找矿成果显著，钼矿探明储量持续增长，随着国民经济发展需求，钼的消费量也是不断升高，中国已成为全球钼资源大国、生产大国和消费大国，钼工业的发展为中国国民经济发展作出了积极的贡献。

战略性稀有金属——钼

钼是稀有高熔点金属，80%左右作为合金添加剂用于钢铁工业，属优质合金元素。钼具有许多优良的物理和化学性能，有些是其他金属难以替代的。合金钢中加钼可以提高弹性极限、抗腐蚀性能及保持永久磁性等。通过添加钼、铬、镍、钒，可以生产结构合金钢（如轴承、气缸、齿轮、压力容器和螺栓等）；通过添加钼、铬、钨、钴、钒，可以生产工具钢和模具钢（如丝锥、剪刀、铣刀和挤压模具等）；通过添加钼、镍、铬，可以生产不锈钢和耐热钢（如建筑材料、燃气涡轮机等）。此外，汽车制造领域用的差速齿轮等齿轮及轴承主要使用含钼的合金钢；排气系统主要使用含钼的不锈钢；发动机阀门部分主要使用含钼、镍、铬、钒的合金钢；电动机、照明产品也需要使用钼等金属；石油化工设备中广泛使用含有钼、镍、铬的不锈钢制作的反应容器、管线等。纯钼丝用于高温电炉和电火花加工还有线切割加工；钼片用来制造无线电器材和 X 射线器材。

钼在其他合金领域及化工领域的应用也不断扩大。例如，二硫化钼润滑剂广泛用于各类机械的润滑，钼金属逐步应用于核电、新能源等领域。现代高、精、尖装备对材料的要求更高，如钼和钨、铬、钒的合金用于制造军舰、火箭、卫星的合金构件和零部件。

总之，钼的应用渗透到工业的各个领域，并具有广阔的发展前景。

产业规模不断壮大　地位不断提升

据中国有色金属工业协会钼业分会不完全统计，2021 年，中国钼矿石处理能力达 36 万吨/日，氧化钼和钼铁焙烧冶炼能力达 30 万吨/年；中国钼精矿产量达 22.75 万吨，同比增长 11.7%，约占全球钼产量的 37%；中国钼消费量为 11.4 万吨（钼金属），同比增长 7.59%，约占全球钼消费量的 42.8%。"中国因素"在国际市场占有举足轻重的地位。

产业结构日趋合理　集约化产业布局初步形成

在产业布局方面，10年来，钼行业通过供给侧结构性改革、科技创新、技术进步、产业结构升级、资源综合利用等一系列政策的持续推进，结构得到优化，产业集中度大幅提高。其中，钼矿山企业由10年前的300余家逐步缩减至目前的30家，主要集中于河南、陕西、内蒙古、黑龙江、吉林、江西、河北等7省（区），以上省（区）钼精矿产量占全国钼精矿总产量的93%。

亚洲目前最大的钼单体露天采矿场——金堆城钼矿

在下游产业分布方面，钼酸铵等钼化工产品的生产主要集中于陕西、江苏、安徽、河南、四川等省。其中，陕西、江苏钼化工产品的产能约占全国总产能的70%。国内钼酸铵生产厂家由顶峰期的近50家缩减至目前的10家，且还有进一步集中化的趋势。钼铁、钼粉及其制品的生产主要集中于陕西、河南和辽宁等省，也呈集中化。

工艺装备稳步向智能化、高端化发展

10年来，我国钼工业装备技术不断取得新进展。在采矿装备与自动化发展方面，钼行业企业装备逐步实现大型化、自动化和智能化。2016年，中国移动河南公司联合华为公司、河南跃薪智能机械有限公司、洛钼集团开发出国内首个无人采矿应用技术，把5G技术应用于矿山生产，在5G环境下应用无人采矿设备，打造无人矿山，在有效节省成本的同时，大幅提升矿区安全生产的保障能力。此外，在无人矿山条件下，矿区生产车辆的行驶速度可以提高到每小时35千米，生产效率显著提升。洛阳栾川钼业股份有限公司成为全国首个应用无人采矿设备的矿山。

在钼金属加工和应用研制开发方面，钼及其合金开坯加工连续轧制法新技术逐步代替传统的旋锻法，不但提高了生产效率，更重要的是克服了旋锻开坯工艺本身的缺陷，使钼

全国首家5G无人智慧矿山——洛钼集团三道庄钼矿

及其合金材料内部组织均匀、性能提高，为钼及其合金棒、杆、丝生产打下了良好的基础。金钼股份和西安建筑科技大学共同完成的高端电子产品用高品质钼粉关键制备技术及应用项目成功制备出高端电子半导体领域用钼粉，开发出高端钼溅射用大规格靶材，部分产品弥补了国内空白，整体技术达到国际领先水平。

科技创新驱动产业实现高质量发展

10年来，钼行业企业高度注重科技创新和科技发展，着眼全局、把握大势，始终坚持需求牵引和应用导向。行业龙头企业把提高技术含量、延长产业价值链、提高附加值、增强核心竞争力，作为科技创新主攻方向和突破口，瞄准行业科技前沿，聚力攻克了一批关键核心技术，以科技创新驱动企业高质量发展。

在高端钼溅射靶材国产化方面，金钼集团研发出世界上最大规格的高清柔性显示用钼溅射靶材，实现高端钼溅射靶材国产化，成功地将"JDC"6代钼靶推向全球最先进的OLED生产线使用，一跃成为全球最大的钼靶材供应商；在铜钼二次资源高效综合利用关键技术研究及产业化方面，解决了微细粒铜钼矿的分离问题和无法回收的世界性难题；钼关键制备技术突破了超细二硫化钼生产技术与纳米层状二硫化钼制备瓶颈，解决了钼精矿杂质难去除、超细粉生产效率低的难题，形成了具有完全自主知识产权的核心技术，主体技术达到国际领先水平。

在节能技术方面，洛阳钼业通过技术攻关，实现尾矿废水循环发电和钼冶炼无炭焙烧，有望彻底告别燃料加热的传统烘干工艺，助力行业低碳发展；在资源综合利用与绿色应用方面，金钼集团成功开发出离子液体法工业用氨吸收及循环利用绿色新技术，设计建成世界首套钼化工尾气氨回收工业示范装置，从根本上解决了生产中的氨污染问题，打破了国外的技术垄断，填补了国内空白。另外，洛钼集团通过 10 多年的研发，成功地从钼尾矿中回收极低品位的白钨、铜、铁、铼、硫等伴生资源，有效地落实创新发展和绿色发展。

精深加工产品更加丰富

10 年来，中国钼制品的产品质量有了很大的提高，钼制品的品种日趋丰富。国内自主研究与开发的各种金属钼及钼合金，包括纯致密钼、细颗粒和超细颗粒钼粉、超高纯钼粉、高温致密钼、各种钼的化合物、微量元素合金化的钼合金、稀土钼、钨钼合金、钼膨胀合金、钼单晶等，可完全满足国内各个领域的需要。随着我国工业和科学技术的迅速发展，钼及其化合物和合金除了应用于国防科技领域，也开始大量转向民用领域，从而推进钼及其化合物和合金的研究与开发不断深化。

10 年磨砺奋进，10 年硕果累累。中国钼工业将继续高举习近平新时代中国特色社会主义思想伟大旗帜，勇毅前行，砥砺奋进，不断提升发展质量，增强市场竞争力和国际影响力，为推进我国钼工业由大到强而不懈奋斗！

撰稿人：刘　萌　康祥波

再生金属篇

党的十八大以来，以习近平同志为核心的党中央深刻总结人类文明发展规律，将生态文明建设纳入中国特色社会主义"五位一体"总体布局和"四个全面"战略布局，以前所未有的力度，把生态文明建设摆在党和国家工作全局的重要位置。在党中央坚强领导下，在习近平生态文明思想的科学指引下，全党全国推动绿色发展的自觉性和主动性显著增强，美丽中国建设迈出重大步伐，推动中国绿色发展道路越走越宽，引领中华民族在实现伟大复兴征程上阔步前行。

再生有色金属是以各种废有色金属和含有色金属的废料为原料，采用火法、湿法等冶金工艺生产金属或合金的产业，是有色金属工业的重要组成部分。再生有色金属原料来源广泛，蕴藏于工业金属废料、报废汽车、废弃电子电器及机电产品、废电线电缆等多种形态的废弃物中。再生有色金属产业有利于环境保护和资源再利用，具有节能、减排、降碳等显著特点。

"变废为宝、循环利用是朝阳产业，使垃圾资源化，这是化腐朽为神奇，既是科学，也是艺术，希望企业再接再厉。"2013年7月22日，正在湖北调研的习近平总书记前往从事电子废弃物绿色回收利用的格林美高新技术公司武汉分公司考察时反复叮咛。① 习近平总书记的重要论断，阐述了"垃圾"与"资源"的辩证关系，强调了废弃物的时空属性，明确指出"变废为宝、循环利用是朝阳产业"，为我国再生金属产业的发展指明了方向。

殷殷嘱托，使命在肩。在国家大力推进生态文明建设、深化资源节约和环境保护的进程中，在各项政策的支持和引导下，近年来，我国再生有色金属产业顺应时代发展步伐，念兹在兹，以实际行动交上了一份满意的答卷。再生有色金属产业为有色金属工业贡献了四分之一的原料，对促进有色金属工业高质量可持续发展起到了重要作用。党的十八大以来，我国再生有色金属产业发展进入结构调整最明显、技术水平和质量效益提升幅度最大、节能减排成效最显著的时期。如今，我国再生有色金属产业在总量规模、原料结构、转型升级、产业布局和国际合作等方面都迈上了新台阶。

产量实现稳步增长　再生金属产业发展正当时

10年间，我国再生有色金属产业实现较快发展，取得丰硕成果，再生有色金属产量稳步提升，为我国有色金属资源保障作出了贡献。

2012年，我国再生铜、铝、铅、锌总产量1039万吨。其中，再生铜275万吨、再生铝480万吨、再生铅140万吨、再生锌144万吨。党的十八大以来，我国再生有色金属产量累计达到1.3亿吨，连续10年保持增长。2021年，我国再生有色金属产量1572万吨，产品产值约5000亿元。

---

① 2013年7月22日新华网新闻《习近平："变废为宝"是艺术》。

据中国有色金属工业协会再生金属分会分析,"十四五"期间,再生有色金属产业规模还有很大的增长空间。其中,国内消费将推动汽车、家电、电子产品等更新升级,促进旧产品循环利用,废金属蓄积量快速增长。同时,这也是生产生活方式全面向绿色转型的关键时期,再生有色金属产业有望继续保持较稳定的增长幅度。国家《"十四五"循环经济发展规划》提出,2025 年再生有色金属产量目标为 2000 万吨。据中国有色金属工业协会再生金属分会预测,2030 年我国再生有色金属产量将达到 2800 万吨。大有作为的再生有色金属产业,未来可期。

充分利用国内国外两个市场　原料结构日益优化

党的十八大以来,随着有色金属报废量的快速增长、回收体系的逐步规范、再生铜铝原料进口政策的实施,再生有色金属原料形成以国内为主、进口补充的格局。

在过去很长一段时间里,我国再生有色金属产业的原料以进口为主。2012 年,废有色金属进口量达到峰值。其中,铜废碎料 486 万吨、铝废碎料 259 万吨,随后进口量逐年下降。2012 年,国内回收的废铝首次超过进口废铝。2015 年,国内回收的废铜首次超过进口废铜。此后,我国再生有色金属产业原料结构从进口为主全面转向国内为主。2016 年,国内回收的废铜首次超过国产矿铜。"十三五"期间,我国利用国内废有色金属累计超过 5500 万吨,国内原料在再生铜、再生铝原料中的占比分别从 2016 年的 34.5%、69.8% 提高至 2020 年的 71.3%、88%。进口原料呈现量降质升的特点,通过进口管理制度改革提高进口再生铜铝原料的品质,进口原料铜含量从 2016 年的 50% 提高到 2020 年的 90%。

"十四五"以来,国家高度重视废有色金属回收体系建设,明确支持建立大型再生铝、铜、锂、镍、钴、钨、钼等回收基地和产业集聚区,推进再生金属回收、拆解、加工、分类、配送一体化发展,一批再生铜铝加工配送中心正在加快建设。再生铜铝原料进口量在连续 4 年下降后于 2021 年实现首次增长,呈现量增质升的良好局面。

产业规模持续扩大　绿色生态圈初步形成

党的十八大以来,我国再生有色金属产业规模不断扩大,从产品链到产业链,彻底改变了粗放的小、散、污旧格局。再生有色金属企业被列入国家级绿色工厂、绿色园区名单,再生有色金属产业作为战略性新兴产业和绿色产业的新生态圈已初步形成。

截至 2021 年,我国再生铜、再生铝和再生铅产能分别约为 750 万吨、1550 万吨和 780 万吨,再生铝项目数量和投资额均大幅攀升。2021 年,仅广西在建的再生铝项目产能合计达 140 万吨。此外,新建项目中,再生铜板带、铜棒、含铜危废处置及再生变形铝合金、铝灰处置项目明显增多。据中国有色金属工业协会再生金属分会统计,2021 年,全国在建再生有色金属项目涉及产能约 1000 万吨。其中,取得环评批复的再生铜项目 16 项,涉及产能 168 万吨;取得环评批复且在建的再生铝项目 27 项,涉及产能 604 万吨;取得危险废物经营许可证并投产的再生铅项目 7 项(技改扩建和新建),涉及废铅蓄电池处理能力超 160 万吨。

党的十八大以来,随着再生有色金属产业的快速发展,越来越多的原生金属生产企业和加工企业向再生有色金属领域延伸,形成原生+再生的融合发展新格局。再生铝企业与铝轧制企业共同探索产品报废后的保级和高值化利用技术；随着产业绿色化协同化日益加强，压铸及汽车零部件制造企业向再生有色金属特别是再生铝延伸；节能环保企业布局再生有色金属，尤其是含铜危废处置、铝灰处置；锂离子电池上下游企业积极探索废旧锂离子电池的回收利用；再生铅企业与电池企业积极构建绿色供应链，产业链上下游协同发展正在重构产业生态圈。

目前，中铝集团、中信集团等中央企业已经把发展再生有色金属上升到集团战略统筹规划的地位，中国五矿集团的国际再生铜铝原料贸易业务已经非常成熟；山东魏桥、河南神火等大型原生企业积极布局再生铝产业；江西铜业、大冶有色、金川集团、铜陵有色等大型铜冶炼企业及海亮、楚江新材、兴业盛泰等铜加工企业杂铜利用规模和比例一直保持稳定增长；豫光金铅、万洋、金利等铅冶炼企业及天能、骆驼、南都、理士、超威等电池生产企业从事再生铅生产，上下游企业已形成紧密的协作关系。

世界最大规模再生铅生产基地——豫光集团废铅酸蓄电池处理生产现场

值得一提的是，近些年，再生有色金属企业进入资本市场的步伐加快。金田铜业、上海永茂泰、顺博合金先后在上海或深圳证券交易所挂牌上市；多家上市公司积极涉足再生有色金属领域，中国宏桥有限公司称将加大绿色铝和再生铝项目，环能国际称将购买位于中国香港的铝废料加工厂。一些已经上市的再生有色金属企业也在逐步扩大规模，立中集团再生铸造铝合金业务在国内 18 家合金工厂基础上，加快泰国和墨西哥的再生铝回收和产能建设。同时，许多再生有色金属企业筹划上市或与上市公司合作，拓展融资渠道。随着我国绿色低碳循环发展的进程加快，碳减排持续推进，预计针对再生有色金属企业和项目的投资和并购将继续呈现增长趋势。

产业布局日益优化　集中度不断提高

党的十八大以来，随着行业规范条件的实施，企业的环保意识大大提高，节能环保新工艺、新技术、新装备的研发和推广积极性普遍提高。再生有色金属新建项目持续落地，产业规模迅速扩大，产业集中度明显提升。

"十三五"期间，再生有色金属产业布局发生重大改变，由传统的珠三角、长三角、环渤海和川渝地区延伸至中西部地区；江西、湖南等地依托有色金属工业基础加快再生有色金属项目建设，河南、山东等地加快供给侧结构性改革，积极用再生产能置换原生产能，广西、云南、湖北、内蒙古等地再生有色金属产业快速兴起。一大批再生有色金属项目的建设运营，不仅为区域经济绿色低碳转型提供支撑，更成为中西部地区重要的经济增长点，为当地经济社会可持续发展作出重要贡献。

此外，再生有色金属产业重点园区加快扩容提质。10年间，20个园区成为国家"城市矿产"示范基地。2021年，国内主要再生有色金属产业集聚区产值超过400亿元的至少有6个，园区产业链延伸实现新跨越。

另外，2021年，再生有色金属产业集中度进一步提高。前10位再生铜企业产能占全国总产能的30%以上，前20位再生铝企业产能占全国总产能的50%以上，6大再生铅企业产能占全国总产能的42%。

创新助力高质量发展　技术水平逐步提高

党的十八大以来，再生有色金属产业工艺技术及装备水平提高明显，绿色、智能成为我国制造业转型的主要方向。再生有色金属企业加快引进现代化、自动化、智能化技术设备，提高分拣加工的精细化水平，加强绿色制造成套设备的研究和应用。

在新产品开发方面，绿色产品制造备受关注，如无铅黄铜制造、泡沫铝合金技术在再生铜铝深加工领域的应用；在资源综合利用方面，含铜泥渣的多金属综合回收利用工艺的应用，不仅回收主金属铜，并综合回收锌、锡、镍及贵金属；稀贵金属综合利用技术装备协同处置含铜危险废物等。

在再生铜领域，回转炉、倾动炉、NGL炉或100吨以上改进型阳极炉得到推广应用，火法精炼直接制杆技术装备的创新体系和自主知识产权体系初步形成；在再生铝领域，自动化预处理工艺、双室熔炼炉及蓄热式燃烧、热风余热利用、富氧燃烧技术、电磁搅拌、在线精炼等得到广泛应用。此外，烟气除尘设备、二噁英治理技术、氮氧化物处理技术等被普遍采用，使有害物质排放得到有效控制。通过引进SAP、ERP、MES等信息系统，实现业务流程标准化和规范化。部分再生铜企业信息化平台和电子系统流程基本覆盖核心业务领域，部分再生铝企业数字化车间信息系统关键生产指标对比效果显著，部分再生铅企业实现破碎分选、熔池熔炼、制酸脱硫全自动化。

国产装备的技术水平逐步提升，部分企业的技术和装备已经接近或达到国际先进水平。2013年以来，格林美发展资源深度循环技术，打通从废弃物到高端制造的完整循环，真正实现化腐朽为神奇，该公司从废旧电池里提炼的超细钴粉已占到全球40%的市场份额。中色科技根据多年积累和经验，把握未来再生铝工艺技术发展方向，开发低品位及复合铝合金废料的处理工艺、适于处理铝合金废料的高效节能快速熔化炉、再生铝生产智能化系统及再生铝生产过程污染物治理。2020年7月，豫光资源循环利用及高效清洁生产技改项目熔炼系统竣工试产，成为该企业历史上投资最大的项目。作为我国铅锌领域的领军

宁波金田铜业（集团）股份有限公司铜杆车间

企业，多年来，豫光始终坚持"绿水青山就是金山银山"的发展理念，恪守愚公移山、产业报国的初心，先后研制开发出非定态 SO_2 转化技术、铅冶炼富氧底吹氧化—鼓风炉还原熔炼技术、废旧电池自动分离—底吹熔炼再生铅新工艺、液态高铅渣直接还原炼铅等一批具有自主知识产权的核心技术。中国瑞林、江西自立等企业含铜废料综合回收铜、镍、铅、锌及贵金属的工艺技术不断完善，已实现大规模生产；国际先进的再生铝原料精细化分选技术装备在多家再生铝企业得到普及应用。

国际合作步伐加快　赋能产业发展新机遇

近年来，中国再生有色金属产业国际合作能力和水平显著提升，企业不断开辟新的原料保障渠道，持续提高国际市场竞争力，纷纷在海外特别是"一带一路"沿线国家布局。我国不仅继续保持"全球最大买家"地位，同时也成为国际绿色产业产能合作的重要参与者和贡献者。

东南亚是国际合作的热点地区，目前已有我国再生有色金属企业建设生产，如立中集团、金田铜业、大正铝业等熔炼加工企业。

一批批我国再生有色金属企业相继"走出去"，从资源合作延伸到园区建设与技术装备合作，在老挝、印尼、泰国、马来西亚等地合作共建产业园区的工作取得初步进展。除了贸易和加工模式转变，相关企业也深刻意识到参与所在国固体废物回收利用、环境治理和产业链配套的重要性，并正在采取切实的行动转而成为当地的建设者。再生金属分会也主动为国内企业"走出去"提供服务，充分利用我国发展循环经济、创建国家城市矿产示范基地等"中国经验"和"中国模式"，指导相关企业在周边国家进行有组织、园区化的产能合作。经过几年的努力，中国再生有色金属企业已经从单打独斗到抱团发展。

与此同时，近5年，中国再生有色金属企业与欧美等发达国家的合作进一步巩固加深。一方面，有的企业到欧美发达国家收购料场或者建立生产基地，有的引进国外先进技术装备，合作模式也在不断创新。明泰铝业引进吸收国际先进技术，建成我国第一条铝渣绿色生态资源化利用生产线。另一方面，全球知名再生有色金属企业在我国投资力度不减，如诺贝丽斯在江苏镇江建立在华首个汽车用铝闭路循环回收系统，特斯拉上海超级工厂实现内部铝资源循环利用。先进再生有色金属企业发展理念引入国内，如欧洲海德鲁开发了高再生铝含量的 CIRCAL 合金并应用于建筑、消费等领域。

随着国际产能合作进一步扩大，我国与"一带一路"沿线国家的合作从"原料进口＋产品输出"延伸至"投资＋贸易"。合作模式更加多样化，在"双碳""双循环"新格局下，我国与相关经济体在绿色低碳产品互认机制、推动原料标准的国际化、开展温室气体减排的技术交流等领域合作潜力巨大。

城市矿产资源丰富　"垃圾变宝"前景广阔

城市矿产是指工业化和城镇化过程产生和蕴藏在废旧机电设备、电线电缆、通信工具、汽车、家电、电子产品、金属和塑料包装物及废料中，可循环利用的钢铁、有色金属、稀贵金属、塑料、橡胶等资源，其利用量相当于原生矿产资源。就一般的金矿而言，1 吨矿石中所含金为 5~10 克，而 1 吨重的手机中可提取金约 150 克。重视城市矿产的开发与利用，是缓解资源瓶颈约束、减轻环境污染的有效途径，也是发展循环经济、培育战略性新兴产业的重要内容，对构建绿色低碳循环发展的经济体系具有重要意义。

目前，城市矿产领域的新技术开发已经呈现出百花齐放的态势。近年来，行业企业、高校院所开始用绿色理念进行技术创新。以中南大学为例，该校先后开发出有色金属复杂资源低温碱性熔炼基础研究、典型电子废弃物循环利用及先进材料制备应用、废弃电路板多金属富集粉末低温碱性熔炼基础研究、难处理含金硫化锑矿臭氧氧化浸出应用基础研究、溶液体系 Co(Ⅱ) 多相催化臭氧氧化应用基础研究、生物吸附剂合成及其重金属离子吸附行为研究等一系列新技术。依托在有色矿冶领域近 70 年的技术和项目积累，中国恩菲工程技术有限公司在城市矿产领域快速发展，不断将冶金行业技术移植到城市矿产领域，拥有多项核心技术。大冶有色通过奥斯麦特炉系统高效协同处置废印制电路板示范项目实现有色金属安全有效回收。

当前，我国新能源汽车正加速发展，根据《新能源汽车产业发展规划（2021—2035年)》，我国新能源汽车销量将在 2025 年达到汽车销量的 20%。随着新能源汽车和动力电池消费量持续快速增长，我国已经迎来动力电池退役潮。根据相关预测，到 2030 年，可回收磷酸铁、碳酸锂、硫酸镍、硫酸钴及硫酸锰总质量将分别达到 103.9 万吨、19.3 万吨、69.9 万吨、29 万吨和 15.4 万吨。届时，我国动力电池回收利用行业总规模将达 1000 亿元以上。据再生金属分会统计，截至 2021 年末，全国废旧动力电池再生利用企业已超过 300 家，产能超过 100 万吨。相关企业纷纷强化电池回收、梯次利用和再生利用各环节的协同高效管理，为提高镍、钴、锂等资源保障提供了有力支撑。

"双碳"推动循环经济发展　再生金属产业迎来黄金期

实现碳达峰、碳中和，是以习近平同志为核心的党中央统筹国内国际两个大局作出的重大战略决策，是着力解决资源环境约束突出问题、实现中华民族永续发展的必然选择，是构建人类命运共同体的庄严承诺。

为完整、准确、全面贯彻新发展理念，做好碳达峰、碳中和工作，2021年9月，中共中央、国务院发布了《关于完整准确全面贯彻新发展理念做好碳达峰碳中和工作的意见》，共10个方面，其中，涉及有色金属行业有8项重点任务，体现了有色金属行业对实现国家战略的重要性，而再生有色金属更是勇担有色金属行业降碳重任。

相关产业政策密集出台，为再生有色金属产业持续健康高质量发展指明了方向。《2030年前碳达峰行动方案》中指出，要加快再生有色金属产业发展，完善废弃有色金属资源回收、分选和加工网络，提高再生有色金属产量。《"十四五"循环经济发展规划》中指出，到2025年，再生有色金属产量达到2000万吨，其中，再生铜、再生铝和再生铅产量分别达到400万吨、1150万吨、290万吨。《"十四五"原材料工业发展规划》中提出，到2025年，再生铜和铝产量比例分别达到35%和20%。2022年8月1日，工业和信息化部、国家发展改革委、生态环境部印发《工业领域碳达峰实施方案》，鼓励增加高品质再生金属原料进口，到2025年，再生金属供应占比达24%以上。再生有色金属产业是有色金属工业实现"双碳"目标的重要方式和重要支撑，特别是再生铝对二氧化碳减排的贡献尤其明显。

据再生金属分会统计，党的十八大以来，我国再生金属行业节约了2.7亿吨标准煤，减少二氧化碳排放8.3亿吨。2021年，再生有色金属主要品种实现二氧化碳减排超0.9亿吨，其中，再生铜减排385万吨、再生铝减排8800万吨、再生铅减排178万吨。与此同时，还节能3317.04万吨标准煤，节水22.52亿立方米，减少固体废物排放18.93亿吨，减少二氧化硫排放58.11万吨。预计到2025年，再生有色金属降碳量超过1.4亿吨，为推动有色金属行业碳达峰作出重要贡献。

2021年11月8日，在武汉召开的第二十一届再生金属论坛及展览交易会上举行了再生有色金属产业"减碳"倡议仪式，呼吁全行业从自身做起，从现在做起，为实现我国"双碳"目标贡献再生有色金属人的智慧和力量，让再生有色金属产业成为有色金属工业中绿色低碳循环发展的一道最亮丽的风景。

逐浪朝阳产业，更逢东风浩荡。中国有色金属工业协会副会长王健提出，下一步，再生有色金属产业要在四个方面有所作为：一是进一步提高再生有色金属的资源保障能力。要积极面向国内国际两个市场，既要鼓励国内回收，也要鼓励高品质原料进口。加快国内原料分类回收体系建设，布局一批区域再生铜、铝预处理配送中心，提高保级利用水平。二是保障再生有色金属产业链、供应链的稳定与安全。要补短板、强弱项，加快构建开放共赢、协同发展、有序推进的产业生态平台。三是进一步加强再生有色金属产业科技创新能力。要在优化产品结构、提高产品附加值等方面多下功夫，提高产业核心竞争力。四是进一步发挥再生有色金属的降碳优势和潜力。发挥再生有色金属相比原生金属碳排放的绝对优势，为产业链上下游用户提升绿色低碳竞争力和有色金属工业顺利实现"双碳"目标作出贡献。

撰稿人：邱熙然　张　琳

钴 业 篇

党的十八大以来，以习近平同志为核心的党中央高瞻远瞩，大力发展低碳循环经济，并向世界作出了"2030年前实现碳达峰，2060年前实现碳中和"的庄严承诺，这是基于推动构建人类命运共同体的责任担当和实现可持续发展的内在要求作出的重大战略决策。我国加快降低碳排放步伐，持续推动产业结构和能源结构调整。

中国钴工业顺势而为，抓住新能源汽车和5G产业快速发展的良好机遇，扎实推动供给侧结构性改革，不断优化产业结构，坚持科技创新驱动和绿色发展，产业活力得到显著提升，推动了行业高质量发展。

钴——古老的金属焕发生机

"天青色等烟雨"中的"天青色"说的就是钴蓝色。钴蓝使得中国的青花瓷极具东方神韵，我国从唐朝开始就广泛应用钴的化合物作为着色剂。钴是一种铁灰色的硬质金属，具有很好的耐高温、耐腐蚀和磁性能，在电池材料中使用可以提高材料的循环和倍率性能，是重要的战略金属。钴在国防、航空航天、医药、机械和锂离子电池等领域有广泛应用，是生产电池正极材料、高温合金、硬质合金和磁性材料的最常用材料。

经过几十年的发展变革，特别是党的十八大以来，中国在全球钴工业中的地位更加突出，已形成了成熟完备的产业链，在资源、生产、消费方面位列全球第一，技术装备、科技研发水平总体处于世界第一梯队。

产业规模不断扩大　行业地位更加稳固

10年来，中国钴工业乘着新能源产业发展的东风，抢抓机遇，主动作为，实现了迅猛发展。2021年，中国精炼钴产量和消费量分别为12.8万吨和11万吨，分别占世界总产量和消费量的76.6%和67.2%，相较10年前分别增长236%和233%。我国长期保持着世界第一钴生产大国和消费大国的地位。

2021年，全球十大钴生产企业中，我国占有9席，年产量约占全球总产量的76.5%，相较10年前提高2.6倍。从细分环节来看，洛阳钼业目前已成为全球第二大钴矿生产商，未来随着该公司TFM混合矿和KFM一期项目的建成投产，洛阳钼业将有望成为全球最大的钴矿生产商；华友钴业是全球最大的精炼钴生产商，格林美和金川集团精炼钴产能分别居全球第二位和第四位；中伟股份、格林美、邦普循环三元前驱体产量居全球前三位，容百科技和当升科技是全球排名前两位的三元正极材料企业，行业龙头引领效应正逐步显现。

产业布局更趋合理　　产品结构进一步优化

从产业布局方面看，中国精炼钴的生产区域主要是浙江、江西、甘肃、湖北、江苏、湖南和广东等 7 省（区），精炼钴产量占全国总产量的 90%。其中，浙江省精炼钴产量最大，2021 年该省钴产量占全国总产量的 37%。目前，我国钴行业产业布局有进一步由沿海地区向中西部地区转移趋势。

从产品结构方面看，伴随着新能源汽车、5G 网络、航空航天等终端领域产业的快速发展，钴产品结构不断调整，钴行业也随之加快转型升级。10 年间，我国已经能够生产各种类型的钴盐、三元前驱体、三元正极和钴酸锂正极材料，产品标准已经达到国际领先水平。10 年来，我国钴盐产量增长近 4 倍，三元前驱体和三元正极材料产量分别是 10 年前的 49 倍和 57 倍。

坚持绿色发展理念　　走可持续发展之路

企业园区建设与规范化管理得到进一步加强。10 年来，随着经济形势与技术环境的不断变化，甘肃、浙江、江苏、湖北和江西等主要钴生产地区相继统筹企业进入工业园区发展，建成了甘肃金昌国家级经济技术开发区新能源锂电产业园区、浙江省衢州市华友锂电材料国际产业合作园、江西省赣州市高新技术产业园和湖北省武汉格林美低碳产业园等。我国钴行业积极做好碳排放"减法"和扩绿"加法"，采用高标准和先进的能源生态管理系统，保障园区、企业实现绿色发展。

产业链各个环节的绿色技术得到推广应用。其中，金川集团龙首矿井下废水利用建设项目实现了井下废水的充分回收利用，年节约水费 165 万元；金川集团热电公司实施电机组节水技术改造，增加中水回收率及"以质定用"提高水资源重复利用率，实现废水"零排放"目标；金川集团选矿厂循环水利用、二厂区 8000 吨高氧处理站、50000 吨厂区污水处理站等一个个环保项目接连在金昌大地落地生根。华友钴业将钴资源提取全过程中钴综合回收率提升至 99% 以上，氨介质实现了资源化和循环化、冶炼废水循环利用，MVR 蒸发硫酸铵工序节能 56%，实现了从钴资源到锂电材料全过程清洁生产、节能降耗和绿色制造。格林美坚持探索垃圾资源化的绿色低碳产业发展之路，建成了"废旧动力电池回收—原料再制造—材料再制造—电池再制造—电池组再制造—再使用—梯级利用"新能源全生命周期价值链。

坚持国际合作　　海外开发硕果累累

为提升中国钴资源供应链的安全与稳定，10 年来，众多企业投身海外钴矿资源开发与合作，经过艰苦的技术攻关，严格的生产管理，并承受价格波动带来的风险，将万里之外的钴矿变成身边的可用之物。截至 2021 年末，我国获得境外钴资源权益储量 807 万吨，形成钴矿权益产能（金属量）12.8 万吨/年。同时，通过在非洲和印尼的钴资源合作开发，在海外建立了集采、选、冶于一体的资源保障体系，为国内制造平台提供了具有成本竞争优势和稳定可靠的原料保障。

北方矿业刚果（金）卡莫亚铜钴矿项目矿坑

坚持创新驱动　引领全球发展

10 年来，钴企业坚定不移地走创新驱动发展之路，在选冶技术、合金研发和电池材料领域打造原创技术策源地，形成了一批具有自主知识产权的核心技术。

其中，金川集团联合国内 38 家科研院校和大中小企业，组建了"甘肃省镍钴资源高效利用及新产品开发创新联合体"。目前，该公司拥有"镍钴资源综合利用国家重点实验室"等 4 个国家级、"甘肃镍钴资源高效利用及新产品开发创新联合体"等 14 个省部级科技创新平台，以及 78 个职工创新工作室，形成专业领域齐全、创新主体多样、上下游协同、多系统互补的创新体系。华友钴业针对钴资源形态复杂、浸出难度大、元素组分多、分离纯度难、锂电材料制造要求高等问题，创造性地开发了多形态钴资源协同高效浸出技术、基于氨皂化萃取的多组分高效分离提纯技术、萃取钴液短程制备钴系高性能锂离子电池材料关键技术，成功解决了多形态原料的规模化协同处理难题，突破了多组分高效分离的瓶颈。华友钴业"高电压锂电前驱体四氧化三钴关键技术及应用"项目荣获中国有色金属工业科学技术奖一等奖。当升科技构建了自身的科技创新管理体系，为科研创新工作活动提供了良好的支撑，"高温型镍钴锰锂多元材料"等 12 款产品被评为国家重点新产品和北京市新产品；容百科技单晶型、NCA、高镍、核壳技术正极材料的研发正逐渐释放科技红利，助力该公司产品快速占领全球市场。

坚持循环利用　再生资源地位凸显

10 年来，为弥补钴原生资源供应紧张的局面，行业内大大提高了其他金属矿产伴生钴资源及再生资源利用率，再生资源回收与利用产业发展迅速，已成为我国钴原料供应的重要组成部分，使中国成为全球再生钴第一生产国。根据中国有色金属工业协会钴业分会统计，2021 年，中国再生钴产量达到 2 万吨，占全球再生钴产量的 60%，占国内总钴产量的 15%。再生钴产业的崛起，有效地缓解了钴资源供应约束的矛盾，提升了行业生态效能与整体的经济效益。

坚持上下游协同发展　服务保供稳价

自 2020 年初新冠肺炎疫情暴发以来，受世界经济形势影响，钴行业在原料供应、生产、物流、终端消费等方面受到诸多挑战，钴产品价格出现了大幅波动。为此，国内主要钴行业骨干企业与中下游企业开展了多种形式的战略合作与协同发展，为保障我国相关产业链供应链稳定和国家保供稳价作出了重要贡献。

10 年砥砺前行，10 载春华秋实。中国钴工业正焕发着青春与活力，以昂扬的姿态，为早日实现钴工业强国的目标而努力奋斗。

撰稿人：徐爱东　孙永刚　刘义敏　周　航

金 银 篇

　　十载砥砺前行，十年春华秋实。党的十八大以来，中国特色社会主义进入新时代，有色金银工业以习近平新时代中国特色社会主义思想为指导，深入落实"创新、协调、绿色、开放、共享"的新发展理念，认真贯彻党中央决策部署，紧扣有色金银行业发展新形势、新任务，创新驱动谋发展，锐意进取开新局，不断推动提升我国白银和有色黄金产业供应链稳定性和竞争力。

　　10 年来，有色金银工业不断为国家金银战略资源储备、高科技行业贵金属应用等提供重要支撑与原材料保障，在向"有色强国"加速转变的进程中体现了有色金银行业的担当。

金锭

银锭

　　绿水青山就是金山银山。在推动生态文明建设、积极做好"两山"理念实践示范方面，有色金银行业全面推动金银行业绿色矿山、绿色制造体系和绿色产业示范基地等建设；目前，中国金都——山东招远市和中国银都——湖南永兴县正在为推动行业绿色、低碳、创新、转型高质量发展提供"招远样板"和"永兴样板"。

大力实施找矿突破战略行动　金银矿产资源勘查成果显著

　　10 年来，我国金银矿产资源勘查成果显著，金银资源保有储量大幅增长，发现了全球最大单体金矿之一的山东烟台海域金矿和亚洲最大银矿——内蒙古双尖子山银铅锌矿等一大批金银矿山。截至 2021 年，我国黄金矿产储量较 10 年前增长 58.80%；白银矿产储量较 10 年前增长 171.97%。

　　其中，由山东省第三地质矿产勘查院勘探发现的山东烟台三山岛北部海域金矿，依据 JORC 规范标准，截至 2020 年 12 月 31 日，海域金矿保有黄金矿产资源量为 562.37 吨，平均品位高达 4.20 克/吨，远超全国平均水平，为近 20 年来全球发现的最大单体金矿。由有色金属矿产地质调查中心在内蒙古自治区巴林左旗双尖子山探明的超大型银铅锌矿，银金属量 15129.29 吨，银品位 138.34 克/吨，入选"2018 年中国十大地质找矿成果"，矿区保有资源储量和潜在经济价值巨大，是中国银矿勘查的重大突破。

加强整合优化产业结构　　金银产业实力和集中度增强

10 年来，中国黄金和白银产业不断整合优化重组，产业结构调整取得积极进展，有色金属冶炼厂副产黄金、白银产量随着铜铅企业重组并购和扩建规模提升，产业集中度也在提高，大企业主导我国黄金、白银产业发展格局基本形成，产业整体提质增效。

根据中国有色金属工业协会金银分会统计数据，2021 年，全国有色金属冶炼厂副产黄金 172.85 吨，同比增长 7.08%，占全国黄金总产量 443.56 吨的 38.97%，较 2020 年提高 5.3 个百分点，较 2012 年提高 18.44 个百分点；白银产量由 2012 年的 13158 吨，增长到 2021 年的 24629 吨，增长了近 1 倍，年均增长 7.82%。

积极培育金银消费市场　　产品结构整体升级提高

10 年来，中国黄金白银消费整体稳步增长。一方面，随着人民生活水平的提高，金银珠宝首饰需求得到促进；另一方面，工业发展带动了金银工业应用的需求。此外，随着金融改革和创新持续推进，实物金银和金银金融衍生产品投资越来越便利，推动了金银消费投资。

消费方面，国内黄金消费量由 2012 年的 832 吨，增长到 2021 年的 1121 吨，增长了 34.70%，年均增长 5.91%；国内白银消费量由 2012 年的 6360 吨，增长到 2021 年的 7307 吨，增长了 0.22 倍，年均增长 2.12%。

大力推动海外金矿资源开发　　提高国家黄金资源供给保障能力

10 年来，众多中国资源型企业、金融投资企业等通过跨国并购来实现自己的企业战略，并购的频次、范围不断扩大，金额不断增长。根据中国地质调查局发展研究中心披露资料，截至 2018 年，黄金位列中国企业投资境外主要矿种项目数量第二位（仅次于铜）。安泰科初步统计，截至 2021 年，我国海外金矿投资控制的权益黄金资源量（非黄金储量）已经超过 6000 吨。目前，中国四大黄金集团——中国黄金集团、紫金矿业集团、山东黄金集团和山东招金集团纷纷在海外投资金矿，多家有色金属企业和金融企业也布局海外金矿开发。紫金矿业集团和白银有色集团股份有限公司海外控制黄金资源储量均超过 1000 吨，居于行业前列。

加强行业科技创新　　推动产业转型升级

10 年来，有色金银行业科技创新取得以下几个方面进步，推动产业不断转型升级。

一是有色金银贵金属创新体系完善和发展方面，有色金银贵金属行业科技创新平台及产业化基地，技术经济创新联盟，国内高校科技创新平台等建设取得进展。在国家级科技创新平台、科技服务机构和产业化基地方面，为提升国内贵金属行业科技自主创新能力，大力推动基础研究、技术开发、成果转化，满足国家对转变发展方式、促进产业集聚的时代要求，过去10年，中国贵金属行业成立建成多个国家级科技创新平台和产业化基地。其中，国家重点实验室2个（稀贵金属综合利用新技术国家重点实验室、低品位难处理黄金资源综合利用国家重点实验室）、国家稀贵金属材料基因工程融合创新中心1个。目前，国内贵金属行业重点龙头企业基本都建立了科技创新平台，部分企业建成了国家认定企业技术中心，部分贵金属产业聚集地正在打造国家新材料高新技术产业化基地。

为实施科技创新驱动战略，促进贵金属产业结构调整与升级，科技创新平台产业联盟建设蓬勃发展。据不完全统计，10年间，国内贵金属行业主要技术经济创新联盟机构和协调小组达到8个。国内金银贵金属行业还建成了国土资源部（自然资源部）金矿成矿过程与资源利用重点实验室、国土资源部（自然资源部）贵金属分析与勘查技术重点实验室等数十个省部级重点实验室。

二是工艺技术提升改进方面，黄金冶炼、二次资源回收科研与产业化、金银深加工技术均取得进展。

在黄金冶炼科技进步方面，造锍捕金是其中技术进步的代表。氧气底吹造锍捕金技术，通过造锍熔炼将金、银等贵金属富集于铜锍，对复杂难处理金精矿有很好的综合回收效果，解决了现有传统黄金冶炼企业规模小、环保压力大、金属回收率低等问题，是黄金冶炼行业的重大技术变革，为黄金冶炼和铜冶炼的产业技术升级提供了新途径。而由中国恩菲工程技术有限公司、山东恒邦冶炼股份有限公司、中南大学完成的"氧气底吹熔炼造锍捕金处理复杂金精矿技术开发与应用"获得2017年中国有色金属工业科学技术奖一等奖。行业科技进步方面，共有48个贵金属（以金银冶炼与加工项目为主）项目获得中国有色金属工业科学技术奖一等奖。冶炼装备方面，新建设铜铅阳极泥处理核心设备——卡尔多炉容积有整体增大趋势。

在二次资源回收科研与产业化方面，电子废弃物等复杂二次资源中稀贵金属回收也取得进展，中国银都——湖南永兴县、格林美股份有限公司等实现二次资源中稀贵金属回收产业化；湖南永兴是国家循环经济试点县、国家稀贵金属再生利用产业化基地；中南大学、永兴县荣鹏金属有限公司、永兴鑫裕环保镍业有限公司完成的"复杂二次资源中稀贵多金属分离回收关键技术及应用"，中南大学、格林美股份有限公司完成的"典型电子废弃物高效回收及清洁循环利用关键技术及产业化"均获得中国有色金属工业科学技术奖一等奖。

在金银深加工攻关方面，核电用银合金控制棒、银粉银浆、金基合金靶材等科技攻关取得进展。例如云南省贵金属新材料控股集团产品银基电真空焊料和镍铂靶材作为云南展区科技类展品，亮相2022年9月27日由中宣部、国家发改委等共同主办的"奋进新时代"主题成就展。银基电真空焊料是城际高速铁路、城市轨道交通等新基建保障产品，广泛用于真空灭弧室、光电倍增管、高压直流继电器等电真空器件的钎焊，有效地提升了我国输配电控制系统开关通断的可靠性，保障了我国高铁、地铁等轨道交通的平稳运行。

此外，有研科技集团有限公司（北京有色金属研究总院）旗下有研亿金多款超高纯金属靶材产品等参展于 2018 年 11 月 13 日在国家博物馆开幕的"伟大的变革——庆祝改革开放 40 周年大型展览"。由有色科技集团有限公司开发的铜、银系列（6N）和钴、镍、钛、金、铂系列（5N）等超高纯金属原材料及其溅射靶材生产工艺，实现了集成电路关键原材料的自主供应，打破了国外垄断。

在贵金属深加工项目获奖方面，西安诺博尔稀贵金属材料有限公司申报的"百万千瓦级核电用银合金控制棒"，金川集团股份有限公司申报的"高温烧结银浆用超细银粉研发及产业化"，东北大学、沈阳东创贵金属材料有限公司申报的"高品质装饰用金基合金靶材的制备新技术及应用"等均获得中国有色金属工业科学技术奖一等奖。

三是产品结构提升改进方面，技术进步推动白银产品结构出现较大调整，光伏用银在白银消费结构中占比不断提高。安泰科统计资料显示，2021 年，中国白银消费 7307 吨，其中光伏消费 2441 吨，同比增长 19.7%。光伏在中国白银消费中占比达到 33%，较 2012 年占比 13% 提高了 20 个百分点。近年来，苏州思美特表面材料科技有限公司研发生产的正银银粉，打破了国外品牌垄断市场的局面，整体推动了国内太阳能光伏用银粉技术的进步。

积极提升产业价值链　促进产业聚集集群发展

10 年来，中国重要的黄金白银生产地——山东招远、湖南永兴、河南济源等地正在积极提升产业价值链打造样本，金银产业呈现聚集示范发展态势，成为地区经济发展的特色。其中，中国金都——山东招远黄金产量连续 46 年稳居全国县级市之首，拥有山东招金集团、中矿集团为代表的 100 余家黄金企业，打造了集探采、选冶、精深加工、黄金旅游、黄金教育等于一体的、年产值近千亿元的黄金产业。目前，山东招远市正沿着"做好金、延伸金、超越金、不唯金"的"四金"新路径，全面推进黄金全产业链为特征的国内一流中国金都，为黄金产业创新发展、高质量发展提供"招远样板"。

中国银都——湖南永兴县提出"千亿元产业、千亿元园区"发展目标。继 2004 年被中国有色金属工业协会授予"中国银都"以来，湖南省永兴县已连续 17 年保持全国第一产银县，并先后被评为国家循环经济试点单位、国家稀贵金属再生利用产业化基地、国家涉重金属类危险废物集中利用处理基地、国家城市矿产示范基地等。

产业金融蓬勃发展　促进行业高质量发展

10 年来，中国黄金、白银产业金融蓬勃发展，多层次多产品的黄金白银市场体系逐步建立。这其中标志性事件，就是上海期货交易所推出白银期货、白银黄金做市商制度、白银标准仓单、黄金期权等，上海黄金交易所推出国际板、上海金、上海银和白银询价期权等。

2012 年 5 月 10 日，白银期货在上海期货交易所正式上市，标志着中国白银产业的市场化翻开了新的一页，世界白银市场有了中国权威的"价格声音"，中国白银现代化供应链管理制度的完善，白银期货的上市，对于优化白银价格形成机制，提高白银上下游企业风险管理水平，促进中国白银产业结构调整和品牌建设，完善白银金融投资产品体系，健全中国贵金属期货序列等方面意义重大。白银期货上市 10 年来，期货市场的风险规避、价格指导、风险投资、资源配置与融资、供应链管理、品牌宣示功能等得到有效发挥，从而推动了我国白银行业结构调整。

为进一步完善国内黄金白银定价机制形成和提高金银市场影响力，进一步服务实体企业和广大金银贵金属投资客户，2019 年以来，上海期货交易所、上海黄金交易所等黄金白银金融产品创新在加快，做市商、集中定价、标准仓单、期权等产品纷纷加快上市。2019 年 6 月 5 日，上海期货交易所推出白银做市商；7 月 15 日，上海黄金交易所白银询价期权上市；10 月 14 日，上海黄金交易所正式挂牌上海银集中定价合约；10 月 22 日，白银品种和买方挂牌功能在上海期货交易所标准仓单交易平台成功上线；12 月 20 日，上海期货交易所黄金期权交易正式挂牌等。

随着国内贵金属衍生品市场的不断丰富，我国以黄金白银现货市场、期货市场和银行柜台市场为主的多层次黄金白银市场体系已经建立，在黄金白银行业资源配置中发挥了积极作用，不断促进产业结构调整和行业高质量发展。

积极践行"两山"理念　推动行业绿色发展

10 年来，有色金银行业不断坚持绿色、低碳、循环、智能化、数字化等发展，加快开发矿产金、矿产银无氰提金、提银工艺降低污染，全面推动黄金白银行业绿色矿山、绿色制造体系（绿色产品、绿色工厂、绿色园区、绿色产业链、绿色企业）和绿色产业示范基地等建设，全面推动全行业环境、社会和公司治理（ESG）体系形成与发展。

绿色矿山建设方面，在自然资源部目前累计公布 1255 家国家绿色矿山中，金银矿山占比达到 11.24%，其中，127 座金矿（占全国绿色矿山总数量的 10.12%）、14 家银矿（占全国绿色矿山总数量的 1.12%）入选全国绿色矿山名录。

绿色制造体系和产业基地建设方面，中国银都——湖南永兴县，以企业为主体，促进企业打造绿色、优质、高效的现代稀贵金属综合回收利用产业体系；以清洁生产技术改造为主要途径，走绿色转型升级道路，建立高效、清洁、低碳、循环、创新的绿色工厂和清洁生产企业，立标打样，实现产业园区整体绿色发展。

目前，有色金银骨干企业积极推动 ESG 建设。例如，紫金矿业集团公司依靠先进科技与工艺，不断提高矿产资源综合利用效率和水平，提高矿石中目标元素的回收率，减少"三废"的产生与排放；在减排的同时，根据生产废水的性质，对处理工艺进行优化设计，实现变废为宝。该公司还全力推进绿色矿山、花园式矿山建设，努力探索一条矿山生产建设与生态环保相容兼顾、有机融合、相互促进的绿色矿业发展之路。目前，其拥有 13 座国家级绿色矿山、3 座省级绿色矿山、7 座绿色工厂、1 座矿山公园。

奋进十载，中国有色金银产业砥砺前行，开发金山银山，建设绿水青山，不断推动我国有色金属工业迈向高质量发展新征程。抚今追昔、展望未来，站在新的历史起点，放眼未来，更应不负韶华、意气风发、为美好向未来，努力书写中国有色金银工业高质量发展新篇章。为实现有色金属工业强国、中华民族伟大复兴的中国梦、中国式现代化作出有色金银工业更大贡献。

撰稿人：唐武军　石和清

镁 业 篇

2012—2022 年，是中国镁业迅猛发展的 10 年。这 10 年里，在国家大力支持下，通过中国镁业人的共同努力，镁行业坚定低碳路线、坚持科技兴业，镁冶炼产业水平大幅提升，不仅国内产量、消费量屡创新高，国际地位得到日益提升和稳固，镁应用规模和应用领域也呈现前所未有的创新和加速度。

政策引导逐步提升

随着国民经济的发展，镁产业的重要性日益显现，国家出台的系列文件规划、引导和支持推动镁产业持续健康发展。

2012 年 12 月，国务院关税税则委员会发布《关于 2013 年关税实施方案的通知》，2013 年起取消镁及镁合金（税则号 81041100、81041900、81042000）的出口关税。2008 年，国内对镁锭及镁合金出口加收 10% 的出口关税，其初衷是限制"两高一资"产品出口。此次出口关税的取消，是对 5 年来镁冶炼行业节能减排效果的极大肯定。镁出口关税的取消，有利于改善企业的经营状况，进一步增强中国镁锭及镁合金在国际市场的竞争优势。

2016 年 10 月 21 日，工信部发布的《产业技术创新能力发展规划（2016—2020 年）》将镁列入有色金属工业重点发展方向，大规格镁合金列为重点发展新材料。

2017 年 1 月 23 日，工信部、国家发改委、科技部、财政部印发《新材料产业发展指南》，给出了镁材料的发展方向，提出了镁材料发展重点任务及镁材料的相关保障措施。

2017 年 2 月 4 日，国家发改委发布的《战略性新兴产业重点产品和服务指导目录》（2016 版），将高性能镁合金及变形镁合金等列入其中。

国家发展和改革委员会、商务部联合发布的《外商投资产业指导目录（2017 年修订）》，"镁合金铸件和镁合金及其应用产品"被列入"有色金属冶炼和压延加工业"高新技术有色金属材料生产。

近年来，国家发改委发布的《产业结构调整指导目录》多个部分涉及镁及镁合金内容，2019 年版的目录增加了更多镁相关鼓励类项目。在鼓励类有色金属项目中，将"高性能镁合金及其制品"首次列入新材料产业，在国家层面做出了明确的政策导向，鼓励多样化镁合金材料开发及其铸造、挤压、轧制、锻造等加工制造，培育新材料产业链；在鼓励类汽车项目中，将"镁合金"列入轻量化材料应用领域，支持镁合金在汽车轻量化中的发展；在保持将镁冶炼项目列入限制类的同时，除了综合利用项目，增加了"允许或鼓励先进节能环保工艺的技术改造镁冶炼项目"，为鼓励镁冶炼工艺创新打开了政策通道。

工信部发布的《重点新材料首批次应用示范指导目录（2019 年版）》，将"镁合金轮毂"和"非稀土高性能镁合金挤压材（应用于汽车、轨道交通、航空航天，也包括镁合金棒材）"列为重要发展方向。

2021 年 1 月 18 日，国家发展和改革委员会发布了《西部地区鼓励类产业目录（2020年本）》，对西部地区鼓励类产业企业减按 15% 的税率征收企业所得税。

为了规范镁行业的发展，制止重复建设、控制行业盲目投资，促进我国镁行业持续、协调、健康发展，2011 年 3 月，工信部发布《镁行业准入条件》，为行业设立门槛，并将现有冶炼能耗定为 6 吨标煤。

制订镁行业准入标准成为中国镁冶炼行业健康发展至关重要的一环，从全国镁冶炼行业看，不仅规范了镁行业投资，控制了盲目、低水平建设，而且还促进了行业的技术进步，提高了镁冶炼行业整体水平。

为进一步加快镁产业转型升级，促进行业技术进步，2020 年 2 月 28 日，工信部发布《镁行业规范条件》，替代原有准入条件。规范条件对镁冶炼能源和资源消耗提出更高要求，能耗要求进一步提高至 4.5 吨标煤。

国家政策适时适度的引导，对国内镁产业不同阶段的发展起到至关重要的积极作用，政策的及时调整不仅是对行业发展提出更高要求，同时也是对行业发展的肯定和鼓励。

坚定低碳、环保路线不放松

低碳环保是我国的基本国策，也是企业赖以生存的根本。无论是降低成本，还是国家对工业发展提出新要求，镁行业一直没有偏离的主线就是节能降耗。10 年来，镁行业紧紧围绕节能降耗减排，坚定不移地走低碳环保路线，综合能耗得以不断下调。在耗能相对较大的冶炼环节，高温蓄热燃烧技术及节能型回转窑等技术、装备得到大力推广和普及，同时，冶炼企业与时俱进以打造绿色冶炼、智能工厂为导向，在冶炼技术设备改进方面取得巨大进步。

经过多年的研发与试验，应用于镁冶炼环节的新型节能竖罐还原技术已在南京云海的两个子公司——五台云海和巢湖云海应用并实现产业化。该技术进一步提高冶炼工序的机械化和自动化，具备提高劳动生产率等优势，是镁冶炼技术提标升级的重要路径之一。

府谷地区镁冶炼企业结合自身特点经过多年实践和改进，在冶炼配气工段研发出低阶煤高温热解工艺圆型铁炉，该炉型煤耗低、煤气产量高，同等条件下较之前的兰炭炉煤气产量高 40%，成功实现冶炼过程的节能降碳，是经过实践检验的最佳镁冶炼配气装置之一。2020 年，《镁冶炼用低阶煤高温热解煤气》和《镁冶炼用低阶煤高温热解煤气副产洁净炭》两项行业标准通过审定，于 10 月 1 日起正式实施。

未来企业的竞争是智能化的竞争，镁冶炼企业以绿色化、数字化为导向，致力于打造绿色智能化工厂。五龙集团以五龙镁业公司为试点，依托 5G 技术，成功将 5G 智能球团喂料机应用在镁冶炼还原车间，实现金属镁还原车间装料机械化、自动化和远程控制，成为全球范围内首次将 5G 工业互联网技术与金属镁冶炼产业深度融合的企业。

20 年前，我国镁冶炼综合能耗为 10 吨标煤；10 年前，该指标降到 5 吨标煤左右，能耗下降 50%；2021 年，业内能耗普遍降到 4 吨标煤左右，继续下降近 20%。同时，吨镁用白云石、硅铁等原料用量均有不同程度减少，劳动生产率也得到进一步提高。

随着新技术在业内的推广，镁冶炼综合能耗还有更大的下降空间，节能减排潜力很大。

科研创新与世界同步

科研创新是行业得以发展壮大的基础，10 年来，镁行业建立了两个国家级工程中心、一个国家级企业中心及十多个省级研发中心和企业中心，从企业到科研院所，始终将技术研发视为己任，在提高冶炼技术装备、解决应用技术瓶颈问题等方面取得诸多成果。

政府的支持进一步推动了我国镁行业科技进步，从"十五"开始，国家持续支持我国镁行业科技研发工作，使得镁的科技研发成为我国为数不多与世界同步的金属品种，形成了一批又一批科技研发成果，其中一些已走在国际的前列。

2017 年，河南德威科技股份有限公司生产的镁合金汽车轮毂得到国际认可，出口美国，正式打开美国市场之门，随后进军欧洲市场。经锻造的轮毂，材料致密度高，明显优于铸造和压铸生产的轮毂，与低压铸造相比，材料利用率可提高 15%～20%，毛坯精度高、加工余量少、加工效率高，有效降低了加工成本。其一次正反挤压锻造镁合金汽车轮毂工艺技术达到国际先进水平，是实现汽车轻量化的一项重要技术突破，对汽车轻量化和中国镁的高端应用领跑世界具有重要的现实意义。

2020 年 5 月，我国在西昌卫星发射中心用长征十一号运载火箭成功将新技术试验卫星 G 星和 H 星送入预定轨道，实现了"一箭双星"发射的圆满成功。此次成功发射新技术试验卫星的内部部分支架和框架结构均采用了由郑州轻研合金科技有限公司自主研发制造的超轻镁锂合金产品，使相关部件实现了高达 45% 的减重效果，提高了卫星有效载荷量和比冲。

2021 年 4 月 29 日，我国空间站"天和"核心舱成功发射并准确进入预定轨道。中国科学院金属研究所材料腐蚀与防护中心韩恩厚、宋影伟团队研制的镁合金表面处理技术应用于核心舱，其镁质部件满足了减重、耐蚀、导电等多功能要求。同时，华北电力大学参与研制的镁合金舱内支架类构件也应用于该核心舱。

2022 年 3 月，山东天元重工有限公司镁合金铸轧线生产项目试生产全面启动。天元重工镁合金卷板项目联合生产线属国内首台套同类生产线。该项目以镁合金锭为原料，应用新型的近终形、短流程"双辊铸轧法"工艺，产出宽幅 1.2 米、薄度 0.7～2 毫米、单卷重 1.5～5 吨的镁合金卷板，产品具有宽、薄、轻的特点，性能在国内领先，广泛用于航空航天、军工、高铁、计算机、汽车、医疗器械等高精端领域。与传统的热轧开坯法相比，该工艺能够简化生产工序、缩短生产流程、提高生产效率、降低能耗 60% 以上，填补了国内大卷重宽幅镁合金轧板市场空白，对推动我国大卷重宽幅镁合金铸轧技术实现产业化、规模化具有重要意义。

科技研发创新能够将镁的优良性能充分发挥出来，让镁应用于更多高精尖领域，成为推动实现我们镁业强国梦的强大动力。

全球镁供应基地进一步稳固　行业龙头浮现

1999 年，我国跃居全球最大的原镁供应国。20 多年过去，世界镁供应格局虽几经变迁，但是，我国镁业大国的地位始终稳如泰山，原镁产量全球占比增长到 83%。近 10 年来，我国镁产业已形成较为稳定的供应格局，世界镁供应基地的地位进一步巩固。

10 年来，随着中小型冶炼企业关闭，镁行业的集中度得到明显提升。2012 年，我国镁冶炼企业 92 家，原镁产量 69.83 万吨。2021 年，我国冶炼企业 53 家，相比 2012 年减少 40% 以上，原镁产量 94.88 万吨，增长 35.87%，企业规模和集中度都有了大幅提升，我国镁冶炼已形成大型化、规模化发展趋势。

2012—2021 年国内原镁产量数据

（数据来源：镁业分会）

尤其是陕西镁工业的崛起，陕西榆林特别是府谷县镁冶炼产业发展势头迅猛，成为中国最大的原镁生产基地，其原镁产量跃升全国第一，且所占比重越来越大，2021 年已超过50%，成为我国原镁供应国际地位稳步提升的主要推动因素。

10 年来，我国镁产业孕育出多个具有明显特点的行业龙头企业。

闻喜银光集团成立于 1988 年，以冶炼为基础，致力向下游延伸，构建从冶炼—加工—应用完整产业链，是国内镁深加工门类最为齐全的单体企业。

浙江万丰奥威汽轮股份有限公司 2013 年成功收购加拿大镁瑞丁之后，实现了很好的融合发展，已成为全球最为重要的汽车行业镁合金供应商。

南京云海特种金属股份有限公司（以下简称云海金属）自成立以来，扎根于镁行业，通过引进投资者、兼并等多种方式，实力和行业影响力显著增强。2018 年，云海金属用转让股份的方式引进国内大型国企——中国宝武参股。2019 年，云海金属出资 2.35 亿元收购重庆博奥镁铝金属制造有限公司 100% 股权，提升云海金属整体实力，完善深加工领域布局。2021 年，云海金属加大投资，在安徽巢湖、青阳及山西五台建设了多个镁产业链项目，进一步夯实了在镁产业的底蕴。

以京府煤化、陕西天宇镁业、陕西金万通、泰达煤化、榆林天龙镁业等镁冶炼企业为主的陕西府谷镁产业集群区域发展龙头的作用日益凸显，不仅提高了我国镁冶炼行业的集中度，而且大大提高了我国镁行业的国际话语权。

以雾化镁粉为特色产品的唐山威豪镁粉有限公司等一批专精特新"小巨人"企业、单项冠军企业示范引领作用也日益显著，提振了一些镁行业企业在细分领域耕耘奋斗的信心。

拓宽消费领域，推动国内国际双循环

10 年来，随着节能减排要求日趋严格，轻量化已成为全行业共识，交通运输、航空航天等行业成为镁材料应用快速增长的主要领域，镁作为实际应用的最轻的结构材料迎来了难得的发展机遇期。自 2017 年开始，我国镁消费保持了良好的增长态势，年均增长率为 9% 左右。

据中国有色金属工业协会镁业分会统计，2012 年，我国原镁消费量为 31 万吨，其中用于材料领域 9.73 万吨。2021 年，我国原镁消费量为 48.65 万吨，相比 2012 年增长了近 57%，其中用于材料领域 14.01 万吨，增长 44%。

2012—2021 年国内镁消费量数据

（数据来源：镁业分会）

出口是我国镁产品的主要消费渠道之一。10 年来，我国镁产品出口量占国内总供应量的 40%～50%，且国内消费呈现不断增长态势，出口占比逐步下滑。随着国内镁应用领域的拓宽和应用规模的不断拓展，镁行业正在逐步形成以国内大循环为主体、国内国际双循环相互促进的新发展格局。

2012—2021 年国内镁产品出口量数据

（数据来源：海关总署）

国际定价权进一步提高

10 年来，伴随着我国原镁供应格局的变化、企业集中度的提高，我国在原镁定价的话语权稳步提升。尤其是近 5 年来，随着我国镁冶炼行业集群化发展越发明显，陕西府谷、山西闻喜多个产业聚集区的形成，小而散的格局彻底扭转，龙头企业作用的凸显，加之我国在原镁供应市场的核心地位，我国在很大程度上拥有了原镁的定价话语权。

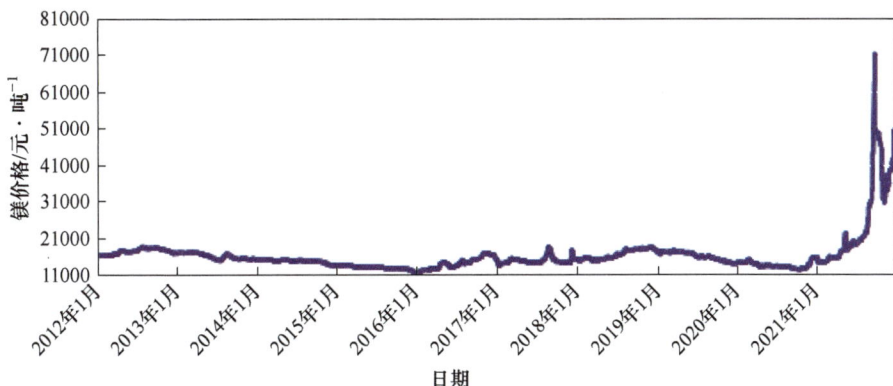

2012—2021 年国内镁价格走势

（数据来源：镁业分会）

多年来，原镁价格保持正常起伏震荡走势，偶尔大起大落，价格总体波动区间为11000~70000 元/吨。在过去 10 年里，镁价出现过一次大幅度的起落。2021 年，价格从1.2 万元/吨上涨到 7 万元/吨。2021 年价格波动幅度大，涨速快，但客观因素占主导，虽然对行业负面影响也很大，但对重塑行业信心有巨大的推动作用。

需要指出的是，当前我国镁工业发展的核心任务是实现金属镁规模化应用，而当前恰好是镁产业发展难得的战略机遇期，保持价格相对稳定和合理波动是影响规模化应用的关键因素。镁产业各环节应共同行动起来，在遵循市场规律的前提下，共同努力，避免再现价格暴涨暴跌的局面，实现价格理性波动，促进镁应用更好更快推广。

我国镁产业进入新发展阶段，国际影响力进一步提升

10 年来，我国镁产业已形成了具有全球影响力的镁产业体系，成功从初级发展阶段进入快速发展的新发展阶段，国际影响力进一步提升，已成为不可或缺的核心组成部分。

一是我国是国际标准化组织 ISO/TC79/SC5 镁及镁合金国际标准化分技术委员会秘书国，占据了制高点。

二是我国镁冶炼行业比较优势将保障我国镁产业在今后相当长的一段时间内全球供应基地的核心地位。

三是浙江万丰奥特控股有限公司全资收购加拿大 Meridian 公司，一举成为世界镁合金压铸领军企业，不仅打开了进军国际汽车中高端市场的通道，也为我国汽车轻量化创造了条件，使得我国应用拓展拥有很强的比较优势。

四是积极推进镁期货上市，探索设立面向国际的镁期货交易体系，进一步巩固和提升我国镁产业定价权。

镁作为轻量化金属，在新时代背景下有望迎来更为广阔的发展空间，未来的发展机遇与挑战并存。镁行业应继续以习近平新时代中国特色社会主义思想为指导，节能减排为抓

手，推动镁冶炼技术向低碳环保化、机械智能化提升，冶炼技术再上新台阶，同时以扩大应用为目标推动镁合金在汽车、3C 的集成应用，引导企业修炼内功，全面提升竞争力和抗风险能力；鼓励企业自主创新和技术进步，加快淘汰落后产能，加强节能减排；大力推动镁产业结构调整和镁产业发展方式转变；积极推动创建镁应用战略联盟，推进镁材料规模化应用的突破。

砥砺前行，中国镁业再出发，迎接下一个辉煌 10 年。

撰稿人：孙　前　史晓梅　曹佳音　范玉仙　张晶扬

中铝集团在实践高质量发展新模式道路上

——峥嵘十年　破壁登峰

伟大征程滚滚向前，回答时代之问；历史画卷徐徐展开，铺就一流之路。党的十八大以来，习近平总书记就国有企业改革发展和党的建设发表了一系列重要讲话，作了一系列重要指示批示，并亲自对中铝集团党建工作经验专门作出重要批示，为中铝集团的改革发展坚定了信心，指明了方向，提供了遵循，找准了方法，绘就了蓝图。

10年来，中铝集团始终坚持以习近平新时代中国特色社会主义思想为指导，完整准确全面贯彻新发展理念，牢牢坚守"全球有色金属产业排头兵、国家战略性矿产资源和军工材料保障主力军、行业创新和绿色发展引领者"的使命，把党建作为搞好中铝集团的重要法宝，面对复杂的环境变化和严峻的市场挑战毫不动摇、踔厉奋发，以持续深入系统的全面改革破除顽疾、力开新局，围绕建设世界一流企业的愿景励精图治、创新求强，在服务国家战略和增厚人民福祉的征程上倾尽全力、屡建新功。

10年来，中铝集团的政治生态显著优化，14万中铝人听党话、跟党走的决心和行动汇聚成发展的磅礴之力；10年来，中铝集团的价值创造水平更加突出，经营业绩和竞争实力连续刷新历史最好纪录；10年来，中铝集团的服务国家战略能力更加坚实，为保障重点矿产资源和先进合金材料供应任务当好了"压舱石"；10年来，中铝集团的发展质量快速提升，坚持科技为要和生态优先的模式奠定了建设世界一流的牢固根基。2022年，中铝集团党建和经营均获得国务院国资委考核评价A级，企业竞争力和整体盈利能力实现历史性转变。

中铝集团大楼

党建筑根　把国企特色转化为最大优势

自 2001 年成立以来，中铝集团经历了"V"形的发展轨迹，而这个最低点正是 10 年前国际金融危机余波震荡，有色金属行业备受重创的低潮期。中铝将触底反弹还是就此沉沦，成为市场和内部的共同焦点。

党的十八大召开后，外界对国企发展的质疑和国企自身的信心摇摆被迅速平复，做强做优做大国有企业成为共识，"一定要搞好中铝"成为一道必答题。在实现绝地崛起的道路上，中铝集团党组通过深入贯彻落实党中央关于全面从严治党的部署，坚决拥护"两个确立"，增强"四个意识"，坚定"四个自信"，做到"两个维护"，把党建这个国企的特色转化成扭转党风企风、重塑信心形象、实现高质量发展的关键优势，锤炼了好作风，营造了好生态，拼出了好业绩，发生了脱胎换骨的变化，探索了新时代加强国有企业党建工作的中铝经验。

"知之愈明，则行之愈笃。"中铝集团从打赢扭亏脱困攻坚战、开启高质量发展新实践的征程中深刻感受到，是习近平新时代中国特色社会主义思想引领中国特色社会主义伟大事业取得一个又一个胜利；以伟大思想作为领航旗帜，是我们事业发展最终胜利的根本保障。"我们要把握好党的创新理论蕴含的世界观和方法论，坚定道路自信、理论自信、制度自信、文化自信，善于运用贯穿其中的立场观点分析解决问题，着力发挥中国特色现代企业制度优势，重拾拓展中国式现代化的内涵，把伟大的思想转化为发展的坚定信心和工作的具体办法。"2022 年 8 月 26 日，在中铝集团"学习习近平总书记重要讲话精神，迎接党的二十大"党委书记专题研讨班上，中铝集团党组副书记、总经理刘祥民强调。10 年来，中铝集团党组坚决落实"第一议题"制度，把学习习近平总书记系列重要讲话精神作为首要任务，深入开展"两学一做"学习教育、"不忘初心、牢记使命"主题教育、党史学习教育，集团开展现场轮训合计超过 5000 人次，线上组织 7 万多名党员学习贯彻习近平总书记重要讲话精神，不断筑牢领导干部理想信念，擦亮央企"姓党为民"政治本色，干部的精神面貌发生显著变化。

加强党对国有企业的全面领导，是落实全面从严治党的重中之重，核心要义就是落实好"两个一以贯之"的根本要求。党的十八大以来，中铝集团把加强党的领导和融入公司治理统一起来，完善公司章程，全面推行党委书记、董事长"一肩挑"，理顺各治理主体之间关系、明确权责边界，企业党组织在重大决策中说得上话、把得了关、做得了主，党的领导融入公司治理法定地位明确、治理体系完善、决策运行规范，确保国有资产牢牢掌握在党的手中。建立党建工作要求入章程机制和工作指引，境内全级次企业实现"应入尽入"，党组织在法人治理结构中的法定地位更加明确。二、三级企业全部落实"双向进入、交叉任职"和"一肩挑"机制，推动党的领导融入公司治理体系更加紧密。出台企业党委研究讨论前置程序的指导意见，建立党组（党委）前置研究讨论重大经营管理事项清单，确保党组织的组织化、制度化、规范化作用得到充分发挥。

"新松恨不高千尺，恶竹应须斩万竿。"在贯彻中央决策部署、应对各种风险挑战的过程中，中铝集团上下认识高度一致——攻坚克难要有底气，必先自我革命育正气，以"永远在路上"的勇气和决心持续深化作风建设。中铝集团党组以接受中央巡视和全面开展整

中铝集团自主研发的 600kA 电解槽彻底改变了中国铝工业的面貌

改为重要契机，严格落实主体责任，全力支持纪检组大胆工作，强力开展了治闲官、纠劣习、肃风纪、筑防线、清积弊、强震慑等一系列"铁腕"工作，全面推动纪检监察体制改革，构建了"中铝集团—战略单元—实体企业"纵向穿透、"专业监督+职能监督"横向覆盖的立体监督网络，扎稳了中铝集团作风建设的"四梁八柱"。

10 年来，中铝集团党组围绕从严管党治党一抓到底，聚焦"关键少数、关键节点、关键领域"，强化政治监督，深入纠治"四风"，从严执纪问责，累计派出 52 个巡视组，开展了 20 轮/批/次巡视，对 183 家单位进行了巡视；连续组织召开党风廉政建设警示教育大会 29 次，通报典型案例 702 起，通报违规违纪违法人员 2135 人次，使纪律规矩密织起"带电的高压网"。

2018 年 6 月 6 日，习近平总书记对中铝集团的党建工作等经验作出批示，集团上下群情振奋、备受鼓舞，贯彻落实重要批示精神、深入总结工作经验、发扬党建优良传统、不辜负总书记的关怀期待，成为 14 万中铝人的共同价值追求。不断强化"党建是法宝"的理解认识，切实压实党建工作责任制，继续创新实践好党建和业务"双百分"考核，全面推进"两带两创"，做实党员"双提升"活动，做好"两对标、两抓好"活动，实施基层党组织副书记试点，开展年度民主评议和干部选拔任用"一报告两评议"工作，全面实现党建与业务工作"双向融合"……10 年来，中铝集团之所以能逆势突围、再攀新高，认真贯彻落实习近平总书记批示精神，始终坚持和加强党的领导是根本。

改革破壁　在深度调整中重塑高质量发展内涵

过去 10 年，百年未有之大变局加速演进，有色金属行业进入深度调整期，竞争格局和产业形态发生深刻变化，法铝集团、加拿大铝业公司、美国铅业公司等国际老牌巨头风光不再。中铝集团也暴露出布局不合理、结构不平衡、发展不充分的矛盾，在周期中观望，还是在逆势中突围？习近平总书记强调："唯有全面深化改革，才能更好践行新发展理念，破解发展难题、增强发展活力、厚植发展优势。"

改革破题必须先从解决亏损开始。党中央关于供给侧结构性改革的部署，让中铝集团找到了借势起身的重要契机。中铝集团党组用新思想、新发展理念武装头脑，创新运用习近平总书记的"加减乘除"法，在行业内率先贯彻党中央供给侧结构性改革部署，抓住"三去一降一补"这个关键，坚持"用小震化大震"，坚持"企业不消灭亏损，亏损就消灭企业"的理念，坚决淘汰退出落后产能，毫不手软"处僵治困"，坚持"瘦身健体"，先后淘汰氧化铝产能 200 多万吨、电解铝产能 160 多万吨，退出煤炭产能 30 万吨，打出"组合拳"处置盘活低效无效资产，改造提升传统动能，培育发展新动能，资产负债率大幅下降，资源优化配置能力和效率迅速提升，加快了质量变革、效率变革、动力变革，从根本上化解矛盾问题。

通过"一企一策"的改革调整，曾经亏损严重的"中国第一铝"抚顺铝厂依托当地资源成为专业炭素制品生产的重镇，一度步履蹒跚的山东铝业转型成长为全球领先的高品质氧化铝基地，曾经苦苦挣扎的贵州铝厂成功实施"退城进园"开启了老企业焕发活力的新篇章；云南、内蒙古、广西等一批集群式产业生态圈崛地而起，东南铜业、广西华昇两个"从海外到沿海"的新模式产业基地投产见效；千亿元重组云南冶金集团开启铜铅锌产业新格局，瞄准世界一流目标的中铝高端落户重庆整装出发，铝加工业务全面进军产业链前端和价值链高端；中铝环保、中铝智能、中铝资本挂牌成立，聚焦主责主业、拓展新型产业的战略格局扬帆起航；物流、物资、招标、工服、高品质氧化铝、炭素等业务孵化壮大，产品结构向精细化、合金化、近终端化加速转变，全集团的产业格局发生了从量到质的蜕变。

解决了企业生存的基本问题后，中铝集团以全方位的管理改革破解制约高质量发展的机制性短板。2017 年 12 月，中铝集团按照党中央、国务院的决策部署进行公司制改制，由全民所有制企业改制为国有独资公司；2018 年 12 月，中铝集团被国务院国资委确定为国有资本投资公司试点；2020 年 5 月，党中央、国务院部署开展国企改革三年行动；2022 年 2 月，中央全面深化改革委员会审议通过《关于加快建设世界一流企业的指导意见》。在国企改革的浩荡东风中，中铝集团内涵式高质量发展的管理改革步伐全面提速。

顶层设计优化首当其冲，建立科学、规范、有效的公司治理制度体系是必破之题。2014 年，中铝集团董事会成立，在动态跟踪梳理制度运行基础上，迅速完善公司治理制度体系及授权行权制度，逐步建立形成以《公司章程》为核心，以《"三重一大"决策制度实施办法》《董事会授权管理办法》《总经理工作规则》等授权制度为基础的制度体系，为公司治理各主体高效行权提供了制度保障。为保障经理层依法行使职权，激发经营管理活力，将重大经营管理事项划分为 24 类 149 个具体事项，分门别类优化调整授权。按照"四档""五类管控"原则，对战略单元及直管单位进行授权，并细化授权标准，对 10 类授权事项设定框架性约束条件，做到了重大经营管理事项全覆盖，授权事项分类更科学、授权标准更合理、权责边界更清晰。

管理改革必须以上率先才能"真刀真枪"。2020 年，中铝集团以国有资本投资公司试点改革为牵引，适应国有资本投资运营需要，率先实施总部职能机构岗位优化调整，对集团总部机构和人员配置进行大幅精简优化，打造了价值创造和战略管控相结合的高效总部。集团总部部门从 19 个精简合并为 13 个（含党组织工作机构 3 个），减幅达 31.6%；处室从 92 个精简为 46 个，减幅达 50%。

有了总部的改革破冰，管理架构调整随即大刀阔斧地开展。围绕国有资本投资公司试点改革，中铝集团积极探索从运营管控向战略管控转变的路径和方式，构建起"三横、三纵、三个全覆盖"的新型管控模式。"三横"，即横向建立集团总部资本层、战略单元资产层、实体企业运营层三层管控体系；"三纵"，即在纵向管理上，加强集团总部投资运营、财务产权、运行评价等三个方面的穿透监管；"三个全覆盖"，即围绕"三横、三纵"，实现全面保障、全面合规、全面监督。这项改革也被国资委选定为"国有重点企业管理标杆创建行动标杆项目"。

改革的最难一环是如何激发人的能动性。在国企改革三年行动和国有投资公司试点的"大考"面前，为健全干部能上能下机制，集团党组全面推行经理层成员任期制和契约化管理及职业经理人制度改革，做到"共担改革风险、共享改革成果"。抓住经理层成员任期制和契约化管理改革这个"牛鼻子"，与经营者签订《岗位聘任协议》和年度、任期《经营业绩责任书》契约，对标行业先进水平，明确具有挑战性的任期目标，建立"红黄牌"岗位退出机制，实施刚性考核、刚性兑现。职业经理人按照"市场化选聘、契约化管理、差异化薪酬、市场化退出"要求，明确责权利，实现身份转换。2021 年，集团纳入改革范围的 354 户企业，303 户实施任期制和契约化管理、51 户企业完成职业经理人改革，实现 100% 签约，激发了经营班子成员的积极性和主动性。

"致广大而精细微"，10 年来，中铝集团党组在改革中坚持言必信、行必果，以"钉钉子"的精神，抓部署、抓落实、抓督查，国企改革三年行动进入了高质量收官的丰收时刻，"双百行动""科改示范"、混合所有制改革、骨干员工持股、上市公司股权激励、风控体系建设、"三能"体系搭建，改革释放的巨大活力让中铝集团再次腾飞——10 年间，中铝集团的资产总额从 4200 多亿元增至 6200 多亿元，净利润从最多时亏损 200 亿元到 2021 年盈利 200 亿元，世界 500 强排名从最低时的 499 位，晋升到 2022 年的 139 位，成为名副其实的全球最大有色金属集团。

中铝集团在世界 500 强企业中的排名
（10 年来中铝集团在世界 500 强的排名前进了 360 名）

创新登峰　厚植新时代内涵式价值创造能力

普遍观点认为，有色金属行业具有典型的周期性。然而，众多企业却没有在激烈的竞争和剧烈的震荡中坚持到下一个风口到来，核心问题是缺失发展的"硬核"——没有依靠创新来适应波动、赢得竞争、引领未来。创新是中铝集团与时俱进、厚植优势、实现引领式发展、构筑长青基业的金钥匙。

以战略创新锚定世界一流的目标。习近平总书记指出："战略问题是一个政党、一个国家的根本性问题。"中铝集团 14 万员工、所属企业 460 多户、业务遍及全球 20 多个国家和地区，产业链条覆盖铝、铜、铅、锌、镓、锗等 20 余种元素，如何用科学坚定的战略实现上下同向、产业协同、久久为功？战略布局，创新为首。中铝集团把贯彻落实党中央"五位一体"总体布局、"四个全面"战略布局与中铝集团的战略目标紧密融合，创新形成了"11336"内涵式高质量发展战略。

坚定"建设成为具有全球竞争力的世界一流有色金属企业"这一总目标，围绕"排头兵、主力军、引领者"的这一总体战略定位，依托"科技创新、数据化赋能、绿色低碳"3 个重要引擎，聚焦"以打造中铝高质量发展新模式为主线，优先发展战略资源、做强做优基础产业、培育拓展新兴领域"3 条关键路径，提升"价值创造能力、创新引领能力、绿色发展能力、智慧运营能力、人力资源开发能力、产业安全保障能力"6 种核心能力，全力打造中铝集团内涵式高质量发展新模式。

"有一定之略，然后有一定之功。"成本管理是大宗商品领域最具挑战性的话题，中铝集团以价值创造为核心施行管理创新，把成本竞争力上升到产业链供应链安全的高度。按照集团国有资本投资公司"战略目标和价值创造"为主的管控模式定位，集团在全系统范围内开展"汲取伟力创价值、对标争先创一流"大讨论，大力推进全要素对标管理提升活动，将价值创造过程细分为资本结构、现金创造、现金管理、资金筹集、资产配置 5 个关键价值创造要素（5C），陆续实施"三年降本计划"1.0 版本和 2.0 版本，推行指标化、可视化、系统化、标准化、精准化的"五化闭环管理"工作方法，与世界（行业）先进企业深入对标，构建企业"成本地图"，建立全集团成本控制的"共同语境"，不断对降本方法优化完善、迭代升级，破解企业竞争力"冷热不均"的问题，持续提升集团现金创造能力和可持续盈利能力，为实现战略目标和参与国际竞争提供了基础支撑。

以价值创造为引领的管理模式创新，激发了"争先进位、争创一流"的热潮。一大批宝贵的降本经验在各层级脱颖而出——中铝股份全面推广电解铝"五标一控"、氧化铝"三化一提升"管理模式，中国铜业系统推进"阿米巴"经营模式细化成本核算，中铝高端制造、中铝资产推进了精益管理文化。中铝山东企业实行"挂图作战、管理下沉、一人一单"跟踪落地追标事项清单；中铝贵州企业运用关键成果法明确和跟踪目标及其完成情况；中铝遵义、广西等企业以项目制推动对标管理改善；驰宏综合利用全面推进了商业模式创新等。2021 年，集团经营性 ROE 为 8.94%，同比增长 7.1%。EVA 实现 154.6 亿元，同比增加 187.8 亿元。ROE 10 个战略单元中 8 个跑赢标杆，有成费比的 7 个战略单元均跑赢标杆。

跑赢市场，还要培育引领未来"杀手锏"，以创新把科技的命脉牢牢掌握在自己手中，开辟竞争新领域新赛道，形成国际竞争新优势。10年来，中铝集团以打造国家战略科技力量和原创技术策源地为己任，围绕资源开发与保障、绿色低碳与节能、高端材料研发与应用、数字化转型与智能制造等领域技术攻关，引领我国有色金属工业科技创新迈上新赛道。

党的十八大以来，中铝集团逐步建设形成了1个中央研究院、3个专业研究院、22家领域技术中心、35个集团级技能大师工作室、60个集团级职工创新工作室的立体创新体系，科技创新基地和平台遍布旗下的60余家分支机构。目前，中铝集团拥有1个国家重点实验室、2个国家工程技术研究中心、11个国家级企业技术中心、1个国家地方联合工程研究中心、1个国家计量测试中心、4个博士后工作站和院士工作站、83家高新技术企业，组建了中国有色金属绿色低碳发展创新联合体，参与组建了中国稀有金属绿色制造技术创新战略联盟、中国轻量化材料成形工艺与装备产业技术创新联盟等，对"卡脖子"技术和关键共性技术进行集智攻关。

中铝集团党组把建强科技人才队伍作为高质量发展的战略支撑，集团党组强调，"科技人才要把论文写在企业改革发展的'战场'上，书写好解放思想、人才辈出、企业发展的良性循环"。为了培育好人才，集团先后召开四届科技创新大会，深化科技人才体制机制改革，出台了"1+8"制度体系，分门别类制定人才、团队、项目等激励奖励措施，激发科技人才创新活力和潜能，全力打造科技人才高地。不断完善技术人才职业通道，设立了涵盖首席科学家、首席工程师、主任工程师、主管工程师、区域工程师、支持工程师的六级人才培育替代制度，拓展技术人才的发展空间。从全集团遴选50名理论水平扎实、科研成果丰富、培养潜力大的"钻石计划"人选和300名青年科技人才"明星计划"人选，通过专项资助、项目支持、推荐评奖等方式进行针对性培养，打造稳定务实的人才梯队。

"博观而约取，厚积而薄发。"党的十八大以来，中铝集团开展科技项目8000余项，累计申请发明专利4400余件，累计拥有有效发明专利5000件，主导制订国际标准4项、国家标准240余项、行业标准130余项，主导和参与的国家和行业技术标准数量位列中国企业500强第5名；荣获国家科技进步奖10项，国家专利优秀奖7项。推动了一批科技成果实现转化和应用，核心竞争力不断增强，行业影响力显著提升。中铝集团研发的超大型预焙槽技术、深度节能技术等不仅改变了中国铝工业的面貌，也引领了全球的技术进步。研发了一水硬铝石型铝土矿及高硫、中低品位铝土矿经济利用技术，针对我国资源的特点有效缓解了我国铝土矿资源保障的压力；建造了亚洲第一深井矿山会泽铅锌矿和国内采用自然崩落法地采工艺的规模最大的单体斑岩铜矿床普朗铜矿；聚焦先进制造业尖端材料，从选冶工艺中提取锗、镓、铼等20余种有价金属元素，高纯氮化铝、氧化铝、镓、锗等技术突破国外垄断，实现进口替代，发挥了带动作用。

责任为要　牢记初心践行好"国之大者"

"志之所趋，无远勿届，穷山距海，不能限也。"10年来，中铝集团牢记"共和国长子"身份，坚持"国家有所需、中铝有所为"，以全球视野、开放格局践行国有企业"六种力量"，坚决当好"排头兵、主力军、引领者"，在服务国家战略、助力"双碳"目标、打赢脱贫攻坚战、践行"一带一路"倡议、疫情防控大战大考等重大任务中勇当先锋，以实干实绩践行了"两个维护"。

"顶梁柱"顶得住，打造自主可控的产业链供应链。10年来，国际形势波诡云谲，全球化潮流备受挑战，面对外部势力的持续打压和全面技术封锁，中铝集团坚定实施创新驱动发展战略，实施"红旗"工程主动服务国家战略需要，在航天、深海、能源、交通、国防军工等领域取得一批世界级科研成果，解决了一批"卡脖子"问题，为我国国防军工及航空航天事业发展提供了上百种合金、数千个品种的关键有色金属材料，研发了第三、第四代航空铝合金和铝锂合金，保障了"天问""嫦娥""北斗"系列等重大工程和武器型号需要，助力C919大型客机上天，推动中国航空进入"20时代"；成功研制了世界上最大尺寸规格的整体铝合金锻环，为我国重型运载火箭研制、建设"航天强国"提供了坚实的保障。

2022年7月24日，搭载问天实验舱的长征五号B遥三运载火箭，在我国文昌航天发射场准时点火发射。据估算，火箭用的铝合金材料约占金属结构总净质量的95%，在问天实验舱中占75%，其中，绝大多数关键材料均由中铝集团研发提供，"中铝造"成为中国太空"天团"中的银色名片。

立足"两个大局"盯紧战略性矿产资源，把饭碗牢牢端在自己手里。有色金属大宗资源类商品是产业经济安全的基石，但我国铝、铜等资源禀赋较差，我国以仅占全球3%的铝土矿资源，支撑超过50%的氧化铝、电解铝生产，对外依存度居高不下，国际资源巨头"囤积居奇"，贸易强权国家"趁火打劫"，严重影响着我国经济和战略安全。中铝集团积极践行"一带一路"倡议，坚持用好"两个市场"和"两种资源"，境外资产和境外利润均占到约30%，并打造了多个世界级海外矿产资源基地。

在南美洲秘鲁，中铝特罗莫克铜矿磨机在安第斯高原上昼夜磨选。这是中国企业第一个在海外从零开始建成的世界级铜矿山，其铜资源约占国内铜资源总量的19%，二期全部建成后，年处理矿石6000多万吨，生产铜精矿含铜30万吨，成功运营了世界级复杂难选铜矿项目，实现中秘共赢，开创南美矿业开发新风，树立了良好的企业形象。

在非洲几内亚，中铝博法铝土矿数十千米长的传输皮带满载矿石。2018年6月，中铝集团正式签署博法项目矿业协议，获得可利用资源储量约17.5亿吨，可保障铝土矿供应60年，产能1200万吨/年，2020年5月项目建成投产，有效地缓解了我国铝土矿的供给压力，平抑了中国铝土矿市场价格。

落实以人民为中心的发展思想，履行好"点石成金、造福人类"的社会责任。"21年来，中铝集团初心如磐，累计投入8000余万元，实施重点帮扶项目60余个，帮助阳新持续打造油茶小镇、桑蚕小镇、花菇小镇等一批特色产业小镇，受益群众达20余万人……"2022年9月，湖北阳新县向中铝集团发来感谢信。10年来，"做优秀企业公民"的信念在中铝深深扎根。中铝集团坚持高标准开展扶贫帮困、援青援藏援疆等工作，以产业融合激发乡村振兴新动能，定点帮扶的43个县、50个乡镇、95个村寨全部脱贫，荣获"中国企业扶贫公益勋章"。特别是今年以来，中铝集团每每在第一时间挺身而出，向四川泸定地震灾区捐款1000万元，向西藏察雅县疫情防控工作捐款50万元，向青海大通县灾区群众送去500套棉被褥，所属九冶公司积极援建上海方舱医院……在关键时刻挺起了央企脊梁。

阳新县木港镇村民正在销售蚕茧，中铝坚持产业扶贫提升百姓的获得感

"风翻白浪花千片，雁点青天字一行。"在"走出去"的过程中，中铝集团以同样的标准做优秀的企业公民，积极构建人类命运共同体，实现从经济效益到社会效益的全面共赢。中铝集团秉持"善待资源、善待资源所在地民众、保护矿区环境"的理念，向亚洲、非洲、拉丁美洲等新兴经济体 20 个国家与地区实施技术孵化和转移，为"一带一路"共同发展贡献"中国方案"；依托海外项目向当地提供了数千个就业岗位，主动投入当地基础设施建设改善民生条件，为南美洲、非洲地区民众和海外客户积极捐赠防疫物资，向驻地民众开展职业培训。中铝集团在秘鲁开展的以工业为牵引的"1+N"精准扶贫模式，获联合国全球契约"实现可持续发展目标 2020 企业最佳实践"，在践行"一带一路"倡议的过程中彰显了中国企业形象。

践行"两山"理念，在推进"双碳"进程中换装绿色动能。我国有色金属行业二氧化碳排放量占全国总排放量的 5%，其中，冶炼排放量占 90%。这既是压力，也是潜力。环保工作是中铝集团建设世界一流企业必须过的一关，不是选答题。

10 年来，中铝集团每年都以 1 号文件或第一个全级次会议对生态环境工作进行专题安排，将清洁生产作为底线红线；建立了内部督察制度，积极推进环保精准管理体系（CAE管理体系）建设；大力推进两化融合，对产业链进行智能化改造，充分发挥能源管理引领作用，实现系统性节能降耗；积极推进生态修复，工业废水近"零"排放，危险废物合规处置率 100%，持续加大坝保投入，自 2020 年 9 月接受中央生态环境保护督察以来，中铝集团累计投入整改资金超 20 亿元，环保存量问题得到彻底解决，提前完成了 2022 年底90% 的整改计划目标。

"良好的生态环境是最普惠的民生福祉。"中铝集团聚焦国家"双碳"目标，围绕有色金属工业特点，确定了"力争 2025 年前实现碳达峰、2035 年降碳 40%，率先在行业内实现碳中和"的总体目标，制订了《碳达峰碳中和专业规划》和《碳达峰碳中和行动方案》，入选中国首批 ESG 示范企业；成立了碳资产管理办公室，提出中铝特色"统一管理、统一核算、统一开发和统一交易"的"四统一"碳排放管理模式；连续举办了6届"降碳节"活动，绿色发展理念深入人心。加快能源结构优化，水电、核电等清洁能源利用比率近50%，走在了全球能源结构调整的前沿。2021年，中铝万元产值能耗同比降低26%，温室气体排放量同比减少254万吨，引领了"让世界更有色、让有色更绿色"的发展风潮。

　　原材料行业实现绿色发展，既靠原有技术升级，更需要革命性的跨代技术支撑。中铝集团整合旗下环保技术和人才成立中铝环保，集合各类科技要素推进绿色技术攻关；针对生产全流程绿色管理，坚持"资源有限创意无限"的理念，优化冶炼节能技术，建设了一批智能工厂，通过数字化方式实现生产要素的高效集合和综合利用；打造了一批绿色矿山，通过"边开采边复垦"的方式，矿山修复治理率达86.3%；以技术创新拓展产品绿色应用，充分发挥有色金属在轻量化应用方面的优势，不断扩大节能材料在交通运输、建筑施工、电子产品、日用品方面的替代使用，加快了整个工业领域的降碳步伐。

撰稿人：姜志男

砥砺矿业报国赤子初心　厚植矿业强国一流本领

——五矿有色转型与发展纪实

2016年，五矿有色金属股份有限公司（以下简称五矿有色）作为中国五矿集团公司（以下简称中国五矿）有色金属业务的矿业开发平台正式成立运营。6年来，五矿有色从一个国际矿业领域的新进入者、探索者，逐步成长为重要的参与者，完成了从贸易向实业的转型，迈出了成为具有全球竞争力的世界一流矿业公司的扎实一步！成立6年来，五矿有色砥砺矿业报国赤子初心，厚植矿业强国一流本领，先后建成海外世界级铜、锌矿山，矿产铜、矿产锌产量倍增，跻身全球前10，矿山现金成本和生产效率显著优化，勘探找矿扩充资源成效显著，国际化矿业管理管控向深向实，在贡献可观利润的同时，保障了我国资源供应安全，用实际行动为党的二十大献礼。

五矿有色大楼

安第斯山脉上的中国传家宝

13年前，基于对矿业规律的认识和我国经济增长的判断，中国五矿在国际矿业市场上收购澳大利亚第三大矿业公司OZ并组建MMG（也称五矿资源）。

2014 年，中国五矿组建联合体，成功收购秘鲁拉斯邦巴斯铜矿，交易金额高达 70 亿美元，是中国金属矿业史上迄今为止实施的最大境外并购。加上后续建设投资，项目总投资超过 100 亿美元。

可以说，邦巴斯项目的建成和平稳运营，决定着中国五矿能否实现矿业报国、矿业强国的目标，承载着对未来的希望。这个项目只能成功、不能失败。

项目收购后，经过快速管理整合对接、优化项目建设方案、强化承包商管理，耗时一年半，五矿有色终于不辱使命，成功实现邦巴斯铜矿按期、按预算建成投产！2016 年 7月，邦巴斯铜矿按期进入商业化生产，各项生产指标达设计目标。

2016 年 3 月，邦巴斯第一船 1 万吨铜精矿如期抵达南京港，每一个五矿人都为此心潮澎湃，这意味着中国五矿建立海外资源基地，保障国内紧缺资源供应的努力得见回报！

中国五矿秘鲁拉斯邦巴斯矿区全景图

迈出向国际化矿业公司转型的关键一步

如果说，投资和建成邦巴斯这一棕地项目，仍不能充分体现五矿有色完成向矿业公司的转型，那么五矿有色将杜加尔河——一处深处澳大利亚内陆荒原的绿地项目，建成一座世界级特大型矿山，则足以表明五矿有色已经具备世界级绿地资产的开发建设能力，迈出了向国际化矿业公司转型的关键一步。

然而，当年做出继续投资开发杜加尔河项目的决定并不容易。今天，伦敦金属交易所锌价已经站上 4000 美元/吨，而杜加尔河 2016 年决策继续推进时，锌价最低触及 1400 美元/吨，项目的盈利能力和五矿有色的现金流面临巨大压力。

也许有人会说，五矿"赌"对了，杜加尔河很幸运。然而，中国五矿的决策一不靠赌、二不靠猜，而是凭借扎实的基础研究作为支撑，体现了深刻把握矿业周期性规律，开展逆周期投资开发从而获取世界级金属矿产资源的能力。

项目早一天建成，就可以早一天收益。项目团队优化项目建设计划，快马加鞭推进项目建设，最终提前两个月建成投产，投资较预算节约 5000 万美元。

随着杜加尔河锌矿建成投产，中国五矿在拥有了世界前 10 位的特大型铜矿的同时，拥有了世界前 10 位的特大型锌矿，锌矿产量位列全球第 6 位。

中国五矿所属澳大利亚杜加尔河锌矿选矿厂全景

金属资源保障主力军

我国是全球最大的金属消费国，但矿产资源量严重不足、资源禀赋相对较差，多个品种的对外依存度居高不下。

2021 年，五矿有色生产矿产铜含铜 36 万吨，相当于我国自产铜的 23%；生产矿产锌含锌 33 万吨，覆盖我国进口锌精矿的 21%，在铜、锌领域显著提高了金属资源保障能力。

五矿有色在海外直接获取和开发矿山资产能够保障供应，通过贸易手段控制并回运上游资源，也能够保障供应。

同嘉能可公司一样，贸易能力是五矿有色区别于其他国际化矿业公司的核心竞争力。经过多年的发展，五矿有色走出了适应金属资源保障者使命的特色道路。

五矿有色靠产能投资、长期协议等方式获取稳定上游货源。以铜为例，历史上五矿有色与智利国家铜业公司开展产能投资，累计获取 80 余万吨电解铜，与波兰铜业公司签署贸易长单，累计运营超过 120 万吨电解铜，支持和保障了国内产业客户的需求。

依托自产资源，五矿有色发挥贸易放大效应。在自产资源不断增长的基础上，过去 6 年里，中国五矿铜精矿经营量由不到 10 万吨增长至 130 万吨，翻了 10 倍以上；锌精矿经营量由 7 万吨增长至近 60 万吨，翻了 10 倍。

在自有矿山的基础上，五矿有色控制、回运、经营的铜和锌矿产资源增长了数倍，五矿有色逐步成长为全球最重要的有色金属资源供应商之一。

为进一步保障国内矿产品的供应，近年来五矿有色分别在广西防城港和江苏连云港实施了两个保税混矿项目，有效扩展了我国海外铜资源可利用范围，形成新的资源保障增长点。

从量的积累到质的飞跃

国有资产保值增值是五矿有色矢志不渝的追求。

矿业公司的核心竞争力，说到底体现在成本管理强不强。按照西方矿业公司规律，金属价格上涨，企业在获取丰厚利润的同时，成本往往有所抬升。五矿有色反其道行之，在金属价格处于高位的情况下，刀刃向内狠降成本，连续 3 年推行矿山成本竞争力提升工作，五矿有色境外矿山全方位剖析成本要素，对标行业先进，精准识别关键问题，不断优化运营效率，实现了可控成本持续压降和运营效率不断提升。

更重要的是理念的转变。经过 3 年降本的推行，五矿有色及所属矿山将成本竞争力提升的工作流程和目标内化于公司战略、业务规划和预算管理闭环。控成本、过紧日子成为了每位员工的理念、习惯和思维模式。

华北铝业是五矿有色管理的铝加工企业，一度成为国资委挂牌督办的僵尸特困企业之一，面临的是生存与否的问题。在中国五矿党组的坚强领导下，在五矿有色和华北铝业顽强进取、永不言败的努力下，结合企业自身优势，抓住了新能源产业机遇，迅速扩产新能源电池箔生产线，走出了一条创新驱动的新路！2021 年，华铝新材挂牌成立，比亚迪、国轩高科、亿纬锂能等新能源电池头部企业作为战略投资者入股，6 万吨电池箔项目正式上马，企业效益将大幅提升，生动阐释了在危机中育新机，在变局中开新局。

培育一流的全球矿业运营管理能力

新冠肺炎疫情的全球蔓延，对海外矿业运营管理带来挑战。如何在提升自身矿业运营本领的基础上，管理好身处全球不同区域的矿山，是五矿有色成为一家成熟国际化矿业公司的必修课。

自 2016 年五矿有色开启对五矿资源从战略管控向能力管控再向融合管控转型以来，五矿有色在生产运营管理各个方面强化对五矿资源和矿山的穿透式管理。为更好地反馈管理要求、贴近中国市场、发挥中国因素，2020 年 7 月，五矿资源北京公司正式挂牌成立。一些原本位于墨尔本的总部职能岗位被调整到北京公司，沟通效率显著提升、用工成本大幅缩减、管理意图有效穿透，具有五矿特色的国际化矿业管控模式初见雏形。

一直以来，五矿有色以选育一支"政治强、文化合、专业硬、语言好"的国际化矿业人才队伍为目标，坚持在实战中选人用人。2020 年以来，中国五矿向海外矿山一线配置中方人员超过 60 人；至 2022 年底，海外矿山中方派驻规模达到 130 余人，有力支持了本部全球化矿业管控。

五矿有色牢牢把握"党建工作抓实了就是生产力，抓好了就是凝聚力，抓细了就是竞争力"的工作总思路。在党的建设的独特优势下，将公司党委的各项工作要求层层传导、件件落实，把党的组织优势转化为全球管理优势。

一切过往，皆为序章。五矿有色已经走过千山万水，还需要接续跋山涉水。下一步，五矿有色将以"主力军中的排头兵、国家队中的先锋队"为己任，发挥中国五矿"压舱石、稳定器、动力源"作用，在新时代新征程中留下五矿有色矿业报国、矿业强国的奋斗足迹，不断作出不辜负人民的时代贡献。

撰稿人：赵思雨

砥砺奋进结硕果　　对标一流再起航

——陕西有色金属集团谱写新时代高质量发展新篇章

　　三秦大地，物产丰饶；陕西有色，活力迸发。

　　陕西省矿产资源丰富，矿产种类比较齐全，是我国资源大省之一。2012 年起，连续 10 年位居陕西百强企业第三名的陕西有色金属控股集团有限责任公司（以下简称陕西有色金属集团）专注精进有色金属行业，践行"让资源更有价值"的企业理念，已成长为一家以国有资本投资及产权管理和有色金属资源开发为一体的大型企业集团。其主要产品包括钼炉料、钼化工和钼金属制品，钛、钛合金材及稀有金属加工材，铝、铅、锌、金、银、钒、多晶硅、镍、锰、钨等诸多品种；现有权属企业 20 家，在职职工 4 万余人，拥有金钼股份、宝钛股份、宝色股份 3 家 A 股上市公司。该集团先后获得全国创建"四好班子"先进集体、全国五一劳动奖状等荣誉；2017 年以来，陕西有色金属集团两次获得陕西省国资委"稳增长突出贡献奖"，一次获得陕西省国资委"省属企业高质量发展上缴税费贡献奖"；位列 2022 年中国企业 500 强第 167 位、中国制造业企业 500 强第 74 位、中国战略性新兴产业领军企业 100 强第 28 位、全国有色金属行业第 11 位；2017 年，陕西有色金属集团被确定为国有资本投资公司改革试点单位，2021 年，陕西有色金属集团被确定为陕西省国资系统两家率先创建世界一流企业之一。

　　10 年，在历史长河中只是短短的一瞬间。然而，对陕西有色金属集团来说，却是笃行创新、奋楫争先、屡创新高的 10 年。尤其是"十三五"以来，陕西有色金属集团牢牢把握宝贵的发展机遇，励精图治、砥砺奋进、改革攻坚、顽强拼搏，书写了一部"改革成果愈加凸显、经营压力逐步纾解、发展质量稳步提升、企业效益持续向好"的奋斗史。

　　一串串翔实的数字勾勒出陕西有色金属集团追赶超越、高质量发展的生动图景：2012 年，集团资产总额 990.4 亿元，年营业收入 847.81 亿元，当年实现利税总额 19 亿元；2021 年，集团资产总额达到 1408.4 亿元，年营业收入 1618.18 亿元，当年实现利税总额 50.15 亿元。"十三五"期间，陕西有色金属集团累计实现利税总额 204.45 亿元，较"十二五"增长 63%，经营业绩和竞争实力连续刷新历史最好纪录，企业发生了翻天覆地的变化。2022 年 1—9 月，集团实现营业收入 1258.27 亿元、同比增长 5.39%，利润总额 36.27 亿元、增长 57.08%，上缴税费 52.79 亿元、增长 54.72%，再创历史新高。

产业整合　　主责主业更聚焦

　　"十三五"以来，陕西有色金属集团聚焦主责主业，充分发挥产业优势，大力推进产业整合，持续优化布局结构，推动产业板块化发展，先后完成了煤电铝、铅锌采选、黄金、勘察设计施工、硅及光伏、贸易经营、钒产业等产业板块重组整合，形成了 8 大产业集群。其中，钼、钒板块拥有全球唯一完整的产业链条，钼精矿年产能 5 万吨，产业规模

陕西有色金属集团总部办公大楼

居世界第三、亚洲第一；钛材年加工能力达到 3 万吨，产业规模居世界第一；煤电铝板块在榆林和铜川地区均建成了煤、电、铝一体化产业链条，煤炭年产能 1120 万吨、发电量 210 亿千瓦时、电解铝年产能 90 万吨，位居国内前 10 强；铅锌板块冶炼年产能 60 万吨，含副产品合计产能位居国内第一；贵金属板块在市场上也具有较强竞争力，在国内占有重要地位；晶体硅、光伏板块拥有全球唯一领先的粒状多晶硅、电子级多晶硅和电子级硅烷气规模化生产线；贸易板块和生产性服务业板块（地质勘查、工程设计、岩土施工等产业）发挥关键支撑保障作用。

　　陕西有色金属集团通过延链、补链、强链，不断提高产业发展质量，提升产业链水平。2020 年，重组整合煤电铝板块企业，组建了陕西有色榆林新材料集团，当年实现营业收入 165 亿元、利润 27 亿元。同时，重组整合铅锌采选板块 5 户企业，组建西北有色铅锌集团，为引入战略投资者与 IPO 申报奠定了基础。目前，这两家企业已入选 2022 年度陕西省上市后备企业名单。

改革发力　转型升级添动能

　　国有企业改革是全面深化改革的重要内容，目的是突破企业发展瓶颈，解决企业发展中的深层次矛盾和问题。

陕西有色榆林新材料煤电铝循环经济产业园内建成全国首条煤电铝及
运销一体化循环经济产业链

　　根据国企改革三年行动要求,陕西有色金属集团立足发展实际,坚持目标导向、坚持
市场化改革、坚持依法依规,制订了《深化国企改革三年行动实施方案(2020—2022
年)》及《三年行动实施方案任务清单》,明确了 9 大改革任务、71 项具体改革举措,出
台一系列改革文件,形成了具有陕西有色特色的改革方案体系,敢啃"硬骨头"、勇蹚
"深水区",向改革要活力、向改革要动力、向改革要效益,跑出高质量发展"加速度"。

　　通过实施亏损企业治理、"僵尸企业"处置、压缩管理层级、非主业及低效无效资产
处置等专项改革,陕西有色金属集团先后完成亏损企业治理 57 户、"僵尸企业"处置 13
户、非主业及低效无效资产清理退出 30 户,企业管理层级全部压缩至 4 级以内,剥离企
业办社会职能全面完成,"瘦身健体"取得显著成效。国家重点试点项目金堆城独立工矿
区剥离企业办社会职能综合改革试点工作成效明显,对全国具有重要的借鉴和示范作用,
受到国务院国资委肯定,被誉为"有色模式"。通过进一步深化劳动、人事、分配三项制
度改革,136 户子企业全面推行经理层成员任期制契约化管理,3 户企业探索实施职业经
理人选聘制度;以混改为突破口,建立市场化的经营机制和体制;完善了市场化选人用人
制度,建立有效的市场化激励约束机制;全面实施外部董事占多数、管理人员竞争上岗和
全员绩效考核等改革事项。"战略性退出""政策性移交"和"产业板块化""管理扁平
化""总部去机关化"等改革成效显著,管理效率和经营质量显著提升,激发了企业发展
活力和内生动力。

　　以权属企业宝钛集团为例,通过开展国企改革三年行动,制订了向科技人员、高技能
人才和一线关键岗位职工倾斜的薪酬制度,技术骨干一档、二档为技术人员打造新的晋升
通道。改革实施前,技术人员即使有职称晋升收入差别也不大,改革之后技术骨干一档的
年收入和企业中层副职基本相当。"锻造、熔铸岗位压力大责任重,以前谁都不愿意干,
公司薪酬制度改革后,一线工人的收入明显增加,同层级岗位薪酬差距拉开,成了挣钱多

的'香饽饽'。"宝钛集团锻造厂技师崔菲说。

改革红利催生发展动力，改革创新助推陕西有色金属集团实现了跨越式发展。按照陕西省《"十四五"国资国企发展规划》要求，陕西有色金属集团"十四五"发展规划明确了国家关键稀贵金属资源和材料保障者的企业定位，确立了打造行业一流的、让资源更有价值的稀贵金属企业集团的发展愿景，提出"141185"的战略目标，将重点围绕8大产业板块，推动业务规模和发展质量迈上新台阶，到2025年，集团营业收入将达到1800亿元、利润50亿元。

科技赋能　催生发展新优势

科技是第一生产力，创新是第一动力。

陕西有色金属集团把科技创新作为转型升级和追赶超越的主引擎，持续加大科技投入，加强技术攻关和产品研发，目前，陕西有色金属集团拥有各类科研平台与基地40余个（其中国家级平台10个，省级平台23个）；2021年，陕西有色金属集团成立"秦创原陕西有色金属集团联合创新中心"，入驻9个子平台、20个项目；累计获取授权专利918件，获得省部级及以上科学技术奖188项。

2022年9月7日，随着最终磨削完成，一块光洁、锃亮的柔性OLED用超大规格钼溅射靶材在金钼集团板材事业部生产车间顺利下线。金钼集团"揭榜挂帅"，解决了柔性OLED用超大规格钼溅射靶材产业化的"卡脖子"难题，打破国外技术垄断，迈入全球核心供应链。

科技赋能发展，创新决胜未来。10年来，陕西有色金属集团通过产业链、供应链、创新链深度融合，在新材料、新能源、高端仪器设备、关键矿产资源、资源综合回收、绿色矿山等领域布局开展一批关键核心技术攻关，掌握了一批有色金属工业核心技术和产品储备，为服务国家重大战略、"大国重器"提供了坚实保障。研制生产的"深海勇士"号4500米深潜器钛合金载人球舱实现了我国深海潜水器关键部件国产化，研制生产的"奋斗者"号深潜器钛合金载人球舱创造了10909米的中国载人深潜新纪录，标志着我国在大深度载人深潜领域达到世界领先水平；成功研制出英康洛伊钛合金带卷，填补国内空白；代表中国主导制定的第一项钛领域国际标准正式发布。成功开发出首例贵金属增材制造产品，填补行业空白。突破单重100千克钼铌靶材制备关键工艺，打破国外技术垄断。研发粒状硅生产关键配件——非金属陶瓷内衬填补了国内空白，国产区熔多晶硅规模化商业应用实现零的突破，开启中国功率半导体硅基材料自主可控进程。此外，在高强韧轻金属合金材料、铼金属提取、钒钛磁铁矿尾矿提钪工艺研究等重点科研项目攻关上也取得重大突破。

项目带动　提升优势产业链

高质量项目建设是推动高质量发展的强引擎和硬支撑。

10年来，陕西有色金属集团通过深化国企改革、产业转型升级、强化科技创新、实施精益管理、抢抓市场机遇等有效举措，经营业绩取得显著成效，为组织实施高质量项目建设打下了坚实基础。集团公司党委书记、董事长马宝平指出："实施高质量项目建设既是企业可持续发展的需求、提升核心竞争力的需求，也是保持陕西有色金属集团社会地位和行业地位的需求。"陕西有色金属集团以"三新一高"为引领，将 2022 年确定为"高质量项目建设年"，按照"补链、延链、强链"的发展要求，围绕陕西省有色金属新材料产业链布局谋划了 41 个高质量项目，计划投资 195 亿元，吹响攻坚有色金属经济高质量发展号角。2022 年，陕西有色金属集团在建和计划开工的实施类项目 17 个，合计投资约159.13 亿元；宇航级宽幅钛合金板带箔材建设和高品质钛锭管型材生产线建设、年产3500 吨粒状多晶硅扩产和年产 1500 吨电子级硅烷气充装扩产等项目年内建成投产；全钒液流电池、沿海超限装备制造产业基地、年产 8 万吨粒状多晶硅建设、年产 15 万吨高纯硅粉等项目年内开工建设；4N 级高纯钼金属制备技术开发与产业化、年产 5 万吨宽幅大规模镁板带材等项目加快推动产业化。

抓项目就是抓发展，谋项目就是谋未来。陕西有色金属集团计划 2022 年建成的宇航级宽幅钛合金板带箔材建设等 5 个高质量项目，达产后预计每年将新增营业收入约 28 亿元；计划 2023 年建成全钒液流电池等 5 个高质量项目，达产后预计每年将新增营业收入约 115 亿元；计划"十四五"期间建成的 8 万吨/年粒状多晶硅等其他建设项目，达产后预计每年至少将新增营业收入 150 亿元。通过高质量项目建设开辟发展新领域新赛道，不断塑造发展新动能新优势。

生态优先　"绿色答卷"显担当

绿色是高质量发展的必要条件和鲜明底色。

党的十八大以来，"绿水青山就是金山银山"的理念成为全党全社会的共识和行动。陕西有色金属集团深入贯彻习近平生态文明思想，自觉把绿色发展理念全方位贯穿于生产经营全过程，持续加大资金投入，发展循环经济，逐步向资源节约型、环境友好型企业转变，打好蓝天、碧水、净土保卫战，实现企业运营与环境、社会和谐共生。

陕西有色金属集团聚焦"双碳"目标，与陕西省能源化工研究院等单位联合开展碳捕集、利用、贮藏研究，共建二氧化碳捕集利用综合示范项目，打造国内有色金属行业唯一示范化试验平台。以开采方式科学化、资源利用高效化、生产工艺环保化、矿山环境生态化为基本要求，走出了一条绿色、高效、可持续发展之路，实现了经济、生态和社会效益共赢，目前共拥有国家级绿色矿山 5 座。权属企业金钼集团先后投资 5.8 亿元对钼冶炼系统进行升级改造，年减排二氧化硫上万吨；为保护秦岭生态环境，累计投资 4600 余万元，对金堆矿区 2400 余亩土地进行生态恢复治理。

绿色发展创造综合效益，实现可持续发展。2018 年，权属企业汉中锌业投资 4.5 亿元建设渣综合利用无害化项目，主要建设国内领先的侧吹熔炼炉-烟化炉系统，可实现年处置锌冶炼浸出渣 38 万吨，并综合回收冶炼渣中伴生的金、银、铜、铋、锑等有价金属，可产出工业硫酸 8 万吨、蒸汽 80 万吨、建材辅料 15 万吨，将浸出渣危险固废转化为一般固废，实现对资源的"吃干榨净"和循环利用。陕西锌业对原有黄甲铁钒工艺进行改造，每年从浸出渣中回收锌 2 万吨、银 40 吨、金 40 千克，生产电解铟 20 吨，每年消化废渣10 万吨，减少锌损失 3500 吨，脱除烟气中的二氧化硫 5000 吨。

2021 年 4 月 11 日，中共中央政治局常委、全国人大常委会委员长栗战书率全国人大常委会执法检查组在陕西检查固体废物污染环境防治法实施情况时，对汉中锌业实施渣综合利用无害化处理项目给予肯定，认为该项目"变废为宝，有利于生态环境保护和推动行业绿色发展，搞得好，值得推广"。

党建引领　凝心聚力促发展

坚持党的领导、加强党的建设是国有企业的"根"和"魂"。

陕西有色金属集团把党的领导全面融入企业治理各方面各个环节，把党的建设与生产经营、改革创新、产业升级、高质量发展深度融合，夯基固本、强根铸魂，充分发挥国有企业党组织"把方向、管大局、促落实"的作用，持之以恒纠治"四风"，弘扬"勤快严实精细廉"作风，凝聚发展合力，激发运营活力，提供坚强的政治、思想和组织保障，以高质量党建引领企业高质量发展，推进全面从严治党向纵深发展。2017 年，陕西有色金属集团荣获陕西省属企业党建成果展一等奖，2018 年，陕西有色金属集团荣获陕西省属企业社会主义核心价值观海报展一等奖，2021 年，陕西有色金属集团参加陕西省国资系统党建成果展，综合评定为优秀，受到陕西省国资委党委的表彰。

陕西有色金属集团不断夯实党的组织建设，基层党支部标准化率达到 100%。600 余个基层党组织切实发挥战斗堡垒作用，10000 余名党员紧扣中心、凝心聚力，切实发挥先锋模范作用。2022 年初，面对西安突发的严重疫情，243 名党员干部、559 名志愿者下沉社区一线，组成 9 个党员抗疫先锋队，积极参与疫情防控，让党旗在抗疫一线高高飘扬！

陕西有色金属集团党委以党建带工建、带团建，积极发挥工会、女工委和团组织的作用，打造职工"温馨的家"，做好女工"娘家人"，做青年员工的"知心人"，凝聚全员合力，共建"有色家园"，4 万余名有色人听党话、跟党走的决心和行动汇聚成发展的磅礴之力。

企业做强，文化致胜。陕西有色金属集团党委高度重视企业文化建设，以社会主义核心价值观为引领，发展社会主义先进文化，弘扬革命文化，传承中华优秀传统文化，陕西有色"聚"文化升级落地、硕果累累。2018 年，陕西有色金属集团荣获"企业文化建设典范企业""改革开放 40 周年企业文化建设标杆企业"。2019 年，陕西有色金属集团的"我和我的祖国"快闪 MV 获中国文化管理协会第六届"最美传播之声"代言作品奖。2020 年，陕西有色金属集团所属 6 家企业获全国性企业文化奖项 17 个。

共创共享　社会责任践使命

共享是高质量发展的必然要求。

国有企业积极履行社会责任是与生俱来的使命。陕西有色金属集团坚持以人民为中心的发展思想，坚决落实党中央、国务院打赢脱贫攻坚战的重大战略决策，认真落实脱贫攻坚成果巩固与乡村振兴有效衔接，帮扶足迹，情满乡土。累计投入 3.72 亿元建设产业扶贫项目 22 个，带动 8624 户群众脱贫致富，累计开展消费帮扶 2339 万元，2017 年以来，陕西有色金属集团连续 4 年被评为陕西省"助力脱贫攻坚优秀企业"，连续 5 年被评为

"省级定点帮扶优秀企业"。此外，陕西有色金属集团累计投入援藏资金 6478 万元，向第十四届全运会、陕西省第十七届运动会分别提供赞助 3000 万元，权属企业陕西黄金集团以全品类特许运营商身份助力"十四运"。同时，在救灾捐款、就业安置、减免中小微企业租金等方面也作出了贡献。

在 2022 年初西安新冠肺炎疫情攻坚战中，陕西有色金属集团向高校师生和滞留工地的农民工捐赠 225 万元生活和防疫物资，对 1285 户中小微企业和个体工商户减免房租 4490 万元，用国企担当回应了党和人民的需要。

思想之旗领航向，人间正道开新篇。站在全面建设社会主义现代化国家、全面推进中华民族伟大复兴新的起点，陕西有色金属集团以习近平新时代中国特色社会主义思想为指导，认真贯彻落实党的二十大精神，贯通落实习近平总书记 3 次来陕西考察重要讲话和重要指示精神，以对标创建世界一流企业的发展目标，开启团结奋斗新征程，坚定信心、同心同德，产业报国、实业兴国，为奋力谱写陕西高质量发展新篇章、建设有色金属工业强国作出新的更大贡献。

撰稿人：王新权　　刘碧峰

牢记嘱托　砥砺奋进　加快建设世界一流企业　书写高质量发展的金川篇章

奋楫者先，勇为者成。

党的十八大以来的 10 年，是金川集团股份有限公司发展中极为重要且不平凡的 10 年。

10 年间，金川集团坚持以习近平新时代中国特色社会主义思想为指导，深入贯彻落实习近平总书记对甘肃重要指示要求和视察兰州金川科技园时的重要讲话精神，坚定不移贯彻新发展理念，全力推动高质量发展，不断开创改革发展新局面。

新时代的金川，气象一新。

以先行者的担当　做强做优做大国有企业

日前，国务院国有企业改革领导小组办公室公布 2021 年度地方"双百企业"改革发展工作情况评估，金川集团在全国范围受到表扬。

金川集团坚持党建统领、改革统揽，以入选全国"双百企业""国有重点企业管理标杆创建行动"标杆企业为契机，围绕落实"1+N"政策体系，纵深推进改革，特别是 2020 年以来，金川集团在重点领域和关键环节持续发力、靶向攻关，推进国企改革三年行动落实落地，取得一系列重要成果。截至 2022 年 6 月底，国企改革三年行动主体任务完成。

党的领导、党的建设持续加强。金川集团始终把提高经济效益和竞争实力、实现国有资产保值增值作为安排部署党建工作的出发点和落脚点，同步谋划、动态调整党建工作部署，健全完善参与重大问题决策机制，发挥党委把方向、管大局、促落实的领导作用。全面贯彻落实"第一议题"制度，着力抓好"首要任务"落实见效，在研究"三重一大"事项、作出决策时，与习近平总书记重要讲话和重要指示批示精神严格对标对表，积极推动党建责任制与生产经营责任制有效联动，以高质量党建引领高质量发展。

中国特色现代企业制度不断完善。坚持"两个一以贯之"，金川集团把党的领导融入公司治理各环节，党建入章程实现全覆盖，党委前置研究全面落实，党的领导和完善公司治理有机统一；子公司董事会应建尽建、配齐建强，外部董事占多数，重要子公司董事会职权全面落实，制度优势不断转化为治理效能。

产业结构优化升级。聚焦主责主业，金川集团以全产业链思维强龙头、补链条、聚集群，推动产业基础高级化、产业链现代化；发挥镍钴、铜、动力电池、氯碱化工等 4 个链主企业主体责任，加速延伸有色金属及化工新材料产业链，向新能源动力电池材料、高温合金及精深加工、电子电工材料、精细化工材料等领域迈进，精深加工产品和生产性服务业产值占比达到 43%。

市场化经营机制不断健全。金川集团全面推行市场化劳动用工，员工能进能出成为常态；68 家经营主体实行经理层成员任期制和契约化管理，管理人员能上能下普遍落实；强化全员绩效考核，坚持工资收入向一线岗位和苦脏累险岗位倾斜，探索实施中长期激励，灵活高效的市场化经营机制稳步形成。

混合所有制改革不断深化。金川集团引入战略投资者，股权结构进一步优化。子公司混改稳妥推进，将引资本与改机制有机结合，着力深度转换经营机制，实现与非公资本取长补短、相互促进、共同发展。近10年，完成混改项目20项，引资158.79亿元，国有资本功能进一步放大。

2019—2022年，金川集团连续上榜世界500强企业。

这10年，是金川集团敢闯敢试，发展活力不断迸发，质量效益显著提升的奋斗10年。

以赶考者的决心　领跑镍钴产业高质量发展

2013年初春，寒意未消，金川人的心里却无比温暖。

"金川集团、金川人为我们的工业现代化而奋斗，自力更生，在科技创新方面作出了很大的贡献。希望你们在科技创新方面迈出更大的步伐。"2013年2月5日，习近平总书记视察兰州金川科技园，对金川集团在科技进步方面取得的成就表示肯定，鼓励金川人再接再厉，更上一层楼。[1]

10年里，金川集团牢记习近平总书记嘱托，大力实施创新驱动发展战略，建立完善符合科技创新规律的资源配置方式和适应新形势的科技创新体系，全方位提高自主创新能力。同时，金川集团连续5次召开金川科技攻关大会，坚持"工艺为重、研发并举、以我为主、引智借力"，牵头组建产业技术创新战略联盟、创新联合体等新型创新合作组织，镍钴资源综合利用国家重点实验室等18个国家、省部级创新平台落成，产学研攻关合作单位达57家，镍钴产业科研体系纳入国家技术创新体系。

金川集团镍合金镍带生产现场

①　2013年2月5日人民网新闻《习近平视察兰州科技园区时强调科技创新人才培养》。

"十三五"以来，金川集团继续加大科研投入，累计投入研发资金 26.21 亿元，研发支出年均增长率达 35.8%，开展各类重大科研攻关课题 300 余项，承担国家、省级科技计划项目 40 项，其中，57 项获省部级以上奖励，两项荣获国家科技进步奖二等奖，科技进步对产业发展的贡献率达 65%，为领跑镍、钴产业高质量发展提供了强大驱动力。

在科技创新和制度创新"双轮"驱动下，金川集团传统产业技术加快突破，深部充填、复杂原料处理、二次资源回收等一批技术难题得到有效解决，资源综合利用总体水平明显提升，一系列新产品制备关键技术被攻克并推向市场，部分打破国外垄断，实现进口替代；新材料开发及装备建设取得突破性成效，相关产品进入军工、航天、舰船等应用领域，助力国之重器"上天入海"；构建起从镍钴资源开发到电池材料生产，从车用动力电池研发到废旧电池回收的电池材料循环的完整产业链，产品进入国内外重要新能源车动力电池生产企业供应链；一批聚焦新能源、新材料细分领域专业型技术企业迅速成长，拥有 18 家国家级高新技术企业，仅 2021 年，金川集团就牵头完成 45 项国家、行业、企业技术标准立项、审核与发布，参与 8 项国际行业标准制修订，成为首批国家知识产权示范优势企业和国家标准研制创新示范基地；金川云大数据中心投运，全面数字化转型蓄势待发。

金川集团铜业有限公司 20 万吨电解系统厂房内一派繁忙景象

这 10 年，是金川集团科技创新促进传统产业转型升级、新兴产业加速培育的关键 10 年。

以守护者的责任　不断擦亮高质量发展的底色

绿水青山就是金山银山。一直以来，金川集团深入贯彻习近平生态文明思想，坚决扛起推进生态文明建设的政治责任，把建设山川秀美新甘肃、筑牢西部生态安全屏障作为重大政治任务和历史责任，坚持生态优先、绿色发展，不折不扣地落实党中央、国务院和甘肃省委、省政府关于生态文明建设的一系列重大决策部署，坚决筑牢生态环境防线，全力推进绿色发展。

2012 年以来，金川集团不断建立健全环境保护长效机制，建立完善环保制度管理体系，按照污染预防、持续改进的环保方针，严守生态保护红线、环境质量底线、资源利用上线，坚持精准治污、科学治污、依法治污，以技术进步和科技创新为依托，全面实施达标治理工程和环境提升工程。

2012—2015 年，金川集团投资约 14 亿元，实施了一批环保技术改造项目，强化废气、废水有效治理和综合利用，推动形成节约资源和保护环境的空间格局、产业结构、生产方式，一部分传统冶炼设备和工艺被淘汰，生产能耗大幅降低，也催生了化工循环产业，实现生产经营与环境保护深度融合，环境保护管理工作走上制度化、流程化、模式化的轨道。2015 年，金川集团荣获中国环境保护领域最高社会奖项——中国宝钢环境奖。

"十三五"期间，金川集团继续加大环境保护资金投入，先后投资近 20 亿元实施镍、铜冶炼环保集气达标治理，镍、铜冶炼酸水升级改造，热电锅炉超低排放技术改造，金昌市危险废物资源化处置中心等重大环保项目，源头治污、综合控污能力进一步增强，生态环境保护治理项目环境效益得到充分发挥，污染物全面达标排放，金昌市区环境得到根本改善。

2021 年，金昌市区环境空气质量二氧化硫指标为 16.3 微克/立方米，优于国家一级标准，较"十一五"末年均值大幅降低。

这 10 年，金川集团持续对生产区、生活区进行大规模环境整治，管道纵横、厂房林立的厂区成为花园式工厂。

夏日，从空中俯瞰金川国家矿山公园环坑山体，垂柳摇曳，绿意盎然，登山台阶旁各式绿植沿边坡依次排开，错落有致，山上游人络绎不绝，或休闲散步，或跑步健身……这是金川人与大自然共生共荣的见证与象征。

这 10 年，是金川集团以"绿色低碳"为底色，绘就高质量发展蓝图的美丽 10 年。

以奋斗者的姿态　深入践行国家"一带一路"倡议

金川集团参与印尼、南非、赞比亚、刚果（金）、墨西哥等海外资源综合利用项目建设，确保资源安全稳定……

这 10 年，金川集团积极响应国家"走出去"号召，深入践行"一带一路"倡议，成为甘肃省属企业中为数不多既能在"路"上大有可为，也能在"带"上有所作为的企业。

2015 年，金川集团南非梅特瑞斯公司完成阶段性改革，初步形成"金川主导，中西融合，系统配套，综合发展"的管理模式，生产经营各项工作步入良性发展轨道，为进一步探索以金川文化为主导的金川海外项目管理模式提供了借鉴。

2016 年，印尼金川红土镍矿项目开工，金川集团正式进入红土镍矿领域。这是第一个由金川人自己设计、施工、运营，采用先进的全密闭、节能环保型 RKEF 冶炼工艺的国外资源项目。

2018 年，金川集团刚果（金）金森达铜业公司全系统达产达标。

如今，梅特瑞斯公司如瓦西铜钴矿日出矿达到 4000 吨以上，金森达铜矿采选扩能

13.3%，穆松尼铜钴矿矿建工程全面展开；南非思威铂矿正在建设……依托海外资源基地辐射带动，金川集团采矿、建设、加工维修及自动化和技术集成等相关业务走出国门。

截至 2021 年，金川集团境外直接股权投资 11 项，投资额 23.58 亿美元（折合人民币 156.41 亿元），占股权投资总额的 37.68%。金川香港公司实现营业收入 69.99 亿美元。

在我国美丽的北部湾畔，西南最便捷的出海港湾——防城港，广西金川公司构成金川集团海上"丝绸之路"发展的重要出口基地。自 2013 年 40 万吨/年矿产铜项目点火投产，到 2021 年，广西金川公司已实现累计营业收入 1344.23 亿元，产品 A 级铜在上海期货交易所、伦敦金属交易所注册成功，成为国家高新技术企业和绿色工厂示范企业，上榜中国进口企业 200 强。

金川集团坚持"资源是金川的生命线，千方百计强化资源保障"的资源理念，在全球 20 多个国家和地区开展有色金属矿产资源开发合作，利用国内国外"两种资源、两个市场"逐步构建以金川本部采选冶和精深加工基地，兰州金川科技园有色金属新材料研发和生产基地，广西防城港外部原料加工基地，非洲南部、东南亚等资源保障基地为支撑的跨国经营格局。

这 10 年，金川集团完成包头华鼎股权重组、中国金川股权回购、金川香港债转股，与必和必拓公司、智利国家铜业公司、托克公司、哈萨克斯坦矿业有限公司等多家国际知名公司开展交流，在原料采购、电铜贸易、资本运作、先进装备等方面深入合作，建立起全球贸易"朋友圈"。

这 10 年，是金川集团实施资源战略，迈向国际化经营的重要 10 年。

以答卷者的使命　积极承担大企业社会责任

创业为国，立企为民。

10 年来，金川集团胸怀国之大者，办好民生之事。2022 年 3 月，金川集团通过 3 项惠民方案，提高采暖补助、子女托费报销标准，增加岗位就餐补贴，再次"真金白银"地造福职工。

坚持发展依靠职工，发展成果惠及职工，大到医疗、居住环境改善，职工健康管理，子女就学入托等，小到便民服务，职工的每一件事都在金川"心"上。这 10 年，职工医院住院部综合大楼建起，就医环境改善；幼儿园增办，方便职工子女入托；棚户区陆续改造，老旧小区焕然一新；帮扶互助爱心计划启动，"百万保障"补充医疗保险购买完成，解决职工因病致困的后顾之忧。

金川集团持续进行体制机制改革，打破管理、技术、生产岗位身份壁垒，为一线产业工人搭建职业晋升通路。近年来，6600 余人晋升技能等级，5 人被提拔为车间内设机构负责人，40 余人担任主管工程师、首席工程师、高级工程师；通过调升工资和提质增效阶段性奖励，逐步提升职工收入，2012—2021 年，金川集团人均工资增长 67%，增强了职工的归属感、荣誉感，激发了创新创效热情。"十三五"以来，产生了由一线产业工人领衔创办的"小巨人"企业，涌现职工技术创新成果 11684 项、先进操作法 887 项、合理化建议 20461 条，取得授权专利 2055 项。

这 10 年，金川集团充分发挥技术、人才、设备、资金等优势，支持所在区域各项事业发展，坚持回馈社会，支持公益事业，鼓励职工参与志愿服务。

金川集团秉持产业报国初心，在轰轰烈烈的脱贫攻坚事业中彰显责任担当，积极为帮扶村开发新兴富民产业。并不断优化产品产业结构，扩展产业规模，培育具有地域特色和市场前景的农业产品，形成多渠道多产业经济增长点。据统计，8 年来，累计用于脱贫攻坚对口帮扶资金达 2.3 亿元，产业扶贫项目惠及 8700 多户 3.48 万余人，助力 33 个村退出贫困序列，789 户建档立卡贫困户脱贫，农民年人均纯收入由 2012 年 1554.5 元增长到2019 年的 6208 元。金川集团连续 8 次获评甘肃省先进帮扶单位，扶贫产业"毛卜喇肉羊"成为国家地理标志产品。

不仅如此，海外金川人积极参与当地公共事业，致力于民生改善，推动当地矿业建设和经济发展更加繁荣，树立了中资企业的良好形象。这 10 年，是金川集团全力承担社会责任的温暖 10 年。

撰稿人：高嘉蔓　陈　文　林　晨　张俊成

十年勇毅前行

——金诚信的高质量发展之路

党的十八大以来，习近平总书记就非公有制经济发展发表了一系列重要讲话、做了一系列重要指示批示，一再强调要"毫不动摇鼓励、支持、引导非公有制经济发展"，充分发挥市场在资源配置中的决定性作用，发挥党建的引领带动作用，坚持科学发展。这些讲话和指示为金诚信矿业管理股份有限公司（以下简称金诚信）的发展坚定了信心，指明了方向，绘就了蓝图。10年来，金诚信始终坚持以习近平新时代中国特色社会主义思想为指导，全面贯彻新发展理念，立志产业报国，在复杂的国内外环境和严峻的市场挑战下，励精图治、创新求强、屡创佳绩。

从成立混合所有制公司到主板上市，金诚信抱定"传承矿业梦想，成就百年老店"的企业使命，紧紧追随实现中华民族伟大复兴的"中国梦"。

1997年12月5日，应中国黄金总公司之约，王先成带着他创办的浙江苍南弘业矿山井巷工程有限公司来到北京，双方共同出资成立了北京金诚信矿山建设有限公司，金诚信成为最早一批混合所有制企业。经过一段时间合作，双方股权比例调整，管理团队重新组建，金诚信开始走向快速发展之路。

"我出身于温州苍南县的矿业世家。"用王先成的话说，从小他就目睹父辈们在矿山劳作，为我国的社会主义建设贡献力量，"从那时起，我就下定决心，长大了要投身矿山事业。"但那时候条件艰苦，矿山作业环境差，王先成说："我立志要改变矿山落后面貌，把先进的技术、一流的管理应用到矿山，建设安全矿山、智慧矿山、生态矿山。"

正是得益于党中央的改革开放英明决策，得益于大力发展非公经济的政策环境，金诚信才得以从无到有，由小到大，一路风雨兼程，逐渐成长为现代化集团化的矿业公司。25年来，金诚信所到之处，无不用施工效率和质量、服务水平和安全理念，赢得了一个又一个客户的高度信任。

党的十八大召开以来的10年，金诚信各项事业快速发展。结合习近平总书记提出的实现中华民族伟大复兴的"中国梦"，金诚信响亮提出"传承矿业梦想，成就百年老店"的口号，并将其确定为企业使命。在这一使命驱动下，金诚信不断健全完善党的组织建设，紧紧抓住科技创新，建设一流人才队伍，瞄准海内外市场，在技术能力和服务质量上狠下功夫。2015年6月30日，金诚信矿业管理股份有限公司在上海证券交易所成功挂牌上市，成为矿山服务领域首屈一指的主板上市公司，掀开了金诚信成长过程中具有里程碑意义的崭新一页。

在此期间，以习近平同志为核心的党中央提出了到2020年全面摆脱贫困实现小康社会、到2035年建成社会主义现代化国家的宏伟目标。结合公司实际，金诚信明确提出了从2016年到2035年的"三步走"宏伟蓝图，即2020年全面实现"四五战略"架构的布局，2025年实现矿服和资源板块的双轮驱动，2030年跨入"中国民营企业500强"行列。

位于北京市丰台科技园的金诚信总部大楼

目前，第一阶段的目标已经实现，金诚信正在朝着下一个目标大踏步迈进。

从"二次创业"到"双轮驱动""五大板块"齐头并进，金诚信始终秉持创新发展、高质量发展、可持续发展理念，着力提升"产业链"韧性和安全水平。

主板上市，对金诚信来讲是个具有里程碑意义的日子，全体员工沉浸在公司成功上市的喜悦之中。在公司决策者看来这绝不是终点，恰恰是需要重新扑下身子"二次创业"的起点。在这个起点上，可以依靠科技创新和先进装备，实现超常规、跨越式发展，让经济规模在"量"上和经济效益在"质"上产生一个大的飞跃。

要实现新的目标，仅仅依靠传统单一的矿山开发服务是远远不够的，创新经营思路再次摆上了金诚信决策者的议事日程。通过对市场的深入调研，金诚信审时度势，毅然做出决定，在继续巩固与扩大传统矿山服务板块优势的同时，努力打造资源开发、科技创新、机械装备、贸易流通的构架，形成具有产业链功能的"五大板块"业务，到 2025 年基本实现矿山服务与资源开发"双轮驱动"、其他板块在市场上占有一席之地，形成合力，实现跨越。

为了支撑金诚信新的战略顺利实施，公司分别在赞比亚、云南昆明、湖北大冶、北京密云建设了四大机械设备制造维修基地；建起了矿山新技术研发中心、金诚信矿山技术研究院、金诚信矿山工程设计院，形成了以研发、设计、技术管理三位一体的技术创新体系，后来又在此基础上成立了科创事业部；公司先后以战略投资、购买股权或资产等形式，取得了开磷集团贵州两岔河磷矿、哥伦比亚 San Matias 铜金银矿、迪库路希银铜矿、龙溪铜矿等矿产资源的部分或全部股权。目前，金诚信"五大板块"布局已经完成，一个涵盖矿产资源开发、设计、研发、施工、管理、采选、设备制造、贸易流通的全产业链体系已经形成，金诚信正在向着"建设中国一流矿山，迈向全球矿业前列"的目标稳步前进。

金诚信很早就意识到智慧矿山建设是未来的大方向，公司"五大板块"的布局为智慧矿山建设奠定了坚实的基础，这在普朗铜矿的采矿施工上得到了集中体现。在这里采用技术先进、最有利于保护生态的自然崩落法，组成强大的技术管理团队，矿石年产能力1250万吨。该铜矿汇聚了全球先进的机械设备，仅引进国外先进无轨设备就有100多台（套），还有金诚信自主研发的井下铲运机远程智能控制系统也在这个项目上取得了突破性进展，实现了人工远程遥控铲矿、自主行走和遥控卸矿。

从主动"走出去"，到积极投身"一带一路"建设，金诚信坚持共商、共建、共享原则，在国内、国外"两个市场"实现"双循环"。

早在2003年，金诚信就乘着国家"走出去"政策的东风首次走出国门，承接我国在境外开发建设的第一个有色金属矿山——中色非洲矿业有限公司赞比亚谦比希铜矿的采矿运营管理业务。此后，公司一路稳扎稳打，又在塔吉克斯坦和老挝等地承接了中资企业投资的海外矿山开发服务业务，参与包括赞比亚谦比希项目、塔吉克斯坦派—布拉克项目和老挝东泰钾盐矿工程等在内的众多项目工程。

2012年，金诚信中标印度Vedanta资源旗下的赞比亚KCM铜矿深部开拓工程，这是金诚信承接的第一个全外资国际项目，实现了公司外资矿山项目零的突破，也标志着金诚信在国际化道路上迈出了坚实的一步。其间，金诚信积极响应"一带一路"倡议，成功进入矿产资源极其丰富的刚果（金）市场，为卡莫阿铜矿、卡莫亚铜钴矿、穆松尼铜钴矿等矿山项目提供开发服务，早期海外施工项目获得了国内业界的认可。2015年11月，赞比亚谦比希铜矿西矿体工程和老挝东泰钾盐矿工程分别荣获国内业内最高质量荣誉奖——中国建设工程鲁班奖。

2019年，金诚信将国际市场版图延伸至欧洲，海外矿山工程建设和采矿运营管理业务发展迅速、成绩显著，赢得了海外市场和业主的高度认可和赞誉，国际化运营优势不断增强。

至2021年，金诚信海外主营业务占据了当年主营业务收入的59.12%，海外市场已成为金诚信名副其实的"主战场"。通过"走出去"，金诚信在完善自身产业链的同时，积极寻求国际产能合作，利用矿山开发服务主营业务优势，不断向资源开发业务拓展，通过并购优质矿山资源项目，进一步加快了国际化布局和进程。构建以国内大循环为主体、国内国际双循环相互促进的新发展格局，正是金诚信深刻学习领会党的十八大以来的有关方针政策，审时度势作出的重大决策。

在"出海"20多年的征程中，金诚信积累了丰富的国际化矿山服务经验，在非洲、塞尔维亚、哈萨克斯坦、老挝等地区的品牌影响力不断提升。在为项目所在区域创造经济效益、带动当地经济发展的同时，金诚信积极践行海外社会责任，让当地民众感受到来自中国企业的温暖。

金诚信是赞比亚当地提供就业岗位最多的中资企业之一。目前，公司赞比亚和刚果（金）地区的矿服项目为5000多名属地员工提供了就业岗位，为他们的家庭提供了有力的经济支撑及医疗和子女教育保障。根据项目所在地法律规定，通过实施本地化管理，公司在海外积极聘用本地员工，吸纳本地人才参与项目管理和建设，并对其进行岗位培训，提供具有竞争力的薪酬、安全健康的工作环境、针对性强的在职培训及广阔的职业发展空间。

在海外业务壮大的同时，金诚信秉持可持续发展理念，积极与当地社区建立友好关系，为当地建桥、修路，对当地的基础设施建设等提供支持；为所在区域居民教育、医疗提供帮助；充分尊重当地社会文化习俗，积极参与并资助当地政府公益活动，促进人文交流、民心相通；最大程度地限制工程施工和资源开发对自然环境的影响。新冠肺炎疫情暴发后，金诚信率先行动，将国内抗疫的先进经验介绍给当地社区，并为社区提供疫苗等物资捐助，为当地抗击疫情作出了应有的贡献。

从建设膏体充填实验室到矿业管理 4.0（标准化），金诚信勇担企业社会责任，始终致力于建设安全矿山、智慧矿山、生态矿山，确保人与自然和谐共生。

党的十八大以来，习近平总书记在不同场合多次提到绿色发展理念。党的二十大报告中再次提道："尊重自然、顺应自然、保护自然，是全面建设社会主义现代化国家的内在要求。必须牢固树立和践行绿水青山就是金山银山的理念，站在人与自然和谐共生的高度谋划发展。"

金诚信自成立之始，便致力于绿色矿山、生态矿山、数字矿山的建设。正是基于对建设未来绿色矿山、生态矿山的初心与向往，2013 年起，金诚信开始筹划建设一座国际一流的膏体充填实验室。2016 年 4 月 16 日，实验室中试线一次代料试车成功，金诚信膏体充填实验室进入应用阶段。实现了功能规划创新、工艺流程创新、工程设计手段创新、操作控制程序自主研发创新、浓度检测方法创新等多个创新。实验室具备完善的充填体理化性能检测功能及膏体充填中试系统，实验设备齐全、先进，功能完善，适应国内外膏体充填采矿及尾矿膏体排放技术发展的需要，具有良好的社会、生态、环境效益……实验室建设符合国家产业政策及国家矿业发展方向，经评审，实验室装备、功能及试验研究方法总体上达到了国际领先水平。

如今，金诚信膏体充填实验室能够享誉海内外，不仅因为它的装备水平和兼具实验与研究的双重功能，更重要的是它在解决现场问题中发挥的作用和取得的成果。

运营以来，金诚信膏体充填实验室接待各矿山企业领导和专家近千人，为膏体充填技术在我国推广应用起到了积极的宣传作用。实验室还先后完成包括国家重大专项课题和企业委托实验任务 30 余项。其中，肃北七角井铁矿膏体充填实验研究项目，实验结果作为设计依据完成了充填站设计并投入生产；根据赞比亚谦比希矿东南矿体膏体充填实验研究结果设计建成的充填站，成为国家"十三五"项目示范基地。金诚信膏体充填实验室正在为绿色矿山、生态矿山建设发挥巨大效益。

不仅仅是膏体充填实验室建设，金诚信一直将建设安全矿山、生态矿山、数字矿山作为企业的使命。这在普朗铜矿表现得最为突出。那里汇聚了全球先进的机械装备，采用技术先进、对保护生态有利的自然崩落法，组成了强大的技术管理团队，不仅竖起了中国矿山建设的标杆，在国际矿山建设领域也是佼佼者。

从 2019 年起，金诚信加速矿业管理 4.0（标准化）的推行，这是金诚信在管理体制改革方面的重大创新举措。公司对班前班后的组织协调衔接、交接班场地清理、工作面风水电系统保持、放炮后炮烟通风、设备转场准备等流程上进行了系统优化，并形成一套作业规范，颁布到各个工种。通过按标准执行，项目生产效率很快就迈上新台阶。今年以来，在矿业管理 4.0（标准化）工作责任体系和培训体系上进一步优化，由总部各中心直接参与，在技术质量、安全生产、设备物资、经营财务和行政后勤等工作中全面展开，成效显著。金诚信正在从"指标管理",向"制度管理、过程管理"快速转变,从而推动经济实现"质"的有效提升和"量"的合理增长。

从"支部建在项目",到"企业就是员工,员工就是企业",金诚信始终坚持以党建为抓手,建立起"共生共荣"的企业文化新体系——"家文化"。

自成立之日起,金诚信就坚持赓续红色基因,坚持将党建工作作为企业发展战略的核心组成部分,列入发展规划和年度工作计划。随着企业规模的不断壮大,公司高度重视党建工作,始终高举党建大旗,坚持队伍走到哪里,党支部就建到哪里。支部随着项目走,从国内的小项目到海外的自有矿山,从只有几个人的临时党支部,到拥有500余名党员的公司党委。

金诚信成立伊始,就把党的工作作为一切工作的基础,无论是天南海北,不同岗位,都必须置于党的领导之下。党委书记王先成系统提出了公司党建与生产经营"十个结合、十个确保"的深刻思考,这是对新时期金诚信企业党建所作的精心提炼与精准阐述,成为金诚信企业党建的四梁八柱和根本指针,为企业的党建工作定下了基调、指明了航向。

通过党建带动引领,金诚信在25年的发展历程中积淀下了深厚的、具有鲜明特色的企业文化,在壮大事业、凝聚人心、建设队伍、树立形象上发挥了积极作用。

习近平总书记强调,文化自信是更基础、更广泛、更深厚的自信,是更基本、更深沉、更持久的力量。因此,无论是公司在二次创业的征途上,还是推进当前发展战略进程中,金诚信都十分突出企业文化"更基础、更广泛、更深厚"的地位。

公司通过组织对企业文化体系的梳理,提出了"家文化"的企业文化核心,明确以共同奋斗为核心,以全面激励为手段,以公平公正为保障,以员工关怀为抓手,将企业与员工铸造成命运共同体,努力实现企业与员工长久的共生共荣。

近几年,由于疫情原因,不少海外员工长时间不能回国休假,员工与家人的团聚变得困难重重,员工家属们也承担了更多家庭责任。为了缓解家属们的焦虑,每逢中秋节、春节等传统节日,公司工会都会以公司名义向海外员工及家属送上节日祝福和慰问品,对一线员工为公司海外事业发展作出的贡献表示衷心感谢。在平时,各级工会组织通过走访慰问、座谈交流等方式,了解并帮助海外项目员工及其家属解决实际困难和后顾之忧,提升海外职工的满足感、幸福感和归属感。

为表彰优秀、鼓励先进、充分调动外方员工的积极性、主动性和创造性,使他们有更多的获得感和归属感,金诚信每年都会在全体员工大会上,对外方员工进行表彰。每逢"五一"国际劳动节,海外事业部和各项目公司还会举行优秀属地员工表彰大会,为优秀员工颁发荣誉证书及奖品。与此同时,金诚信重视对外方员工的典型塑造、榜样树立、事迹宣传,通过公司报纸、刊物、网站、公众号等传播平台,让他们的生动故事得以广泛传扬,使他们的平凡事迹能够留下印记,让他们真正感觉到和中方员工一样共同生活在金诚信大家庭之中。

在日常生活点滴之中,金诚信将保障和改善民生体现得尤为突出,适应员工需求变化,努力办好各项民生事业,让员工的日子越过越好,是金诚信企业发展的根本目的。公司对每一个项目部的员工,都紧盯生活起居"关键事",提供便利舒适的生活条件,不断改善员工生活质量,让员工在辛苦工作的同时充分感受到家一般的温暖,这被称为金诚信的"民生工程"。金诚信成立以来,不断优化完善薪酬体系,健全工资合理增长机制,切实保障劳动者待遇和权益，这些都是增强高质量发展的内生动力。

正是在这种"家文化"的环境之中，金诚信的员工有了更大获得感、幸福感和安全感，有了共同的使命与担当，共同努力，一起致力于"成为国际知名、国内领先的安全矿山、生态矿山、智慧矿山的规划者、建设者和运营者"。全体员工齐心协力，把"传承矿业梦想，成就百年老店"作为共同的使命，10 年间，金诚信创造了一个又一个辉煌，走出了一条具有金诚信特色的产业报国之路。

"若问何花开不败，英雄创业越千秋。"金诚信迈出的每一步，必将汇聚成中华民族昂扬奋进的历史洪流。相信在新的发展阶段，在我国新发展理念指导下，在迈上全面建设社会主义现代化国家新征程、向第二个百年奋斗目标进军的关键时刻，金诚信一定会取得更高质量的发展，创造属于这个时代的更大的辉煌。

撰稿人：胡不归

白银集团：跑出筑梦铜城高质量发展加速度

10年奋进，10年辉煌。党的十八大以来的10年是白银有色集团股份有限公司步入发展快车道的10年，也是干部职工获得感、幸福感、安全感、归属感满满的10年。10年来，白银集团准确把握新发展阶段，全面贯彻新发展理念，积极融入新发展格局，持续推动高质量发展，纵深构建了"一体两翼"产业发展新布局，企业竞争力、创新力、控制力、影响力及抗风险能力显著提升，基本实现了从要素驱动向创新驱动、从规模速度型向质量效益型的重大转变，以优异成绩向甘肃省委、省政府、股东和广大职工交出了一份沉甸甸的高分答卷。

构筑主业硬支撑积蓄新动能

10年砥砺奋进，10年精彩蝶变。10年来，白银集团营业收入和有色金属产品产量逐年稳步攀升，连续上榜中国企业500强，"2022中国企业500强榜单"中位列第323位，"2022中国制造业500强"中排名152位，一串串数字的背后，标注的是白银集团10年里的奋斗不止、精进不息。

提高资源保障水平夯实发展基石。10年来，白银集团从未停歇找矿探矿加强资源保障的步伐，聚焦白银市、陇南、新疆等找矿探矿增加资源储量。在做大做强做优自有矿山的基础上，将"一带一路"作为国际化发展的最大机遇，借助中信集团等央企股东的平台、视野和经验，放大自身优势，"借船出海"实施资源项目，将发展的触角伸及非洲和南美洲，白银集团从一个地方区域性企业成功"走出去"，形成了全球配置资源和国际化发展的态势。

蹄疾步稳推进改革激发发展动能。10年来，白银集团构建改革组织保障体系和"一制度、一清单、一细则"的权责体系，全面抓好改革任务的落实。近年来，白银集团着力实施形神兼备、量质双优的改革三年行动，高质量完成132项改革任务，在甘肃省政府国资委考核中评定为A级。今天的白银集团，集团及分子公司任期制契约化管理全覆盖，实现集团总部"小总部、大部制"治理目标。37家子企业73名经理层成员100%签约，形成以"方案+制度+契约"为基本模式的任期制契约化管理体系。总部定战略、管方向，定配置、管资源，定目标、管结果，定规则、管风险，职能部室由原来的27个精简为现在的14个，"战略决策中心、资源配置中心、绩效管控中心、风险防控中心"的功能定位更加凸显，分子公司的市场主体地位更加凸显。集团层面系统形成涵盖全部业务和管理流程的10大类401项内控制度，分子公司层面系统形成涵盖1176个业务管理流程的内控制度4690项，党的建设上系统形成以"189"体系为架构的工作制度165项。在"产业转型、结构升级、要素聚集、链条锻造"上同向用力，形成有色金属循环经济产业链、新能源电池产业链、新能源绿电产业链、铜基锌基新材料产业链"四大产业链"，新兴产业、新能源产业成为效益增长的重要支撑和产业优化的重要牵引。聚焦提高活力和效率，不断深化"三项"制度改革，能上能下、能进能出、能增能减机制更加畅通。

实施"三化"改造推进主体产业提质增效。 近年来，白银集团按照高端化、智能化、绿色化改造推进传统产业转型升级，加快新旧动能接续转换，实现高质量发展，传统产业插上信息化、智能化翅膀，焕发出勃勃生机。近 3 年，白银集团累计实施 103 项"三化"改造项目。"三化"改造项目的实施，有力推进了主体产业提质增效。目前，白银集团已经具有采选 1000 万吨、铜、铅、锌 60 万吨、黄金 15 吨、白银 500 吨的生产能力，装备技术和主要技术经济指标达到行业先进水平。

白银有色集团铜铅锌生产基地

坚持绿色低碳发展打造循环经济典范。 10 年来，白银集团充分发挥多品种、多工艺的优势，不断完善内部多层次、多系统之间转换的循环链条，最大程度回收利用生产过程中产生的"三废"物资，综合回收原料中的 10 余种伴生元素，培育发展高档电解铜箔、特种电线电缆等绿色生态产业，提升绿色化发展水平，推动循环经济产业强健发展。矿山系统"绿色矿山"建设正在提速，推广先进适用的工艺、技术和设备，提高采选综合回收率，推进尾矿、废石的综合利用。冶炼系统建立能源管理体系，推广应用节能降耗产品，使用清洁能源；大力推进节能降耗和清洁生产，"三废"治理取得突破，循环经济年产值突破 50 亿元。资源回收利用方面，研发实施多项工艺技术项目，最大程度对有价金属等实现回收利用；建成国内单系统最大的年处理 140 万吨铜冶炼渣生产线，对历史堆存和新产生的铜冶炼炉渣进行处理，年回收铜金属量 1 万吨以上；实施复杂难选铜铅锌多金属矿选矿关键技术，实现了多金属矿石选别工艺技术的优化升级，有效提高了多金属矿石选别的工艺效率，提高了金属回收率。

打造腾飞两翼拓展发展新天地

10 年来，白银集团积极构建"一体两翼"产业布局，以高档电解铜箔、超微细电磁线、特种电线电缆等项目为引领，大力研发生产高科技、高附加值、高性能的有色金属合金材料、电子材料和新能源材料，打造"1+N"有色金属新材料产业集群，使公司主要产品加快向价值链高端转化。

兰州新区高档电解铜箔项目既是白银集团有色金属产业链的延链补链，积极探索产业新模式、新业态，实现跨领域战略合作优势互补、打造新的利润增长极，同时，白银集团的主要产品6微米、4.5微米等系列高档电解铜箔填补甘肃省优质电解铜箔生产空白，是增强国企活力、促进产业集群发展的一大创举，充分诠释了"国企的实力+民企的活力=企业的竞争力"的混改真谛。通过兰州新区铜箔生产基地的建设，白银集团实现了铜产业链从低端向高端延伸，拥有了锂电池生产所需的负极材料，在延链补链、拓展高端制造业和新能源配套产业上开辟了新路径。

花开一枝不是春，百花齐放春意浓。进军有色金属新材料加工制造、工业物流、数据信息产业、金融投资贸易等领域，打造新业态，开发新业务，培育发展新动能和效益增长点，全价值链提升综合竞争力，是白银集团结构调整产业升级的主攻方向，也是孜孜以求十年磨一剑的重点任务。白银有色长通电线电缆有限责任公司以其这10年的高质量发展，为白银集团的探索实践作出生动注解。

10年来，长通公司营业收入增长797.5%。2016年，长通公司实施混合所有制改革，先后开发生产超微细电磁线等多个新产品，涵盖0.012毫米到0.6毫米线径不同耐温等级的全系列。这一项目被列为甘肃省级重大专项，不仅实现0.012毫米电磁线产品具有国际先进水平极限制造，而且进一步延伸产业链、提高产品附加值，获得甘肃省工业优秀新产品奖。2021年，长通公司电磁线产品所带来的营业收入占比已达到70%以上。

为进一步提升产能、匹配高端客户，在设立超微细电磁线实验室的基础上，2021年10月，白银集团智能装备用超微线材产能提升项目开工建设。项目建设始终快马加鞭，目前主体工程已完工，即将于2022年底投入生产。这一项目将成为产能和利润新的增量源，助推长通公司跃升为大型微细漆包线生产基地。

发展壮大工业物流是白银集团又一发力主攻方向。10年来，白银集团瞄准打造全球物流供应链公司这一定位，布局"一带一路"南向国际物流通道，构建了白银集团本部、西藏物流、苏州公司错位发展新格局。承载这一重任的铁运物流公司加快推进基于5G+工业互联网的新型融合基础设施和智慧园区设备设施建设，打造"互联网+贸易+物流+金融+大数据"的新业态，加速从传统大宗工业物流向现代物流、智慧物流转变，进一步提升规模和能级，建成具备公铁联运、国际班列、仓储管理等十大功能为一体的综合物流园区，物流服务半径突破2000千米，公铁联运货物流突破1000万吨，成为白银地区中欧中亚国际货运班列的货物集散和发货地。目前营业网点覆盖全国31个省市和全球10个国家及地区。铁运物流公司今非昔比，一年下来公铁联运总货运量、物流营业收入与10年前相比增长10多倍。

培育壮大战略性新兴产业和生产性服务业志存高远，全力延链补链强链打造特色集群任重道远。在新时代新征程上，白银集团将锚定链群完整、特色明显、发展质量效益显著的"有色金属冶金+新能源新材料"产业为一体的龙头企业发展目标，打造转型升级的腾飞两翼，打开高质量发展更为广阔、更加光明的新空间和新天地。

创新插上腾飞的翅膀

国有企业是科技创新的国家队。10年来，白银集团始终坚持创新核心地位，深入实施创新发展战略，创新环境持续优化，创新体系日益健全，自主创新能力不断增强，成果转化明显加快，为高质量发展插上了腾飞的翅膀。

产学研用融合，构建创新平台。10 年来，白银集团深化"产学研用"合作，与院士团队、高校、研究院所建立长期合作关系，大力推进集成创新、互动创新。以国家认定企业技术中心创新能力建设为契机，白银集团构建"两院十所一中心"的创新平台，构建 6 个省部级工程实验室及工程技术研究中心和 2 个产业战略联盟，成功跨入"国家技术创新示范企业""国家知识产权示范企业"行列，成立"有色金属智能制造关键共性技术协同创新中心""数字化转型协同创新中心"，组建院士专家工作站，打造创新高端平台，开辟出创新的广阔天地。

知识产权强保护，创新成果现"井喷"。10 年来，白银集团主动加强知识产权工作与企业发展战略的衔接协调，强化知识产权对技术提升、设备改造、科研开发、挖潜增效等方面的促进。2016 年和 2018 年，白银集团成功获取"国家知识产权优势企业""国家知识产权示范企业"名片。10 年来，申请受理专利连续保持 100 件以上，近 3 年申请受理专利更是连续突破 200 件。截至 2022 年 9 月，集团已累计申请受理专利 1986 件，其中，发明专利 834 件。

抢占人才智高点，标注发展新高地。10 年来，白银集团不断提高工程技术人员薪酬和待遇，自主培养创新人才和高技能实用人才，制定推行了一系列科技管理制度和政策措施，调动人才的主观能动性，激励工程技术人员释放创新活力、实现自我价值；依托院士专家工作站，集团全方位培养、引进、用好人才，加快建设人才中心和创新高地，为高质量发展提供了人才支撑。

产业升级出实效，提质增效见真招。综合利用好矿产资源，决定着白银集团的发展高度。10 年来，通过加大技术研发投入，不断积累技术创新成果，白银集团掌握了铜硫分选、铅锌分选、铜铅锌分选、铜钼分选、铜渣分选、铜锌渣选等有色金属行业所有难选工艺，采选设计研究水平在西北地区独树一帜。

"走出去"国际化发展

2022 年 10 月，南美洲秘鲁马尔科纳小镇，首信秘鲁矿业股份公司 680 万吨/年选矿系统项目建设工地，工人们正在忙而有序地铺设线路、安装调试设备，为工程年内顺利试车生产进行着最后的冲刺。

这是白银集团实施股份制改制后，借助中信集团平台和国际化运营优势，走出甘肃、走出国门、走向世界，践行"一带一路"倡议，实施境外资源开发合作的"第一单"所呈现的新气象、新格局。正在收官的 680 万吨/年选矿系统项目，是白银集团与首钢秘鲁铁矿公司合资共同开发首钢秘铁公司多金属尾矿资源的二期项目。二期项目建成后，每年尾矿处理量将达到 1500 万吨，年产铜金属、锌金属、铁精矿都将大幅增长，标志着白银集团低成本开发建设了一座具有良好开发前景和战略价值的中大型有色金属矿山，成为了白银集团重要的海外资源基地和稳定的效益增长极。

南非有着白银集团 10 年磨一剑打造的"黄金板块"。白银集团南非黄金项目发轫于 2012 年联合中非发展基金、长信元素投资基金成功并购南非第一黄金公司。10 年来，第一黄金生产运营总体保持稳定，经营效益喜人，公司荣获中国国际矿业大会"最佳开发奖"，南非中国经贸协会"本土融合奖"和"社会责任突出贡献奖"。

打造南非"黄金板块"，白银集团由此成功迈入中国100大跨国公司行列，为推动集团从基本有色金属向基本有色金属与贵金属并重的转型、从地方区域企业向跨国公司的转型奠定了坚实基础。同时，南非"黄金板块"的快速健康发展，对白银集团在优化产业结构、提升盈利能力、强化市值管理、提升资本市场的认知和评价度等方面形成了重要支撑。

10年的探索与实践，白银集团不仅打造出"走出去"的靓丽名片，而且国际化运营能力持续增强，开展国际合作的理念、模式、手段日益丰富。同时，境外投资运营平台蜚声海外，提升白银集团全球资源配置能力和国际化发展水平，也提升了行业影响力和海外知名度，正在有力有效推动白银集团构建"行业领先、国内一流、国际知名"的现代跨国企业集团。

严守安全底线坚持绿色发展

10年来，白银集团全面贯彻落实习近平总书记关于安全生产的重要指示精神，深入践行习近平生态文明思想，持续推进安全生产治理体系和治理能力现代化，坚持更高质量、更有效率、更加公平、更可持续、更为安全的发展，大踏步走上了生产发展、生活富裕、生态良好的文明发展大道。

10年来，白银集团始终坚持以安全生产责任制落实为主线，深入推进以风险预控为核心的安全生产标准化、风险分级管控与隐患排查治理及本质安全体系建设，持续提升企业安全生产治理能力。以"大宣传、大培训、大检查、大整治"为抓手，以"苦练安全基本功、夯实安全基础管理、打造安全基层阵地"为保障，强化"宣教兴安、法治兴安、科技兴安、作风兴安"举措，实现安全生产状况根本好转。

10年来，白银集团自觉践行绿色发展理念，切实增强底线意识和红线思维，从机构制度建设、环境管理体系建立、法律法规培训、环境问题排查整改、污染防治攻坚战等方面履行环保主体责任，污染治理取得显著成效，废气、废水稳定达标，二氧化硫、烟粉尘、废水排放量持续削减。白银集团的生态环境保护工作在满足达标的基础上正在向持续改善环境质量、解决历史遗留问题不断推进，绿色发展、环保发展、低碳发展已成为自觉行动，企业生产经营与生态环境保护实现了良性互动。

以高质量党建引领高质量发展

党的十八大以来，白银集团坚持把党的领导和党的建设贯穿于改革发展的全过程，坚持党对国有企业的领导不动摇，坚持服务生产经营不偏离，坚持党组织对国有企业选人用人的领导和把关作用不能变，坚持建强基层党组织不放松，把制度建设贯穿到党的建设的始终，以高质量党建引领高质量发展。

一以贯之加强党的政治建设。白银集团建立完善"第一议题"制度和不忘初心、牢记使命长效机制，把学习贯彻习近平总书记重要讲话和重要指示批示精神作为首要落实任务，把政治标准和政治要求贯穿党的建设和业务工作的始终，认真贯彻执行中央和甘肃省委关于加强党的政治建设的各项决策部署，在学思践悟中发现、研究和解决问题，始终把准政治方向、坚定政治信仰、永葆政治本色，不断提高履职尽责本领和学习贯彻效果，以实际行动衷心拥护"两个确立"、增强"四个意识"、坚定"四个自信"、做到"两个维护"。

持之以恒推进党建深度融合。坚持服务生产经营不偏离，把提高企业效益、增强企业竞争力、实现国有资产保值增值作为党建工作的出发点和落脚点，通过目标融合、职责融合、过程融合、考核融合和监督融合，找准基层党组织服务生产经营、联系职工群众、参与基层治理的着力点，建立健全党建考核评价指标体系。扎实开展党建责任制考核，切实发挥考核"指挥棒"作用，推动党建责任制和生产经营责任制有效联动、一体化考核评价，实现党建工作与生产经营工作目标同向、管理同体、责任同负。

坚持不懈加强领导班子建设。白银集团按照"对党忠诚、勇于创新、治企有方、兴企有为、清正廉洁"的"20字"标准，健全完善党管干部、党管人才、选贤任能各项制度，建立完善符合市场经济规律和管理人员成长规律的中层管理人员管理机制，不断优化管理人员队伍结构。积极探索管理人员市场化选拔、考核和激励机制，深入推进经理层任期制和契约化管理。严格落实民主集中制，按照议事规则和决策程序办事，民主决策、科学决策，提升决策议事能力，发挥班子整体功能。

毫不动摇推进全面从严治党。白银集团落实全面从严治党主体责任清单，推动党委主体责任、书记第一责任人责任、班子成员一岗双责和纪委监督责任贯通联动、一体落实。加强政治监督，坚决落实做到"两个维护"政治责任。加强对制度执行情况的监督，加强对关键岗位、重要人员特别是主要负责人的监督，强化对权力集中、资金集中、资源富集、资产聚集的重点部门和关键环节的监督，突出"三重一大"决策和重点经营环节的监督，严格落实中央八项规定及其实施细则精神，持续加大作风建设和反腐败工作力度，一体推进不敢腐、不能腐、不想腐长效机制建设。

　　　　　　　　　　　　　　　　　　　　撰稿人：张金龙

潮起渤海湾畔　科技赋能发展

——党的十八大以来南山铝业高质量发展纪实

弹指一挥间，沧海桑田。40年来，伴随着改革开放的脚步，山东南山铝业股份有限公司（以下简称南山铝业）从8条铝型材生产线起家，砥砺奋进、攻坚克难，在渤海湾畔胶东半岛踏下坚实脚印，创造了中国有色金属工业发展史上一个又一个奇迹。

尤其是党的十八大以来，在各级党委政府的正确领导下，南山铝业积极响应国家产业转型升级的政策号召，积极推进新旧动能转换，持续加强自主技术创新力度，始终保持稳健发展态势，产业核心竞争力不断提升，在高质量发展的道路上砥砺奋进、勇毅前行。2022年10月26日，南山铝业发布业绩公告，今年前三季度归属于上市公司股东的净利润为28.49亿元，同比增长13.07%。

从打破罐体料国外垄断，到成为宝马、通用、大众等企业的汽车板供应商，再到生产飞机发动机锻件、起落架、航空板……如今，致力于高质量发展进程中"蹚新路"的南山铝业，在推动产业高端化方面走得更加笃定。

在党的二十大胜利召开之际，让我们回顾南山铝业10年来走过的风雨历程，感受它高质量发展的铿锵足音……

发轫南山　东海再启新程

南山铝业创建于1992年。在20世纪90年代，市场嗅觉灵敏的南山铝业就开始瞄准建筑铝材市场，随着中国城镇化和房地产行业的发展而收获第一桶金。在1999年上市之后，公司对市场变化反应更加迅速，逐渐在能源、氧化铝、电解铝到铝型材、高精度铝板/带/箔、高端锻件等领域进行全产业链布局，占据了产业发展高地。

进入20世纪的第二个10年，从转型创新中不断获益的南山铝业，以"振兴民族工业，致力产业报国"为己任，结合国家"中国制造2025"发展战略，响应山东省政府加快推进新旧动能转换的号召，为满足国内航空产业和战略新兴产业发展的需求，决定建设集挤压、中厚板、锻造于一体的航空材料产业园项目。

根据规划，南山航空材料产业园占地约3000亩，立足生产高技术含量、高附加值的2系、5系、6系、7系及铝锂合金，产品定位高端铝加工产业，产品将覆盖航空、航天、核电、轨道交通、汽车、容器罐等领域的全部铝合金。南山铝业大手笔，不仅加速推进南山铝产业结构的进一步调整和优化，也填补了我国航空等领域高精产品的空白，有助于增强我国铝加工实力。

2012年8月，注定在南山铝业的发展史上留下闪光的足印。这一天，南山航空材料产业园整体园区开工建设。在随后的几年时间内，一条条生产线，一座座车间在这里拔地而起——

　　2012 年 11 月，南山铝业年产 20 万吨超大规格高性能特种铝合金材料生产线项目正式启动。

　　2013 年 1 月，南山航空材料产业园挤压项目厂房建设完工；3 月，南山航空材料产业园中厚板项目动工建设；4 月，南山铝业 20 万吨中厚板项目冷轧厂开始建设；5 月，南山航空材料产业园锻造项目开工。

　　2015 年 2 月，南山铝业第一块硬合金扁锭成功出炉，标志着南山铝业铝加工生产能力正在向航空领域大步迈进；10 月，国内首家具有自主知识产权的汽车用铝合金板材产品在南山航空材料产业园下线，填补了国内车身用铝合金板材空白……

　　随着一个个高端项目的陆续建成，南山航空材料产业园从平面到立体，从规划到现实，南山铝业也形成南山、东海一体两翼的发展新格局。可以预见的是，南山航空材料产业园全部建成后将成为亚洲乃至世界领先的航空航天用铝合金产品加工基地，为新型合金材料国产化提供强有力的材料支撑，承载着中国打造航空航天强国的梦想。

南山铝业铝板带生产线

链式运作　助推特色发展

　　作为中国铝加工技术标杆企业，南山铝业借助生产、研发优势，高起点打造了全球唯一同地区拥有热电、氧化铝、电解铝、熔铸、铝型材/热轧—冷轧—箔轧/锻压、废铝回收（再生利用）的完整铝加工最短距离产业链。

　　链式运作，作为南山铝业成功的发展模式一直贯穿始终。这是南山铝业在发展中通过实践逐步确立的经济发展模式，通过把主导产业拉长延伸，形成既有原料基地，又有加工环节，还有终端产品的完整链条，以最低的成本、最高的效率，优化配置各种经济要素，实现企业利益最大化。正是通过不断地整合、优化、升级产业链，南山铝业形成了完整的价值创造体系，找到了一条适合南山铝业特色的发展之路。

南山铝业亮眼的成绩单得益于南山铝业面向未来的远见卓识，以及近年来一以贯之对高端制造的深耕细作。长期以来，南山铝业始终坚持"创新驱动、高端制造、精深加工"的发展战略，加大研发力度，对产品结构持续优化升级，通过改良、优化上游生产工艺，研发、突破下游产品技术，逐渐成为高端铝加工行业龙头企业。经过多年发展，南山铝业形成了以汽车板、航空板、动力电池箔等高附加值产品为主的产品布局，部分高端产品的研发实现了从跟跑者、并行者到领跑者的跨越。

凭借完整的产业链优势及实力雄厚的研发机构和专业化人才团队，南山铝业填补了我国在航空、汽车、轨道交通等行业高端铝材生产上的空白。经过多年发展，南山铝业如今的主要客户为中国商飞、美国波音、英国罗罗、法国赛峰等飞机制造厂；宝马、大众、通用等汽车主机厂及国内外知名新能源汽车厂家；中国中车、中车四方、长春客车等轨道交通设备制造厂；中粮、奥瑞金、宝钢、皇冠、昇兴、波尔等国内外大型制罐企业。南山铝业已成为世界尖端的航空材料供应商俱乐部成员和国内首家乘用车四门两盖铝板生产商，公司规模和产品质量稳居铝产业企业前列。

科技创新　释放发展活力

"创新是引领发展的第一动力。"10年来，矢志不渝，自主创新、勇攀科技高峰成为南山铝业的高度共识。公司始终把自主创新放在新时代南山铝业发展的逻辑起点，高度重视自主科技创新，并将其作为核心竞争力来打造，大力实施创新驱动战略，成功实施了一批重大科技创新项目，推动企业智能化、信息化、绿色化升级。

在具体工作中，南山铝业秉承"研发一代、应用一代、预研一代、储备一代"的科技工作方针，健全科研机构，营造科研环境，建设了设施一流的国家级企业技术中心和科学技术研究院，以科技创新为发展动力，助推产业跨越式升级。

此外，南山铝业与中科院、中国工程院、中南大学、东北大学、山东大学等国内外多所著名大学、科研机构建立了紧密的合作关系，开展技术科研合作和技术交流，共同进行技术研究、咨询服务、推广和转化成果，并建立起一套完整的"产学研"自主创新体系。

创新驱动发展，重大成果丰硕。截至目前，南山铝业主持起草十几项国家标准，获得全国有色金属标准化技术委员会"技术标准优秀奖"；拥有5个国家级研发平台，国家铝合金压力加工工程技术研究中心是行业唯一国家级工程技术研究中心；被科技部授予"国家高新技术企业"和"国家创新型企业"等荣誉，并荣获"山东省省长质量奖"。

人才强企　重视质量建设

企业发展的秘诀在于创新，而创新的关键在于人才。人才是企业快速发展的有力支撑，南山铝业大力实施人才强企战略，牢固确立人才引领发展的战略地位，将人才建设放在关键环节，与生产经营工作相结合，全方位培养、引进、用好人才。公司对外聘请世界一流铝行业专家，打造知识体系完善、技术经验丰富、涵盖美欧一流专业人才的外国专家团队；对内进一步加大干部人才队伍建设，打造志存高远、德才并重、勇于开拓的科技领军人才队伍，促进了南山科技工作及人才培养引进工作的深入开展。

同时，南山铝业高度重视质量基础建设，通过国家级企业技术中心平台整合并建成了计量控制部、标准化办公室、检测中心和体系认证办公室，还设立了知识产权管理部、科技信息部等职能部门，用于强化自有知识产权维护、品牌发展及质量战略发展。同时，该公司以大数据为基础建立完善了质量数据管理平台，满足终端用户对产品数据的追溯要求。

近年来，南山铝业大力响应国家"一带一路"倡议，积极寻求"走出去"以优化产业结构、获取经济资源、争取技术来源、突破贸易壁垒，着力培育经济全球化条件下参与国际经济合作和竞争的新优势，加快打造具有国际竞争力的大型跨国公司。

自2017年开始，南山铝业在印尼宾坦岛规划建设年产能100万吨氧化铝项目，配套建设装机容量75兆瓦热电厂、年吞吐量2000万吨的港口，以及供热回水再利用、废水处理、烟气处理、粉煤灰综合利用等项目，用于氧化铝投产供电、产品和原材料运输等，项目完成后，公司将能够利用印尼当地丰富的铝土矿及煤炭资源生产氧化铝，实现较低成本的氧化铝产能提升，增强公司的发展后劲。

高端产品　稳居行业前列

在航空挤压材方面，南山铝业先后通过AS9100体系认证、NADCAP热处理认证和NDT认证。依托国家铝合金压力加工工程技术研究中心，完成了系列化研发任务，承担并完成了两项科技计划项目，顺利通过了中商飞、波音、空客等客户的7个航空材料认证项目，成为国内首家、目前唯一一家同时为中商飞、空客和波音供货的航空铝挤压材的供应商。

作为国内民航上下游合作企业，南山铝业与中国商飞上飞院合作共建"民机铝合金材料联合研究中心"，以我国民机铝材完全国产化为建设目标，致力于建立和完善我国航空材料产业链服务体系，同时充分利用中国商飞上飞院在飞机制造方面积累的经验和南山铝业在飞机用铝合金产品的技术优势，力争打造国际一流的民用航空铝合金材料研究中心。

南山铝业正通过不断技改创新，提升航空产品认证效率，助力国产大飞机C919，推动航空板国产化进程。目前，南山铝业成功突破国内航空机翼长桁用铝型材核心关键技术，已通过2系和7系多个合金型号厚板及薄板产品的认证，并开始批量供货，7系铝合金厚板已应用于C919、ARJ21等机型生产。现阶段，公司还参与到了C929部分产品的研发工作中。

而作为国内首家乘用车四门两盖铝板生产商，南山铝业是目前国内唯一一家可以批量供货汽车板，且产品认证进度最快、认证厂家最多、认证合金最全的厂家。公司先后通过多个主机厂的认证并形成批量供货，供货产品基本覆盖各合资、外资、自主品牌及新势力造车品牌，已经成为各主机厂材料国产化的首选厂家。如今的南山铝业，正在智能化、轻量化的新赛道上展示新的风采。

目前，南山铝业正在加快现有产能的释放，并按计划稳步推进汽车板三期项目的建设进度。该项目建成后，公司汽车板产能将达到28万吨。同时，南山铝业还将根据市场情况探讨其他生产线转产，以保证公司产能能够应对未来新能源市场的增长需求。

循环利用　助力"双碳"目标

2020年，我国明确提出2030年碳达峰和2060年碳中和的目标。"双碳"目标倡导绿色、环保、低碳的生活方式，加快降低碳排放步伐，有利于引导绿色技术创新，提高产业和经济的全球竞争力。

作为高端铝产品加工企业的南山铝业，积极响应国家"双碳"目标的提出，在国内率先通过了全产业链ASI认证，树立起负责任、绿色环保的企业形象。为了有效减少碳排放，南山铝业一方面积极应用新材料、新技术，有效开展节能降耗工作；另一方面，新建设10万吨再生铝保级利用项目，并与核心客户达成了废铝回收并循环利用的业务合作，探索铝行业绿色发展，致力于循环利用、资源节约、环境保护等方面的应用。

在位于南山航空材料产业园的南山铝业高品质再生铝保级综合利用项目现场，一座座大型的钢结构厂房拔地而起，项目雏形已经显现。工地上，工程车辆往来穿梭，工人们正在紧张有序地进行厂房各项基础施工建设。该项目计划2023年建成投产。

南山铝业高品质再生铝保级综合利用项目回收加工环节的边角废料，采用先进的废铝保级再生熔炼工艺实现废料循环再利用，不仅节省能耗，还可有效减少二氧化碳、固体废料、废液和废渣的排放，具有明显的节能减排优势。

再生铝作为绿色环保产业，其保级回收，将是未来我国再生铝行业的努力方向，是我国铝工业体系实现可持续发展的重要环节。在"双碳"目标大背景下，南山铝业依托企业完整的产业链优势、先进的节能环保设施与技术优势，通过废铝保级回收再利用发展循环经济，可以实现整个铝产业链的节能减排与清洁生产。

南山铝业将以再生铝保级综合利用项目为切入点，着力布局再生铝业务，形成可持续发展闭环。该项目在推动公司稳健经营的同时，填补了企业高品质再生铝循环保级利用领域的空白，为行业绿色可持续发展发挥示范带头作用。

党的十八大以来，回首10年征程，南山铝业人踔厉奋发的身影历历在目；回首10年奋进，一个个成绩、一次次跨越，都是南山铝业奋力推动传统制造业转型升级的成果。

书写这10年，南山铝业绘就新时代高质量发展的熠熠征途；铭刻这10年，南山铝业继往开来续写灿烂辉煌的高质量发展篇章。

新时代、新发展、新南山。面向未来，一幅崭新的蓝图，正在南山铝业徐徐展开。站在历史的新起点上，南山铝业将乘党的二十大胜利召开的东风，在南山控股"整合、优化、创新、提升、发展"十字方针指引下，持续提高自主研发能力，加强产业结构优化升级，继续布局高端产品领域，以科技创新、技改研发为依托，利用全产业链优势，将公司打造成世界先进的汽车、航空材料供应商和世界一流的铝加工企业，在广阔的国际有色金属行业舞台上，展现南山风采，塑造中国品牌，为振兴我国铝业的光荣与梦想、助推地方经济高质量作出新的更大贡献，不负于历史和未来，不负于伟大的新时代！

撰稿人：南山文化传媒公司

中国黄金坚定信念跟党走的砥砺奋进之路

——党的十八大以来发展纪实

党的十八大以来，中国黄金既面临着国际金价出现断崖式下跌、安全环保标准提高、矿业行业竞争加剧、财税金融政策变化、央企整合重组的"五大挑战"，也面临经济效益滑坡、部分企业资源出现危机、关键人才不足、管理基础不牢、改革创新不足的"五大问题"。

大力发展转型寻找发展新途径

中国黄金党委带领广大干部职工系统深入地学习贯彻习近平新时代中国特色社会主义思想，以习近平总书记关于国有企业改革发展的重要论述为遵循，以"扎根""铸魂"工程为抓手，引领企业高质量发展。紧密围绕"创造最具价值并受人尊敬的世界一流黄金产业集团"的愿景目标和"开发金山银山，保护绿水青山，践行新发展理念，推动高质量发展"的发展原则，紧抓"迎接挑战练内功，改革创新谋发展"两条主线，以坚持发展为中心，以深化改革为动力，以提质增效为核心，弘扬"马上就办、真抓实干"的精神，强身健体、干事创业、稳扎稳打、自我革新，实现了黄金资源储量、精炼金产量、黄金投资产品市场占有率、黄金选冶技术水平、上海黄金交易所综合类会员实物黄金交易量五项指标位居国内行业第一。

中国黄金改革向纵深挺进。在国资委的领导下，中国黄金于2017年成立董事会，并顺利完成了总部和子企业的公司制改制工作及组织体系变革工作，建立健全了权责明确、规范运作的公司法人治理结构。按照"完善治理、强化激励、突出主业、提高效率"的要求，中国黄金将深化混合所有制改革作为重要突破口，大力推进权属企业的体制机制改革工作。七大板块之一中国黄金集团黄金珠宝股份有限公司（以下简称中金珠宝）混改试点落地，通过引入战略投资者和产业投资者、实施员工持股计划等举措，引入资金22.5亿元，探索市场化运作模式，有效推动了国有资本做强、做优、做大。按照国资委关于"处僵治困""压减""剥离企业办社会职能"等改革工作的要求，中国黄金坚持出实招、抓实效，31户"僵尸"、特困企业中，基本达到了国资委"处僵治困"主体完成标准；59户企业"压减"任务已全部完成。三项制度改革发挥积极作用，明确了管理人员能上能下、员工能进能出、收入能增能减的改革任务和目标，稳步推进了精简人员、压缩机构、优化收入分配制度、严格选用优秀人才的各项工作。

中国黄金发展转型突破。秉承依靠内涵增长向高质量发展转型的理念，中国黄金上下一心，以锲而不舍的劲头和艰苦卓绝的努力，实现了资源质量、资产质量、安全质量、经营质量的全面变革。以地质科研为引领，21户企业想千方设百计实施矿业权拓展，确保新增远景资源量538吨，不断筑牢资源生命线。以稳中求进为根本，矿产金产量突破1吨的企业逐步增加，人均劳动生产总值显著提高，人均创利快速增长，实现了生产效益的逆

中国黄金集团有限公司总部大楼

势突围。以防范化解重大风险尤其是金融风险为保障，持续降低融资成本、改善资产质量，以成本领先为核心，从"优化五率、降低五费"，到"全过程成本管控"，再到"全过程成本管控+科技进步""全过程成本管控+改革创新"，鼓足干劲做好降成本的"减法"、技术创新的"乘法"。

中国黄金科技进步和人才培养全面提升。以科技创新为驱动，成功推出了行业氰渣污染控制技术规范等一批国内领先、世界先进的科技成果和标准规范，参与制订标准的数量占黄金行业标准总数的95%以上，建成了国家级研发平台4个、CNAS认证检验检测中心10个、省级研发平台15个、博士后工作站1个、劳模工作室45个，高新技术企业由2016年的11家猛增至33家。涌现出了一批国家级科技人才，入选千人计划2人、万人计划1人、百千万工程1人、创新团队1个、全国青年科技拔尖人才1人、有色金属行业功勋人物1人，累计享受国务院特殊津贴专家14人。培育了一支站位高、视野宽、技术强的产业能手队伍，拥有"全国技术能手"5人、"中央企业技术能手"42人。

中国黄金党的建设全面加强。按照党中央和国资委党委的部署要求，中国黄金着力在抓重点、补短板、提质量、强效果方面下功夫，推动党建质量全面提升。坚持加强党的领导，党建工作有关内容纳入了总部和子公司的章程，所属122家符合条件的企业全部建立党组织并基本实现"一肩挑"，确保党组织在公司治理结构中的法定地位。坚持夯实党建基础，落实了基层党组织全覆盖，实现了两个"百分之一"强党建，创造性地开展了全方位、多层次、有聚焦的培训学习。坚持发挥国有企业的独特优势，严格执行"三重一大"决策制度，充分发挥党委"把方向、管大局、保落实"的领导作用。坚持全面从严治党，充实纪检、巡视队伍力量，将内外部巡视、监督检查、党风廉政建设的整改成果运用到位。坚持提升党建工作水平，建立健全党建工作专项督查机制和科学规范的党建工作考核体系，用好指挥棒，既报经济账，又报党建账。坚持推动党建工作与中心工作深度融合，聚焦中央打好三大攻坚战的要求，牢记中央企业的社会责任，在精准扶贫工作中持续发力，久久为功，打造了"黄金"特色的大扶贫格局，定点帮扶的河南省新蔡县已成功实现脱贫摘帽。

产业升级走出企业发展困境

2013 年底，黄金价格由涨转跌，在全球企业"求生存"之际，作为我国黄金行业唯一的中央企业，中国黄金在支撑人民币国际化、维护国家金融安全的维度，进行了更多更深的思考和探索。特别是党的十九大以来，习近平总书记发出了培育具有全球竞争力的世界一流企业的动员令，中国黄金坚决响应，登高望远，重整行装再出发。

瞄准世界一流企业的前沿领域加快升级，扩大行业影响力。牵头成立了黄金产业技术创新战略联盟并担任理事长单位，加入了中国矿业科学协同创新联盟、中国矿产资源与材料应用创新联盟，并分别担任副理事长单位。圆满完成了国家黄金领域的科技攻关任务，自主知识产权的生物氧化提金技术持续处于全球领先水平，使我国西南地区近 3000 吨难采取的黄金资源得以开发利用。培育了一批可借鉴、可复制、可推广的数字化矿山建设成果，所属湖北三鑫、西藏华泰龙、贵州锦丰、内蒙古乌山等 11 家企业列入国家级两化融合管理体系贯标示范企业，两化融合水平雄踞行业前沿。严守"既开发金山银山，又保护绿水青山"的环保底线，打造了 31 家"国家级绿色矿山试点单位"，占国内行业入围企业总数 40%，一改过去矿业"污染和落后"的代名词，蜕变为绿色环保的新型现代化矿山。正是由于在生产经营质量、技术工艺攻关、生态环境治理等领域锲而不舍向前走，中国黄金实现了"打铁还需自身硬"。2015 年 9 月，由世界黄金协会普通会员擢升为董事会成员；2016 年 4 月，作为行业龙头企业和国内最大的金锭生产商，成为首批"上海金"集中定价和提供参考价成员单位；2018 年 9 月，世界黄金协会决定建立中国委员会，中国黄金更加深度地参与到新型全球化黄金市场的构建，也能够为推动中国黄金市场国际化作出更大贡献。

积极践行"一带一路"倡议，提升国际化水平。作为我国首家获得国际行业最高信用评级（BBB 级）的黄金企业，中国黄金充分认识到提升国际化水平的重要战略意义，积极践行"走出去"和"一带一路"倡议，科学组织、有序推进了一批重点项目，尤其在"一带一路"沿线方面取得了长足的进步。索瑞米项目作为刚果（布）第一座集采、选、冶于一体的现代化矿山，仅用 16 个月建成，并生产出了刚果（布）国家的第一块铜板；吉尔吉斯斯坦丘克项目、库鲁项目建设已取得重要进展，库鲁项目建成后将成为吉国最大的铜金矿生产基地和该国最大的地下开采矿山；克鲁奇金矿项目是中国黄金行业第一个进入俄罗斯战略资源的大型金矿开发项目，开创了金砖国家框架下中、俄、印三国矿业开发合作的先河，并首次实现了中国国有企业对俄罗斯战略级资源的控股。通过合理布局海外并购，增加金资源储量 142 吨。黄金资源储备的增加、国际合作的深化，将为人民币国际化提供有效的价值支撑和信用保证。

扬帆黄金金融市场，促进产业健康发展。中国黄金深度研判行业趋势，抓住机遇，稳妥地推进产融结合。围绕主业需求，做强做优财务公司、融资租赁公司等金融业务板块平台，资金集中度、资产使用效率和资金融通能力进一步增强。中金珠宝积极拓展黄金产品金融业务，创新商业模式，深度结合"互联网+"，打造了全新的黄金设计、订制、托管、租赁、销售和回购服务体系，被评为第二届"最牛责任品牌十佳企业"，为中国老百姓拓宽了一条储藏财富、配置资产的安全与便捷之路。以"开发有限资源，满足无限需求"为核心宗旨的中国黄金，在创造价值的道路上，或许不是出发最早、速度最快的，但永远追随着国家和人民的脚步前行。

2019 年，在新中国成立 70 周年之际，中国黄金行业从世界黄金版图的追随者成长为领军者，中国黄金作为中国黄金协会会长单位，带领行业鼎力前行，共赢未来。从努力为国家增加外汇和黄金储备，到努力维护国家金融安全，支撑人民币国际化，中国黄金走过了一段艰难坎坷的历程，也绘就了一幅开拓奋进的长卷。在与国家建设同频共振的历史洪流中，创造的成就已载入史册。新时代的责任使命呼唤新的担当，我们将不忘初心，继续前进，坚决贯彻党的十九大精神，以习近平新时代中国特色社会主义思想为指引，坚持稳中求进的工作总基调，坚持新发展理念，坚持全面深化改革，以更加奋发有为的进取心和干事创业的激情力扛中央企业的使命责任，以更加开放的视野和主动的姿态融入全球黄金行业的发展，努力做强做优做大国有资本，为建设具有全球竞争力的世界一流黄金产业集团不懈奋斗！

沐浴春风斗志昂扬贯彻新发展理念

2020 年 11 月，中国黄金集团党的十九届五中全会精神学习研讨会在黄浦江畔召开，研究探讨并决定了关系集团公司未来事业发展的诸多重大问题。党的十八大以来，中国黄金集团坚持完整、准确、全面贯彻新发展理念，加快融入新发展格局，向改革要效率、向发展要质量。上海会议后，更是加快步伐将"规划图"变成"施工图"，把"时间表"变成"计程表"。"我们目前存在的问题只能通过改革去解决，制定的战略只能通过改革去落实，美好的蓝图只能通过改革去实现。"2019 年底，卢进担任中国黄金集团党委书记、董事长后，提出的第一个大构想就是解放思想、改革创新。锦绣前程，催人奋进。近两年，中国黄金集团改革发展捷报频传。

改革是最强大的发展动力，上市则意味着向世界一流企业迈出坚实一步。中国黄金集团借力资本市场能够实现国企改革更深、更广的领域推进知之甚深，也对利用资本市场推进高质量发展充满信心。近年来，中国黄金集团积极谋划孵育发展潜力大、成长速度快、盈利能力强的企业成为深化改革的"排头兵"。2021 年 2 月 5 日，中国黄金集团黄金珠宝股份有限公司首次登陆 A 股市场，成为国家发改委混改第二批试点、国企改革"双百行动"首单主板上市企业；2021 年 4 月 9 日，中金辐照股份有限公司在深交所鸣锣开市，成为辐照消毒灭菌行业第一家 A 股 IPO 企业。上市，无疑是中国黄金集团改革战略取得的最具代表性和最有力的证明，也是实现世界一流黄金产业集团征途中必不可少的步骤。目前，中国黄金集团以中金黄金、中国黄金国际、中国黄金、中金辐照为依托，深耕改革创新与资本市场的"四足鼎立"局面已然形成，治理体系更加完善，中国特色现代企业制度更加成熟。

"国企要聚焦主责主业，健全市场化经营机制，提高核心竞争力。"2020 年政府工作报告为解决国有企业改革发展路上的问题勾勒出清晰的发展方向。中国黄金集团也在 2020

年工作会议上明确提出，要围绕国家战略持续推动国有资本布局优化，聚焦主责主业落实责任担当。在此规划下，中国黄金集团指导中金建设在坚持市场标准、严格合规合法的前提下，陆续成立了矿业建设市场开发工作小组、中金建设矿业分公司，与长春黄金设计院、研究院签署战略合作协议，进一步将业务回归到矿业建设主业。有进有退、有所为有所不为，集中力量办好自己的事，全力以赴推动板块高质量发展，目前中金建设回归主责主业的道路越走越顺。

改革事业的成败，关键在能否充分调动"人"的积极性。中国黄金集团坚持问题导向、突出重点领域，将改革的重点瞄准了干部队伍，进一步规范选人用人程序，全方位、多角度对干部进行考察，既看日常工作中的担当，又看大事、要事、难事中的表现，加强综合分析研判，确保了全面、客观、公正。"要大胆地用，让敢担当善作为的'75后''80后''90后'优秀年轻干部有舞台、受褒奖；要坚决地调，对不作为慢作为的、不愿负责、不敢碰硬的干部要坚决处理、果断调整；建立健全容错机制，该容的容，让广大干部轻装上阵、撸起袖子加油干，进一步激励领导干部担当作为。"中国黄金集团在2020年年中工作报告上的部署，给了干事创业者信心。2021年初，中国黄金集团总部11个职能部门22名副总经理以上岗位全部实行公开竞聘和社会招聘。2022年6月，又深化总部7个部门副总经理以上岗位和36个处级岗位的公开竞聘。中金黄金、中金香港两个主业上市公司总部的34名部门副总经理以上岗位全部实施公开竞聘；中金贸易、中金珠宝、中金地质等重点改革单位，全面实施竞争性上岗。目前，已推动符合条件的110家企业、390名经理层成员全部实行任期制和契约化管理。按照"总体水平看业绩、个人收入看贡献、突出业绩有奖励"的核心导向，搭建完善了能增能减的收入分配体系，有效打通市场化选人用人的"中梗阻"。

"多少事，从来急，天地转，光阴迫，一万年太久，只争朝夕。"历史的时空中镌刻下清晰的改革路径，时代的大潮里激荡着强劲的改革动力。在新的赶考路上，中国黄金集团破浪前行，必将释放出更加强大的优势和动能。

撰稿人：方文田

"铜锌" 筑梦迈上高质量发展新征程

——党的十八大以来中国铜业发展纪实

深秋，灿烂的阳光温暖明媚，渐深的秋色赏心悦目，云岭大地草木葳蕤、万物萌生、欣欣向荣。

2022年10月16日上午10点，中国铜业有限公司（以下简称中国铜业）党委领导班子及全司各级党组织和广大党员干部员工怀着激动心情，在不同地域、不同环境、不同企业、不同岗位，以不同方式收听收看了中国共产党第二十次全国代表大会开幕会，聆听习近平总书记对过去5年和新时代10年伟大变革的总结回顾，对以中国式现代化推进第二个百年奋斗目标、实现中华民族伟大复兴战略目标的统筹擘画。

过去5年和新时代10年，也是中国铜业创新发展、高质量发展的时期。中国铜业在党中央和上级党组织领导下，励精图治、创新求强，以"钉钉子"精神，勠力同心建设具有全球竞争力的世界一流铜铅锌企业，夯实了发展根基。

战略引导锚定高质量发展目标

昆明华云路1号，中铜大厦38楼文化展厅入口处，静静陈列着一枚巨大的古钱币"嘉靖通宝"，古钱币外圆内方，规整的方口仿佛在不停地诉说着中国铜铅锌悠久历史。

中国铜铅锌历史像一条生生不息的长河蜿蜒流淌了3000多年，从火烧水泼采矿、人背马驮运输到现代化机械生产和智能化物流通商，在中华大地上留下许多璀璨夺目的精神财富和文化瑰宝。千百年来，这些精神财富经久不衰，像无声的坐标引导有色金属行业风雨无阻、坚定向前。

中国铜业创立于2008年8月，注册地北京，原为中铝集团铜板块事业部。党的十八大，尤其是党的十九大以来，中国铜业积极服从服务于党和国家发展战略，坚定贯彻落实有色金属工业战略布局和可持续发展决策部署，在中铝集团党组（更名前为中铝公司）的直接领导下，从小到大"滚雪球"似的不断发展壮大。依托中铝集团"做强铜业"战略和"4+4+4"产业布局要求，中国铜业加快战略调整和产业布局，10年间，先后完成普朗铜矿，海外秘鲁矿业一、二期工程，东南铜业新建，赤峰云铜40万吨搬迁扩建，华中铜业高精度铜板带箔二期，洛阳铜加工450生产线搬迁等一大批重点项目、重点工程。为保证项目建成一个盈利一个，中国铜业针对新建、扩建项目存在的短板弱项，组织强有力的专家团队，对口支援有关项目，大力度开展科技攻关和流程优化，实现较短时间内达标达产、实现盈利、创造价值，为中国铜业健康发展注入强大的内生动力。

紧接着，中国铜业加快与云南省的战略合作，根据与云南省战略合作协议，制订"两平台、一基地、三千亿"和"三步走"战略目标，逆势前行，加快发展自己。2016年4月13日，中国铜业总部从北京南迁昆明，成为落户云南的第一家"中字头"央企。2018

中国铜业有限公司办公大厦

年5月，中国铜业战略管理实现重大突破，与云南冶金推进了千亿级战略重组整合。这次战略重组，是中国有色金属历史上最大的战略重组，改变了世界有色金属行业格局，巩固了中铝集团有色金属龙头企业的地位，夯实了云南"有色金属王国"桂冠，战略意义非凡。同年，中国铜业积极争取上级支持，主要领导亲自挂帅，组织精干力量，千方百计促成金鼎锌业回到云南省怀抱，回归中国铜业。经此一役，中国铜业铜铅锌资源基础更加巩固，规模实力更加强劲。

"十三五"圆满收官，中国铜业没有止步不前，积极适应形势任务和环境变化，高位推动，顶层设计"十四五"发展规划，明确发展战略，聚力"两个625"目标，巩固形成"2+5"产业格局，并为此谋篇布局，调兵遣将，配置资源，优化结构，致力打造原创技术"策源地"和铜铅锌产业链"链长"，加快建设世界一流铜铅锌企业步伐。

随着战略管理不断深化，AOE价值管理、阿米巴经营模式、葡萄图、全要素对标等一大批先进管理理念、管理工具先后投入企业实践，初见成效。中国铜业生产经营指标"芝麻开花节节高"，有色金属产量、营业收入、工业增加值实现"三连增"。2020 年铜产业营业收入率先突破千亿规模，如期实现"三步走"合作的"第一步"目标。

新冠肺炎疫情暴发以来，中国铜业党委坚决贯彻习近平总书记重要讲话、重要指示批示精神，按照党中央决策部署及集团党组工作安排，统筹推进企业疫情防控和生产经营工作，积极支持地方抗击疫情，信心不减、节奏不变、力度不降，始终保持"越是艰险越向前"昂扬势头，2021 年营业收入突破 2119 亿元，提前两年完成"三步走"战略合作目标"第二步"目标。2022 年，中国铜业继续抓住全要素对标不放，对标对表、提质增效；深化阿米巴经营模式推广使用，想方设法开源节流、降本增效，克服疫情影响、市场波动、动力限制等不利因素，持续保持稳健发展的良好态势，生产经营运行总体平稳有序，主要产品产量完成进度目标，产品销售和原料采购跑赢市场，生产经营效益持续提升。

风雨兼程一路走来，中国铜业与时俱进、灵活机动调整发展战略，使企业始终保持在一个持续健康的发展状态。经过公司成立以来 14 年的艰苦奋斗，党的十八大以来 10 年的脱胎换骨，党的十九大以来 5 年的快速跃进，实现从量到质的根本性嬗变。中国铜业从最初不足 20 人、3 个部门的铜事业部发展成为组织机构健全，资产规模、营业收入均超 2000 亿元的大型企业集团，产业分布 7 个国家、国内 17 个省（自治区、直辖市），覆盖云南省 15 个州市，拥有 2 家 A 股上市公司，2 个国家认定企业技术中心，3 个省级工程技术研究中心，11 家高新技术企业，1 个国家级企业博士后工作站，集探矿、采矿、选矿、冶炼、加工、科研和贸易全产业链为一体，大力响应国家"一带一路"倡议，积极"走出去"参与全球竞争、合作的跨国公司。

中国铜业规模效应和作用地位大幅提升，踏上了建设世界一流铜铅锌企业的新征程。

党建领航筑牢高质量发展根基

1953 年 2 月 15 日，玉溪市易门县绿汁江畔锣鼓喧天鞭炮齐鸣，中国铜业所属云南铜业玉溪矿业分公司前身易门矿务局正式成立，展开轰轰烈烈的探矿工作，于 1956 年提交第一期地质报告书并获得国家批准。

同期，东川铜矿、大姚铜矿、牟定铜矿、云南冶炼厂、会泽铅锌矿及洛阳铜业等一大批国家重点铜铅锌项目，先后开工建设，成为新中国第一批资源型企业，筚路蓝缕、屡建功勋，为国家经济建设、国防军工工作出了历史性贡献。

半个多世纪后成立的中国铜业是中国铜铅锌历史血脉的坚定继承者和发扬光大者。

中国铜业成立 9 年后的 2017 年 4 月，中国铜业与云铜集团实现"一体化"管理。同月，在中共云南省委、中铝集团党组的关心支持下，中国铜业党委正式成立。从那时起，中国铜业党委坚定站在有色金属工业发展的时代前列，贯彻落实"两个一以贯之"，发挥把方向、管大局、促落实的领导作用，统揽全局，引领中铜、云铜、云冶、金鼎"三支半队伍"走到了一起，开启了内涵式高质量发展新征程。

在企业发展中坚持党的领导不动摇。2019 年 12 月，中国铜业召开第一次党代会，选举产生第一届党委班子和纪委班子，提出"112345"党建工作思路，把党中央和中铝集团党组的要求具体化为引导企业发展、完善企业治理、促进企业进步的具体抓手；把坚持党

云南铜业股份有限公司西南铜业分公司鸟瞰图

的领导、加强党的建设充分融入企业治理、生产经营、改革发展全过程。

近年来，公司党委坚持"第一议题"学习，坚持"融入中心、从严治党、夯实基础"思路，主题不变、频道不换，加力推动党建融入中心，从严推进全面管党治党，持续筑牢基层工作基础，党的建设与企业中心任务、中心工作、基层实际情况紧密结合、"双向融合"、相辅相成。强化党委决策前置，把党的领导嵌入公司法人治理，推动党建入章，厘清权责边界，出台决策清单，完善党委在公司重大生产经营活动中的领导作用，把好企业发展方向，企业治理结构、组织结构、生产结构、管理结构不断调整优化。

在企业发展中坚持夯实党建基础不动摇，制订基层组织建设和基础工作"双基"清单，出台干部选拔"流程详解"，运用好党建"双百分"考核机制，根据实际探索形成"1+3"考核细则，用活考核"指挥棒"。常态推进"两带两创"，党组织带党员创效，党员带群众创新，党组织的战斗堡垒作用与党员的先锋模范作用叠加放大。持续开展党员"双提升""四比四看"活动，加快党员素质和业绩提升，党性和能力增强。以"大监督"为抓手，加强党内监督检查，"四责"协同，"四改"联动，党建工作全面、深度融入生产业务，无缝对接，党组织领导能力、党的建设引领保障能力、驾驭复杂局面的能力不断增强，党组织建设、党建工作基础不断夯实。

在企业发展中坚持发挥党员作用不动摇。中国铜业有近 9000 名在岗党员。这些党员像星星之火分布在中国铜业所属的矿山、冶炼、加工、科研、管理一线，在抗击疫情、复工复产、满负荷生产过程中发挥了先锋模范作用。助力党员打造"金刚钻"，以技能比武、党建比武、劳动竞赛、实务培训等为抓手，学思践悟、比学赶超，倒逼党员增强本领消除短板，努力成为管理骨干、业务骨干和生产骨干。引导党员修炼"金钟罩"，以民主生活会、组织生活会、"三会一课"、主题党日、标准化党支部建设等为载体，"红脸出汗"、率先垂范，督促党员增强党性缩小差距，努力提高政治觉悟、政治品德、政治能力。帮助党员戴好"紧箍咒"，以"微课堂""微视频""微党课"等为依托，"靶向"解决"无知无畏、应知应会"问题，筑牢"高线"，守住"底线"。中国铜业久久为功、持之以恒的党员队伍建设开辟了新境界，广大党员始终同员工群众想在一起、干在一起，涌现出以全国劳模耿家盛、徐成东、缪沅振、罗丽萍、李天永等为代表的一大批具有坚定政治觉悟、高超工作本领和自觉历史担当的共产党员，成为引领保障中国铜业内涵式高质量发展的重要支撑力量。

在企业发展中坚持履行社会责任不动摇。投资近 20 亿元推进环保治理提升及"绿色矿山""绿色工厂"建设，建成永昌铅锌、彝良驰宏、荣达矿业、青海鸿鑫、凉山矿业、思茅山水、驰宏会泽矿业等一批国家级、省级绿色矿山，驰宏锌锗、驰宏综合利用、滇中有色、驰宏呼伦贝尔等一批国家级和省级绿色工厂。加大节能、清洁、低碳技术研发和应用，淘汰高耗能落后设备，推进再生资源利用，深度挖掘"城市矿山"不断向内涵式高质量发展方向迈进。连续多年发布社会责任报告、绿色可持续发展报告、降碳报告。2021年，中国铜业首次发布了《2015—2020 精准扶贫白皮书》，面向社会"点亮"扶贫地图，用"数据"见证扶贫成效。数据显示，2015 年以来，中国铜业党委自觉把企业发展融入国家脱贫攻坚战略，在企业发展的同时不忘兼顾所在地方发展，积极助力扶贫攻坚，以"工业"投资为牵引，创新形成"工业+教育、就业、产业、基建、医疗……""1+N"扶贫模式，累计投入 1.6 亿元，开展脱贫攻坚项目 140 多项，以产业带地方，以扶贫助乡村，为打赢脱贫攻坚战贡献了中铜力量。

中国铜业党委坚定站在高质量发展前沿。2020 年、2021 年党建考核排名中铝集团战略单元第一，2022 年 7 月，被中铝集团党组命名为唯一"示范战略单元党委"，所属 2 个企业党委被命名为示范企业党委，20 个党支部被命名为示范党支部，成为领导和堪当发展责任的骨干力量。

深化改革提升高质量发展动力

2022 年是国企改革三年行动的"收官"之年，中国铜业交出一张沉甸甸的成绩单，截至 2022 年 9 月 13 日，完成 6 大类、71 项改革措施、218 个分项目标，完成率达到100%。这个成绩单标志着中国铜业三年改革行动取得阶段性胜利。

中国铜业一路走来在改革中得以发展，也必将在持续推进改革中实现新的突破。

国企改革三年行动之初，该公司坚定响应党中央号召及国务院国资委和中铝集团部署，第一时间组织安排，明确责任领导和责任部门，制订行动计划和时间表，挂图作业，统筹推进，形成"1331"工作机制，"1"即定好"作战图"和"施工图"，做实做细推进方案和任务清单，对照国务院国资委和集团工作部署，确定公司 6 类 71 项改革措施、218个分项目标，把公司重点改革项目全面涵盖其中，为国企改革三年行动明确了方向；"3"即压实分管领导、牵头单位、实体企业三级责任，加强压力传导；"3"即着眼改革任务，完善月度例会、宣传培训、动态督办 3 个机制，对进度慢、效果差的单位每月亮牌督办和立体画像，把改革成效与经营业绩考核和领导班子考核评价挂钩；"1"即创办公司《改革动态》电子刊，及时跟进宣传国家政策、通报改革进展，推广先进经验。行之有效的工作机制有力保障了改革行动顺利进行。

中国铜业领导班子深刻认识到，坚持党的领导、加强党的建设，是我国国有企业的光荣传统，是国有企业的"根"和"魂"；认识到在国企改革三年行动中，要高质量推进两个"一以贯之"落地见效，发挥党组织领导作用，建立完善现代企业制度，不断提升公司治理水平和治理能力。公司据此加强顶层设计，对相关改革子项作出系统安排，防止出现制度设计"上下一般粗"的情况。在各级党政组织主导下，中铜本部和二级、三级实体企业按照时间节点完成《决策权限管理办法》《"三重一大"决策制度实施办法》《党委会议事规则》的修订、制订，完成全级次企业董事会应建尽建，外部董事占多数等工作，39户设立董事会的企业全部制订了授权制度，夯实了公司治理的"四梁八柱"。

市场化改革是中国铜业的破冰之旅。在公司统筹指挥下，各实体企业围绕公司战略目标，加快国企改革三年行动，紧锣密鼓地推进产业结构优化，稳健持续地推进市场化改革，全级次企业中，54户企业完成经理层任期制和契约化管理改革，15户企业实施职业经理人改革，推行分层分类成本管控法和"4+2+1"成本控制法。吸收引进先进管理理念和工具，循序渐进推动冶炼企业、矿山企业推广使用阿米巴经营管理工具，人人都是"经营者"的理念深入人心，经营效果持续显现，仅阿米巴工具使用推广一项便增利2亿元以上。

所属实体企业在改革中获得新的突破，使多年来深陷亏损旋涡的华中铜业、洛阳铜加工、昆明铜业等铜加工企业整体实现扭亏，以新的姿态和气势闯荡市场。

云南铜业、驰宏锌锗两个上市公司本部通过事业部制改革，进一步理顺矿山、冶炼板块的管理关系，专业化、规范化管理能力不断提升，运转更加顺畅、有效。所属企业经过任期制契约化和"大部制"机构改革，生产活力更加强劲，管理效能更加明显，干部员工的积极性空前高昂。

中铜机关本部加快去机关化、行政化，深入持久开展转作风、提效能活动，大力度祛除形式主义、官僚主义，从上至下积极为基层和基层班组减负。

一分耕耘，一分收获。中国铜业的改革受到上级组织的肯定和关注，6个改革案例分别被国务院国资委改革局《国有企业改革动态》、国务院国资委网站采用，一大批经验、亮点和典型案例报道在中央和行业报刊发表。

文化助力建构高质量发展高地

"建设一流企业，我们要奋勇争先，中国的铜铅锌啊，永立在潮前，世界的铜铅锌啊，中铜谱写篇！"

歌声飞扬，萦绕中铜员工的心头，激情奔涌，化为干事创业的动力。2022年9月26日，中国铜业"喜迎二十大、建功新时代"歌咏比赛在中铜大厦4楼多功能厅火热进行，参赛选手嘹亮的歌声热忱抒发着对党的一片深情。

这是中国铜业多年来致力打造具有时代特征和中铜特色企业文化的一个缩影。

中国铜业致力于建设具有全球竞争力的世界一流铜铅锌企业，从创立之初，便把企业文化纳入公司管理的重要议事日程，成立企业文化领导小组，统筹公司文化建设工作。2019年，结合公司所属企业中"一五"期间建设的骨干企业众多、历史文化丰富的特点，开展了深入系统的企业文化调研，以史为镜，向前追溯中国铜业从哪里来，往后展望中国铜业向哪里去，理性思考当下中国铜业如何自我革命、自我提升、自我突破的重大现实课题，孜孜以求地挖掘、培育、提炼具有时代特征和行业特色的企业文化。进入新时代，中国铜业以社会主义核心价值观为指导，认真贯彻落实中铝集团企业文化建设"四统一"要求，自上而下确立了"励精图治、创新求强"的企业精神，"责任、诚信、开放、卓越"

的核心价值观，提炼了"铜锌筑梦、与您同行"的核心理念，统一了企业视觉识别系统和企业品牌战略，把个性文化融入集团共性文化中，深耕厚植、落地生根。从2019年起，中国铜业加快了企业文化建设步伐，由理念宣贯阶段转入实践固化阶段，投资建设了中国铜业企业文化展厅，与所属实体企业原有文化展厅、党建阵地、精神文明实践中心"连"成一片，形成中国铜业文化建设宣贯实践矩阵，以各具特色的展示，向社会呈现了一个可见、有感、可亲、有爱的中国铜业，进一步提升了中国铜业品牌影响力。同时，创作了充分体现中国铜业行业特色、地域特征、精神气质的《中铜之歌》，推广传唱，把中国铜业干部员工积极向上、意气风发的精神状态作了生动形象的诠释和展示。创建以驰宏锌锗综合利用、迪庆有色、楚雄矿冶等企业为代表的中铝集团企业文化示范基地8个，申报获批以洛阳铜加工和易门铜矿为代表的国家级工业遗产2个，编辑出版企业文化书刊，建设"红途""宏图"等小型多样的文化阵地，以鲜活的文化实践、文化产品和文化案例展示中国铜业新形象、新气质。

文化在潜移默化中发挥作用。中国铜业在实践中认识到，企业文化建设必须与中心工作有机结合，从2020年8月25日起，以公司创立之日为基点，创立了"中铜文化月"，每年确定一个文化主题，开展为期一个月的系列文化宣贯实践和创新活动。截至2022年8月，已连续举办企业文化、安全环保、科技创新等三届"文化月"，把文化融入企业工作，有力促进"两个文明"建设，团结凝聚了员工群众。

2022年，中国铜业以伟大建党精神为源头，以"励精图治、创新求强"中铝精神为核心，开展了集中收集梳理各实体企业特色精神的活动，发动实体企业梳理特色精神59个，较好地丰富了中铜精神谱系，其中"海拔高、追求更高，缺氧气、不缺志气"的普朗精神，"精益求精、执着坚守、薪火相传"的工匠精神入列中铝精神谱系，成为中铜人的精神丰碑。

文化建设没有止境，为引导公司广大党员、干部和员工听党话、感党恩、跟党走，党的二十大召开前夕，公司组织了"喜迎二十大、建功新时代"职工歌咏比赛，有9家二级企业积极参加，组织职工演唱了《永远跟党走》等一系列热情歌颂党歌颂祖国的脍炙人口的红歌、颂歌、赞歌。

空谈误国、实干兴邦。沿着党指引的方向，中国铜业自信自强、守正创新，踔厉奋发、勇毅前行，大踏步迈上建设世界一流铜铅锌企业的新征程。

撰稿人：杨跃祥

非凡十年，洛钼交出亮丽成绩单

党的十八大以来的 10 年，是踔厉奋发、笃行不怠的 10 年，是党和国家事业取得历史性成就、发生历史性变革的 10 年，是在党史、新中国史、改革开放史、社会主义发展史、中华民族发展史上具有里程碑意义的 10 年。

10 年，洛阳钼业深入学习贯彻习近平新时代中国特色社会主义思想，一心一意谋发展、凝心聚力绘蓝图、踔厉奋发加油干，书写了一页拼搏奋斗的动人篇章，绘就了一幅波澜壮阔的拼搏画卷。

10 年，奋斗赋予时间以意义，也赠予登攀者更壮丽的风景。近日，全国工商联在北京发布"2022 中国民营企业 500 强""2022 中国制造业民营企业 500 强""2022 中国服务业民营企业 100 强"等榜单及调研分析报告。洛阳钼业不仅以 2021 年 1738.63 亿元的营收成为河南民企"营收王"，还强势进入民企 500 强的前 50 名。

数据无声，却充满力量。

前不久，洛阳钼业再次交出完美答卷，以 917.67 亿元的营业收入成为今年上半年上市豫企营收冠军。洛阳钼业 2022 年上半年铜产量同比增加 24.4%，钴产量同比增加 49.3%，铌产量同比增加 17.2%，产品产量攀升叠加市场价格上扬，公司业绩创历史同期新高。

洛阳钼业

资源优势从不是这一巨大成就的核心要义。

过去 10 年，洛阳钼业海外并购乃至五洲同框，科技赋能，智慧矿山、绿色矿山生机勃发、公司面貌日新月异、发展后劲持续增强……一组组耀眼数字、一项项喜人成果、一个个历史成就，谱写了新时代洛阳钼业高质量发展的华丽篇章。

十年探索路，艰苦也峥嵘

洛阳钼业的前身是河南省栾川县一家传统的国有钼矿企业，一度亏损严重、负债累累。为了摆脱发展困境，牢牢抓住国企改革的战略机遇，2003 年成功实施了第一次混合所有制改革。2012 年，洛阳钼业在实现第一次改制的基础上，逆势而上，完成了第二轮改革，由国有控股向民资控股的体制转换，转型成为"政府引导、国资参股、民资控股"的混合所有制跨国公司。

"两次混改"激发了洛钼集团跨越发展的内生动力，加快了战略转型，奠定了国际化发展的基础。为了撬开不断跨越的大门，早在 2007 年香港 H 股上市之后，洛钼人殚精竭虑，胼手胝足。2012 年成功回归 A 股，同时拥有了"A+H"两地上市平台。这两次上市为洛钼跨越发展提供了更高平台，成功实现了由生产经营企业向产融结合型企业的转变。

上市后，洛阳钼业严格按照香港和上海两大证券市场的要求规范自己的经营管理，提升了公司的整体素质，视野更加开阔，目标更加远大，经营更加国际化。从此，洛钼插上了腾飞的翅膀，实现了高速扩张、弯道超车、持续跨越。

2013 年 12 月，洛阳钼业以 8.2 亿美元成功从力拓集团手中购买澳洲北帕克斯铜金矿80% 的权益；2016 年，位于刚果（金）的铜钴矿中的 56% 权益及英美资源位于巴西的铌和磷业务两大海外收购项目完美收官；2019 年收购欧洲的 IXM 贸易平台，拓展公司业务范围，增加公司发展新引擎；2020 年，成功收购了位于刚果（金）待开发的 KFM 的铜钴矿，进一步巩固了在电池金属和电动汽车领域的地位，使公司在全球能源行业转型中发挥重要作用。

今年 9 月底，洛阳钼业发布公告称，宁德时代通过子公司增资，从而获得洛阳钼业24.68% 股权，成为公司第二大股东。有研报称，作为全球最大的动力电池供应商，宁德时代入股洛阳钼业，无疑将使得公司钴资源发挥出最大的效益。

洛钼的发展跨越山海，走向世界。"作为企业管理者，从洛阳钼业的发展来看，通过资本市场获得资金，成功实施多起重大海外并购，拥有世界级的资源，奠定了国际化矿业公司的基础，成为中国企业'走出去'的代表，为国家资源安全、全球能源转型作出贡献。"企业负责人如是说。

十年创新路，智能矿山领跑全国

一直以来，洛阳钼业以务实管用的举措为公司发展长远规划、明确任务、规范管理。2006—2012 年，经过艰难的探索和技术攻关，与西安建筑科技大学合作实施了 GPS 卡调系统、自动计量系统、GPS 自动配矿系统、生产数据监控系统、多金属露天矿数字化采矿集成系统。该系统具有可视化、集成化、自动化、系统化四大特点功能，大幅降低了劳动强度，保证了配矿、计量及调度准确性，开启了洛阳钼业建设智能矿山的新征程。

极具挑战的发展历程，锻造出极不平凡的发展成就。10 年间，洛阳钼业战胜了很多的"前所未有""艰难时刻"，不断在自我变革中开辟发展新路。

公司员工王薇心有余悸地回忆起她实习期在某家公司时的一次亲历："汛期采空区毫无预警的突然塌陷，庞大的钻机电铲随着地面塌陷下去。虽然工作人员已经提前疏散，但还是让人后怕。"

为了让这样的隐患不再发生，2016 年，根据矿区地质条件、资源赋存形态及生产作业环境进行一系列优化，逐步建立了一套高效、实用、安全的露天矿穿孔、铲装和运输生产设备智能化系统，实现了穿孔、铲装、运输的无人高效作业。

2018 年，洛阳钼业与河南跃薪再度联手，15 台纯电动矿用卡车成功开启智能驾驶新模式。

"艰难刻苦的探索和攻关，带来的是技术上的风暴。"三道庄矿区展厅讲解员钟颖甜说。从参加工作至今，她见证了智慧矿山征程上的每个变化。2019 年，洛阳钼业牵手华为，在全国率先将 5G 技术应用在无人矿山领域。讲述洛钼职工如何通过手柄采矿成为了她的又一项工作。

智能引领绿色未来。洛阳钼业以建设智能化矿山为引领，通过"人控"到"数控"的升级，从"自动"到"智能"的跨越，画下了开创绿色可持续发展的蓝图。

"为了画好绿色矿山这幅'山水画'，我们在矿区亮化和环境保护上做足了文章"，矿区负责人介绍道。10 年来洛钼始终坚持生态文明建设与智能化建设"双轮驱动"，优化绿色矿山建设顶层设计，加大矿山生态环境综合治理力度，加快绿色环保技术工艺装备升级换代，推进矿区图斑修复，不断激发绿色发展的内生动力，着力打造矿山环境生态化的绿色矿山建设新格局。

截至 2022 年，洛阳钼业已累计在矿山绿化及环境恢复投资超 1.4 亿元，共计生态修复面积 277 万平方米。昔日荒芜的排渣场变成了茵茵绿洲，一眼望不到边的莽莽林海不仅起到了固沙防尘的作用，而且达到了凝聚绿色共识。推行绿色生产的目标，两座矿山均被授予"国家级绿色矿山"。

资源有限、创新无限。洛阳钼业智慧矿山的建设，就是一部"战胜自然、超越自我"的科技创新史，也是一部"保护自然、生态和谐"的绿色发展史。正是洛钼永不服输、挑战不可能精神的一路坚持、一路鼓舞，令洛钼在 10 年超速发展的征途上底气十足。

十年创效路，让管理迈上新台阶

10 年来，洛钼集团坚持自我革命，不断提升发展战略目标，以提质增效、节支降耗、激发活力等工作为着力点，向全流程要效益，推动管理再上新台阶。

面对矿石性质的复杂多变，准确识变，主动应变，持续加大科研力度，攻克技术难关，是洛钼技术人的极致追求。穿行在洛钼的检测中心，无声的力量又以另一种方式涤荡人心。炎炎夏日，化验室内 3 个 700 多摄氏度的马弗炉、3 台 1200 摄氏度的熔样机和 1 个电热板，面对上百成千的样品，检测中心的工作人员，自我加压，提高精准度，为技术质量的稳固和创新，守好"底盘"。

为拓展完善海外布局，构建全球一体化网络建设，洛钼人勇于突破，敢于变革。2021

年 9 月启动"千里钼"领航计划（SAP 项目），该系统以 SAP ERP 为核心，通过打造洛阳钼业全球统一的 ERP+OA+采购平台+销售平台+费控+财务共享的"数智化"底座，有效地实现纵向管控落地，横向业务协同。

为持续推进节能降耗的空间，开创能源管理、节能降耗的新局面。通过数据分析和市场调研，对设备进行节能技改；全面推广设备点检定修机制，提前发现和处置设备隐患，有效提高设备运转率，降低非计划检修时间；持续推进全额集采，进一步降低采购成本；布局光伏发电项目，清洁能源和节能降耗双效达成。

走进车间，一名职工正对水分筛磨损严重拆除下来的 14 块入料端盲板利用废旧钢板进行焊接修复。"我们车间制订了严格的考核指标，并将成本指标层层分解到班组、个人，车间每个月都要围绕降本增效、创新创效指标给大家分配任务。"该车间维修班职工一边说着，一边算起了账："像这个操作，每块节省 1946 元，可继续使用半年以上，节约成本 2.7 万元。"这是洛钼一直以来倡导艰苦奋斗，勤俭节约的一个缩影。

打造行业标杆，铸就洛钼匠心。看发展、看成就，也要看队伍、看状态。洛阳钼业积极推行人才池计划，组织开发人才地图，开展"矿世奇才"管培生、"点石成金"内训师、"LDP"领导力等多层级员工培训。多措并举搭建员工成长通道，优化干部管理制度，持续提供人才队伍保障。

"保证尾矿库安全，保证人民生命财产安全，就是我工作的意义。"洛钼中国区尾矿库护坝工陈安冬，在洛钼找到了职业的光荣与梦想。

"在 TFM 矿区里工作与历练，见证这个庞大矿区繁茂的同时，也可以为自己的青春抒写出万千不同的美妙痕迹。"TFM 矿区的赵欣发出了青春的告白。

"成本都是节省出来的""效益都是优化出来的""效率都是管理出来的"，精益管理、提质创效的种子在洛钼的发展中落地生花。新一代的洛钼人依然热血沸腾，依然跨越向前。

十年发展路，党建护航定方向

党旗飘扬，引路定向。过去的 10 年，洛钼集团各项生产经营指标不断攀升，一条红色主动脉贯穿其中，凝聚起推动企业高质量发展的磅礴力量。

10 年来，洛钼集团党委扎实开展"两学一做"学习教育、"不忘初心、牢记使命"主题教育。不断激活"神经末梢"，增强基层党建活力。凝聚"全局一盘棋、拧成一股绳"的强大优势，提升企业文化影响力，全力推动实现高质量发展。

强化阵地建设，是洛阳钼业不断深化党性教育、推动党建高质量发展的具体举措。"一名党员就是一面旗帜""光荣在党 50 年"等线上专栏，刊登优秀共产党员的先进事迹，以先进为标杆，以典型为榜样，激励全体党员干部对标先进、锐意进取；线下打造1522 党建基地，图文并茂地展现了中共一大到中共十九大的辉煌历程，浓缩了中国共产党人艰苦创业、继往开来的丰功伟绩。

用脚步丈量初心使命，用行动灌注信仰担当。洛阳钼业党委通过"坐下来"学理论，"走出去"观变迁，在党史学习中淬炼初心本色。走进巍巍太行山，探索流淌半个世纪的精神力量；迈入焦裕禄纪念馆，用心体味他革命的一生、战斗的一生、光辉的一生；举办千人红歌汇演，营造庆祝建党百年华诞的浓厚氛围。党建工作成为洛钼高质量发展"看得见"的凝聚力、创新力和战斗力。

82个党支部，1733名党员。广大党员在集团发展、生产经营一线作奉献、创佳绩；在疫情防控阻击战中当先锋、打头阵；在脱贫攻坚工作中践初心、担使命；在突破关键核心技术难题中当尖刀、挑重担。让共产党员唱"主角"，将每一个基层党支部都锻造成坚强的战斗堡垒，切实把党的政治优势、组织优势和群众优势转化为洛钼发展的优势。

10年来，洛阳钼业坚持严的主基调不动摇，围绕中心，聚焦主业，落实责任，强化监督，严格执纪，严肃问责，持之以恒正风肃纪，全力营造风清气正的良好政治环境。

10年来，洛钼集团纪委不断探索，建立健全保障生产经营监督工作机制。紧紧围绕公司生产经营和重要事项，采用定期巡视巡察、督查督办、效能监察等形式，压实责任，明确任务，切实将制度优势转化为治理效能，为深入推进全面从严治党和从严治企提供持久动力。

2022年7月，洛阳钼业颁布了《洛阳栾川钼业集团股份有限公司高压线管理制度》，通过持续修订更新廉政制度和规定，进一步推动了廉洁从业向纵深发展。

十年文化路，为企业发展增厚底蕴

10年来，洛阳钼业高度重视文化发展，企业文化方向明确、思路清晰。在转型发展中勇于担当、坚韧不拔；在组织升级中迎难而上、善于作为，形成企业跨越发展的强大合力。

10年间，洛钼文化发展有了新格局、新风尚、新局面。倡导"追求卓越、开放透明、唯实求真、团结协作"的核心价值观，培育"挑战不可能"的企业精神。"能者重权、功者厚禄、忠者有所依"体现成果分享理念。

10年间，职工参与文化建设更自觉、共享文化发展成果的获得感、幸福感更强烈。"洛钼好声音"文艺汇演，充分展示了洛钼广大职工精神风貌，更是让洛钼文化深入人心，凝聚人心，温暖人心；"安全月知识竞赛"坚持创新与创意，动漫题、视频题给在场观众上了一节生动的安全课、党史课、文化课；职工运动会坚持竞技性与全民健身相结合，演出频次、参与人数、观看职工人数连创新高，掀起了全民健身的热潮，真正办成了职工的节日，公司的体育盛会。

10年间，洛钼人感受文化的方式，发生了巨大变化。《企业文化大家谈》《对话洛钼人》《小张带你看洛钼》等视频一经推出，就火爆出圈。小张带领洛钼人同频聚焦生产一线，看绿色矿山、看生产设备、看一线职工。文化的力量从幕后到台前，3000加的点赞，是洛阳钼业的人心所向。

在这10年里，洛阳钼业不断创新文化活动载体、延伸文化活动触角、丰富文化活动内涵。精神"放松"、文化"解渴"、心理"解压"，为广大职工营造出良好的生活和工作氛围，也为企业文化建设源源不断地注入了生机与活力。

十年责任路，美好生活聚合力

职工的幸福指数，很大程度系于民生。洛阳钼业在高质量发展的道路上，始终牵挂

"民之所忧"，力行"民之所盼"，持续加强基础性、普惠性、兜底性民生保障建设，协同推进脱贫攻坚、乡村振兴，与广大员工和社会各界共享改革发展成果，共创美好幸福生活。

"家一般的温暖，家人一样的守护。"在该集团钨业一公司"职工小家"揭牌仪式上，任红霞激动地说道。职工小家以"服务生产经营、关爱职工生活"为办"家"理念，以创建学习型班组，争当知识型职工为主题，涵盖职工书屋、医疗服务等功能分区，把"家"建在一线、建在车间、服务最一线职工。

办一件实事，暖一片人心，聚一份力量。洛阳钼业每年拨付500万元医疗救助金，为职工构筑了一道"病前有预防、病中有保障、病后有救助"的坚实屏障。用一张"大网"，兜住每一个人的生存底线、生活尊严，托举起每一名职工的希望、梦想、未来。

10年的光阴荏苒，10年的春华秋实。10年来，洛钼积极推进生态文明建设、树立安全发展理念、履行社会责任、助力乡村振兴、抓好疫情防控。洛钼的发展如春风化雨，似春雷滚动，有春气奋发。

在定点帮扶村，修桥铺路，兴建产业扶贫项目，积极助力乡村振兴；在教育领域，捐资助教、金秋助学，为5000余名学子解除后顾之忧；在扶贫济困方面，专人负责、定期慰问，发扬慈善大爱的精神；疫情防控、环境治理、自然灾害等领域都有洛钼的身影，累计为公益事业捐款超过3亿元，每一段慈善之行，串成了洛钼的漫漫公益路。

行者不孤。这一切只是洛阳钼业履行社会责任的一个缩影。作为一家全球布局的矿业公司，洛阳钼业在全球各运营地的扶贫、医疗卫生、教育、农业等项目及基础设施和搬迁安置等各个方面，为当地人带来清洁的水源、照明的电力、持续的收入来源和更好的医疗、教育条件，彻底地改变了当地居民的生存环境。

用心种花，终得芬芳，洛阳钼业一步一个脚印踏实做公益，在愈发茂盛的公益树上收获累累硕果。年度全球经济贡献总和超过1100亿元，MSCI ESG评级荣升A级，2020年以来，洛阳钼业先后获评"中国ESG优秀企业500强""中国企业扶贫100强""2020金蜜蜂企业社会责任中国榜·海外履责企业"，连续两年获得"河南社会责任企业"、《财经》杂志可持续发展"长青奖"。这一切让我们看到了企业乐善尽责、助力社会和谐发展上应有的模样。

10年，在历史的长河中只是瞬间，但这一瞬间所经历的探索、创新、突破，将永远留在历史的记忆中，发出独特的光彩。蓝图已绘就，信心壮满怀。"新的起点，意味着新的考验，也蕴含着新的希望。我们将再接再厉，永不懈怠、永不停滞，奔向更加美好的明天。"洛钼人心声炽热、志刚如磐。

撰稿人：胡莹莹

神火集团：勇毅前行　跨越发展

2012—2022 年。

十年路勇毅前行，九万里风鹏正举。

这是神火集团发展历程中极不平凡、充满挑战的 10 年，也是神火集团干部职工勠力同心、攻坚突破的 10 年，更是神火集团心无旁骛、奋力拼搏，全力谱写转型跨越发展新篇章的 10 年。

10 年来，神火集团坚持发展第一要务，主要经济指标增速明显提升，资产总额逼近 600 亿元，营收规模突破 350 亿元大关，负债率降至最低水平，利润从 2012 年 0.32 亿元，到 2021 年 79.54 亿元，创造了神火奇迹。

10 年来，神火集团稳字当头、稳中求进，一次次于"稳""进"切换中闯关夺隘、奋勇争先，淘汰落后产能、加快改革改制、强化资本运作，用时间换空间，国有资产减损和保值增值成效显著，彰显了神火定力。

10 年来，神火集团踏准时代节奏、把握发展脉搏，主动识变、求变、应变，推动传统产业转型升级，新兴产业高位切入，主要产品实物量大幅上升，上缴税金总额累计 209 亿元，贡献了神火力量。

……

10 年跨越赶超，神火巨变！10 年征途如虹，神火正劲！

开创发展新业态　转型升级路更宽

在商丘神火铝箔工厂车间，一排排铝箔卷银光闪闪，其中，有着全球最薄铝箔——0.0045 毫米，其厚度仅有头发丝的 1/15，这也是神火铝箔最有竞争力的出口单品，每天有近 150 吨的成品从这里走向全球各国。高端铝箔产业已然成为神火集团转型升级的又一成功力作。

一路走来，奋力追梦。这 10 年，神火集团紧紧围绕供给侧结构性改革部署，聚力推动产业结构之变，加快推动传统产业"老树发新枝"、新兴产业"新芽成大树"，成长为全国第六大电解铝生产商，高端铝箔产能位列河南第一，新业态塑造了转型跨越发展新优势。

超前谋划电解铝板块，积极响应国家"西部大开发"号召和"一带一路"倡议，两次实施"产业西移"战略，投建的新疆神火 80 万吨煤电铝项目及云南神火 90 万吨绿色水电铝材项目均成为强有力的经济增长点。坚持"优化用能、绿色发展"，推广使用电解槽炉况智能分析、自动打壳等集成系统，吨铝电耗达到行业先进水平。聚焦"双碳"目标，勇当"碳路先锋"。2022 年，新疆神火五彩湾 1000 兆瓦光伏发电项目展开多轮论证，预计到 2025 年，神火集团电解铝板块新能源占比将达到 63% 以上，适应未来发展趋势的绿色铝业布局基本形成。

云南神火行业内最先进的宽推杆积放式悬挂输送系统

积极落实"加快建设制造强国"战略，将铝基新材料作为转型发力的重要方向，坚持"瞄准高端、延链强链"，抢先切入新型合金、超薄双零铝箔、储能电池箔等高端赛道，在河南商丘投资 28 亿元建设神火新材项目，补齐了企业铝加工产业下游缺口。其中，年产 5.5 万吨双零铝箔项目全部采用世界顶级设备，产品质量达到国际一流水平，出口全球 60 余个国家和地区，已经带来了 25 亿元产值、1.48 亿元利润的丰厚回报。年产 6.5 万吨新能源动力电池材料项目已经与多家新能源汽车行业头部企业达成合作意向，高端铝箔竞争力站牢全国第一方阵。

以壮士断腕的魄力淘汰煤炭落后产能，率先关闭煤矿 38 对，退出煤炭产能 562 万吨，并合理利用产能减量置换政策，煤炭产业结构在一退一进与一减一加的转换中得到全面优化，梁北煤矿产能由 90 万吨/年提升至 240 万吨/年，年产 60 万吨大磨岭煤矿顺利投产。坚持"绿色开采、清洁利用"，大力发展信息化、机械化、智能化，主力矿井智能采掘工作面占比 60% 以上，单产单进水平环比提高 63.4%、47.6%。煤炭板块行业排名争先进位，2021 年，位列中国煤炭企业 50 强第 29 位。

电力板块坚持"循环利用，环保高效"，机组全部实现超低排放。余热利用、热能收集等绿色循环经济项目获得重大进展，特别是全力展开高岭土掺烧攻关，从单台掺配到推广至 4 台机组，开创了全国高岭土掺烧并能实现机组满负荷运行的先例。发供电量连续 3 年创下双超百亿千瓦时的佳绩，为 350 兆瓦级超临界机组的运行管理树立了行业标杆。深入促进煤电运营优化升级，2020 年，推动豫东首例燃煤自备电厂转为公用，并圆满完成了每年的居民冬季供暖任务。

大力实施"资本+实体"双轮驱动战略，资本运作风生水起，2020 年，神火股份非公开发行股票募集资金净额 20.24 亿元，创下该公司上市以来历史新高。与多个投资者联合设立多支绿色发展基金、股权基金，不仅为神火集团争取到了 17.93 亿元的资金支持，还充分发挥了资本"探路"的作用，赢得了产业转型发展先机。同时，成立神火新能源发展公司，与商丘梁园区政府合作建设再生铝基新材料产业园，与帅翼驰签订合作协议，全面拓展新能源、储能新材料、再生铝等新领域，为神火转型新经济新产业奠定了基础。

10 年不懈努力，10 年砥砺前行。10 年来，神火集团煤炭、电解铝、电力、铝精深加工、商贸物流、机械加工、地产物业等多个板块逐渐壮大，具有神火特色的现代产业体系初步建立，为做强做优做大铺就了一条永续发展的稳健之路。

构建发展新格局　　创新变革活力满

7 月盛夏，阳光铝材扩建项目经理竞聘会现场一片火热，5 名管理人员同台竞聘。项目经理实行任期制，项目结束后聘任关系自动解除，新项目需要再次竞聘上岗，"能上能下"机制让干部队伍充分流动起来，而这只是神火集团深化改革的一个缩影。

一路走来，披荆斩棘。这 10 年，神火集团聚力推动改革创新之变，着力出实招、破瓶颈、增活力，协调推动各方，夯实改革"四梁八柱"，创新驱动协调发展，新格局激发了转型跨越发展新动能。

从体制机制入手，实施三级管理体制变革，明确集团总部的战略决策中心定位，子分公司的产业发展中心定位，厂矿实体企业的生产经营中心定位。推行"集约化、专业化"管理，推进财务、销售、人力、采购的集中统一和协同共享。积极推进混合所有制改革，在新建项目及控股子公司层面引入战略投资者，国企混改工作迈出实质性步伐。

牢牢牵住三项制度改革这一"牛鼻子"，完善《神火集团干部管理办法》等 9 项组织人事制度，所属企业经理层实现任期制和契约化管理，中层干部全面推行聘任制，引入正副职关键绩效清单及干部述职质量评价机制，同步加快扁平化管理，子分公司机构数核减比例达 26.1%，干部编制数压缩 31.2%，企业管控水平得以有效提升。

将薪酬管理作为提高企业人力资源效能的重要手段，制订工资总额挂钩考核办法，实行月度工资总额考核结算机制，探索实施切块工资总额考核结算制度，充分利用薪酬分配杠杆，调动各单位降本增效、增产创效的积极性、主动性。健全全级次薪酬绩效考核办法，探索实施了股权激励、超额利润分享等机制，全面激发了基层企业和干部职工的活力。

坚持把科技创新摆在更加突出的位置，在已有的永城博士后工作站、上海铝加工研究院、新疆铝加工技术中心基础上，在商丘、云南分别增设了 1 个铝加工研究所，1 个科技创新基地，形成四地协调、联合创新的科研布局。

围绕产业链布局创新链，全力攻关了一系列重大技术难题，获得国家授权专利 100 项以上，煤炭、有色金属行业科学技术奖 13 项、省煤炭学会科学技术奖 12 项、商丘市科技进步奖 8 项。新近系含水层下提高开采上限技术、500 千安超大型铝电解高效节能与智能制造关键技术研究与应用等成果达到国际领先水平。神火铝箔取得专利 10 余项，中国铝箔创新奖 4 项，获评全球第二大无菌包生产商"最佳供应商"，成功轧制行业首个 0.0045 毫米超薄产品。

全力推进"5G 神火""数字神火"建设，云南神火建成云南及有色金属行业首个 5G 智慧工厂，先后荣获工信部第三届 5G 应用大赛全国一等奖、第四届 5G 应用标杆赛全国金奖，被多个国家级 5G 应用案例库收录，与海尔集团、南方电网等知名企业一起被树为全国标杆。

打造管理决策"智慧大脑"，投入 2000 余万元建设了经营管控一体化平台，构建"ERP+IoT（物联网）+AI 大数据"运维体系，实现了核心业务流程再造与机制变革，预计投用后每年可节省运营费用超千万元。

共建共享步子实　职工点滴总关情

2021 年 11 月 12 日，神火集团官微的首页新闻刷屏了朋友圈，薛湖煤矿职工耿靖杰荣获第三届"神火大工匠"并获得 1 万元奖金。而在前一天，在第十届全国煤炭行业技能竞赛中斩获佳绩的王浩迪等职工事迹同样受到广泛关注。工匠"牛人"、技术"大拿"名利双收的故事，激励着越来越多的一线工人在技能跑道上争先恐后晋级。

一路走来，共享荣光。这 10 年，神火集团聚力推动普惠均衡之变，坚持"以职工为中心"的发展理念，推动产业工人队伍建设改革不断深化，职工人均收入年均增长 9%，企业文化能级不断提升，一大批高技能人才脱颖而出，转型跨越发展新成效化为满满的获得感和幸福感。

要想工人奔跑，首先要有跑道，其次要有动力。神火集团于 2017 年启动"神火工匠"建设工程，并将其纳入人才发展规划，对荣获"神火大工匠""神火工匠"的职工分别奖励 1 万元、3000 元，对其领衔创建的创新工作室中表现优异的，则给予 1 万~5 万元不等的经费资助。

自"神火工匠"建设工程启动以来，共带动各级培育各类工匠人才 120 名，创建劳模工匠创新工作室 26 个，累计开展技术攻关和创新成果千余项，创造经济效益 20 亿元，1 人入选"中原大工匠"，3 人入选"商丘大工匠"。

紧扣产业发展方向和省级重点产业链，围绕重点工程项目建设任务，组织开展多种形式的技能竞赛活动，特别是自 2014 年以来，一年一次的职工职业技能运动会已经成为职工展示自我的盛会，每年的参赛者达 6000 人以上，层层加码的奖励支出每年也都高达 500 万元以上。

对更多普通工人的成长，神火集团抓住"人人持证、技能河南"建设的良好机遇，仅 2022 年上半年，就帮助 62 人完成了中级注册安全工程师取证，2406 人通过职业技能等级资格审核。除此之外，在搭建学技练艺平台上做足功夫，投入 1500 多万元建设了集团三级培训机构，建立了煤矿井下实景培训基地，并与商丘工学院、永城职业学院等职业培训高校签订了合作协议，使全体职工求学有处、求教有师，仅 2021 年就举办各类技能培训 820 期，培训人员达 8600 余人次。

"发展路上不让一名困难职工掉队，不让一名职工子女上不起学"是神火集团的庄严承诺。10 年来，集团深入实施"春送祝福、夏送清凉、金秋助学、冬送温暖"工程，按照"应帮尽帮、分类覆盖"的原则，累计入户、入岗慰问困难职工、一线职工 5000 余人次，发放慰问金、助学金 1500 余万元。每名大病特困职工每年收到各类救助最高可达 3 万元，成为了职工战胜病魔的坚强支撑。

职工"衣食住行"都是关注的重点。坚持每年开展一次全员体检，购置的 68 辆新能源电动通勤车提升了职工乘车舒适度，千余套职工公寓先后交付使用，年均投入 2 亿元推进环境改造，新庄矿、薛湖矿、刘河矿、泉店矿入选国家绿色矿山，云南神火获批国家 3A 级景区，"创造好环境、生活在其中"理念变为现实。

底气足了还要笑脸更美。神火集团深入实施企业文化提升行动，全面升级企业标识，重塑安全文化理念系统，扎实开展了"最美神火人""年度人物"等典型选树活动，连续 17 年蝉联"全国文明单位"殊荣。除此之外，着力打造"快乐神火""书香神火""健康神火"，职工运动会、歌舞比赛、知识竞赛等文体娱乐活动开展得有声有色，广大干部职工归属感、认同感、自豪感显著增强。

从严从实深融合　基层党建更过硬

"试题全是平时的实操业务，确实能考出真水平。"薛湖煤矿政工党支部书记翟林韶对于刚刚参加的党务考试给予好评。2022 年，神火集团首次将支部书记思政能力纳入技能大赛比赛项目，也侧面显示出企业对于党建工作的高度重视。

一路走来，坚守初心。这 10 年，神火集团聚力推动作风效能之变，始终坚持党的领导，加强党的建设，将党建融入改革、融入文化、融入管理、融入企业发展之中，党建赋能企业转型跨越发展。

神火集团党委始终牢记习近平总书记在国有企业党的建设工作会议上的讲话，先后建立"一内嵌四同步"管理机制，全面完成党建进章程要求，党政领导实现双向进入、交叉任职，落实党委前置研究程序，充分发挥"把方向、管大局、保落实"作用，为发展提供了坚强的政治保障。

始终把党的政治建设摆在首位，从严加强党风廉政建设，建立纪律监察、审计、内控、职能部门、职工群众"五位一体"监督体系，一体推进不敢腐、不能腐、不想腐，做好市委巡察反馈问题整改，开展三轮内部巡察，推动全面从严治党向基层延伸，政治生态更加风清气正。

基础不牢，地动山摇。神火集团下属的 33 个党委 379 个党支部是企业各项事业兴旺发达的战斗堡垒，通过以提升基层党组织组织力为重点，以党支部建设标准化、有形化、品牌化"三化融合"推进为抓手，深入推进党组织书记抓党建"突破项目"工程，高标准建立了 121 个党支部党员活动室，129 个"党建突破项目"推动支部建设全面过硬，基层党建呈现"百花齐放"的良好态势。

在新疆神火公司，33 个党支部开展"红旗党支部"创建，推进"六型党支部"、党员示范岗、支部书记千人谈、标杆党员示范岗、最美新疆神火人评选、"三守四爱"主题教育等创建活动，将安全生产、环保经营、疫情防控、人员稳定、创新创效等工作纳入党建重点考核内容，用心浇灌党建之花别样红。

泉店煤矿以提升党建工作引导力为轴，坚持虚功实做凝聚合力，以创新、温馨家园打造为双翼，聚焦安全生产中心任务，实施"党建+创新""党建+安全"，党员成为创新创效、安全管理的主阵地。实施"党员双嵌入积分考核"，实现党员考核率 100%、学习率 100%、任务完成率 100%，成为煤炭行业庆祝建党 100 周年优秀案例。

新庄煤矿依托"红色阵地"，既"造形"又"铸魂"，以"五星党支部"和"五星党员评比"为主要手段，创建了党建品牌"双五"工程，先后涌现出"全国劳动模范"王丰伟、"河南省劳动模范"陈鹏、"河南省五一劳动奖章"张安全、"全国工人先锋号"掘一队王晨光班组等先进个人和集体，矿山人才济济、活力焕发。

各基层党组织平均每年组织"创新理论下基层"100 余场、各级读书班 380 余次、举办主题党日 2400 余次，还结合实际开展了给党员过"政治生日""向党说句心里话""我和党旗合张影"等活动，全体党员理想信念更加坚定。

牢记"国之大者"，彰显国企担当，神火集团广大党员始终在党和人民最需要的时刻冲锋在前、担当作为。400 余名党员医生和千余名党员志愿者用"先锋红"守护"健康绿"，120 名党员自愿报名参加 2018 年温比亚台风和 2021 年特大暴雨救援，鲜红的党旗始终在攻坚前沿、抢险救灾、战疫一线高高飘扬。

党建领航，同心筑梦。2022 年 1—9 月，神火集团实现营收 339.81 亿元，同比增收 88.32 亿元，增幅 35.12%；实现利润 85.08 亿元，同比增盈 47.96 亿元，增幅 128.09%，经济效益再创新高，用亮眼的数据再度彰显了企业的不凡实力。

"神火集团将继续全面、准确贯彻新发展理念，进一步推动产业结构调整和产品升级，积极向高附加值领域及新能源、新材料方向进军，实现企业低碳、绿色、高端、智能发展；通过资本运作、财务投资、股权投资，进一步向高新技术行业迈进。未来 5 年，神火集团必将实现新的发展、新的跨越！"神火集团党委书记、董事长李炜对于企业未来的发展有着清晰的规划。

奋进新征程，建功新时代。明天的神火，将不断创造新奇迹、展现新气象。

　　　　　　　　　　　　　　　　　　　　撰稿人：赵婧予　黄　丽

"矿山+生产+贸易+市场"全产业链
东岭集团交出高质量发展"答卷"

　　党的十八大以来，我国各项伟大事业取得了突破性的变革和历史性的成就。东岭集团在党和国家正确领导下，过去 10 年始终屹立在时代潮头，奋勇争先，追求卓越，积极践行"双碳"目标，大力推动数字化转型，奋力推动行业深层次变革和企业做大做强、做好做优，谱写出东岭人产业报国、服务社会的光辉篇章。

　　10 年砥砺奋进，成就非凡答卷。10 年来，东岭集团聚焦实体产业不动摇，勇当做强实体经济的"排头兵"，成为宝鸡市乃至陕西省实体经济的主力军、主引擎。这 10 年，东岭集团连续上榜"中国企业 500 强"。东岭集团通过主动作为，持续深耕矿产资源、贸易供应链、实体工业等产业板块，全力拉通"矿产资源+工业生产+供应链贸易+终端市场"产业链，有力有效地应对各种挑战，呈现出企业上规模、质量上台阶、效益创新高的上升态势。"十四五"以来，东岭集团正聚焦能源资源战略、再生资源及新能源战略、数字化战略，在市场中抢占先机。

　　"东岭集团是迎着改革开放春风成长起来的民营企业，一路走来，我深刻感受到党的好政策、党的关心帮助是公司历经风雨、做大做强的最重要依靠！"李磊在观看党的二十大开幕盛况后表示，"习近平总书记强调，要有志气、底气、骨气。作为民营企业，我们要充分认识到自己的价值所在，责无旁贷地肩负起国家发展的历史使命，积极响应党的号召，将二十大精神更好地融入我们的企业发展中去，坚定信心、勇挑大梁，坚定走好自己的道路，实现高质量发展，为建设制造强国、推动经济平稳健康发展多作贡献！"

东岭冶炼公司

党建引领篇

"作为一家民营企业来讲，首先要明确一件事情，民营企业要坚持党的领导。"东岭集团总裁李磊说。东岭集团自创建伊始就把"坚持党的领导"放在首要位置，确保东岭集团始终航行在正确的航道上。

目前，东岭集团现在有3个基层党委，10个党总支，54个党支部，2600多名党员。东岭集团将党建工作融入生产、经营、管理各个方面，"围绕发展抓党建，抓好党建促发展"要把党建工作当作发展的一个基石，将发展作为评价党建工作的一个重要因素。东岭集团党委依托陕西省"五星级党组织"这个荣誉和品牌，积极开展工作，从而带动了基层公司积极创建"非公企业党建示范点"。

从开展党史学习教育，到举办主题党日活动；从强化党建组织引领，到筑牢基层党建之基，东岭党建工作如火如荼，党建活动精彩纷呈——东岭在官方视频号推出《"岭"读者——百名党员读红色经典》献礼党的百年华诞，让传承红色基因有了更生动的解读，成为全省民营企业党史学习教育的"明星栏目"；坚持利用周六时间举办机关大讲堂，按期举办东岭村民"道德大讲堂"；定期组织党员赴井冈山、延安、照金等革命圣地开展主题党日等活动，让党员职工亲身感受革命先辈事迹。

10年来，东岭集团与村党委实行"一套人马、两块牌子"运行机制，坚持以习近平新时代中国特色社会主义思想为指引，认真贯彻落实习近平总书记两次到陕西考察讲话精神和党中央重大决策部署。党组班子团结带领各级干部员工以饱满的干事创业热情，创新"村企合一、以企带村"工作模式；注重党员教育学习，全面提升综合素质；实施"业务发展在哪里，党员走到哪里，党组织就跟进到哪里"的工作举措，充分发挥企业带动效应；搭建党员职工竞技平台，充分发挥党员先锋模范作用；开展党建共建促进交流活动，为企业共同发展注入了新动能。2021年，东岭集团党建成果入选全国优秀案例。

产业布局篇

全产业链平台，打通上中下游

"在陕西这片热土上，东岭集团未来发展目标是做西部资源的开拓者，做东部市场的探索者，把西部和东部的资源进行有效配置。"李磊认为，陕西是资源大省，在"一带一路"和国内国际双循环的背景下，有很大发展前景和未来。

目前，东岭集团形成"以工业实体为基础，以矿产资源为依托，以供应链贸易为渠道"的全产业链布局，率先完成从上游矿山、中游生产、下游市场及国内国际双循环的大宗商品全产业链布局；在全国成立40多家经营公司，产业链上下游聚合了海量合作商，业务辐射全球市场，在西北和西南的整个市场份额曾一度达到50%~60%。产业链优势就是东岭集团的核心竞争力，东岭集团连续多年位列中国建筑钢材销量榜第一名，是中国最大的锌产品贸易商之一。

产业上游，东岭集团有自己的"粮仓"——东岭集团崔木煤矿、嘉陵铁矿、八方山铅锌矿等资源储备，并建立原料采购经营队伍，不仅保证了内部企业的原料需求，还向其他企业供应原料。

产业中游，东岭集团有自己的工厂——东岭集团主动作为，持续深耕实体制造板块，旗下凤翔冶炼、凤翔焦化、凤县锌业、略阳钢铁等工厂将矿产资源转化为工业制成品，将资源优势转化为经济优势。东岭牌锌锭、建友牌钢材等产品成为行业翘楚，东岭品牌成为全国著名商标。2019 年，东岭冶炼公司被工信部评选为"国家绿色工厂"。

产业下游，东岭集团有自己的渠道——通过"织网计划"搭建起整个贸易供应链的大网络，网络遍布全国 28 个省区的 40 多个城市，在环渤海、长三角、珠三角等区域布局产业服务平台，年钢铁贸易量超 1000 万吨、锌产品贸易量超 200 万吨。

东岭集团通过"黑色"和"有色"产业优势，横向拓展、纵向延伸，内抓产业链精细化管理、外建东岭集团供应链商业生态，全面实现东岭集团业务链条上的"资金流、物流、商流、信息流"的有效管控和整合，不断做大做实企业的产业平台。

双循环格局，在全球范围内整合产业链和供应链

"经济周期上行的时候，资源很重要；经济周期下行的时候，渠道很重要。我们抓住了这个规律，然后尽可能做一家穿越周期的企业。"李磊说。他清晰地认识到，唯有挖掘企业优势领域的不断创新，东岭这艘船才能驶向更长远的地方。就东岭集团所涉及的有色、黑色金属而言，从 2018 年已经开始布局，相继和国内的各大矿山包括中国五矿等国企合作，将一部分供应链渠道由海外转向国内或中亚地区，在中亚投资的矿山形成了长期有效的合作关系。

在黑色板块，东岭集团深耕黑色金属行业已有 30 年，由矿山、冶炼到终端的全产业链布局；全国有 40 多家分公司，在西北、西南区域实现全覆盖；黑色金属板块年销售各类钢材超 1000 万吨。有色金属板块，东岭集团是国内最大的有色金属矿粉进口商之一，通过积极参与国际分工，国际贸易和进出口额度逐年递增，发展成为中国最大的有色金属原料进口商之一，外贸总量位列陕西省第二、宝鸡市第一。在环渤海、长三角、珠三角等地布局行业平台，年贸易量超过 200 万吨；与俄罗斯、澳大利亚、哈萨克斯坦、沙特阿拉伯、墨西哥等国家都有经贸往来。

"十四五"以来，东岭集团立足金融开放新高地，将国际贸易业务落子上海临港新片区，全力打造综合性、全功能性区域贸易总部，在全球范围内整合产业链和供应链，打造"双循环"发展新格局。东岭集团围绕产品销售和终端开发做文章，探索多元化贸易渠道，不断延伸业务范围，与众多大型央企国企开展深度合作，坚持"终端+仓储"供应链的经营思路，设立国内多个仓储配送中心和原料销售网络，不断创造新的利润增长点，形成良好的外部发展格局。东岭集团在华北、华南、华东、西北这四个区域建立了 4 个现货销售终端系统，通过销售系统搜集并分析下游消费信息。通过信息收集，了解他们的产量、加工费、成本。如果下游企业加工费比别人高，东岭集团会以重要供应商的方式与他进行长期有效合作，包括供应链合作、委托加工等，如展开深度合作，集团可成为下游合作方股东。东岭集团将做部分产业链延伸，例如集团的贵金属综合回收具有一定特色，阳极泥和冰铜的回收，包括贵金属的提炼。

"现在市场波动很大，我们需要用更简单、更直接、更高效、更安全的方式去度过这个

寒冬。"李磊认为，在大宗商品波动相对剧烈的过程中，东岭集团依然能够做好这个国产的替代，以及 "一带一路" 沿线的资源布局，使东岭集团在未来的国内国际双循环的发展道路中有更多的潜力，拥有更多的抗风险能力。一个企业只有在经济下行的压力中能够挺过来、不断在危机中寻找机会，才能带领行业、带领员工实现更多突破和创新。

数字赋能篇

数字技术对制造业高质量发展的支撑作用既表现在运用新一代信息技术对研发、生产、物流、管理、服务等环节的改造提升，也体现为催生的新业态、新模式、新体系乃至新理念。

东岭集团已经制订了 "十四五" 期间的数字化发展战略，通过数字化创新理念实现实体企业的流程化、自动化、智能化改造。"未来东岭集团要实现 '数字东岭' 的发展蓝图。"李磊说，"不断用数字化手段赋能业务，将是东岭集团从现在到未来，不断落地转型的一个方向。科技创新和数字化变革所催生的新发展动能，将会助力企业为多元化发展和整个行业上下游提供数据技术分析和市场走势进行更加精准的研判。"

在东岭冶炼公司的生产线上，工业机器人正在热火朝天地工作，随着机械臂上下摆动，行云流水般完成了铅块的抓取、过水冷却、叠放工作，东岭冶炼公司正向着少人化、无人化的 "黑灯工厂" 努力。如今在东岭旗下生产单位已基本实现流程数字化，查看相关数据只需轻点手指进行筛选，就能够调取信息，确保生产过程数据可共享、可追溯、可监管。

东岭集团坚持以科技创新和数字化变革催生新的发展动能，用数字化手段赋能业务，东岭的黑色产业研究院在杭州挂牌成立，同先前在西安成立的钢谷网和在上海成立的有色研究院一起，共同组成了东岭大数据驱动的 "三驾马车"，成为互联网时代东岭集团和大宗商品行业深入挖掘数据价值，探索数据资源运营创效路径。实现数据资产化管理，将数据资源变为 "真金白银"，为多元化发展和整个行业上下游提供数据技术分析和市场走势研判，实现大宗商品价值升级。

在东岭集团内部，企业在综合办公、人力资源管理、财务管理、风险防控等方面深化数字技术的应用，全面整合了生产、采购、销售、库存、运输、人力资源、财务管理等业务，实现数据互联互通，促进以数字化为支撑的流程优化、管理创新，全方位提升集团管理手段现代化水平。

未来，东岭集团将继续推动互联网、大数据、人工智能和实体经济深度融合，对贸易供应链板块、实体制造板块和地产服务板块均进行数字化改造，构建 "5G+智能" 能源矿产生产基地、"自动化+数字化+智能化" 黑色金属和有色金属制造工厂、"智能仓储物流生态链+贸易区块链" 大宗商品价值升级平台、"研究院+创新中心" 产品和服务模式研发创新集群的东岭价值生态圈。

绿色发展篇

践行 "双碳" 目标，将 "数字工厂" 和 "智能矿山" 作为建设目标

在 "双碳" 目标的大背景下，涉及能源的企业行业，正进入一个迫切从源头进行转型

的新阶段，这将不仅是一场能源变革，更是一场发展观念、生产技术、生产方式的大变革。东岭集团对"双碳"目标高度重视，深入践行资源节约和循环再利用的发展理念，将"数字工厂"和"智能矿山"作为建设目标，推动重点行业转型升级，争做我国大宗商品贸易行业碳中和的倡导者和先行者。

实际上，东岭集团从 2016 年开始就在探讨如何降低能耗减少碳排放，也做了大量的基础工作。首先，通过试点整体解决方案去解决生产单位的物流问题。目前，90% 的物流都通过铁路运输，厂区短距离运输推行电动机车，每年可减少燃油消耗 170 吨，减少碳排放超 800 吨；其次，搭建了物料管理系统，大货车司机进厂之后的整个路线规划、中间环节的损耗计算，进行严格的数据搜集，通过数据分析，全面开展自动化改造，提升物流体系效能。通过"碳足迹"追踪，查看集团能够接触"碳排放"的环节。

"就'双碳'目标而言，作为工业型企业，就是一次重新审视自己、重新思考自己的过程，把整个技术路线、发展方式、发展途径都进行重新制订。"李磊说。近年来，落实"双碳"行动成为东岭集团创新求变的关键一环。集团积极推行"双碳"的数据调查，积极参与工业型企业标准的制订。东岭集团将积极拥抱"双碳"目标，参与"双碳"目标，将"双碳"目标作为企业发展的核心动能，去推动低碳工业的绿色可持续发展。集团邀请行业专家，集合多方力量，绘制东岭集团"双碳"行动的发展蓝图和行动路线图。"超前计划、分步实施、长期受益，工厂不仅要制造产品，更要制造绿色，碳中和不仅是大战略，更是小细节。"李磊表示。

"十四五"开局之年，针对"双碳"行动和"能耗双控"，技术路线、制造工艺升级、安全环保持续投资等方面，东岭集团已形成系统性、科学化的建设方案。在"十四五"期间，集团在原材料端积极创新，进行二次物料回收，通过废旧物资的二次回收达到降碳作用。如果使用原矿，要经历很多运输环节，无论海外运输、国内运输、铁路公路倒运等，在碳的计算过程中，碳排放量非常巨大。东岭集团在冶炼过程中，在原材料的选择上将原矿置换成从各地回收的废品，通过工艺创新进行二次物料加工，可观地降低了碳排放。

"绿色、健康、品质、创新"，追求"专精特新"的发展目标

"创新是企业发展的第一推动力，也是企业基业长青的核心力量。"李磊说，"东岭集团在 42 年的发展中经历了多次变革，我们始终要站在市场前面、要想在市场前面、要做在市场前面。"2021 年年初，李磊提出了"绿色、健康、品质、创新"的八字方针，这将是东岭集团未来发展的关键词，也是集团认真落实党中央、国务院决策部署，立足新发展阶段、贯彻新发展理念、构建新发展格局的重要举措。八字方针将渗透到集团全产业链发展的各个环节，并在"十四五"规划的全生命周期中持续推进。

高质量发展最核心的就是要淘汰落后的技术设备和管理体系，推行先进的理念应用和资源整合，追求"专精特新"的发展目标。对于创新的投入，东岭从来都是不遗余力。东岭冶炼将锌冶炼和煤化工两个系统建立在一起，让焦化系统的煤气传输给锌冶炼系统，让冶炼能量形成闭环传输系统，不仅减少了废气排放，更实现了节能降耗的目标，同时，直接传输减少了中间运输环节，让东岭冶炼构建了一个"自我净化"的良性发展生态，因此，东岭冶炼公司也被陕西省政府命名为发展循环经济示范单位。2019 年，东岭冶炼公司还被工信部评选为"国家绿色工厂"。2020 年，即便是在疫情影响严重的情况下，东岭集

团依然投资 8.8 亿元，对铅锌冶炼、焦化系统、钢铁、矿山等生产企业进行了技术改造，深度利用废旧金属和边角料，加强废旧利用技术研发，陆续投入使用的尾气双氧水吸收、循环水零排放综合利用、生化水处理、余热发电等绿色环保项目，实现了节能、安全、经济、环保、社会效益的共赢。

"十四五"以来，东岭集团做了大量的自动化改造和数字化体系搭建。2022 年上线运行的智能物料管理系统，从原材料的采购、动态物流管理、厂区内智能化物流、物料的投料系统，系统地提升了生产效率和产能；车间高纯度锌水的自动浇筑及自动捆绑，不仅降低成本，还提升效率；集团大数据分析系统，把生产过程中的人工抄表，逐步转换为传感器记录，上传到系统并自动分析，解决了工作效率和生产安全问题；最新上线的控制中心，大多数中间流程都在控制中心完成，实现了设备的自动化运营，工作现场几乎没有人。

目前，东岭集团也致力于培养多元化的复合型人才，提高数控水平，降低工厂内的工人数量；致力于将矿山打造成一个绿色现代化矿山，目前矿山正在推行智能化改造方案。其中，通过煤矿的瓦斯抽放进行瓦斯发电。地辐热发电；通过地面附着物建立光伏发电站方式，建立综合性的智能化节电方式；同时，集团还对煤矿进行整体井下改造，实现无人驾驶，打造完整的智能化无人采煤系统。通过精细化、自动化、智能化系统改造和产业升级，提升员工操作技能，降低企业运营风险，优化企业成本管控，实现企业内部的"能耗双控"和"降本增效"。从工业互联网的角度看，东岭集团是实际的受益者，企业运营成本会大幅下降。

李磊希望，东岭集团能够在能源、数字化、原材料创新等三大方面不断探索和实践，交出民营企业发展思考的高质量"考卷"。随着党的二十大胜利召开，东岭将继续以实干笃定前行、用汗水浇灌收获，稳扎稳打，脚踏实地，努力创造出无愧于国家、无愧于时代的光辉业绩，阔步迈向下一个 10 年。

撰稿人：邱　晨

铜陵有色：勇担产业报国使命

心中有梦想，脚下有力量，未来有方向。

2012年，安徽铜陵有色集团（以下简称铜陵有色）销售收入突破千亿元大关，成为安徽省首个销售收入超千亿元的企业。而那时，成为世界500强企业是铜陵有色人追赶的目标和心中梦想，用实际行动勇担产业报国使命。

时隔10年，2022年8月初，2022年《财富》世界500强发榜，铜陵有色金属集团控股有限公司位居第400位。2019年至今，铜陵有色已连续4年入围榜单，且位次逐年前移。

10年冬来暑往，10年春华秋实。这一切，离不开铜陵有色人孜孜不倦地奋斗与追求。

铜陵有色经济循环园

高质量党建，引领企业高质量发展

巍巍铜官山，仿若高扬的信念之炬。滔滔长江水，承载激荡的奋进之帆。

10年来，以高质量党建奏响了企业发展最强音，铜陵有色销售收入突破2000亿元大关，谱写安徽工业发展史光辉篇章，荣获中国质量协会全面质量管理推进40周年杰出单位等称号。

坚持理论武装，衷心拥护"两个确立"，忠诚践行"两个维护"。10年来，铜陵有色坚持以习近平总书记重要讲话精神为引领，高举旗帜抓党建，铸牢企业"根"和"魂"。组织开展万堂党课走进基层，集团高层示范讲、基层领导普遍讲、支部书记互相讲，切实推动新时代新思想深入基层、深入一线、深入人心。

从"两学一做"学习教育到"讲重作"专题警示教育，再到"不忘初心、牢记使命"主题教育和党史学习教育……铜陵有色上下聚焦学好用好讲好习近平新时代中国特色社会主义思想，建立健全"第一议题"制度，充分发挥党委中心组学习的示范带动作用，努力把学习成果转化为指导实践、推动工作的行动自觉。铜陵有色在开展党史学习教育活动中，始终坚持以高标准高质量，确保规定动作做到位，自选动作做出彩；开展了"讲好党史故事，传承红色基因"主题党课、党史专题宣讲等活动；发放党史学习教育指定材料3015套，发放《中国共产党简史》5214本；通过组建上下结合宣讲团、邀请省委党校教授授课、开展党支部书记互授党课、党员微党课和"党课开讲啦"等活动，实现基层单位宣讲全覆盖、党支部党课全覆盖。

强化素质教育，固本强基促发展。在实施"千百工程"和党史学习教育"五个一"计划中，铜陵有色利用好红色资源加强党员干部学习教育。仅在2021年，组织近5000名党员、干部就近瞻仰革命烈士陵园、革命博物馆、党史教育基地。持续开展"凝聚新力量、踏上新征程——走进铜陵有色展示馆"活动，开展了铜陵有色中层以上管理人员及优秀年轻干部党史知识网上测试。2021年，累计培训党员干部2049人次，组织公司全体党员收看《榜样5》《党课开讲啦》《革命者》《红船》等。

加大培训力度，拓宽干部视野。近些年来，铜陵有色分别与浙江大学、合肥工业大学、健峰管理研修中心合作办学，对中层管理人员、优秀年轻干部进行深造，共培训500多人次。

持续优化结构，打造高素质干部和人才队伍。铜陵有色持续完善干部管理制度，下发《中层管理人员管理办法（试行）》《所属单位领导班子和领导人员综合考核评价办法（试行）》等。仅在2021年，铜陵有色就新提拔中层正副职人员达50多人；开展新一轮公司优秀年轻干部推荐工作，更新后备干部人才库，入库人员300多名。

开展"三个以案"警示教育等工作，正风反腐从未停步，推动全面从严治党向基层延伸、向纵深发展。近5年来，铜陵有色查处违纪案件62件、处分77人次……作风建设与反腐倡廉双管齐下，严字当头、实干担当蔚然成风。

坚持融合创新，党建与经营同频共振。2020年，铜陵有色召开党建工作现场推进会暨党建品牌发布会，25个党委品牌、275个支部特色工作亮相党建品牌巡回展，36个品牌和特色入选铜陵有色示范库，77个品牌和特色党支部入选铜陵有色培育库。其中，冬瓜山铜矿党委品牌入选省国资委示范库，动力厂党委品牌入选省国资委培育库。

为持续实施党建"领航"计划，铜陵有色开展党建工作"找差距、抓落实、提质量"专项行动，分别在矿山、冶炼、加工区树立了冬瓜山铜矿、金冠铜业分公司、铜冠铜箔公司党建示范点，通过实施结对共建，解决基层党建质量发展不平衡问题。冬瓜山铜矿、安徽铜冠铜箔公司获安徽省"先进基层党组织"称号，7家基层单位党组织获省国资委"先进基层党组织"称号。

厚植家国情怀，传承有色基因。2021年下半年，在中央电视台《信物百年》和安徽电视台《江淮柱石》节目中，铜陵有色以一块粗铜锭为信物，深情讲述了70多年来铜陵有色人攻坚克难、创新创造的故事。

借助主流媒体，讲好铜陵有色故事，传播铜陵有色文化。铜陵有色"新中国铜业摇篮"地位进一步彰显，企业知名度、美誉度进一步提升。

2019 年，在铜陵有色成立 70 周年之际建成了公司展示馆。3 年来，万余名员工先后走进展示馆，了解企业从过去到现在的沧桑巨变，感受先辈产业报国的家国情怀，见证集团的跨越发展成就。企业的历史与文化，就这样于潜移默化中传承……

10 年来，铜陵有色分别有 2 名员工当选"中国好人"、5 名员工当选"安徽好人"，33 人被评为"铜陵好人"。向上、向善的精神力量，凝聚成企业不断发展前进的精神动力。

不负使命，"铜"创未来看今朝

党的十八大以来，沐浴着历史荣光的铜陵有色按照"抓住铜、发展铜、延伸铜"的思路直面挑战机遇，转型发展，狠抓传统产业升级和新动能培育，坚持以项目为龙头，高起点谋划产业发展，续写千年铜都新篇章。2012 年以来，完成固定资产投资约 369 亿元。如今的铜陵有色，矿山开采已走出国门，铜冶炼、铜加工技术达到世界领先水平。2021 年，铜陵有色实现销售收入 2291 亿元，较 2012 年增长 115%；利润总额超过 43 亿元，相当于其"十三五"期间利润之和。

国际产能合作成为典范。2015 年，为增强铜资源保障能力，铜陵有色远赴南美洲，在厄瓜多尔投资建设米拉多铜矿。这也是安徽在海外最大的单个投资项目。一期工程总投资为 18.9 亿美元，设计采选生产规模年处理矿石量 2000 万吨，日采选 6 万吨矿石。

2019 年 7 月 18 日，"一带一路"上的重点工程——米拉多铜矿，在中厄两国人民的高度关注下正式建成投产。这座由中国投资、设计、施工、制造、运营的大型露天矿山，达产达标后将年产铜精矿 35.4 万吨，每年给铜陵有色带来 9.6 万吨的铜量。铜陵有色的铜原料自给率将由过去的 5% 提高到现在的 10% 以上。

2020 年 2 月底，首批产自米拉多铜矿的铜精矿运抵铜陵，标志着这一项目落地见效。2021 年，米拉多铜矿铜金属产量达 8 万吨，占铜陵有色自给量的 60%。秉承"资源报国"的初心使命，米拉多铜矿成功跻身世界级在产大型矿山之列，成为中国有色金属行业企业海外办矿的成功典范。

打造世界级冶炼"航母"。冶炼，是铜产业的中间环节，也是中坚环节。10 年间，通过实施"双闪"工程、奥炉改造工程，铜陵有色金冠铜业分公司一跃成为全国第一大单体矿铜冶炼工厂。

无论是何季节，走进金冠铜业分公司，目之所及必是绿意盎然，28.6% 的绿化率将厂区变成了"景区"。

此外，强化数字赋能，大力升级传统产业。铜陵有色加快智能矿山、工厂建设，作为全国最大单体冶炼厂、金冠铜业分公司通过建设智能工厂，实现了过程控制智能化、管理业务信息化、设备运维远程化、部分区域作业无人化，传统铜电解工厂插上了"智慧翅膀"，电解阴极铜生产劳动效率大幅提升，各项技术经济指标逐年提升，55 项主要经济技术指标有 33 项超过设计值，铜冶炼总回收率、电铜优质品率、铜冶炼综合能耗等位列行业领先水平，电解生产能源利用率提升 15%，电解阴极铜产能提升 5%。

2021 年，铜陵有色阴极铜产量 159 万吨，稳居全国第二、世界第三；铜冶炼总回收率较 2012 年提升 1.286 个百分点，二氧化硫排放量不到 2012 年的 10%。

成为"皖美"制造靓丽名片。初秋，铜冠铜箔厂区内，一排排生箔机在运行，一卷卷铜箔熠熠生辉，薄如蝉翼的铜箔正源源不断地下线、打包、装车，产品源源不断地发往全国各地。

10年奋进，铜陵有色塑造了更强的自己，更为铜陵"抓住铜、延伸铜"铺底筑基。对经济发展新常态，积极探索转型发展的新路子，以存量升级和增量转型，为企业发展不断注入了"绿色基因"。

以量取胜，更以质取胜。向精深加工要效益，是铜行业共识。铜冠铜箔生产的高精度电子铜箔被广泛应用于电子信息及新能源锂电池产业。在池州、合肥、铜陵建有生产基地。目前，铜冠铜箔公司已形成了年产4.5万吨电子铜箔产能，其中锂电池铜箔2万吨，不仅是国内规模最大的电子铜箔生产企业之一，还是国内铜箔科技创新活力最强、发展速度最快的企业之一。

铜陵有色铜冠铜箔有限公司生产车间

铜陵有色正是靠不断调整铜加工发展结构，转变发展方式，提高产品效益，由过去传统低效的铜丝、铜线、铜球、铜棒、铜板向高导铜材、高端合金、高精度电子铜箔和锂电铜箔等方向发展，"高大上"产品不仅是铜加工效益的增长极，更是铜陵有色铜加工板块整体盈利的命脉。

铜陵有色集团公司党委书记、董事长龚华东说，10年来，铜陵有色集团认真贯彻中央、安徽省省委省政府决策部署，加快转型升级，提高质量效益，不断地聚焦科技研发和新产品开发，不断地强链补链延链，优化了产业结构，为企业又快又好的发展打开了空间。

改革制胜，跑出提质增效"加速度"

10年来，沿着习近平总书记指引的方向，铜陵有色扬帆奋楫、勇毅前行，以推进服务业提质增效，实现转型蹚新路、提升发展新动能的战略之举。

10年间，铜陵有色逐步将所属的中小学校、大专院校、公安、地震测报、林业绿化、民用供转电，以及公路、铁路、港口运输等行业移交到地方政府管理，企业办社会职能的剥离和员工的分流，使企业轻装上阵，积蓄了快速发展的动能。

10 年间，铜陵有色持续深化市场化转型，加快推进企业改革步伐。2019 年 10 月，有色设计研究院由工厂制改为公司制，并成立了合肥分公司，建立起现代企业制度；2019 年，铜冠智能公司完成注册变更，并注册成立合肥铜冠信息科技公司，一家集人才中心、研发中心、营销中心为一体的现代化 IT 企业扎根合肥。

10 年间，铜陵有色稳步推进重组整合，以专业化、规模化经营提升产业整体竞争力。2012 年 5 月，铜陵有色对集团公司商务部、上海投贸公司、股份公司营销分公司、国际贸易分公司进行整合，实行一体化运作；整合物业管理业务，以用户需求为导向升级服务品质，为转岗人员提供就业岗位，内部资源配置灵活高效；2016 年 12 月，铜冠冶化分公司、金冠铜业分公司、原稀贵金属分公司、金昌冶炼厂贸易类检验、检测人员和资产移交技术中心，集团公司检验检测业务整合工作启动。

尤其是近年来，铜陵有色深入学习贯彻习近平总书记关于国有企业改革发展和党的建设重要论述，认真落实安徽省委省政府及省国资委部署要求，深入实施国企改革三年行动，不断深化体制机制改革，充分激发企业活力。

深化混合所有制改革，内生活力不断迸发。铜陵有色坚持深入学习市场的逻辑、平台的思维，善用资本的力量，不断发展壮大各个业务板块。2022 年 1 月 27 日，公司下属安徽铜冠铜箔公司成功登陆深交所创业板，成为全省首家分拆上市企业，募集资金规模 35.79 亿元，募集资金规模位列安徽省企业历次 IPO 规模第二位、制造业企业第一位，成功运用资本市场为企业赋能加力。同年 6 月 22 日，公司所属铜冠矿建公司成功挂牌北交所新三板，非铜产业首次迈入资本市场，全力以资本的力量赋能产业高质量发展。持续推进设计研究院等公司产权多元化改革，大力发展混合所有制经济。

健全现代化治理体系，企业经营不断规范。铜陵有色坚持将党建工作总体要求纳入国有企业章程，推动党的领导与公司治理深度融合。制订完善党委前置研究讨论事项清单，明确党委在决策、执行、监督各环节的权责和工作方式，切实发挥党委领导作用，做到把方向、管大局、促落实。不断完善子企业法人治理结构，充分发挥董事会定战略、作决策、防风险功能作用。各级子企业实现董事会应建尽建、规范运行，并 100% 实现董事会外部董事占多数。

优化市场化运营机制，竞争实力持续增强。建立灵活用工制度。实施公开招聘，建立健全高校毕业生招聘、人才引进等制度，近 3 年，铜陵有色累计招聘毕业生 1268 人，其中引进稀缺人才 39 人。在安徽铜冠铜箔公司、铜冠智能科技和铜陵有色设计研究院等市场化程度较高的单位，赋予选人用人自主权，打破身份限制，建立健全灵活的用工制度。按照管控模式、经营特点、所属行业等不同，对所属单位工资总额管理采用核准制模式和预算制模式，建立工资水平行业对标调整机制，将单位分为矿山、冶化、加工、综合和金融贸易五个片区，考核方式分为利润考核型、利润与成本并行考核型和个性化考核型三种类型，进一步完善工资增减与效益同向联动机制。

完善市场化选聘机制。着力建立以岗位管理为基础、合同管理为核心的契约化、市场化用工机制。铜陵有色深入开展企业负责人任期制和契约化管理，95 户子企业共 235 名企业负责人签署了"一书两协议"，1 户子企业开展了职业经理人试点工作，市场化选聘职业经理人 1 名。建立完善员工职业生涯通道职位体系，实行管理人员提前退出领导岗位机制，建立了培养、使用年轻干部的育人用人机制。

牢记"国"之大者，肩负新时代职责

习近平总书记指出，绿水青山就是金山银山。铜陵有色肩负国企职责使命，立足新发展阶段，全面贯彻新发展理念，积极服务和融入新发展格局。

碧草青青，绿树掩映，被国土部门授予"绿色矿山试点单位"称号的冬瓜山铜矿，在绿色蝶变中展现新颜。矿山无废开采，资源综合利用成为典范；地质环境保护与土地复垦，让大地重披绿装；废水废气废渣处理系统，让天更蓝、水更碧、土更净……冬瓜山铜矿在绿色矿山建设中积极探索，折射出铜陵有色生态优先、绿色发展的崭新思路。

2017年4月20日，随着最后一炉铜吹炼结束，有着45年历史的铜陵有色金昌冶炼厂生产系统全面关停。

落后产能的退出，为企业赢得了低能耗、低污染、高附加值项目的发展空间。如今，稀贵金属分公司并入金隆铜业公司，奥炉项目部与金冠铜业分公司整合，实现资源共享、优势互补。新金隆真正实现了将资源"吃干榨净"。新金冠废气中二氧化硫排放浓度仅为污染物排放标准值的四分之一，铜冶炼硫的总捕集率达到99.98%，真正成为"技术领先、成本最低"的世界铜冶炼样板工厂。

10年来，铜陵有色狠抓产业转型和技术创新，在产业转型升级的大路上奋力奔跑，绿色已经成为铜陵有色制造的鲜明"底色"。从生态矿山、绿色冶炼，到铜材精深加工，绿色、循环的生态文明理念已经彻底融入铜陵有色生产经营全过程。这既促进了企业的转型、优化、升级，又让热爱并生活在这片土地上的人们，能够仰望蓝天、看见青山、闻到花香。

脱贫攻坚是担当、是大爱、是真爱。不让一个家庭因病致贫，不让一个孩子因困失学，是铜陵有色对"家人"的郑重承诺。

仅在2019年，铜陵有色采购脱贫地区农产品650多万元，捐赠50万元用于开展铜冠希望助学工程，资助太湖县、南陵县、庐江县和枞阳县的387名贫困学生。

不仅如此，铜陵有色还开展"铜冠希望助学工程"，在中南大学和安徽大学分别设立"铜冠教育基金""人才发展基金"，连续5年、累计210万元的助学金，同爱心一起，点亮了1593名学子的成长成才之路，托举起更多学子放飞的梦想……为此，铜陵有色获"安徽慈善奖"。

不仅如此，铜陵有色充分发挥国企优势，对太湖县北中镇江河村和枞阳县钱铺镇7个村实施定点帮扶，帮助它们兴产业、拔穷根，坚定不移走可持续发展的乡村振兴之路。

5年来，累计投入帮扶资金1200多万元，在贫困村种植石斛、瓜蒌、茶叶等经济作物，建设光伏发电项目，加强基础设施建设，举办农特产品展销会……

如今，江河村和南岭村7个村先后出列，这些与贫困相伴多年、一直致富无门的小山村，有了自己的产业，修好了通向大山外的水泥路，打开了农特产品的广阔销路……

志行万里者，不中道而辍足。"十四五"期间，铜陵有色将着力打造一流的阴极铜生产基地、一流的铜基新材料制造基地、一流的循环经济示范基地及一流的海外矿产品开发基地，向着世界铜业之冠的百年梦想奋进！

撰稿人：夏富青

非凡十年，信发集团减碳向绿助推高质量发展

非凡 10 年，成就信发的非凡跨越。非凡 10 年，信发集团"壮士断腕"，努力开创高质量发展新局面。

信发集团是一家集发电、供热、氧化铝、电解铝、炭素、岩盐、烧碱、石灰、电石、聚氯乙烯、煤矿开发、铝矿开发、盐矿开发、铝深加工、环保建材等产业于一体的现代化大型企业集团。10 年来，信发集团深入践行"绿水青山就是金山银山"的生态文明理念，全面落实企业生态环境保护主体责任，坚定不移地走绿色环保、低碳高效、循环经济的发展之路，积极开展"清洁生产、绿色发展新模式"的探索与实践，逐步实现了生态环境高水平保护和企业经济高质量发展。2021 年，信发集团实现销售收入 2312 亿元，实现利税 274.1 亿元；是国家第一批"资源节约型、环境友好型"试点企业、"国家级生态型循环铝工业示范基地"、国家资源综合利用"双百工程"骨干企业、国家大宗固体废弃物综合利用基地；先后多次荣获"全国五一劳动奖状""全国节能降耗先进单位""全国电力系统先进单位""全国有色金属行业先进集体""富民兴鲁劳动奖状""山东省循环经济示范单位""山东省花园式企业"等荣誉称号。细数 10 年发展，信发交出了一份靓丽的成绩单。

信发集团办公楼

强化生态环境治理，创新举措贯穿生产始终

污染防治源头化。治污要治本，治本先清源。10 年间，信发集团将环保工作关口前移，从进厂物料入手，治理卸料环节扬尘。花费 14 亿元建设火车智能卸煤系统，采用全

自动双翻翻车机卸煤，翻卸过程通过纳米级干雾抑尘、负压收尘，煤炭落至地下 30 米深输煤皮带，输送到燃煤系统或全封闭式储煤棚，全程无扬尘产生。以此技术为基础，信发集团还根据氧化铝粉、石子、石油焦、兰炭等物料的自身特点创新设计了不同类型的全自动无尘装卸系统，既提高了工作效率，又杜绝了扬尘污染。其中，可容纳 5 辆罐车同时卸车的氧化铝粉自动卸料站，由信发集团自行设计，为全国首创。

物料管控封闭化。解决卸料扬尘，方便了下个环节的储存和输送。10 年间，为减少物料堆存扬尘，信发集团投资 5 亿元，对所有的露天料场进行改造，全部建成高标准全封闭式储料棚，料棚内部设有雾炮，定时喷雾降尘。为减少物料输送扬尘，信发集团不同厂区之间及各生产流程的粉状物料采用密闭管道输送、粒状及块状物料采用封闭管廊传送。例如，化工厂产生的电石渣直接通过密闭管道输送至电厂、电解铝厂、炭素厂进行脱硫，产生的脱硫石膏直接通过封闭皮带廊传送至建材厂生产石膏粉等，减掉了车辆转运环节，避免了运输扬尘污染。

排放达标超低化。达标排放是企业落实生态环境保护主体责任的基本义务和底线要求。信发集团在末端治理环节更是自我加严、提标减排。10 年间，信发集团先后投资 100 多亿元升级改造燃煤电厂、氧化铝、电解铝、炭素等行业的脱硫、脱硝、除尘环保治理设施，所有机组氧化铝、电解铝、炭素等在达标排放的基础上全部实现超低排放。改造过程中不乏技术创新，例如，电解铝厂烟气脱硫打破传统单塔设计，率先采用双塔设计，一用一备，在设备检修时可以实现无缝切换，不耽误生产，不影响减排，也是全国率先完成电解铝脱硫改造的企业。

废物利用资源化。世上本没有废物，只有放错位置的资源。为破解工业固废资源化利用难题，10 年间，信发集团投入上亿元开展专项研发，经过上百次试验，攻克了 41 项技术难题，获得了 18 项专利，被认定为国家级高新技术企业；成功开发建设了粉煤灰渣制砖、制砌块，脱硫石膏生产石膏粉、石膏板等多个固废综合利用项目，其中，石膏板项目为世界单厂最大产能。信发集团内部产生的粉煤灰渣、脱硫石膏等全部实现变废为宝，年可减少固废存量 1200 万吨，创造经济效益 100 多亿元，实现了"出灰不见灰、出渣不见渣、固废变资源"的目标，被国家发改委列为全国"大宗固体废弃物综合利用基地"。2020 年 9 月，信发集团生产的砌块入选"国家绿色制造名单"；11 月，荣获全国石膏行业突出贡献奖；2021 年 12 月，信发建材产品顺利通过国家绿色建材最高星级认证，荣获"绿色建材评价标识"三星证书，产品蒸压加气混凝土砌块入选"国家级绿色设计产品"。

加快新旧动能转换，实现绿色低碳高效发展

"公转铁"调整运输结构。10 年间，信发集团大力推进"公转铁"，建设 9 条铁路专用线，逐步实现煤炭、铝土矿等大宗物料由公路运输转为铁路运输，年减少重型柴油货车 42 万车次，减少一氧化碳、氮氧化物等汽车尾气排放 2000 余吨，为企业实现清洁生产、可持续发展提供强有力的支撑。信发集团也被铁路总公司评为清洁卸车标杆企业，智能火车卸煤系统先后被 CCTV1、CCTV2、CCTV13 等各大媒体进行了专题报道。

"上大压小"促进产业升级。10 年间，信发集团积极淘汰落后产能，主动关停 13 台 30 万千瓦以下的机组，总装机容量 164.5 万千瓦；投资 300 亿元建设 600 兆瓦级高效超超

临界机组，是目前环保指标最好、最节能的发电机组，荣获亚洲电力大奖。"上大压小"年节约标准煤 105.8 万吨，相当于减排二氧化碳 263.6 万吨。

"光伏发电"推动绿色发展。10 年间，信发集团将绿色低碳作为发展方向，提前布局能源产业结构，投资 6 亿元，利用现有厂房屋顶，建设 150 兆瓦分布式光伏发电项目，避免了新增占地，年可利用太阳能发电 1.65 亿千瓦时，有效推动了可再生能源发展。

大力发展循环经济，推动企业绿色转型升级

在信发集团，循环、综合利用，就是尽可能减少发展对资源、能源的消耗，就是追求最小化的环境消耗，这也是对环境的最大贡献。10 年来，信发集团以低消耗、低排放、高效率为特征，通过"建链、补链、强链"，不断完善循环经济，逐步形成四大循环产业链网：以煤矿开发、发电、供热为主的能源产业链网；以铝土矿开发、氧化铝、炭素、电解铝、铝深加工为主的铝产业链网；以盐矿开发、液碱、石灰、电石、聚氯乙烯及精深加工为主的化工产业链网；以电石渣脱硫、脱硫石膏生产石膏粉、石膏板，粉煤灰渣生产蒸压标砖、砌块等固废综合利用为主的生态环保产业链网。链网上下产业衔接，左右工序相连，环环相扣、闭路循环。上一家企业生产过程中产生的废气、废水、废渣及能量变废为宝，成为下一家企业生产所需的能源、原料，将各种废物吃干榨净，实现了资源、能源高效利用的最大化。以石灰石为例，其在生产过程中就被循环利用了 6 次：用石灰石生产石灰，石灰生产电石，电石生产聚氯乙烯，生产聚氯乙烯产生的废料电石渣可以替代石灰生产氧化铝，同时，替代石灰用于电厂脱硫，脱硫产生的废料脱硫石膏用于生产石膏粉，石膏粉又可以广泛应用于生产纸面石膏板等优质建筑材料。经专家评估，信发集团通过发展循环经济，年可节约资金 100 多亿元。

信发集团的 10 年绿色发展之路，是生态环境高水平保护和企业经济高质量发展的生动体现，实现了环境效益、经济效益、社会效益的"三方共赢"。据生态环境部公开的全国碳排放权交易信息，截至 2022 年 9 月，信发集团交易量 1407.6 万吨，占全国总交易量 7.47%；总交易金额 7.43 亿元，占全国总交易额的 9.1%，位居全国首位。全国 26 名两院院士及 100 多位专家、学者组成的参观考察团一致认为，信发集团走的是中国民族工业崛起的道路，也是当今传统产业升级和高质量发展的必由之路。

撰稿人：郝　军　申淑环

凝心聚力　乘势而上
魏桥创业全面开启高质量发展新征程

党的十八大以来，魏桥创业集团认真贯彻党的十八大和十九大及历次全会精神，团结带领广大干部职工砥砺奋进、开拓创新，企业实现全方位的历史巨变。

这是攻坚克难的 10 年。魏桥创业集团成功应对国内外激烈的市场竞争、顶住"利奇马"台风等自然灾害的严重冲击、加快产业转型升级、克服新冠肺炎疫情带来的不利影响，于危机中育生机，在变局中开新局。

这是写满辉煌的 10 年。魏桥创业集团在荆棘之路中，销售收入突破 4000 亿元大关，各项经济指标均创历史新高，自 2012 年以来，连续 11 年入选世界 500 强企业，2019 年以来，连续 3 年入选世界品牌 500 强。

10 年来，魏桥创业集团坚定不移地贯彻新发展理念，聚焦科创引领，加快转型升级，优化生态保护，注重责任担当，着力推动高质量发展，全力打造世界领先的百年制造企业。

转型升级　产业向高端化迈进

2021 年 10 月 19 日，魏桥轻量化基地首台全铝车身下线，这台车身突破了 10 多项"卡脖子"关键技术，标志着魏桥创业集团从"铝水—轻量化零部件研发、制造—整车组装"的完整产业链形成。

魏桥轻量化基地是魏桥创业集团联合国科大、苏州大学和行业优势企业，以开发汽车轻量化与整车制备核心技术为目标，打造的国内全流程汽车轻量化研发、试验、制造基地。目前，该基地内的 5 个项目已全部投产，产业发展已实现技术和性能两大突破，自主研发的 8 种高强韧铝合金材料综合性能较传统合金提升 20% 以上，制造的车身平台、底盘平台、底盘传动部件较传统产品分别减重 40%、30%、50% 以上，一些汽车配件成功通过世界顶尖新能源汽车公司的技术考核，进入 20 余家知名车企供应链，实现从规模经营向更具有价值效益的产业攀升。

2011 年，魏桥创业集团投资 200 亿元建设了年产 76 万吨高精铝板带生产线，工艺技术和自动化控制均达到了国际领先水平，生产的易拉罐罐体料、罐盖料市场占有率常年位居第一，现代热敏印刷用 PS 和 CTP 版基等特殊高档铝合金板带材，可替代进口。

2014 年，魏桥创业集团着力推动铝电解技术的进步，实现产业升级，与东北大学合作研发的全球首条全系列 600 千安特大型阳极预焙电解槽，一举推动了我国电解铝技术达到国际领先水平。

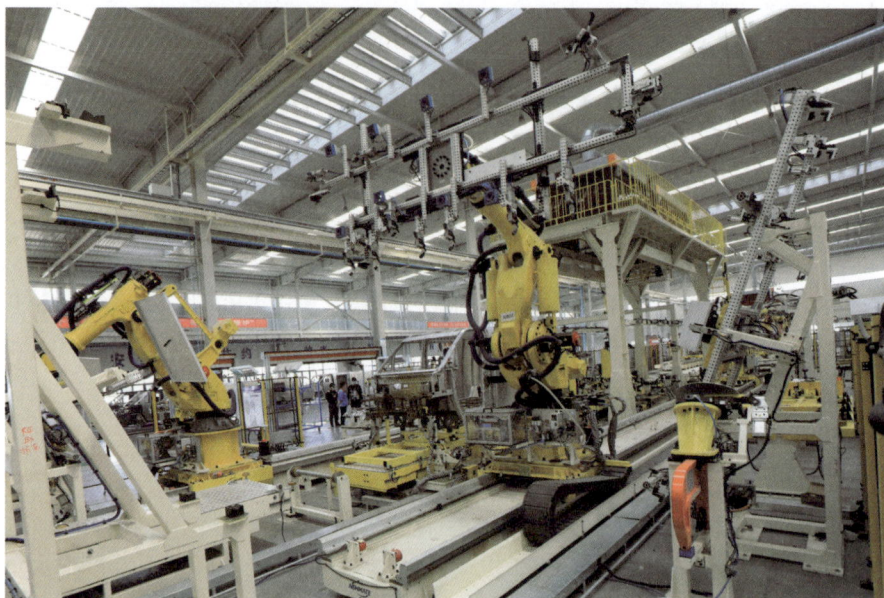

山东魏桥创业集团投资建设的魏桥轻量化基地内，
山东宏奥汽车轻量化科技有限公司车身集成车间

科创引领　创新向自主化攀登

2019 年 8 月 31 日，魏桥创业集团与中国科学院大学、中信信托签署战略合作协议，共建魏桥国科研究院，建立起"技术创新+产业转化+金融支持"的全链条创新生态系统。目前，该研究院已经启动 7 个研究中心、10 个联合实验室，孵化出 7 家科技公司、23 个科技合作项目，超高精细光刻胶、铝基复材、激光选通成像等多个项目建成投产，在解决国家关键核心技术"卡脖子"问题上迈出了重要一步。

魏桥创业集团不断深化产学研合作，构建"产学研政金服用"科创体系，与苏州大学合作，成立高端铝材料制造及应用研究院，研发高强高韧车用新型 6 系铝合金新材料等多款产品；与中南大学在惰性阳极无碳铝电解关键技术、智能高效清洁铝电解新技术、赤泥综合利用关键技术等领域深度合作，并建成了一段赤泥近零排放示范线。目前，魏桥创业集团拥有山东省认定企业技术中心、山东省行业技术中心、院士工作站、博士后科研工作站等各类创新平台 20 余家，入选山东省大众创业万众创新示范基地，"基于铝基的交通轻量化示范工程"等 3 个项目获批山东省科技创新工程项目，4 家下属公司被认定为国家高新技术企业。

生态优先　生产向绿色化转型

近年来，魏桥创业集团生态文明建设力度空前，绿色制造水平显著提升，获评 2 家国家级绿色工厂，2 家省级绿色工厂。

持续优化能源结构，魏桥创业集团投资12亿元建设30万千瓦屋顶分布式光伏发电项目，年可节约标煤10万吨。加强技术改造，魏桥创业集团投资100亿元在行业内率先实现了热电、氧化铝、电解铝的超低排放，达到国际领先水平；加快产业链上游绿色重塑，云南绿色铝创新产业园不到9个月就建成投产，水电、风电加上光伏发电，集团清洁能源占比超过三分之一。

魏桥创业集团致力于在循环经济中展现新作为，与全球知名混合金属回收商德国顺尔茨集团合作，建设了中德宏顺循环科技产业园，围绕"3+N"模式（即报废汽车资源化、铝再生、动力锂电池再生利用和配套产业链），建设国内乃至国际最高标准循环科技产业园，目前，汽车拆解生产线已安装完毕，第一条废铝回收生产线建成投产，第二、第三条废铝回收生产线正在烘炉调试，10月底投产。

魏桥创业集团董事长张波在出席第三届跨国公司领导人青岛峰会期间对外公布了魏桥的"双碳"目标：力争在2025年以前实现碳达峰，2055年以前实现自身运营范围净零排放。企业更加注重绿色低碳生态圈的建设，并利用集团在产业链中承上启下的位置和影响力，积极呼吁、引领产业链降碳。

开放融合　经营向国际化跨越

魏桥创业集团积极响应国家"一带一路"倡议，加快国际产能合作。2013年10月，习近平主席和印尼时任总统苏西洛共同见证了印尼宏发韦立公司年产200万吨氧化铝项目签约，一期100万吨于2016年建成投产，二期100万吨于2021年建成投产，这是我国首家海外氧化铝生产企业，也是东南亚最大的氧化铝生产企业。

2014年，魏桥创业集团在几内亚组成企业联合体"赢联盟"，合资成立了矿业公司和河港公司，开采铝土矿，建设河港码头和海上过驳转运系统，打造了一条自国外矿山到国内工厂、集多式联运为一体的完整产业链，每年运回矿石4000多万吨，有力地保障了我国铝土矿资源的安全。2021年6月，合作联合体——"赢联盟"博法-博凯项目达圣铁路建成通车。"赢联盟"还成功获得西芒杜铁矿1号、2号矿块矿权，2021年3月，西芒杜铁路建设正式启动。

此外，魏桥创业集团还在德国设立研发中心，与德国柏林工业大学、德国亚琛工业大学、德国巴符州轻量化局等国际知名高校和机构开展合作，加强在轻量化、新材料、氢能源等领域的研发，产品覆盖欧洲、美国、日本、韩国等多个国家和地区。

实业报国　奉献社会勇于担当

魏桥创业集团始终坚持"为国创业，为民造福"的核心价值观，把带动一方经济发展、拉动脱贫攻坚、推动共同富裕作为企业的发展动力和自觉追求。

紧紧抓住发展这个第一要务，扎实做好产业拉动经济发展。魏桥创业集团先后在国内外打造了12大生产基地，极大地拉动了各地的经济社会发展，并且注重发挥龙头带动作用和孵化器作用，积极扶持上下游中小企业发展，大力开展双招双引，极大地拉动了滨州市高端纺织家纺服装产业集群及铝产业集群的发展。

紧紧抓住就业这个基本保障，扎实做好就业带动脱贫致富。魏桥创业集团员工最多时达到 16 万人，95% 以上来自农村，十几万农村剩余劳动力实现了就业，带动了农民发家致富，并且建立了使职工住有所居、病有所医、子有所教、老有所养、工资收入稳定增长的后勤保障机制，让职工在城市安家落户、安居乐业。

紧紧抓住慈善这种分配方式，扎实做好公益助推共同富裕。魏桥创业集团始终怀着一颗感恩的心，热心公益慈善事业，大力支持交通、教育、科技、卫生事业发展和抗击新冠肺炎疫情及洪涝灾害；设立"士平公益基金会"，大力支持科技、教育事业发展；与北京彩虹公益基金会联手为留守儿童筹建 23 所"魏桥彩虹之家"，受益儿童 1 万余名，被评为第七届"山东慈善奖"捐赠企业。

旗帜鲜明　党建引领全面加强

目前，魏桥创业集团共有 3 个党委，下设 9 个党总支、147 个党支部，党的组织和工作覆盖到了每个车间和班组。近年来，魏桥创业集团带领广大党员干部职工认真贯彻落实习近平新时代中国特色社会主义思想，深入践行党的宗旨，把初心使命具象、实践为"为国创业，为民造福"的核心价值观，牢固树立起了"围绕发展抓党建，抓好党建促发展"的党建理念，在实践探索中逐步形成了以"为国创业，为民造福"为宗旨，以"创世界领先企业、创世界先进管理、创世界优质品牌"为目标，以"党建引领、双向互动、创先争优、构建和谐、党群共建"为主线的"二为三创五机制"党建工作法，有力地保证了政治核心和战斗堡垒作用的有效发挥。广大党员干部在生产经营、技术创新、节能减排、技能竞赛、安全生产等方面冲锋在前，模范带头，为企业高质量发展注入了强劲动力。

栉风沐雨铸辉煌，奋楫笃行著华章。乘着党的二十大胜利召开的东风，魏桥创业集团将始终高举习近平新时代中国特色社会主义思想的伟大旗帜，在各级党委政府的坚强领导下，不忘产业报国初心，牢记强国富民使命，乘势而上，接续奋斗，奋力开创世界领先的百年制造企业建设新局面。

撰稿人：刘京青　黄平义　杨志远

当好新疆矿业高质量开发的排头兵

——新疆有色集团高质量发展十年回眸

综合实力显著增强、资源增储实现突破、科技创新提质增效、国企改革蹄疾步稳、安全生产成效凸显、党建工作成果丰硕……回首 10 年,漫展画卷,在新疆有色集团高质量发展之路上,每一个奋进的脚步都那么坚实有力。

10 年,是浩渺历史长河的惊鸿一瞥。

10 年,是一段砥砺奋进的辉煌印记。

2012 年,新疆有色集团工业总产值仅为 48 亿元,2021 年已增至 196 亿元,年均增长 15.11%;2022 年前三季度,实现工业总产值 147 亿元、净利润同比增长 117.22%、利润总额同比增长 70.5%,各项指标均创历史新高。党的十八大以来,新疆有色集团走出了一条质量更高、效益更优、更为安全、更可持续的发展之路。

回望来路,既有砥砺前行、爬坡过坎的坚韧和勇毅,也有千帆竞发、百舸争流的浩荡和豪迈。

心无旁骛抓主业

在大美新疆这片神奇的土地上,冰峰与火洲共存,瀚海与绿洲为邻,丰富的矿产资源支撑起一代又一代新疆有色人创业奋斗的广阔平台。

回首 10 年奋斗足迹,处处洋溢着干事创业的激情。新疆有色集团心无旁骛地做好矿产资源开发主业,锻造资源核心竞争优势,立足新疆大地,跨越天山南北,从阿尔泰山到雪域昆仑,持续加快贵金属、稀有金属等有色金属优势板块资源开发勘探力度,实施南疆发展战略,着力拓展黑色金属、非金属新板块。

截至 2022 年 9 月,新疆有色集团保有探矿权 42 个、采矿权 19 个。其中,新增的大红柳滩稀有金属资源储量有望超过 100 万吨,是国内罕见的稀有金属富集区;卡特巴阿苏金(铜)矿黄金储量有望超过百吨,将成为新疆第一大金矿;完成阿克陶县锰矿采冶的全产业链收购,锰资源储量 2200 余万吨,使新疆有色集团进入全国电解锰企业前三强。

高质量发展之路,并非一蹴而就。2012 年起,世界有色金属市场持续低迷,出现断崖式下跌,生产环节盈利空间有限,加之资源品位逐渐下降,新疆有色集团迎来发展的"寒冬"。

越是艰难越向前,实干笃行方能行稳致远。

2013 年,五鑫铜业年产 20 万吨电解铜项目正式建成,从此,新疆有了铜采选冶完整产业链。如今,五鑫铜业阴极铜产量占全疆市场的 90% 以上,广泛应用于电气、电子、机械制造、建筑等工业领域,产品需求客户遍布全疆各地。

2015 年 1 月 22 日,新疆有色集团旗下的西部黄金股份有限公司在上海证券交易所成功上市，进一步改善了新疆有色集团的资本结构，提高了抗风险能力，增强了新疆有色集团的发展后劲。

2017年，新疆有色集团旗下的新鑫矿业股份有限公司喀拉通克公司采出矿突破100万吨大关，创建矿30年来新高，携手新疆有色集团旗下亚克斯公司，进入全国百万吨矿山"俱乐部"。

2019年，新疆有色集团与科邦锰业签订战略重组协议，完成了阿克陶县锰矿采冶的全产业链收购，为拓展黑色金属产业板块奠定了坚实基础。

2021年，新疆有色集团新增和田县大红柳滩稀有金属矿、阿克陶县穆呼锰矿、新源县卡特巴阿苏金（铜）矿、若羌县吐格曼稀有金属矿、哈密野马泉金矿，极大地增加了资源储备，为新疆有色可持续发展提供了充足资源。

2022年，新建矿山卡特巴阿苏金铜矿、大红柳滩稀有金属矿开工建设。

……

10年间，建成项目发挥效益、在建项目稳步开展、储备项目有序推进，重点项目成为新疆有色集团高质量发展的重要引擎。

踔厉奋发、锐意进取，新疆有色将奋斗的足迹镌刻在了这份成绩单上：

10年间，铜镍板块累计生产电镍11.21万吨，电铜17.50万吨，实现销售收入总额195.24亿元；黄金板块矿山累计新增金金属量23吨，产出黄金30余吨，基本实现了资源消耗与增储平衡；稀有金属及黑色金属和非金属板块强势整合，转型升级，蓄势待发。

10年间，高质量发展从"稳增"到"倍增"，形成了"铜镍、黄金、稀有金属及黑色金属、非金属"齐头并进的产业链新格局。

亮眼的数据，里程碑式的跨越，新疆有色集团高质量发展的道路越走越宽阔。

"三足鼎立"促发展

发展，关键要找准落脚点。对新疆有色集团而言，创新是引领发展的第一动力，安全是实现发展的重要保障，改革是破除发展壁垒的有效抓手。

提质增效抓创新，增强高质量发展动力

多年来，新疆有色在探、采、选、冶及矿山装备等方面具有深厚的全产业链技术积淀。

新时代的10年，新疆有色集团科技创新投入大幅增加，累计研发投入近15亿元，开展科技创新项目攻关280余项。目前，获得国家授权专利258项，自治区级以上科技类奖项70项，拥有高新技术企业11家，自治区级以上创新平台12个，技能大师等创新工作室28个。

新时代的10年，新疆有色集团立足自身优势，以新疆有色金属研究所为载体，加大与国内科研院所合作，实现了关键核心技术研发创新，软破矿体高分段强化开采及地质灾害控制技术、低品位锂铍矿石综合回收技术、硫酸-萃取法制取氧化铍工艺及产业化技术、氯化锂反萃液制取无水氯化锂、工业级金属锂自动浇铸技术、高氯菱锰矿氯处理及平衡控制、电解锰阳极泥综合利用等技术处于国内领先水平。

2015 年，经过 3 年建设，新疆有色金属高科技产业基地在乌鲁木齐经济技术开发区落成投入使用，实验条件和基础设施一流的新疆有色金属研究所，不仅以全新的面貌呈现，还成为新疆高水平的科研创新基地和攻克稀有金属生产瓶颈的技术中心。

当前，新疆有色集团承担的"特殊环境下硬岩型锂矿开发与高质化利用关键技术集成示范""氟化物熔盐体系电解制备高纯金属铍研究"两个"十四五"国家重点研发计划项目正在如火如荼地进行。

该项目重点在稀有金属矿产资源绿色开发、高值化利用、大数据智能融合等方面开展技术攻关，将在中国工程院院士孙传尧、钽铌铍冶炼加工专家何季麟院士的指导下完成。

该项目的实施为新疆有色集团再度"振兴锂业、重振稀有"开辟了新起点，使新疆有色研究所的科研实力逐步彰显，也为带动新疆经济可持续发展提供了强有力的科技保障。

10 年来，机械化、智能化、"5G+工业互联网"等信息化建设在新疆有色落地生根，绿色矿山、数字矿山、智慧矿山在新疆有色开花结果，截至 2021 年末，新疆有色集团拥有绿色矿山（工厂）7 家，劳动生产率达到 42.5 万元/人，相比 10 年前，翻了一番。

2021 年，全国唯一一家非煤矿山应用试点"亚克斯物联网综合管控云平台"通过国家验收。该平台集生产、工艺、设备、安全为一体，充分应用了现代信息、数字孪生、云计算及工艺设备联锁等技术，通过可视化组态，实现了采矿、选矿 18 个子系统的数据集成与控制，管理人员可全面直观地掌握公司实时生产状况，大幅提升矿山生产管理效率及安全监管能力。

创新不止于技术和设备的革新，还有管理运营的创新。近年来，新疆有色集团着力打造"三中心一平台"，信息化建设初见成效，信息化平台 NC 系统集成了财务、供应链、物资采购、人力资源、项目管理等模块，已经全部上线运行。

科技助力，创新驱动，人才强企。

新疆有色集团现有专业技术人员 1540 人，10 年里，获得省部级、国家级荣誉的集体和个人不断涌现，获得全国五一劳动奖状、工人先锋号、创新成果、行业先进等集体荣誉 70 余个，获得劳动模范、五一劳动奖章、技术能手、三八红旗手、国家科技进步奖、青年岗位能手等个人荣誉 40 余人次，高质量发展"成色"更足。

驰而不息抓安全，强化高质量发展保障

发展是第一要务，安全是第一保障。

步入新时代，新疆有色集团已形成集地质勘查、采选冶、科研设计、地产及商贸物流为一体的综合型产业集团，安全生产更是点多、线长、面广。

近年来，"1361"一体化安全管控模式应运而生，铺就出新疆有色集团高质量发展的"快车道"。

一体化安全管控模式围绕"生命高于一切，安全重于泰山"的安全核心理念，开展安全基层、基础、基本素质"三基"建设，着力构建文化引导、风险预控、技术创新、装备保障、合力监管、考核问责"六大"安全工作体系，推动新疆有色集团实现长周期安全生产目标。

近年来，新疆有色集团坚持"两个至上"，探索实践智慧矿山建设，科技强安助力安全成效初显。

位于哈密市小黄山的亚克斯公司，是新疆铜镍矿资源开发的主力矿山。2014年投产初期，该公司建设了集井下压风自救、供水施救、人员定位、通信联络、视频监控、避灾硐室为一体的矿山安全避险"六大系统"，大幅提高了矿山安全生产保障能力。

该公司还成功打造了电机车无人驾驶、采矿及选矿设备远程操控等自动化系统，先后投入7000余万元用于机械化生产，凿岩、采矿、锚杆支护等20多台大中型采掘设备相继落户，井下作业面机械化使用率达到85%以上，换减井下作业人员近40人，劳动生产率提高15.8%，人工成本累计降低20.2%，杜绝了生产安全事故的发生。

2019—2021年，新疆有色集团连续3年完成了自治区安全生产目标管理责任书的生产安全事故死亡人数零控制指标，并获得了2019年度自治区安全生产和消防工作先进单位荣誉称号。

蹄疾步稳抓改革，破除高质量发展壁垒

实施国企改革三年行动以来，新疆有色集团始终把改革作为破除一切发展障碍的"关键一招"，乘势而上、奋楫笃行，通过提升公司治理、科技创新、产业发展、市场化竞争、加强党的建设等方面能力，推动新时代改革工作取得更大成效、展现更大作为。

截至2022年9月，新疆有色集团国企改革三年行动完成率达100%。所属西部黄金改革经验被国务院国资委评为国企改革优秀案例，并再次入选"双百企业"，2022年同时入选了国有企业公司治理示范企业。

在深化改革方面出实绩，源于下了大力气。

新疆有色集团大刀阔斧进行"瘦身健体"，全面完成"党建入章"。建立董事会企业19户，实现应建尽建和外部董事占多数完成率100%；稳步推进低效资产清理和亏损治理，完成对13家低效无效"僵尸企业"的处置，2户重点亏损子企业实现扭亏为盈；集团总部推行"岗位工资+绩效+奖励"的薪酬管理体系；有色研究所推进课题工资制和模拟公司制试点；西部黄金开展"双百行动"，市场化选聘职业经理人；强化流程管控和风险管理，修订各类制度158项等，实施了多项措施。

与此同时，内部整合高效推进，依法治企能力明显增强，形成了议事有程序、管理有规则、风险有管控的依法治企新格局。

"三个五百""五个一流""千亿产业集团"……新疆有色集团"十四五"发展蓝图已经开启。当前，新疆有色集团正按照经济高质量发展新要求，坚持科技是第一生产力、人才是第一资源、创新是第一动力，努力实现"绿色、低碳、安全、高效"目标，力争发展成为国家丝绸之路经济带核心区建设的重要力量。

党建领航聚合力

新疆有色集团成立于1950年，是一家有着鲜明红色基因的国有企业，历经70余年的发展，初心不变，历久弥坚，从1951年的6个支部、135名党员，到2021年末的223个党组织、5481名党员，鲜红的党旗在天山南北高高飘扬。

坚持党的领导，加强党的建设，是新疆有色集团高质量发展生生不息的根基与灵魂。

旗帜鲜明，牢牢把握"国企姓党"这一根本属性，全面落实"两个一以贯之"，发挥党组织"把方向、管大局、保落实"的领导核心和政治核心作用。

立柱架梁，完善党组织前置研究讨论事项清单、"三重一大"事项决策权责清单。

建章立制，所属子公司全部将党建写入公司章程，将党的领导融入意识形态工作、国企改革、群团组织建设等。

从严从实，直面老国企的新问题，坚持"严"的主基调，持之以恒正风肃纪反腐，将"以案促改、净化政治生态""企业内部政治巡察"当作进一步推动企业高质量发展的促进点。

强基筑垒，"示范党支部""品牌党支部""党员先锋队""党员示范岗""党员责任区"，广大党员立足岗位创先争优，在急难险重任务中充分彰显"主力军"作用。

……

一系列横向到边、纵向到底的党的领导制度体系融入生产经营，该集团在更深层次、更大范围上推动了坚持党的领导与建立现代企业制度有机统一。

贯穿"一条主线"、聚焦"一个目标"、实施"五大工程"、实现"一个愿景"的党建工作思路在实践中更加明晰，公司治理结构不断完善，基层组织力全面提升，人才队伍结构持续优化，干部作风明显好转，政治生态不断净化，高质量党建有力引领和保障了企业高质量发展。

70多年前的可可托海小镇，新中国第一支矿业铁军在这里铸就，中外合营企业建立党组织的先例在这里诞生，"吃苦耐劳、艰苦奋斗、无私奉献、为国争光"的可可托海精神在这里酝酿。

精神因传承而不灭。

2019年12月，经过1年多的设计施工建设，新疆有色陈列馆正式开馆。70余载与新中国共同成长的红色根脉，承载了新疆有色人永不褪色的红色记忆和强烈的爱国情怀。

如今，该馆被命名为"自治区直属机关党员教育基地""自治区级爱国主义教育基地""自治区总工会'新时代职工教育基地'名录"，成为新疆有色干部员工及社会各界了解新疆有色历史、开展红色教育的重要基地。

10年间，新疆有色集团所属企业建成规模以上陈列馆5家、小型教育基地7个，墙绘文化、垒石文化、铁艺文化、红柳文化，以及安全文化、党建文化、廉洁文化……一系列文化工程，成为各族干部员工传承红色基因、弘扬企业文化的重要载体。

2022年，新疆有色集团新鑫矿业股份公司喀拉通克公司选矿技术员热西拉·热哈提当选党的二十大代表，这是新疆有色集团继白成铭（党的七大）、容雪岭（党的十九大）之后的第三位全国党代表。

从矿工"小白"成长为"点石成金"的大国工匠，身为矿二代的热西拉·热哈提是"可可托海精神"的传承者、践行者。在新疆有色集团所属企业，像热西拉·热哈提这样的党员数不胜数。

历史变迁，精神永恒。70多年后的今天，能打胜仗、作风优良的干部队伍忠诚可靠，党组织的红色引擎作用更加强劲，"传承、创新、担当、奉献"的新时代新疆有色精神在新征程上熠熠生辉，"英雄矿""功勋矿"的感人故事走向全国、走向世界。

党的二十大代表、新疆有色职工热西拉·热哈提（左）发挥师带徒作用，
教授岗位新员工熟悉设备使用流程

社会责任显担当

这是一场艰苦卓绝的合力攻坚——

2020 年，我们党带领全国人民打赢了人类历史上规模最大的脱贫攻坚战。

促进就业、社会捐助、脱贫攻坚、乡村振兴、疫情防控……在每一次事关国计民生的困难面前，新疆有色人的精神品格不断凸显。

这是新疆有色集团脱贫攻坚的成绩单：4 个乡镇 15 个村 2575 户 9376 人，2020 年底全部实现脱贫。

成绩的背后，20 余家单位，300 余名第一书记及驻村工作队员，夙兴夜寐干、铆足干劲冲，实践创新出"就业扶贫带动、产业扶贫造血、消费扶贫巩固"的"三位一体"精准脱贫模式，昔日的"穷乡僻壤地"，变身今朝的"致富小康村"。

据不完全统计，近 10 年来，新疆有色集团已累计向社会及贫困地区捐助各类善款7800 余万元。

近 3 年里，新疆有色集团各族干部员工勇担使命、迎难而上，走向了战"疫"的第一线，近万名干部员工第一时间返岗驻厂，千余人次参与地方疫情防控志愿服务，在疫情防控大考中交出合格的新疆有色答卷。

2020 年以来，疫情反复对经济发展造成巨大冲击，在促进新疆经济发展方面，新疆有色集团充分发挥顶梁柱作用，稳定产业链供应链，让新疆的资源优势不断转化为经济优势。

疫情期间，为保证客户产品及时供应，昆仑蓝钻、科邦锰业、五鑫铜业、喀拉通克公司、阜康冶炼厂等生产单位立即启动疫情防控应急预案，战疫情保生产，抢进度提效率，确保了疆内硫酸、阴极铜、电解镍等产品上下游产业链的供应稳定，彰显了国企力量、精神与效率。

以党史之光照亮奋进之路，在党的百年华诞之际，新疆有色集团以党史学习教育为契机，持续在学党史、悟思想、办实事、开新局上下功夫，紧盯党史学习清单，持续跟进"我为群众办实事"，共办结实事 48 项，涉及职工生活条件改善、工作环境整治、增收致富、素质提升、巩固脱贫攻坚成果等 11 个方面，累计投入资金 3.78 亿元，惠及职工群众21 万人次。基层单位累计完成 582 件，实际投入 5.67 亿元，惠及群众 31 万人次。

日升月恒，江海奔流。时光从不停息，新疆有色人奋进的脚步也从未停歇。

一出生就风华正茂，一出场就全力以赴。历史翻开了崭新的一页，作为新疆矿业开发的排头兵，新疆有色集团将以担当的精神、革新的魄力、拼搏的勇气，干出一番新天地、成就一番新事业，在高质量发展的新征程中书写更加浓墨重彩的一笔。

撰稿人：涂艳霞

十年砥砺奋进　写好广晟有色实干答卷

党的十八大以来，以习近平同志为核心的党中央高度重视国有企业发展和党的建设，就国企改革作出一系列重要指示批示，不断推动国有企业高质量发展。这10年，广晟有色以习近平新时代中国特色社会主义思想为指导，深入贯彻落实党中央关于国企改革的重大决策部署，开创了企业发展的新局面，书写了日新月异、精彩蝶变的新篇章。

广晟有色是以"稀土、钨、铜"为主业的大型国有控股上市公司，是国家级稀土集团——广东省稀土产业集团的核心企业，目前持有广东省内全部稀土采矿证。公司由始建于1953年的广东省冶金厅、1983年成立的中国有色金属工业广州公司沿革而来，2009年借壳"兴业聚酯"在上海证券交易所上市（股票代码：600259）。上市之初，公司由于历史负担重、底子薄，企业"散小弱"特征明显，2013—2018年受行业低迷影响，广晟有色经营效益不佳，企业发展面临重大考验和挑战。面对困难挑战，广晟有色矢志不渝，艰苦创业，始终坚守"矿业报国"的崇高使命，坚持深化改革，以党建为引领，以市场为导向，以创新为动力，公司实现了脱胎换骨的转变，走上了高质量发展道路。

这10年，广晟有色从2012—2022年6月底，总资产从25.1亿元增长到85.3亿元，净资产从7.6亿元增长到35.5亿元；营业收入从2012年的23.8亿元，增长到2021年161.0亿元；归母净利润从2012年6042万到2021年站上了亿元大关，2022年上半年1.87亿元；经营业绩创10年来最佳纪录。

始终坚持党建引领，汇聚改革发展蓬勃力量

广晟有色成立初期，多数企业是收购而来，企业党组织的战斗堡垒作用不够强，个别企业党组织存在软弱涣散的问题。2016年，习近平总书记出席全国国有企业党的建设工作会议并发表重要讲话，为公司如何抓好党的建设提供了根本遵循。广晟有色深入推进习近平总书记关于"一个总体目标""两个一以贯之""三个有利于""四个坚持"等一系列重要论述在企业落地落实，促进党建工作与生产经营、改革发展深度融合，做到"党委聚核心、支部筑堡垒、党员亮红旗"，为企业发展注入强大动力。

党建统领、思想"铸魂"。抓实抓牢主题教育，将学习教育与"把诊问脉"统一起来，不厌其烦向员工作形势任务分析，最大限度凝聚改革发展的思想认同和情感认同。在2019年开始的"不忘初心、牢记使命"主题教育中，通过查找"初心有没有丢、内心有没有怕、问题有没有改"三个有没有，推动全体党员自我检视，促进思想和作风转变。2021年党史学习教育开展以来，公司党委以"真学党史、力促实效"为出发点和落脚点，推动与先进人物、先进管理、先进技术的对标对表，找差距抓落实，悟思想提能力，极大地改变了员工原来怕苦怕累、畏难畏重的精神面貌。

建章立制，治理优化。中国特色现代企业制度，"特"就特在把党的领导融入公司治

理各环节，把企业党组织内嵌到公司治理结构之中。广晟有色坚持推动党的领导与企业治理实现制度融合、人员融合和业务融合，使基层党组织在发挥作用时更加有理有据、理直气壮。2018年3月，所属企业全部将党建工作要求纳入公司章程，突出党组织在企业治理中的法定地位，并坚持重大决策先党内后提交，坚持将党的领导融入公司治理各环节。公司强化运行机制建设，实现党委会、董事会、经理层职责明晰、有机融合、协调运转，确保党组织作用在决策层、执行层的有效发挥，使党组织在企业改革发展中真正做到把得了关、掌得了舵，切实把党的领导优势转化为企业治理效能。

党业融合，强基固本。坚持抓基层、强基础、固基本，着力健全上下贯通、执行有力的组织体系，提升基层党组织战斗力。广晟有色坚持争当党建工作创新的"先行者"，倾力打造"速度、力度、热度"三度党建品牌，开展"一企一品"创建活动，逐步形成"站位高、融合紧、动力足、刹车灵、成效实"党建工作格局，党建与生产经营实现深度融合、同频共振，有力推动上级各项决策部署在广晟有色落地落实落细，取得良好业绩，走出了一条党业融合的发展之路。广晟有色先后设立党员责任区78个、党员示范岗75个、党员先锋队18支，将基层党组织打造成为坚强战斗堡垒，使其在突破关键技术难题中当先锋、打头阵，在公司重大项目中当尖刀、挑重担，在生产经营一线创佳绩、作奉献。所属基层党组织先后荣获广东省国资委"先进基层党组织""广东省五四红旗团支部""广东省女职工创新工作室"等荣誉称号。

坚持做强主业，稀土产业链愈加强固

习近平总书记指出："做实体经济，要实实在在、心无旁骛地做一个主业，这是本分。"广晟有色坚守主业、做强产业，横向构筑"稀土、钨、铜"三大产业格局，纵向打造"矿山开采、冶炼分离、精深加工、贸易流通与进出口"完整的稀土全产业链布局，围绕产业链优化升级，以大项目推动大发展，推动企业高质量发展迈出坚实步伐。

矿山开采领域，资源保障能力不断提升。资源是矿山企业核心竞争力的最重要因素。公司成立初期，公司所属稀土矿山储备不足，旗下主体钨矿山多是有百年历史的老矿山，证内钨资源枯竭。公司着眼长远，下大力气推动稀土矿办证，大力实施钨矿山探矿工作。2020年，华企公司仁居稀土矿成功取得扩界整合后的新采矿证，并于2021年10月成功取得国家部委的安全设施设计审查批复，增加稀土资源储量1.1万吨；2022年7月，公司旗下新丰公司成功取得新丰左坑稀土矿采矿证，该矿是目前全世界最大单体南方离子吸附型稀土矿山，新增11.14万吨南方离子型稀土储量资源。2021年10月，公司成功办获红岭钨矿新采矿证，新增钨资源量6.5万吨；2020年，公司完成对大宝山矿40%股权的收购，大宝山矿铜精矿产量居广东省第一，硫精矿居第二，综合回收钨精矿居第一，实现对优质资源的战略持有。随着公司资源掌控能力的迅速提升，为公司健康可持续发展打下了坚实的资源基础。

稀土分离领域，已成长为行业翘楚。广晟有色拥有总分离能力达14000吨/年的4家稀土冶炼分离企业。10年来，4家稀土分离企业坚持工艺优化和设备更新升级，已发展成为掌握多项高新技术的高新技术企业。其中，富远公司年处理5000吨中钇富铕稀土矿分离生产线异地搬迁升级改造项目已于2022年9月投入试生产，将建设集智能化、信息化、绿色化为一体的分离生产线，打造成为"全国最大的中重稀土分离绿色示范工厂"。

精深加工领域，磁材产业"从无到有"迈向"从有到优"。广东省是稀土永磁材料应用大省，占全国市场总应用量的30%。10年来，广晟有色坚持延链战略，将稀土产业链延长到更高附加值的下游高端磁材板块磁材产业，磁材产业正发展成为公司新的增长点。2013年，公司提前布局，与世界500强的日本TDK公司合资建设了东电化公司，拥有全球最先进的高性能烧结钕铁硼生产技术和装备；2021年，收购华南地区最早从事磁材研发生产的福义乐公司；2021年底投资建设的晟源公司8000吨/年高性能钕铁硼永磁材料项目于2022年7月完成主体结构封顶，项目建成后将成为广东省最大的高端磁材生产基地，将打造成为"全国钕铁硼磁材行业标杆"。

广晟有色大埔五丰稀土矿山

贸易流通与进出口领域高质量发展，为实体企业发展赋能。10年来，广晟有色以高质量贸易推动主业发展，贸易风险管控体系健全，拥有强大的市场营销团队，形成了一套成熟完善的贸易商业模式。广东广晟有色金属进出口公司拥有逾40年进出口历史的深厚底蕴。2013年，公司成立广东省南方稀土储备供应链管理有限公司，代表广东省稀土产业集团参加国家指定战略性资源稀土、钨的收储。2015年，公司在香港成立广晟有色（香港）贸易公司，是广晟有色海外贸易重要对外窗口。三个贸易板块企业协同发展，贸易竞争优势得到显著提升。

坚持全面深化改革，为发展提供源源不断动力

习近平总书记强调，要坚定不移深化国有企业改革，着力创新体制机制，加快建立现代企业制度，发挥国有企业各类人才积极性、主动性、创造性，激发各类要素活力。

2015年8月，中共中央、国务院印发了《关于深化国有企业改革的指导意见》。2020

年6月，中央全面深化改革委员会第十四次会议审议通过了《国企改革三年行动方案（2020—2022年)》。广晟有色认真贯彻落实国有企业改革的决策部署，以全面深化改革为主线，截至2022年9月，国企改革三年行动任务全面完成，公司竞争力、创新力、控制力、影响力、抗风险能力全面提升。

提炼企业理念和精神，改革思想深入人心。改革要成功，就必须敢于亮剑、刀刃向内，做到真刀真枪、动真碰硬。广晟有色从员工的思想解放与思想统一入手，提炼形成了"两个千方百计"（千方百计提升企业效益、千方百计提升员工收入）和"两个非常"（对员工非常严格、对员工非常关心）的企业理念，形成了"不争第一就是在混日子"的企业精神。广晟有色坚持目标导向、问题导向、结果导向相统一，刀刃向内促改革、动真碰硬严追责、刚性兑现动真格，让公司全员深刻认识改革的必要性和重要性，深刻领会到自己的家业和事业是深度捆绑在一起的，公司各条战线、各个岗位自我革命、自我革新的改革氛围愈加浓厚，为大刀阔斧的改革提供了坚强思想保障。

压实主体责任，层层传导压力。广晟有色做好改革"规定动作"，创新"自选动作"，持续推进全面深化改革向纵深发展。由公司党委书记、董事长担任组长的改革领导小组负责组织协调，将改革任务分工落实到公司各相关部室和所属企业，坚持目标导向，把握时间节点，层层传导压力到人；立足于稀土产业大格局，结合当前公司重点项目配套、规模及协同效应实际情况，进一步聚焦痛点、难点、堵点，以30项精细化管理课题和32项改革行动清单为重要抓手，加速推进在重点领域和关键环节寻求突破，为公司产业链高端化不断赋能增效。

聚焦三精管理，持续管理提升。公司以组织精健化提升组织战斗力，通过治理规范化、机构精干化，持之以恒地对层级、机构、人员等关联组织稳定高效运行的要素进行优化改进，不断改革体制和创新机制来激发内生动力，夯实企业的组织基础，提升组织竞争力；以管理精细化提升成本竞争力，通过生产制造全过程精细化、公司管理全方位精细化、全员考核精细化，将对标管理、数字化等方法运用到企业生产制造的全过程，持续降低成本、提高质量，实现提质增效降本的目标；以经营精益化提升发展源动力，通过项目高端化、创新高效化，推动企业可持续发展。

推进三项制度改革，激发干事创业活力。广晟有色坚持"改革有深度、考核有硬度、分配有精准度、操作有可行度、员工有满意度"的"五有五度"工作思路，勇蹚改革深水区、敢啃硬骨头，坚持刀刃向内、自我革命，以前所未有的力度实施三项制度改革，真正实现了员工能进能出、干部能上能下、薪酬能增能减。

员工能进能出方面。通过构建一体化管理模式，对所属10家企业按照地缘相近、业务相似的原则划分为4个片区，由片区龙头企业进行统管，有效整合片区资源，实现优势互补、人员精简和降本增效；通过大力开展瘦身健体，利用一体化管控、机构精简、生产经营方式调整等，实现总部和企业扁平化，提高效能；通过精简总部，鼓励总部员工到基层建功立业，打通了人才流通的通道，企业人才基础得到夯实。

干部能上能下方面。通过开展全员"起立坐下、竞聘上岗"，做到了"能者上、平者让、庸者下"；通过推行市场化和内部竞聘上岗，打破论资排辈的传统用人模式，变"相马"为"赛马"，公司上下敢于先行先试、勇于攻坚破冰的氛围愈加浓厚。

薪酬能增能减方面。改革绩效考核模式，建立差异化考核评价体系，通过将重点工作细化分解到月到企业，做到指标可量化；通过建立"月考核、季结算、年清算"动态考核模式，严格按照月度从严、季度从紧、年度从实进行考核，做到考核动态化；通过强化绩效刚性考核，有效破解"高水平大锅饭"困局，做到兑现刚性化。广晟有色"三项制度改革"全面提振员工干事创业激情，推动企业发生根本转变，改革效益凸显。2022 年 3 月 11 日，公司党委书记、董事长张喜刚作为广东省省属上市公司代表在国务院国资委召开的专题调研视频会上作改革经验交流发言。

坚持科技创新　争当原创技术的"策源地"

广晟有色把握科技产业变革的历史机遇，致力于发挥自身掌控的稀土资源优势、粤港澳大湾区对稀土功能材料的应用市场优势和稀土产业链技术创新优势，全面提升科技引领能力，形成了以稀土为核心，以铜、钨矿为两翼，以开采、分离冶炼、下游应用为多点，各企业各扬所长、良性互动的创新矩阵。

公司大力实施创新驱动发展战略，立足稀土、钨、铜产业格局，聚焦稀土全产业链布局，目前拥有 13 家高新技术企业，14 个省级研发平台，专利 191 项，多项科技成果国际国内领先；年投入研发费用超 5000 万元，科技人才队伍日益壮大，高级工程师超 80 人；以"揭榜挂帅""研发项目收益分红""科技特派员""首席专家工作室"等科研机制改革为抓手，全面激发创新动力，用科技创新守护国家矿产资源，推动矿产资源事业高质量发展。

稀土矿山开采方面。为解决长期制约中重稀土开采领域的氨氮超标等环保问题，广晟有色以"揭榜挂帅"方式引进中南大学邱冠周院士团队，目前"生物冶金浸取稀土工艺"的实验室小试已获成功，将在稀土采矿领域产生颠覆性科研成果；与江西理工大学通过"校企合作"开展"离子吸附型稀土矿钙盐浸矿提取稀土工艺"的中试成果经中国稀土学会组织鉴定达到国际领先水平；同时，加大对国内新型镁盐浸取稀土工艺的成果调研和引进论证，致力于将新丰左坑稀土矿打造成全国最大的离子型稀土矿绿色高效开采示范基地。

稀土冶炼分离方面。通过近 10 年来的不断高科技攻关，公司拥有南北稀土矿联合分离、稀土绿色高效全分离等国际一流的产业核心技术，可实现 15 个稀土元素全分离，制备出 99.999% 超高纯度的 30 多个高新技术产品。近年来，通过内部"揭榜挂帅"的"高端 MLCC 用纳米级稀土氧化物"项目，已在今年突破技术瓶颈实现量产，将有效助推破解我国高端电容器"卡脖子"问题；所属嘉禾公司正转型成广东省"专精特新"企业的典范。2022 年，公司"南方离子型稀土放射性治理关键技术""高纯度萃取废水中低浓度钕铒镥回收技术"经评定达到国内领先水平。此外，公司稀土合金项目正有序推进，将实现产业链有效延伸，为稀土永磁材料项目提供原料供应保障。

稀土精深加工方面。2021 年，国内磁材领军人物李卫院士唯一院士工作站设置在广晟有色，公司正依托院士工作站，研制系列高性能钕铁硼和永磁电机的高效、低成本和数字化工艺技术，已经申请参加国家科技部"磁编码器用永磁辐向环""高品质速凝铸片及智能流程技术"两大科技专项，力争把福益乐公司打造成永磁领域的"专精特新"典范，把晟源公司建设成国内数字化永磁生产的标杆。

科技兴安方面。广晟有色建成安全生产可视化管理平台，采用矿山边坡滑坡风险防控、边坡雷达监测预警技术和采空区灾害监测预警及防治等多项科技手段，大大提高了矿山安全风险防控能力；在广东省内首次采用无人驾驶电动宽体自卸汽车运输矿石，实现了安全与环保、社会效益与经济效益等多方共赢。广东省应急管理厅对广晟有色科技兴安的经验做法给予高度评价，要求全省学习借鉴。

10 年来，广晟有色经营指标大幅提升，资源储备稳步增强，产业链布局优势显著，创新能力持续夯实，行业影响力日益攀升，书写了砥砺奋进、矿业报国的广晟有色答卷！

党的二十大已为未来擘画了宏伟蓝图，中华民族伟大复兴号巨轮一往无前，正驶向更加光辉灿烂的彼岸。未来，广晟有色将以党的二十大精神为指引，立足“两个大局”、心怀“国之大者”，坚持资源掌控与产业发展并举、科技创新与绿色发展并重，通过强链、固链、补链，将广晟有色打造成为支撑和服务粤港澳大湾区战略性新兴产业发展的稀土旗舰企业，向国内领先、国际一流的稀土上市公司奋进，为以中国式现代化全面推进中华民族伟大复兴作出新的贡献！

撰稿人：陈　宇

西部矿业坚定不移推动落实
高质量发展这个首要任务

　　习近平总书记在党的二十大报告中强调："高质量发展是全面建设社会主义现代化国家的首要任务。"学习贯彻党的二十大精神，就要深刻理解发展质量的全局和长远意义，把发展质量摆在更突出的位置，认真贯彻落实推动高质量发展的战略部署，不断开创经济社会发展新局面。党的十八大以来，以习近平同志为核心的党中央提出并贯彻新发展理念，着力推进高质量发展，推动构建新发展格局。西部矿业集团坚持以习近平新时代中国特色社会主义思想为指导，牢记嘱托、感恩奋进，胸怀"国之大者"，全面加强党的建设，全面深化体制机制改革，努力构建高端引领、协调融合、绿色低碳、优质高效的现代产业体系，不断凝聚起推动转型升级、绿色低碳、创新发展的强大内驱力，建设"全省领先、国内一流、国际知名"企业集团迈出坚实步伐，谱写了一曲生态优先发展底色越鲜明、红色引擎作用更强劲、高质量发展成效更显著的豪迈交响，走出了一条具有西矿特色的转型升级、产业结构调整高质量发展之路。

"领"字当头，构建党建引领"新格局"

　　高质量党建是高质量发展的引领和保证。没有高质量的党建，高质量的发展就没有依托。

　　近年来，西部矿业集团各级党委始终把党的政治建设摆在首要位置，认真落实习近平总书记在全国国有企业党的建设工作会上的讲话精神，把学懂弄通做实习近平新时代中国特色社会主义思想作为首要政治任务，坚持党的领导、加强党的建设，严格落实"第一议题"制度，充分发挥了"把方向、管大局、促落实"作用。

　　特别是国企改革三年行动开展以来，西部矿业集团党委把党的领导落实到公司治理各环节，明确和落实党组织在公司法人治理结构中的"把关定向"作用，推动公司各治理主体精准高效履职，系统重塑中国特色现代企业制度。

　　——强化党组织在法人治理结构中的法定地位，集团公司和41家分子公司全部完成"党建入章"工作，严格履行党委前置研究重大事项的决策程序，确保了议事决策质量。

　　——进一步厘清党委、董事会、经理层等各治理主体的权责边界，加快建立各司其职、各负其责、协调运转、有效制衡的公司治理机制。

　　——坚持和完善"双向进入、交叉任职"领导体制，全面实现党委书记和董事长"一肩挑"，在法人治理结构健全的子公司设执行董事和监事，加强基层党建工作力量。

　　——压紧压实全面从严治党主体责任和监督责任，健全完善纪检监察、监事会、财务、审计、法务、巡察、工会"七位一体"大监督格局。

　　西部矿业集团党委始终牢记"国企姓党"的政治本色，以新思路、新机制、新手段谋划和推进基层党建工作，将抓党建与推进企业高质量发展相结合，以高质量党建推动各项生产经营目标的落实。坚持扎实推进"两学一做"学习教育、"不忘初心、牢记使命"主题教育等党内集中教育，持续推动党史学习教育常态化长效化，广大党员干部受到了深刻的思想淬炼、精神洗礼；全面落实党建工作责任制，形成了一级抓一级、层层抓落实的党建工作格局。

在做到党组织"应建必建"的基础上，着力打造"一个支部一个品牌，一个班组一个典型，一个岗位一个亮点"，推动各级党组织成为引领企业攻坚克难的"战斗堡垒"和"红色引擎"，让鲜红党旗在一线高高飘扬，大力推进党支部建设标准化和特色"党建+"工作，将"先锋""模范"元素全方位融入各项工作中，党支部成为团结群众的核心、教育党员的学校、攻坚克难的堡垒，党员在生产经营中挑重担、攻难关、当先锋。

"不能坐在办公室发文件，要到现场找办法。"西矿同鑫化工公司"冲锋党支部"14名党员，提问题、泡车间、找出路……千方百计找准发展着力点，找准解决问题关键点，党支部所在的无水氟化氢车间生产水平逐步提高，多项产量突破新高。

多年来，在西部矿业集团党委的统一领导下，144个基层党组织"走在前"，2000多名党员"作表率"，先后打造品牌党支部21个，双强双优党支部10个；通过开展"促百分百达标、迎党百年华诞"以评促建活动，实现基层党支部全部达标，真正让党组织"活"了起来、党员"动"了起来、效果"放"了出来，推动了党建工作与生产经营同频共振、深度融合，做到了"围绕中心抓党建、抓好党建促发展"，筑牢了企业发展的"根"和"魂"。

"优"字在前，绘就绿色发展"新画卷"

在青海柴达木盆地腹地，顶着烈日，吹着风沙，西部矿业锡铁山铅锌矿职工严仁欠深切感受到了近年来西部矿业集团在绿色发展中的转变："看！不远的那片'绿洲'就是我们厂区了。"

原来这里岩石裸露，整个山脉没有肥沃的土质，没有丝毫绿意。

党的十八大以来，西部矿业集团始终抓实抓牢"绿色发展的政治责任"，积极践行"绿水青山就是金山银山"理念，坚决扛起生态环境保护政治责任和主体责任，自觉把"生态优先，绿色发展"理念贯穿到生产经营全过程，坚定不移走绿色低碳高质量发展之路，实现了厂区内"春有花、夏有荫、秋有果、冬有青"。

自2015年以来，玉龙铜业累计投资5013.61万元进行"植绿""护绿"和"复绿"，厂区绿化面积达257.67万平方米，成为有色金属行业生态友好和资源高效利用的典范。

锡铁山分公司在绿色矿山建设中探索形成了资源空间可视化、开采方式环保化、生产方式智慧化、废水处置利用循环化的"四化"建设模式，绿化面积达6万多平方米，在戈壁荒漠与生活区建立一道绿色防线，为同类型绿色矿山建设提供经验。

要绿色的"外衣"，更要植入绿色发展的"基因"。

西部矿业集团将绿色发展全面融入企业各产业发展规划中，全方位、全地域、全过程

国家级绿色矿山——西藏玉龙铜业股份有限公司三选厂俯瞰图

推进生态文明建设，坚守生态保护红线、环境质量底线、资源利用上线，用生态"底色"描绘发展"绿色"，切实做到开发中保护、保护中开发。

——各矿山单位矿区主要道路均实现硬化，破碎车间、废石堆场、精矿仓等易产生粉尘区域加装防尘网或喷淋系统等抑尘措施。冶炼化工单位对未封闭物料堆存场所全部完成封闭，推进无泄漏工厂创建工作，坚决杜绝"跑冒滴漏"现象，实现道路硬化、矿区亮化、厂区绿化、环境美化。

——把打造极致能效、最大程度实现资源能源的再循环、再利用，作为绿色低碳发展的重点举措，积极融入区域循环经济，走协同发展之路。地下矿山全部实现充填式采矿工艺，资源回采率大幅提高，贫化率明显降低，废石尾矿排放量持续减少；冶炼单位坚定不移走"资源节约、低碳消耗、绿色发展、循环利用"的绿色发展之路；盐湖提锂、提镁关键技术取得重大突破；建筑地产单位实施制造工艺和施工管理标准化建设，投资建设青海省最大的绿色装配式建筑生产基地，开创青海绿色建筑新时代。

——加快建立企业生产全过程能耗核算体系，加快推进矿山冶炼板块清洁生产技术改造，培育壮大节能环保和清洁生产产业，通过落实节能减排措施，控制并减少单位产品能耗、物耗、水耗，减少"三废"排放。

2015年以来，西部矿业集团累计投入资金30.15亿元，用于固体废物安全处置、环保设施维护改造、矿区环境恢复治理等项目，实现固体废物安全处置率达100%，选矿废水回用率达100%，外排污染物全部达标排放，植绿复绿面积461.14万平方米，种植树木30.32万棵。

从绿色技术到结构调整，从绿色生产到节能减排，从智能制造到绿色生态链……公司所属各单位可绿化面积绿化率达100%，所属10座矿山全部达到省级以上绿色矿山标准，7家单位入选国家级绿色矿山名录，7家单位入选国家级绿色工厂，1家单位进入国家级"大宗固废综合利用骨干企业"行列。

"抢"字为先，积聚转型升级"新动能"

装矿、启动、运输、倒矿……从中控室远程操作便可实现电机车无人驾驶。

作为一家传统的资源型企业，2016年，西部矿业集团在全国范围内率先提出并启动"智慧矿山"建设，主动向"智能"要效益；2018年5月，投资近亿元启动锡铁山智慧矿山建设，采取多项措施探索矿山高效开发的"智慧"之路，通过科技创新撬动生产方式变革，让锡铁山快速迈入了"智慧"发展新时代。

"以前冬天上班时，我们必须裹得严严实实，现在总算能'轻装上阵'了。"坐在宽敞明亮的操作室，远程操作设备，锡铁山分公司调度中心副主任李晓东感触颇深，"智慧矿山建设的落地应用，让我们彻底告别了缺氧、严寒、粉尘的环境。"

近年来，西部矿业集团以科技创新赋能产业发展，在抢抓机遇中乘势而上，在转型攻坚中不断突破，推动产业结构转型升级，发展基础更加稳固。

——在淘汰落后产能上做"减法"。彻底关停6万吨锌冶炼、铅业分公司铅冶炼系统等6个工艺落后、环境高风险项目的生产设施，从根本上解决了影响绿色发展的问题；对有市场前景、发展潜力的两家单位通过技术升级改造方式盘活；完成三家"两非、两资"企业处置工作，一家亏损企业专项治理工作。主动关停赛什塘铜矿，退出大场金矿、大场金矿外围勘查、莫海拉亨铅锌矿等9宗涉及自然保护区的矿业权开展生态恢复治理工作，并通过省生态环境厅、省自然资源厅的环境恢复治理验收。

——在培育新动能上做"加法"。将生态资源作为产业转型的关键点，积极融入产业"四地"建设，抓住建设高原旅游名省的战略机遇期和黄金发展期，创新"工业+旅游"发展模式，打开了转型发展的新局面，成为西部矿业集团加快推动生态生产良性循环发展的生动实践；依托盐湖资源优势，着力打造百万吨绿色食用盐生产基地，全力培育和塑造"茶卡盐"品牌，使原生态茶卡盐走向全国百姓餐桌；10万吨无水氟化氢项目填补青藏地区制冷剂产业空白。

——在提升传统产业上做"乘法"。西部矿业集团敢于创新尝试，勇于领风气之先。玉龙铜业、双利铁矿两家露天矿山采掘作业采用湿式凿岩技术，全面推广应用大型自动化液压铲装、自卸式矿车等先进装备；锡铁山分公司、会东大梁等五家矿山单位完成了选矿厂技术升级改造；锌业分公司10万吨锌冶炼项目采用氧压浸出炼锌工艺，从根本上解决了锌冶炼制酸尾气问题；投资4500万元实施青海铜业环保设施优化升级改造和西豫公司烟气脱硝项目，下属冶炼企业全部执行污染物特别排放限值；青海铜业采用富氧底吹熔炼—底吹吹炼连吹工艺，从根本上实现了节能低碳。

改造旧的、培育好的、发展新的。多年来，西部矿业集团以工艺设备优化升级推动高质量发展，进一步优化资源配置，促进企业瘦身健体、提质增效，有力推动了国有资本结构优化，新旧动能转换的步伐铿锵有力，企业变革在新的起点上稳步推进，发展方式发生本质变革，公司创新力和竞争力不断增强。

"实"字托底，筑牢高质量发展"新篇章"

全面推行市场化用工，建立和实施以劳动合同管理为核心、以岗位管理为基础的市场化用工制度，实现全员劳动合同制。

西部矿业集团在各分、子公司大力推行经理层任期制和契约化管理，合理统筹责任、利益、风险，干部职工的活力动力进一步激发，企业经营质量和创效能力持续改善。2022年累计公开招聘161人。

除大力推行人事制度改革外，西部矿业集团还打出全面推行员工市场化公开招聘、竞争上岗、末等调整和不胜任退出等系列"组合拳"，创新选人用人机制，打通职业发展通道。全面实施人才分类管理，全面建立以岗位价值和效益效率为关键指标的考核机制，建立"管理、技术、操作"人才序列，推行岗位积分制管理，实行专项考核评价，建立横向流动和纵向晋升机制，有效激发了广大干部职工的干事创业热情。2021年，公司在岗职工年均综合收入达到13.89万元，同比增长11.59%，实现了逐年稳定增长。

截至目前，西部矿业集团及所属各级分子公司管理人员324人。其中，竞争上岗人数221人，占比68.2%；末等调整或不胜任退出人数为35人，占比10.8%。

与"三项制度"改革同步进行的，还有企业经济运行体系的建立完善。西部矿业集团优化管理体制，推进国有企业管理体系和管理能力现代化，不断调整和优化总部定位、功能及职权，不断推进"精简高效、扁平直线"机构改革，总部"去机关化"专项整治成效显著。进一步理顺集团总部与分子公司的管理关系，全面实施精细化管理，建立适应新时代、新要求的企业精细化管理制度，把集团管控与简政放权统一起来，有效监督指导分子公司规范化运营，防范经营风险，实现所属各级分子公司高效、协调发展。

从转变发展思维方式、提高质量和效益入手，坚定不移推进"三大变革"。

——推进质量变革。从党的建设、精准管理、降本增效、科技创新、人力资源优化、投融资、增加有效产品产量、改善职工收入水平等多个方面持续发力，推动企业转型升级和高质量发展。

——推进效率变革。从提高工作效率、执行效率等入手，构建"战略规划—年度计划—全面预算—监控评价—绩效考核"闭环推进体系，同时通过绩效考核，实现对企业全体职工的考核激励，驱动战略全面执行。

——推进动力变革。把握市场发展变化规律，做好产业优化调整，做好生产环节和消费环节的有效对接，按照市场发展规律，拓展消费市场，增加消费渠道，加大有效产品供给，持续增强盈利能力。

近年来，西部矿业集团广大干部职工以"想干事、能干事、干成事"劲头，由"生产者"向"经营者"转变，公司经营业绩实现历史性突破。截至2021年末，公司总资产额673亿元，较2015年447亿元增长226亿元，增幅51%；营业收入518亿元，较2015年330亿元增长188亿元，增幅57%。

西部矿业集团持续深入推动三大变革，扎实推动国企改革三年行动，实现了集团管战略、做决策、防风险，各分子公司谋经营、强管理、抓落实，矿山主业产能翻番，冶炼产量创历史新高，盐湖化工实现新突破，文化旅游增添新元素，全面迈入高质量发展新阶段。

"融"字当头，开创科技创新"新局面"

2021年10月13日，集团公司首次对科技成果转化进行奖励，并给予项目首创人员5万元奖励，鼓励广大科研人员下沉一线，坚持围绕企业生产实际，开展合理创新，解决实际问题。

优化制度，激发活力，提供强力科技支撑。

通过建立以岗位价值管理为基础的市场化用工体系、市场化选人用人机制、多元化激励体系，加大科技创新投入、深化体制机制变革，聚焦公司科技成果转化关键环节，致力于推进科技人才队伍建设与科技应用成果落地，核心竞争力和管控效率持续提升。

在依法合规的前提下大胆探索，建立创新创效激励机制，稳步推进超额利润分享机制，对解决公司生产经营实际问题作出突出贡献的科研团队、科技人员和岗位员工进行收益成果分享，将经营管理人员、核心骨干员工个人收益和企业效益紧密捆绑，干部职工干事创业激情高涨。

全面贯彻落实"科技服务生产一线"创新理念，围绕生产难题做攻关。矿山单位各项指标是否已达到最佳？硫黄回收如何处理？面对一系列问题，公司科研人员沉入基层生产现场，带着课题做研究工作，成果应用于现场后取得明显效果，所属各单位累计超过300多项生产指标突破历史新高。

加快应用基础研究步伐，建成国家级企业技术中心及国家地方联合工程实验室、院士专家工作站与博士后科研工作站，拥有矿物加工、冶金工程、检测分析、化学工程等较为完整的研发队伍，拥有16家科技创新平台、2家双创平台。2021年，西部矿业集团所属西部矿业集团科技发展公司、青海西部镁业公司获评国家级优秀"科改示范企业"。

——探索盐湖镁资源综合利用新途径，高纯氢氧化镁、氧化镁、电熔镁砂材料生产技术填补国内空白并建成首条镁基超稳矿化土壤修复材料生产线，有效保障绿色高效农业发展。

——推动实施创新驱动发展战略，先后组织创建12个示范性职工（劳模）创新工作室，累计解决生产技术难题52个，取得推广实用技术创新成果18项，创造效益2000余万元。

——建成国内首条绿色环保石煤清洁提钒生产线，公司冶炼板块高新技术应用迈出了关键一步。

多年来，西部矿业集团在国有企业转型中另辟蹊径，用"科技"助力"转型"、用"创新"助力"发展"，开启"科技创新+生产实体"的经营新模式，把科技成果切实转化为了现实生产力，有效解决了矿山、冶炼单位的重大技术瓶颈问题；累计承担和完成国家级、省级科研项目161项，取得科技成果52项，获得科技奖项53项，申请专利513件。

"责"字长伴，彰显国企担当"新形象"

建担当企业、谋群众福祉、尽社会责任，这是西部矿业集团作为青海省唯一一家中国500强企业铿锵坚定的承诺。

多年来，西部矿业集团坚持"造福社会、支持地方经济发展"的企业使命，着力探索企业与地方共融共建共享的发展路径，积极履行社会责任，全力参与扶贫、济困、救灾等社会公益活动，累计投入资金超4亿元，帮就业、帮脱贫、帮教育、帮基建，支持民族地区经济建设，5个精准扶贫联点村全部如期脱贫，向社会交出了一份满意的答卷，先后荣获全国抗震救灾英雄集体、全国脱贫攻坚先进集体等荣誉称号。

坚持"以产业促进就业，以就业改善民生，通过就业推动民族团结进步事业"的工作思路，努力破解少数民族群众用工、培养、融合、留人等问题，着力打造民族团结示范企业，在实现企业快速发展的同时，为促进当地经济发展和社会长治久安作出了积极贡献，公司所属各单位大量招收并使用好当地少数民族员工，使企业真正融入当地、实现健康发展。

近5年来，西部矿业集团在少数民族地区投资超154.7亿元，少数民族地区各单位累计上缴税费67.25亿元。

2022年，公司向各联点帮扶村共捐赠563万元用于发展当地特色产业，以实际行动助力做实绿色有机农畜产品输出地建设，助力乡村振兴。

环境优美、窗明几净，一排排整齐的桌椅、一套套明亮的厨具……西部矿业集团坚持保障和改善民生，聚焦职工"急难愁盼"，解难题、办实事、暖民心，把群众反映的"问题清单"变成"履职清单"。

牢固树立"以人民为中心"的发展思想，西部矿业集团坚持发展为了职工、发展依靠职工、发展成果由职工共享，关注职工职业发展、素质提升等事项，积极营造尊重劳动、崇尚技能、鼓励创造的浓厚氛围。

——依法合规保障劳动关系和谐。严格执行"不安全不生产、不环保不生产、不合法合规不生产"经营理念，全面实施职业健康管理，实现职工安全就业、健康从业，切实保障职工职业健康权。

——注重职工职业技能素质提升。积极开展专业技术任职资格评聘，畅通职业发展通道，与知名高校建立联合培养机制，促进员工岗位成才，现保有专业技术人才1424名，技能人才1868名，为推动高质量发展提供智力支撑。

——坚持企业发展成果与职工共享。补充建立职工企业年金计划，实施补充医疗保险政策，实施息工、内退、大病长休、矿山单位集中休假、疗休养等保障性政策，充分体现公司对职工的关爱和以人为本的发展理念。2015年以来公司在岗职工综合收入增幅超60%，职工获得感、幸福感持续增强。

——健全和完善民主管理机制。依法完善和规范民主管理制度，充分发挥职代会的民主监督作用和民主管理职能，保证职工群众的知情权、参与权和监督权。公司劳动争议调解覆盖率达100%，充分发挥劳动争议调解组织"第一道防线"作用。

多年来，西部矿业集团把"让全体西矿人都能过上好日子"作为不懈追求，以促进企业发展、维护职工权益为目标，全面落实劳动保障法律法规，深入推进劳动关系协商协调机制建设，厚植公司关心关爱职工、职工爱岗爱企的和谐文化底蕴，不断提高职工权益保障水平，坚持高质量发展与高品质生活互促共进，实现了公司和职工互利共赢、共谋发展。

走过百年奋斗历程，又踏上新的赶考之路。西部矿业集团坚持以习近平新时代中国特色社会主义思想为指引，深入学习贯彻落实党的二十大和青海省第十四次党代会精神，坚持稳字当头、稳中求进工作总基调，积极融入产业"四地"建设，按照"经济要稳住、疫情要防住、发展要安全"重大要求，坚定不移推进绿色低碳循环发展，深入推进质量效率动力变革，扎实推进产业转型升级、技术创新升级、管理升级，以水滴石穿的毅力、只争朝夕的努力、坚如磐石的定力、舍我其谁的魄力，踵事增华向着未来再出发，切实在"六个现代化新青海"建设中走在前列、干在实处，在"中国式现代化"辽阔征程中展现更多"西矿作为"。

撰稿人：李广建

砥砺奋进守初心　笃行致远向未来

——酒钢集团十年高质量发展回眸

10 年栉风沐雨，10 年春华秋实。

党的十八大以来，酒钢集团（以下简称酒钢）以习近平新时代中国特色社会主义思想为指导，增强"四个意识"、坚定"四个自信"、做到"两个维护"，深入贯彻落实习近平总书记对甘肃重要指示要求，牢牢把握"三新一高"导向，坚持党的领导、加强党的建设，贯彻"产业兴省、工业强省"决策部署，融入"一核三带"区域发展格局，落实"四强"行动，做深"五量"文章，把国家所需、甘肃所能、群众所盼、未来所向统一起来，聚焦"一条主线"、实施"六大战略"，坚持党建统领、改革统揽、创新驱动、提质增效、转型升级，努力在转型中升级、在挑战中奋进，推动企业高质量发展实现新突破。

我们这 10 年·党的建设

"一定要计算好机组改造的投入产出比，这直接决定了项目效益。"在酒钢宏晟电热公司党委理论中心组专题学习研讨会上，该公司班子成员扎实落实"第一议题"制度，认真学习贯彻习近平总书记关于国有企业改革发展和党的建设重要论述，深入分析实施新能源项目的优劣势，认真探讨"十四五"电力能源发展规划。

10 年来，酒钢各级党委坚持党的领导、加强党的建设，严格落实"第一议题"制度，深入学习贯彻习近平新时代中国特色社会主义思想，始终在思想上政治上行动上同以习近平同志为核心的党中央保持高度一致，充分发挥了"把方向、管大局、促落实"作用。

特别是近 3 年来，酒钢集团党委把党的领导落实到公司治理各环节，明确和落实党组织在公司法人治理结构中的"把关定向"作用，推动公司各治理主体精准高效履职，系统重塑中国特色现代企业制度。

——强化党组织在法人治理结构中的法定地位，严格履行党委前置研究重大事项的决策程序，确保了议事决策质量。

——进一步厘清党委（党组）、董事会、经理层等各治理主体的权责边界，加快建立各司其职、各负其责、协调运转、有效制衡的公司治理机制。

——坚持和完善"双向进入、交叉任职"领导体制，在法人治理结构健全的子公司设执行董事和监事，加强了基层党建工作力量。

——压紧压实全面从严治党主体责任和监督责任，健全完善纪检监察、监事会、财务、审计、法务、巡察、工会"七位一体"的大监督格局。

酒钢坚持扎实推进"两学一做"学习教育、"不忘初心、牢记使命"主题教育等党内集中教育，持续推动党史学习教育常态化长效化，广大党员干部受到深刻的思想淬炼、精神洗礼；全面落实党建工作责任制，形成了一级抓一级、层层抓落实的党建工作格局；创新性开展"四抓两整治""五抓四促三融合""一党委一品牌、一支部一特色""支部建在项目、党员冲在一线"等活动，大力推进党支部建设标准化和特色"党建+"工作，将"先锋""模范"元素全方位融入各项工作中，党支部成为团结群众的核心、教育党员的学校、攻坚克难的堡垒，党员在生产经营中挑重担、攻难关、当先锋。

"不能坐在办公室发文件，要到现场找办法。"在肃北矿山上，酒钢技术中心中心实验室党支部组织党员顺利将矿石样品分批拉运至实验室，为的是研究矿石资源、提升矿石品质。

"共产党员关键时刻必须冲得上、顶得住。"酒钢东兴铝业公司电解四作业区党员焦伟提出了10余项创新创效、小改小革、金点子项目，推动了"党员示范槽"关键指标取得突破。

……

10年来，在酒钢集团党委的统一领导下，467个基层党组织"走在前"，9365名党员"作表率"，真正让党组织"活"了起来、党员"动"了起来、效果"放"了出来，推动了党建工作与生产经营同频共振、深度融合，做到了"围绕中心抓党建、抓好党建促发展"，筑牢了企业发展的"根"和"魂"。2021年，酒钢集团党委被甘肃省委授予"甘肃省先进基层党组织"称号。

我们这 10 年·产业转型

数据建模、参数导入、开机打印、铺砂……数十个小时后，砂芯成型，机器人灵活穿梭，成功将砂芯运至隔壁浇铸厂房。

建厂以来，酒钢集团西部重工公司一直以传统铸造为主，近年来通过实施"智能化+制造"战略，把发展"3D砂芯打印+精密铸造"产业作为重要抓手，建设3D打印智能铸造工厂，通过新工艺设备与数字化、智能化系统的融合引进，实现了传统铸造工厂的绿色化、智能化转型。

"以前冬天上班时，我们必须裹得严严实实，现在总算能'轻装上阵'了。"坐在宽敞明亮的操作室，远程操作采场设备，西沟矿职工孟智强感触颇深，"5G技术的应用，让我们彻底告别了缺氧、严寒、粉尘的环境。"

智能工厂、智慧矿山的建设，极大推进了酒钢集团产业基础高级化进程。面对"打好产业基础高级化、产业链现代化攻坚战"这一重大课题，酒钢集团围绕产业链部署创新链，围绕创新链布局产业链，扎实做好产业转型、结构升级、要素聚集、链条锻造这四篇文章，形成了"1张图谱""5张清单"，实施101个强链补链延链项目，着力打造高品质碳钢、不锈钢、铝产业、电力能源、装备制造重点产业链，全面升级产线装备。酒钢集团连续3年蝉联省长金融奖。

——发挥链主作用，加快"三化"改造步伐，西沟矿建成了集矿山数据中心、数字采矿软件平台等为一体的智能矿山生产系统，劳动生产率提高33.3%；7号高炉经过优化升级后，装备和主要技术经济指标达到了国内先进水平；在建的省列重大项目本部1号、2号焦炉优化升级建设、嘉东综合料场绿色智能化改造、热轧酸洗板镀锌铝镁联合机组等将不断巩固和提升钢铁产业核心竞争力。

——进军有色领域，重组甘肃东兴铝业，实施 135 万吨电解铝项目、绿色短流程铸轧铝深加工项目，收购牙买加阿尔帕特氧化铝厂，打造铝土矿—氧化铝—电解铝—铝加工产业链，电解铝产能跃居全国第六位，主要技术经济指标达到国内先进水平。

——紧盯区域优势，启动 240 万千瓦酒钢智慧电网及新能源就地消纳示范项目，构建以新能源为主体的新型电力系统，电力能源产业向着源网荷储一体化和风光火储多能互补协调发展，项目纳入国家以沙漠、戈壁、荒漠地区为重点的大型风电光伏基地建设项目清单。

一个项目，就是一个新的增长点；一批项目，就是一个新的增长极。

10 年来，酒钢累计生产钢材 8177.2 万吨、电解铝 1332.57 万吨，实现营业收入 10633 亿元、工业总产值 7205 亿元，利税 242.4 亿元。特别是近 3 年，经营业绩连续攀升，2021 年营业收入 1169.4 亿元，工业总产值 935.3 亿元，利润 60.2 亿元，实现"十四五"高起点开局。

我们这 10 年·科技创新

广袤雄浑的戈壁大地，是酒钢人创新创业的热土。

今年"五一"国际劳动节前夕，在难选氧化铁矿石悬浮磁化焙烧项目现场，获奖人员身披绶带、手捧鲜花。"把奖送到岗位，就是要鼓励各类人才大胆想、大胆试、大胆干，推动形成人人参与创新、人人能够创新、人人敢于创新的良好局面。"酒钢党委书记、董事长陈得信把 100 万元奖金送到了该研究团队手中。

获得 2021 年度酒钢技术创新成果特等奖的悬浮磁化焙烧项目，解决了难选氧化铁矿石资源高效利用难题，为酒钢乃至全国同类型冶金矿山高质量、绿色、可持续发展提供了强有力的支撑，整体技术达到国际领先水平。

10 年来，酒钢不仅立足当前经营需要实现了重点项目的良好布局，更以长远的眼光谋划企业未来的发展，建立了符合酒钢实际、具有酒钢特色的"631"科技创新体系。加快应用基础研究步伐，建成国家级、省市级企业技术中心 9 个，省级以上科研平台 15 家，设立博士后科研工作站，筹建酒钢华为数字产业研究院，牵头组建"甘肃省钢铁新材料研发及产业化应用创新联合体"，不断强化研发力量，推动成果转化应用。

中国首部"国字号"铝电解槽标准在酒钢诞生，结束了中国铝行业 60 多年无电解槽技术规范国标的历史。

锌铝镁产品实现我国高耐蚀领域产品零的突破，拉开了冷轧板带涂镀层产品升级换代的序幕。

……

2019 年以来，酒钢累计实施科技项目 978 项，主编参编国际、国家、行业标准 32 项，受理专利 1340 件。先后荣获国家、地方和行业类科学技术奖励 116 项，科技投入强度始终保持在 2.6% 以上。2022 年上半年，投入强度增加到 3.1%，同比增长 16.3%。

面对竞争日益激烈的不锈钢市场，不沿边不靠海的酒钢如何占得一席之地？甘肃省科技功臣潘吉祥的答案是："科技兴企，努力开辟'人无我有，人有我优，人优我特'的酒钢不锈钢生存和发展之道。"

酒钢集团"全石墨阴极内衬结构技术"成功在 500 千安铝电解槽上推广应用，
打破了同类型电解槽运行纪录

作为酒钢集团首席技术专家的潘吉祥，带领不锈钢团队啃下了一个又一个"硬骨头"：成功开发 2205 双相钢系列产品，打通了 6Cr13 马氏体不锈钢全流程工艺，高端手刮剃须刀用超高碳不锈钢材料的研发改变了我国此类用钢长期依赖进口的局面，国内市场总容量达到 80%以上……

将自主创新成果打上"酒钢烙印"，根本在于掌握核心关键技术。10 年来，酒钢集团聚焦国家战略需求，勇挑新产品新材料研发重担，自主研发的抗菌不锈钢助力科技抗疫，高耐蚀低本底不锈钢材料应用于国内在建世界最大中科院中微子项目，无取向硅钢、高强镀铝锌和无磁钢等高附加值产品广泛应用于轨道交通、核工业、电子产品等行业。

我们这 10 年·绿色发展

"以前烟囱冒黑烟、厂区不见绿，现在咱酒钢已经成为天蓝、地绿、路洁、水清的花园工厂了！"干了多年绿化工作的酒钢职工邢洪涛深切感受到了近年来酒钢在绿色发展中的转变。

党的十八大以来，在习近平总书记提出的"绿水青山就是金山银山"绿色发展理念指引下，酒钢集团积极转思路、谋出路，坚决扛起生态环境保护政治责任和主体责任，坚定不移走绿色低碳高质量发展之路。

酒钢集团所处的嘉峪关市年降水量 85.3 毫米，年平均蒸发量 2149 毫米。人们戏称："在戈壁滩种活一棵树，比养个孩子还难。"

尽管难，但植树造林早就成为酒钢从上到下的共识。每到植树季节，酒钢集团有计划建设防风林，各单位自发组织职工在责任区域内实施绿化工作。截至目前，酒钢本部绿化面积2441.7万平方米，绿化覆盖率38.46%。

"绿色投入"不止于花草树木。酒钢集团将绿色发展全面融入企业各产业发展规划中，全方位、全地域、全过程推进生态文明建设，坚守生态保护红线、环境质量底线、资源利用上线，着力打好污染防治攻坚战，打好蓝天、碧水、净土保卫战，用生态"底色"描绘发展"绿色"。

——打出环保治理"组合拳"。酒钢集团紧盯黄河流域生态环境保护，推进榆钢厂区环保项目建设，将污染治理、节能减排、绿色循环和产城共融理念紧密结合；加大祁连山生态环境保护力度，切实做到开发中保护、保护中开发。

——做好绿色产业"大文章"。酒钢集团投资30.14亿元实施嘉北综合料场胶带机转运站通廊粉尘治理等83个环保项目，全面提升产业链绿色化水平；打造资源循环利用产业体系，实施工业废水循环再利用、余热余压发电、固废再造种植土等项目，构建产品全生命周期碳减排管理，为更多产品贴上"绿色"标签。

——按下"双碳"行动"快进键"。酒钢集团完成火电机组超低排改造，有序推进71个钢铁产业超低排改造项目，各产业污染物全面达标排放，关键能耗指标持续下降；编制《碳达峰碳中和实施方案》《绿色发展体系建设方案》，明确"碳达峰""碳中和"时间表、路线图；紧盯清洁能源产业，主动谋划建设智慧电网及新能源就地消纳示范项目。

10年来，酒钢集团累计投资39.72亿元实施生态环保项目115个，固废综合利用率保持在60%以上，废水排放量降至零排放，消纳新能源78亿千瓦时，减排二氧化碳476.05万吨。酒钢获评国家"绿色工厂"1个、省级"绿色工厂"5个，国家"绿色矿山"2个，甘肃省绿色产品3项。

我们这10年·深化改革

2020年5月，西安酒钢中铁物流公司公开遴选总经理。经过笔试、面试，供应链管理分公司经营管理部主管赵国红从17名报名者中脱颖而出。

上任后，赵国红抓管理、带队伍、搞经营，积极开拓贸易、物流等业务，仅用1个月时间，就实现了扭亏为盈。2022年上半年，西安酒钢中铁物流公司利润总额、营业收入均实现同比增长。

酒钢在各级子企业大力推行经理层成员任期制契约化管理和职业经理人制度，合理统筹责任、利益、风险，干部职工的活力动力进一步激发，企业经营质量和创效能力持续改善。

除大力推行人事制度改革外，酒钢还强化劳动、分配改革：全面推行员工市场化公开招聘、竞争上岗、末等调整和不胜任退出等系列"组合拳"，创新选人用人机制，打通职业发展通道。在内部分配上，建立健全横向宽带薪酬和纵向职级动态调整的工资正常增长机制，有效激发了广大干部职工的干事创业热情。

与"三项制度"改革同步进行的，还有企业经济运行体系的建立完善。酒钢树立"居家过日子"理念，在实施阿米巴经营、开展对标对表、建立产业经济模型3方面着重发力，抓经营、激活力、创效益。

划分组织、量化分权、优化机构、细分指标……2019年，祁牧乳业公司率先在酒钢实施阿米巴经营试点，将"全员经营"的理念转化为实实在在的行动执行力。通过挖掘内在潜力、充分释放活力，该公司经营绩效稳步提升。

基于有益探索，近年来，酒钢集团在全公司范围内全面推行"阿米巴"经营模式，先后在 18 个经营实体、156 个厂矿工序、135 个作业区构建起基于"阿米巴"经营理念的经济运行管理体系，通过划小业务单元、量化经营权责，倒逼成本压降、指标提升。

在深化经营管理对标对表方面，酒钢集团各产业单位眼睛向外对标，眼睛向内提质，重点指标进一步优化，经营能力大幅度提升。在优化完善全产业经济模型方面，各产业、各单位、各工序环节通过建立和运行经济模型，各生产工序实现了长周期稳定和经济可靠运行，生产经营的质量和效能明显提高。

10 年来，通过严格管理、算账经营，酒钢集团"市场化运行、契约化管理、主责化经营、目标化考评"的思路和以指标体系、价格体系、核算体系、考评体系构成的运行体系已经落实落地，企业经济运行体系的框架、目标、方法、路径得以明确，实现了集团管战略、做决策、防风险，二级单位谋经营、强管理、抓落实，为公司实现从"生产型"企业向"经营生产型"企业转变奠定了坚实基础。

为扩大改革"覆盖面"，提升改革"穿透力"，酒钢集团锚定"做强做优做大国有资本和国有企业"的总目标，集中力量、大刀阔斧推进多项重点改革事项，力争多项发力、多点突破，确保改革"形神兼备"。

——着力构建集团管控下的自主经营模式，清晰集团与子企业间权责界面，有序开展"一企一策"授权方案，子企业经营发展活力有效激发。

——成功引入产业相关性强、耦合度高的战略投资者，推进平凉五举煤业增资扩股、东兴铝业公司债转股等多个项目，混合所有制改革卓有成效。

——聚焦"强龙头、补链条、聚集群"，以规划为导向推进产业高端化，以重点项目驱动产业智能化，延链补链强链，着力推进产业、产品结构优化升级。

现阶段，酒钢纳入国企改革三年行动实施方案的 130 项改革任务基本完成，改革系统性、整体性、协同性全面提升，构建起公司治理新、经营机制新、布局结构新的国企改革"新模样"，推动了集团公司高质量发展迈上新台阶。

我们这 10 年·人文关怀

环境优美、窗明几净，一排排整齐的桌椅、一台台明亮的厨具，各个档口，色泽鲜美的美食刺激着职工的味蕾……前不久，酒钢又打造了一个惠民工程——厂区职工食堂，让职工在"自家门口"就能吃上放心、可口的饭菜。

酒钢集团坚持保障和改善民生，聚焦职工急难愁盼，解难题、办实事、暖民心，把群众反映的"问题清单"变成"履职清单"。

投入 1300 多万元，对班组、卫生间、浴池进行修缮改造升级；每两年实施 CT、核磁等体检项目，职工体检管理实现"提档升级"；出资 19.2 亿元彻底解决员工持有宏晟股的历史遗留问题……一件件好事、一桩桩实事接续办好，让职工群众的获得感更加充实、幸福感更可持续、安全感更有保障。

近年来，酒钢集团牢固树立"以人民为中心"的发展思想，坚持发展为了职工，发展依靠职工，发展成果由职工共享，关注职工职业发展、素质提升等事项，积极营造尊重劳动、崇尚技能、鼓励创造的浓厚氛围，倾心打造酒钢命运共同体。

2020 年，一线技术工人出身的酒钢宏晟电热公司首席技师杜钧通过了正高级工程师的评审，成为酒钢首个"工人教授"。

"工人教授"得来并非偶然。杜钧 20 多年如一日默默坚守在焊接一线，承接无数急难险重任务，焊过的焊口 100%合格无一返工，创造出多项行业纪录……

10 年来，酒钢集团搭平台、建机制、理通道、创环境，持续加强产业工人队伍建设，拓展产业工人发展空间，提升产业工人队伍素质，努力践行"企业有价值、员工有尊严"的企业使命。

——职工队伍综合素质不断提高。优化人才引育开发，实施新型学徒制培训，打造"双师制"教研团队，开展各类培训 94.6 万人次，举办劳动和技能竞赛 376 项，逐步形成 104 名高层次领军人才、4176 名专业技术人才、9757 名高级工以上技能人才蓄水池，高技能人才占比达 39%。

——职工建功立业热情竞相迸发。深化三类创新、三项奖励机制，发放创新奖 2000 余万元，面向职工征集"五小"成果、"金点子"39775 项，涌现市级以上优秀创新成果 218 项，培育创建劳模（技能大师）创新工作室 24 个，选树各类创新带头人和团队 2588 个，荣获国家级、省市级各类荣誉 450 项。

——职工民主权利有效保障。坚持每年召开职工代表大会，累计审议涉及企业改革发展、关乎职工切身利益的重大事项 117 项，征集办理职工代表提议、提案 1109 项。

我们这 10 年·国企担当

2021 年，77 岁的刘开智搬进了 70 平方米的搬迁新房，水、电、暖通到了家里，家具、家电一应俱全，他感觉自己好像又重新活了一遍。回想几年前，他住的还是山沟沟里的土坯房。"命好呦，共产党给我派了个好亲戚。"老人脸上洋溢着发自内心的喜悦。

如今的古浪县黑松驿镇，一改过去四面戈壁、靠天吃饭的景象，一个产业强、环境美、百姓富的幸福小镇新图景在眼前徐徐展开。从脱贫攻坚到乡村振兴，古浪县翻天覆地变化的背后，离不开酒钢集团 10 年如一日的帮扶。

要脱贫，搬迁势在必行！围绕古浪县移民搬迁工程，酒钢集团帮扶干部深入贫困户家中走访调研、进行动员，一遍一遍给他们举例讲、对比讲、反复讲，做工作。经过大量工作，酒钢帮扶的村子不留一户，实现了整体搬迁。

搬得出，还需稳得住。脱贫致富的根本出路是发展产业。酒钢集团制订了"一户一策"帮扶清单，投入扶持资金 239 万元，对报名日光温室和养殖大棚的搬迁农户进行奖补。同时，投入资金 500 万元建设"能繁母牛养殖基地"，投入 80 多万元购入上千只育肥羊，捐赠 100 万元饲草饲料和价值 20 余万元饲喂机、铡草机支持养殖基地经营。

从之前的土地撂荒懒种，到如今戈壁农业大棚整齐排列；从戈壁沙漠到如今产业园里牛羊成群。面对乡村振兴新形势新要求，酒钢聚力产业帮扶，变"输血"为"造血"，从根本上确保了脱贫效果持续稳定。

10 年来，酒钢集团实施帮扶项目 141 项，投入帮扶资金 5856 万元，派驻干部 224 余人次，进村入户 6900 余人次。对口帮扶的 10 个村 1836 户贫困户 7501 人按期全部脱贫摘帽。在 2021 年全国脱贫攻坚表彰大会上，酒钢党委帮扶工作办公室荣获"全国脱贫攻坚先进集体"称号。

酒钢集团真扶贫、扶真贫、真脱贫，切实用脱贫攻坚的硬核举措、实在效果书写着国有企业的责任和担当。而这种责任担当，还体现在抗击疫情中的冲锋在前，体现在一次次重大自然灾害前的挺身而出。

在疫情防控前沿，酒钢集团医务人员"疫"往无前，65 名"最美逆行者"先后驰援武汉、兰州、青海，陆续向省红十字会捐赠价值 552 万元的医用防护用品，向兰州、天水、张掖等地捐赠抗疫物资 90 余万元。疫情期间持续生产，无停工、无撤岗裁员，累计招聘大中专毕业生 1516 名。全力保障嘉峪关市 93% 以上居民供暖、50% 以上居民供电和 70% 以上居民煤气安全供应。

在抗洪救灾一线，酒钢集团向甘肃省内重点受灾地区陇南、甘南各捐赠钢材 200 吨，向舟曲捐赠编织袋 10000 条，向岷县灾区捐赠建设资金 180 万元，向通渭县灾区群众捐赠价值 68 万元的越冬取暖设备，向河南灾区捐赠总价值 20 万元物资。酒钢被授予舟曲灾后重建先进集体。

10 年成就非凡，奋进开创未来。酒钢集团将以习近平新时代中国特色社会主义思想和习近平总书记对甘肃重要指示要求为指引，在甘肃省委、省政府的正确领导下，持续发挥国有企业稳经济"顶梁柱""压舱石"作用，在把握机遇中塑造发展新优势，在攻坚克难中开创发展新局面，为谱写加快建设幸福美好新甘肃、不断开创富民兴陇新局面的时代篇章作出新的更大的贡献。

撰稿人：张　燕　李淑芳　殷　艺　张　瑾

向新时代报告

——紫金矿业十年跨越发展纪实

向海之路是一个国家发展的重要途径，企业亦然。新时代的 10 年，是紫金矿业在国际舞台大放异彩的 10 年，公司已成为中国矿业企业"一带一路"成功的先行者，成为引领中国金属矿业追赶世界一流的排头兵——国内最大的矿产铜、金、锌和银生产企业；近年全球铜产量增长最多最快的公司；碳酸锂资源从无到有，当量资源量跃居全球第 9 位；位居《福布斯》2022 全球 2000 强第 325 位及其中上榜的全球金属矿企第 7 位、全球黄金企业第 1 位……

扬 帆 出 海

2013 年，习近平主席在出访中亚和东南亚国家期间，先后提出共建"丝绸之路经济带"和"21 世纪海上丝绸之路"的重大倡议，点燃了国际社会的热情。

资源是矿企最核心的资产，矿产资源分布的不均衡，决定了中国矿业企业"走出去"开拓全球市场，成为一种必然。

"紫金矿业作为中国矿业企业，随着中央提出'一带一路'倡议，要有志成为国际一流矿业公司的话，走出去是必然选择。"紫金矿业董事长陈景河说。

10 年来，紫金矿业勇敢走出"舒适圈"，乘着"一带一路"的浩荡东风扬帆远航，从一家典型的以国内业务为主的黄金矿业公司，蜕变为一家在全球范围内从事铜、金、锂等金属矿产资源开发的大型跨国矿业集团。

2012 年，紫金矿业的黄金业务营收占比近六成，实现矿产金 32 吨、矿产铜 10 万吨、矿产锌 3.6 万吨；储备黄金资源 1192 吨、铜 1179 万吨、锌 635 万吨。

今天，紫金矿业可持续发展动能持续培厚，已成为国内最大的矿产铜、金、锌和银生产企业，仅今年前三季度即实现矿产铜 63 万吨、矿产金 41 吨、矿产锌 30 万吨。其中，铜产量同比增长 55%，是近年全球铜产量增长最多最快的公司，2022 年产量有望位居全球前 6；铜、金、银、钼等资源量大幅增加，储备铜资源量超 6300 万吨，黄金资源量约 3000 吨、锌资源量超 900 万吨，碳酸锂资源从无到有，当量资源量超 1300 万吨，跃居全球第 9 位和中国第 3 位。

产量大幅跃升带动公司业绩持续向好。2012 年，紫金矿业资产总额 674 亿元，实现营收 484 亿元，归母净利润 52 亿元，市值不足千亿。2021 年，公司实现营业收入 2251 亿元，归母净利润 157 亿元，市值最高时超 3700 亿元；今年前三季度，实现营业收入 2042 亿元，归母净利润 167 亿元。

10 年来，紫金矿业营收增长了近 5 倍，归母净利润增长了近 4 倍，市值增长了近 3 倍，资产规模、营业收入、市值连续突破千亿元、两千亿元大关，经济效益连续多年保持行业领先，跨国指数持续提升。

《福布斯》全球 2000 强榜单是全球最权威、最能客观反映企业综合实力的排行榜。2012 年，紫金矿业位列《福布斯》全球上市公司 2000 强第 1198 位，排在公司前面的矿业公司有 24 家，其中，包括 4 家黄金巨头和 4 家国内金属矿企。

今天，紫金矿业实现了从国内金属矿业领先到跨国矿业集团的跨越，全球行业地位显著提升，跻身《福布斯》和《财富》世界双 500 强企业，位居《福布斯》2022 全球 2000 强第 325 位及其中上榜的全球金属矿企第 7 位、全球黄金企业第 1 位。

也是在这 10 年，紫金矿业在五洲四海践行"绿水青山就是金山银山"以及共同发展理念，与各国人民一道共享发展带来的美好未来，为构建"人类命运共同体"贡献了紫金力量。

紫金矿业塞尔维亚丘卡卢-佩吉铜金矿

创 新 利 器

10 年来，紫金矿业始终保持战略定力、战略自信，始终把企业命运融入国家号召，坚定不移地朝着"打造绿色高技术超一流国际矿业集团"努力奋进。而在紫金山开发过程中实践形成的创新理念，成为紫金矿业参与全球开发、赢得竞争优势的一把"利器"。

依托在紫金山开发中积累的低品位矿开发的领先技术和经验，紫金矿业形成了以矿石流为走向，将地勘、采矿、选矿、冶金和环保五个环节进行统筹研究和全流程控制，归结于实现经济和社会效益最大化的"矿石流五环归一"矿业工程管理模式。由此，国内外一批别人不想做或是做不成的矿山在紫金矿业手中实现价值的颠覆性提升。

2015 年，紫金矿业获得艾芬豪旗下卡莫阿控股 49.5% 的股份，联手开发卡莫阿-卡库拉铜矿。早在项目并购之前，地质专家出身的陈景河在现场考察时，就认为南部矿段矿化条件好，有找大矿的可能，是以在介入卡莫阿项目后，陈景河力主在卡库拉段开展就矿找矿工作。通过持续勘查，卡莫阿-卡库拉铜资源量从 2400 万吨增长到 4369 万吨，增长近一倍。卡库拉矿段的发现，将整个项目真正提升为世界级矿床。目前已投产的卡莫阿一期和二期年产铜约 40 万吨。2024 年底三期工程投产后，最高年产铜将达到 80 多万吨，成为全球第二大产铜矿山。

在行业低迷的 2014 年，紫金矿业还收购了刚果（金）穆索诺伊公司科卢韦齐铜矿 72% 股权。科卢韦齐铜矿项目一期从平基到建成仅用了 2 年多时间，不仅实现了投资节省、投期提前，且建设质量也直追国际先进行列。

2018 年，穆索诺伊运用紫金创新理论指导实践，克服了非洲陆运紧张、总统大选期间社会安全局势波动等影响，仅用 9 个月时间，二期铜钴回收项目投料试产，创中资企业在刚果（金）矿山建设纪录。目前，科卢韦齐铜矿产铜连续多年超 10 万吨，成为紫金矿业海外主力矿山。

塞尔维亚佩吉铜金矿是紫金矿业 2021 年建成投产的第二家世界级矿山，从收购、建设到试生产，佩吉铜金矿项目仅用了不到 3 年时间，在很多业内人士看来，这是不可想象的。作为全球为数不多具有系统自主研究设计开发管理的技术与工程能力和研发实体的矿业企业，紫金矿业为矿山建设提供了坚实保障。

走向海外至今，紫金矿业拥有刚果（金）卡莫阿铜矿、塞尔维亚佩吉铜金矿、紫金博尔铜矿、哥伦比亚武里蒂卡金矿等一批世界级矿山。公司主要产品海外资源储量、矿产品产量及矿业类资产、利润均超公司总量的 50%，成为中国在海外拥有黄金和有色金属资源最多、金属矿产品产量最多的企业之一，也是中国矿业行业效益最好、控制金属矿产资源最多、最具竞争力的大型矿业公司之一。

面对全球能源革命浪潮，紫金矿业依托长期从事金属矿种开发的优势，果断决策进军新能源产业，一年多来，公司已在海内外拥有阿根廷 3Q 盐湖锂矿、西藏拉果错盐湖锂矿、湖南道县湘源硬岩锂多金属矿等项目并快速推进建设，远景规划碳酸锂当量年产能 15 万吨以上，为公司成为全球重要锂生产商奠定了坚实基础。

绿 色 信 仰

绿水青山就是金山银山，在大踏步走向海外的这 10 年，紫金矿业不断丰富绿色发展内涵、逐步构建绿色矿山发展模式，推动中国生态文明理念在项目所在地的传播和落地。

紫金矿业不但要求国内企业要以高于国家标准抓环保，建设美丽的绿色生态矿山，更要求海外企业绝不因一些国家管理宽松而降低标准，力争通过环境再造使项目开发环境优于原有环境。

2012—2021 年，紫金矿业累计投入环保生态资金达 76 亿元，仅 2021 年的投入就相当于当年利润的 9%。

塞尔维亚紫金铜业有限公司旗下的博尔铜矿的前身具有百年开采历史，紫金 2019 年底接手前，企业生存面临较大挑战，铜矿整体环境状况较差。

紫金入驻后，大力推行技术创新，加强各生产环节管理，降低矿石贫化率和采矿损失率，提高选矿和冶炼回收率；同时特别重视将绿色发展理念贯穿于矿产资源开发利用全过程，组织实施了一系列生态绿化和环境综合治理项目。项目绿色矿山建设取得重大进展。随着冶炼厂烟气治理关键工程于 2021 年 8 月投产，博尔城市空气质量明显改善，得到了当地居民和塞方政府的广泛赞扬。

与很多"荒地式"矿山不同，紫金矿业在非洲建设了"花园式"矿山。

在刚果（金），中国绿色发展理念同样也取得了显著的实践成果。刚果（金）没有绿色矿山标准，很多环保指标低于国内标准，但自 2014 年紫金收购刚果（金）穆索诺伊公司后，便以中国方案对科卢韦齐矿山进行开发，以强烈的社会责任心、高标准进行生态环境建设。

从建设开发伊始，科卢韦齐铜矿就始终坚持边开发、边绿化，最大程度和最大限度地减少企业运营对周边自然环境与生态系统的影响与破坏。

目前，科卢韦齐矿区累计绿化美化面积已超 50 万平方米，生产厂区可绿化面积覆盖率 100%，打造了刚果（金）矿业开发共赢的"紫金模式"。

尊重自然、顺应自然、保护自然，紫金矿业将生态文明理念融入海内外矿业开发的全生命周期，实现了经济效益和生态效益的和谐统一。

初 心 不 改

紫金矿业深耕"一带一路"的实践，不仅实现了自身发展壮大、关联方受益，而且为中国企业参与构建"人类命运共同体"提供了一个样本。

早在紫金山开发时期，紫金矿业就意识到企业、员工、社会协调发展的重要性，并在长期实践中凝练形成了紫金文化的精髓"共同发展"，把带动社会发展，作为企业的责任，致力于让尽可能多的人因企业发展而受益。

紫金文化也成为公司在"走出去"过程中稳健经营、不断发展壮大的法宝之一。

在欧洲，紫金矿业用 3 个月时间，就使塞尔维亚博尔铜矿各项生产经营指标逐步好转，收购半年内即扭亏为盈，企业利润呈倍数增长。原本一度濒临破产的博尔铜矿实现重生，工人的工资也提升了三分之一，如今每月平均 6000 多元的收入已经超过塞尔维亚全国平均工资水平。

今年 2 月 5 日，习近平主席在会见来华的塞尔维亚总统武契奇时指出，要持续发挥紫金博尔铜矿等项目的经济社会效益，将中塞传统友好转化为更多务实合作成果。

既要"授人以鱼"，更要"授人以渔"。在非洲，卡莫阿每年有计划地对矿区周边社区和村落进行生活条件和设施的改造和提升，包括修建和完善道路、学校、教堂、供水供电等基本生活设施；向当地社区提供农业种植和畜牧养殖技术，教会村民如何利用各种条件达到自给自足的目的，同时公司将当地社区富余的农作物进行回购，为社区增加额外收入。

在南美洲，紫金大陆黄金在社区经济发展、社区就业、创造税收与公益慈善方面等主动履责，努力打造项目属地"命运共同体"，受到了项目属地政府的认可和支持。

公司大力支持区域内咖啡庄园的发展，推动了 1600 多个农业生产性项目成功落地周边社区。在大陆黄金的协助下，来自安蒂奥基亚西部的咖啡品牌于 2020 年和 2021 年两次参加于上海举办的中国国际进口博览会，向全世界展示了优质咖啡产品。

　　紫金矿业把共同发展、社会责任担当践行在"一带一路"沿线国家。今天,公司直接和间接创造就业岗位超过 10 万人,累计利税超过 1000 亿元,仅 2021 年为全球主要经济贡献总额就超过 2000 亿元。

　　2021 年初,紫金矿业提出了新的"三步走"战略目标,根据规划,公司将未来 10 年划分为"2+3+5"三个阶段目标,梯次实现综合指标进入全球金属矿业企业前 3~5 位,全面建成绿色高技术超一流国际矿业集团。

　　千川汇海阔,风正好扬帆,展望未来,紫金矿业将以矢志不渝的全球化超一流矿业梦,推动共建"一带一路"走深走实,结出丰硕成果,为构建人类命运共同体贡献紫金力量。

撰稿人:饶　恒

加快攻坚克难　锐意改革创新
奋力推动江钨高质量发展

——江钨控股集团重组以来改革创新工作综述

　　江西钨业控股集团有限公司（以下简称江钨控股集团）由国内"钨矿鼻祖"的西华山钨矿、中华苏维埃中央临时政府成立的"中华钨矿公司"一脉相承演变而来，是江西省属重点国有企业，传承着中国钨业百年历史，赓续着中华钨矿公司红色血脉，在革命战争中孕育，在共和国建设中成长，在中国特色社会主义新时代创新发展。自2017年重组以来，江钨控股集团始终坚持贯彻习近平经济思想，始终坚持党的领导加强党的建设，以国企改革三年行动为契机，聚焦抓治理、优布局、活机制、攻创新、强党建，坚定不移推进企业高质量发展。近3年来，江钨控股集团经营状况持续向好，多项指标不断创造历史新高，经营规模、营业收入均居行业前三，实现"十四五"良好开局。

江钨控股集团

聚焦治理体系建设　着力完善现代企业制度

　　把党的领导融入公司治理各环节。江钨控股集团坚持把党的领导融入公司治理各环节，将企业党组织内嵌到公司治理结构中，充分发挥党委（党组）把方向、管大局、促落实的领导作用，健全权责法定、权责透明、协调运转、有效制衡的公司治理机制，切实把中国特色现代企业制度优势转化为治理效能。全面推进党建入章，修订了《公司章程》，明确了党组织在公司治理中的法定地位、职责任务和工作程序。修订印发了涵盖 181 项规章制度的《制度手册》，修改了《党委会议事规则》，制订了党委前置研究讨论重大经营管理事项清单，厘清了各治理主体权责边界。集团层面及二级企业党建入章做到"应入尽入"，混合所有制企业党组织建设做到"应建尽建"。

持续强化董事会建设。对照国务院国资委董事会应建尽建标准，集团层面和所属 17 户二级企业均建立了董事会，并实现董事会外部董事占多数。完善了外部董事选聘、考核管理办法，扩展了外部董事选聘渠道，在全集团内外遴选了 86 位具有法务、财务、管理、审计等专业背景，业务素质高、管理经验丰富的管理人员担任外部董事。发挥董事会定战略、作决策、防风险的作用，落实了董事会六项职权，董事会下设投资、薪酬、审计等 3 个专门委员会，完善了董事会决策事项的会前研究、论证程序，提高了董事会决策效率。

发挥监事会监督制衡作用。建立健全了企业监事会，加强监事会队伍建设，限制干部兼任监事数量，从全集团范围内选拔一批综合能力强的管理人员，培养成专业化、职业化专职监事。建立完善了企业监事会制度，强化监事会报告机制，加大监事会对董事会、经理层履职行为的监督力度，发挥了监事会在公司法人治理结构中的监督制衡作用。

保障经理层依法行权履职。发挥经理层谋经营、抓落实、强管理作用，建立健全了董事会向经理层授权管理制度和授权事项清单，完善了总经理办公会议事规则、总经理工作细则等规章制度，明确了企业经理层履职范围。落实了总经理对董事会负责、向董事会报告工作机制，经理层在授权范围内负责经营管理工作，接受董事会工作指导和监督。

聚焦经济结构调整　着力优化产业布局

优化产业总体布局。针对旗下企业"散小弱"的发展短板，江钨控股集团进一步优化产业布局，科学规划江钨产业园建设，以规模效应增强企业核心竞争力。2021 年，与赣州市政府签订战略合作协议，在赣州市高新区和经开区建设两个园区，重点建设钨、稀土、钴冶炼及精深加工、稀土永磁电机、铜杆加工、机械加工等项目和科研研发中心。项目用地约 1500 亩，总投资 102 亿元，建成达产达标后，可实现年营业收入 400 亿元，年利税 40 亿元。目前，入园项目建设驶入快车道。其中，产业园首个项目——华茂 10000 吨钨粉一期项目从拿地到开工以 88 天的"江钨速度"开工建设，年底将建成投产；华京 1.2 万吨高性能稀土钕铁硼速凝薄片合金一期项目，年底即将完成土建，2023 年 1 月底投入试生产；南方高技术 8000 吨稀土金属技改等后续入园项目均按计划紧锣密鼓地实施。

做实"处僵脱困"工作。2017 年重组之初，江钨控股集团有 117 户独立法人企业，其中厘定为低效无效资产及僵尸企业 73 户，资产总额 69.92 亿元，负债 75.35 亿元。近 5 年来，江钨控股集团公司采取关停并转方式，优化资源配置、提高管理效率、降低管理成本，全力推进"两非""两资"处置，推动"僵尸企业"出清；累计完成企业出清 52 户，其中，被纳入省国资委督办的 21 户"僵尸企业"全面完成或视同完成出清，闲置资产处置收益累计 5.2 亿元，盘活了一批低效无效资产。2020 年以来，关停了 5 户资源枯竭丧失开采价值的矿山，整合了 6 户业务相近的弱小工厂，每年减少支出近亿元。同时，通过调整经营布局、改善运营方式，开展效能治理、扭亏脱困，9 户亏损企业经营指标明显好转，其中，江钨世泰科、盘古山钨业、江钨友泰等 7 户亏损企业实现扭亏转盈，赣州新材、江钨浩运两户企业剔除历史包袱实现当期盈利。

发挥投资导向功能。江钨控股集团聚焦主责主业，遵循稳健投资，坚持巩固矿产资源、做强做大精深加工、发展装备制造的产业战略，精准实施投资项目，发挥好投资对优结构、提效益的关键作用，着力推进产业转型升级。2017 年以来，江钨控股集团实施投资项目 36 个，累计完成投资 10 余亿元，形成了鲜明的"有效投资引领企业高质量发展"经营导向。宜春钽铌矿数字化矿山和江硬数控刀片智能化车间陆续建成，成功入选省出资监管企业首批 03 专项示范项目，宜春钽铌矿数字化矿山项目还入选江西省 5G+工业互联网应用创新十大典型案例，专家组评价整体达到世界领先水平。江钨世泰科硫酸根废水资源化项目实现资源综合回收利用；金环公司年产 600 台智能选矿设备改扩建项目一期完成厂房主体结构建设并投入使用，二期搬迁工程正在有序推进；稀有新材 1000 吨高性能磁性材料扩建项目完成关键设备安装调试，2022 年 11 月底投入试生产；九冶公司完成湿法自动化升级改造，完成了高钽、钽酸锂多晶及钽粉三种产品生产线扩产工作，产能分别达到 15 吨/月、12 吨/月及 5 吨/月。

巩固前端资源优势。江钨控股集团组织现有生产矿山满负荷生产，推进漂塘矿区扩能改造等 7 个项目，促进了有资源有效益的矿山扩大规模。启动了内部 3 个矿区深边部找矿项目，可新增资源储量 2 万吨以上。大雾塘项目完成勘探，提交钨资源储量 26 万吨，通过了省自然资源厅评审备案。朱溪钨矿项目已从国家储备矿区调整为国家规划矿区，列入了国家重点勘查项目。省重点工程——小东坑钨矿山开发已正式开工建设，建成后将形成年产 1700 吨钨精矿接替产能。

聚焦三项制度改革　着力激发市场化经营活力

三项制度改革落地见效。2017 年重组整合之初，江钨控股集团以刀刃向内、自我革命的决心，全面实施三项制度改革。通过实施竞聘上岗等方式，集团总部职能部门和机关工作人员精简率均为 50%以上；实施按岗定薪、按绩付酬的薪酬管理制度。所属企业全面跟进，内部组织机构压缩 166 个，减幅达到 33%；同时，积极构建市场化的劳动、人事、分配新机制，增强企业活力。2020 年以来，集团公司继续深化三项制度改革，积极推行扁平化管理，实施大班组、大工种整合，进一步减少管理层级，全集团企业职能部门数量减少 31 个，中层管理人员减少 83 人下降幅度达 10.89%，二、三线人员数严格控制在 15%以内。实施管理人员竞聘上岗，集团及所属企业管理干部竞争上岗达 471 人，占全部在岗管理干部比例 65.42%。

经理契约化推行平稳有序。江钨控股集团积极推进经理层契约化制度，明晰退出机制，真正做到市场化选人用人、干部能上能下。集团所属正常生产企业全面实施经理层任期制和契约化管理，签订率达 100%。同时，江钨集团积极探索实施职业经理人制度，选取赣州新材、鑫盛钨业、江钨钴业、稀有新材等 4 户企业率先推行职业经理人制度，4 户企业产品产量、营业收入和利润显著提高。

中长期激励探索推进。近 3 年，江钨控股集团探索建立增量分享、技术成果收益分享等激励模式，进一步激发管理团队、技术团队的主观能动性、积极性和创造性。组织对所属 67 户企业中长期评估研判，锁定宜春钽铌矿、江钨钨合金、九冶公司、南方稀土高技术等 4 户符合条件的企业试点超额利润分享，4 户企业均属于充分竞争领域处于成熟期和稳定期的商业一类企业，分属于集团钽铌、钨、稀土板块，且制定了"十四五"发展战略，未来发展目标明确。

聚焦创新驱动发展　着力推动产业转型升级

持续加大科技投入。江钨控股集团立足于矿产资源安全高效开采、绿色冶炼技术优化提升和后端新材料及其加工产业链延伸，加大科研经费投入。自 2020 年以来，集团公司累计投入科技研发费用超 10 亿元，平均年增长 51%。开发新产品及新工艺超 200 项，APT 全新工艺、高性能硬质合金、智能矿石分选机、重介质选矿、高品质钽铌新材料、高品质粘结钕铁硼磁性材料等一批新产品及新技术研发取得重大进展。

夯实创新平台建设。江钨控股集团加快赣研所改革步伐，不断完善科技创新体制、考核激励机制及科技成果转化收益分享机制，以智能矿石分选机的研发与产业化为突破口，实施关键核心技术人员成果收益分享，激发创新创造活力。以科技项目为载体，不断夯实创新平台建设，新增研发设备超 4000 万元，建设中试线 4 条，多户企业被评为新增国家专精特新"小巨人"企业、高新技术企业、江西省"专精特新"中小企业及江西省科技型中小企业等；联合中科院赣江创新研究院、中国稀土集团、南昌大学等单位共同组建江西省产业链科技创新联合体和超高温金属新材料科技创新联合体。截至目前，集团公司建设拥有国家级企业技术中心、博士后科研工作站等国家级科研创新平台 6 个，数控刀片工程技术研究中心、磁选装备重点实验室等省级科技研发创新平台 19 个。

加快科技成果转化应用。江钨控股集团加速推进高品质硬质合金、智能矿石分选机、高梯度磁选机、钽铌镀膜材、粘结钕铁硼磁粉等新产品新技术产业化应用，提升产业发展增量水平。金环公司成功研制世界首创的 φ5 米高梯度磁选机，填补了国内外相关选矿设备的空白。该机型已签订 3 台销售合同，每台售价近 1000 万元，企业 2022 年入选国务院国资委"科改示范"企业。江硬公司依托国家重点研发计划研发了超细、超粗等系列高性能硬质合金新产品，新增营收超 1 亿元。九冶公司成功开发出高纯钽铌锭、铌锆环等系列新产品。2021 年，金环公司"高梯度磁选机"、九冶公司"钽酸锂多晶粉"、稀有新材"粘结钕铁硼磁粉"产品入选首届"赣出精品"。

加快推动产业绿色转型。江钨控股集团坚定不移走生态优先、绿色发展道路，深入打好污染防治攻坚行动，先后完成了下属企业多个土壤污染治理、废水废气治理升级改造、除尘系统升级改造等项目，确保"三废"达标排放。全面完成所属企业装备改造升级，"十三五"期间年均节能量约 5000 吨标准煤，2020 年和 2021 年万元产值（可比价）能耗分别下降 2.6% 和 18.2%。积极有效开展绿色矿山创建，集团所属 11 个矿区、3 户工厂企业达到绿色矿山、绿色工厂建成标准，列入全国绿色矿山、绿色工厂企业名录。大力发展循环经济，综合开发利用矿山废石、尾矿，提升矿产资源合理开发利用水平，2018 年以来集团矿山选矿废石利用率近 100%，尾砂综合开发利用达 45% 以上，尾矿综合开发经济效益 6.2 亿元以上。

聚焦引领保障能力　着力加强企业党的建设

发挥党委引领保障作用。江钨控股集团坚持以高质量党建引领保障国企改革创新，全面落实企业生产经营重大事项党组织前置研究制度，推动党组织和党建工作全面有效覆盖，充分发挥党委领导核心作用。认真落实第一议题制度，持续推进习近平新时代中国特色社会主义思想走深走实走心，确保江钨改革发展的正确航向，以实际行动做到"两个维护"。每年制订《党建工作要点》，出台《党组织书记抓基层党建实施办法》《企业党建工作考核方案》，明确党建工作重点，压实党建工作责任。

严格落实从严治党责任。江钨控股集团以做好反面典型案件"后半篇文章"为抓手，严格落实全面从严治党责任，完善全面从严治党主体责任清单、监督责任清单，健全了党委主体责任、纪委监督责任、班子成员"一岗双责"三责联动、相互促进的责任体系。建立党风廉政建设和反腐败工作组织协调机制，统筹整合党委巡察、纪检监察、组织、法务、审计、监事会等监督资源，不断提高监督质效。进一步加强对企业"一把手"和领导班子的监督，规范建设"三重一大"在线监管系统，组织推动政治谈话全覆盖，坚持企业主要领导人"离任必审、任中三年必审"的经济责任审计，常态化开展廉政风险排查治理。仅2021年，排查廉政风险隐患和不合规问题142项，整改完成139项，完成率98%。

推动党建工作与生产经营深度融合。江钨控股集团围绕企业中心工作，实施"党建+改革创新""党建+提质增效""党建+劳动竞赛"模式，广泛开展"党员先锋岗""红旗班组""工人先锋号""青年突击队"等创建活动，在基层一线发挥支部战斗堡垒作用和党员先锋模范作用，以生产经营成果来检验党建工作成效。2020年，集团公司实现营业收入196.9亿元，同比增加43.7亿元；同比扭亏4.9亿元。2021年，集团公司实现营业收入327亿元，同比增长67%；在消化3.2亿元历史包袱的基础上，实现利润2.87亿元，同比扭亏增盈7.85亿元，创下2017年重组以来最好成绩，集团整体实现了真正意义上的盈利。截至2022年10月，集团公司实现营业收入226.29亿元，实现利润5.03亿元，整体经营业绩再创重组以来新高。

今后，江钨控股集团将坚持以习近平新时代中国特色社会主义思想为指导，坚持党对国有企业全面领导不动摇，坚持高质量发展战略不动摇，坚持"钨业报国"责任使命不动摇，积极实施国企改革创新攻坚行动，持续巩固国企改革创新成果，奋力成为国有企业改革江西示范企业，致力打造受人尊敬的、在行业内有影响力的国内先进企业，努力在新的赶考路上交出更加令人满意的江钨答卷。

撰稿人：陈更新　李小荣　徐嘉怡

凝心聚力创新篇，砥砺前行谋发展

——广西南方有色十年发展纪实

党的十八大以来，广西南丹南方金属有限公司（以下简称南方有色）作为广西有色金属产业龙头企业，以服务国家战略需求为己任，深入贯彻新发展理念，主动融入新发展格局，积极服务广西壮族自治区"五位一体"总体布局，协调推进"四个全面"战略布局，主动为党和政府分忧尽责，履行了民营企业的社会责任和使命担当。

企业自成立以来，一直专注有色金属产业发展，做大、做强、做精、做专有色金属产业，目前已具备年产锌锭 40 万吨、阴极铜 30 万吨、铅锭 20 万吨、锑锭 1.5 万吨、硫酸205 万吨、白银 200 吨、黄金 3.5 吨、铁精矿 40 万吨的生产规模。

党建引领，坚决听党话、跟党走、感党恩

习近平总书记在参加广西二十大代表团审议时希望广西继续以党的二十大精神为指引，深入践行新发展理念，在推动边疆民族地区高质量发展上展现更大作为，在服务和融入新发展格局上取得更大突破，在推动绿色发展上实现更大进展。作为民营企业，我们要肩负起历史使命，抱有远大理想，听党指挥，紧跟党的步伐，脚踏实地，为振兴广西有色金属产业贡献应有的力量，以实际行动奋力开创新时代壮美广西建设新局面。

政治建企，党建强企。南方有色于 2005 年 12 月创建党支部，2012 年 6 月升格为党总支，2014 年升格为党委，现有 8 个党支部。

10 年来，南方有色高度重视党建工作，着重加强党建在基层管理的先锋模范带头作用。项目建设期间，南方有色党建作为战之能胜的重要法宝，不断加强党组织引领发展、破解难题、统揽大局的能力建设，结合实际积极探索党建与业务双融合的新思路新方法。在鲜红党旗的引领下，面对新环境、新项目、新工艺、新员工等困难和挑战，这支队伍不怕苦、不畏难，敢于打破常规立新规，敢于突破前所未有的盲区，敢于涉足工艺技术的难区，用创新打破桎梏，用拼搏征服挑战，以坚定的步伐踏出必胜的信念。历经千百个日日夜夜的艰苦奋战，创造了国内首创采用的富氧侧吹熔池熔炼一步炼铅技术，该项目获得中国有色金属工业科技进步一等奖。在投产运营初期，面对生产流程不稳定、产品质量波动大、科技人才匮乏等诸多问题，南方有色团队不等待、不松懈、不埋怨，苦练内功，狠抓队伍培养建设；通过百日攻坚劳动竞赛、技能比武等具有特色的党建群团活动，陆续对生产全流程进行大刀阔斧的技改，全面推行精细化管理。通过实施精益管理和技改优化，顺利实现稳产高产优产目标。

10 年来，南方有色始终坚持"党建带工建"管理理念，把党的领导体现到工人队伍建设工作始终。公司党委把"党建工作"列入年度工作要点，把人才队伍建设纳入各单位和管理干部年度绩效考核 KPI，形成了党委统一领导，工会牵头负责，各分厂、部门具体

实施的工作格局。长期以来，结合学习党史教育主题，以多种形式开展党史学习教育活动，做到"学史增信、学史明德、学史力行"。各分会在工人队伍中广泛开展"三亮三比三争"活动（三亮：亮身份、亮职责、亮承诺，三比：比技能、比业绩、比形象，三争：争当生产标兵、争创先锋号、争做红旗车间），通过岗位练兵、技能比拼、评优树模等形式，为广大员工展示才能、发挥作用搭建平台。通过党建引领，工人队伍的整体素质得到了显著提升，文明素养和精神面貌也发生了明显改变。2014年5月，被自治区党委组织部评为"全区百家非公党建强优企业"；2016年被授予自治区"先进基层党组织"称号；2017年被授予南丹县"先进基层党组织"称号；2019年被授予河池市"先进基层党组织"称号；2019年公司党委被列为"自治区两新组织党建工作示范点"。

坚持政策为大，紧跟国家政策方针发展趋势

南方有色自1996年成立以来，始终坚持合法合规生产经营，严格贯彻国家政策方针，紧紧把握社会发展大趋势大方向，符合产业发展要求，推进转型升级改造，严格安全环保要求，节能减排降耗降碳。依托国家"一带一路"建设，面向东南亚、背靠大西南，按照自治区"强龙头、补链条、聚集群"思路，围绕产业建链、强链、补链、延链思路，实施"千亿"战略，全力推动工业高质量发展。

10年来，国家坚持把握发展实体经济这一发展方向，实行更加有利于实体经济发展的政策措施，强化需求导向，推动战略性新兴产业、先进制造业健康发展，加快传统产业转型升级。南方有色积极融入国家发展战略，肩负起社会责任，本着对自己负责、对员工负责、对企业负责、对社会负责的原则，勤勤恳恳，认认真真，踏踏实实地做好企业生产运营，确保企业稳定健康发展。

10年来，南方有色坚持以习近平新时代中国特色社会主义思想为指导，按照"建设壮美广西，共圆复兴梦想"的总目标、总要求，全体员工凝心聚力，坚定信心，全面加快项目建设，紧紧抓住发展新机遇，千方百计抢抓工业高质量发展"窗口期"，以公司已建成的有色金属产业工业体系为依托，推动产业集约发展、跨越发展。

坚持项目为王，做大做强有色金属产业

南方有色形成铅、锌、铜冶炼和矿产资源开发利用四大生产板块，构建形成有色金属循环经济产业链。"十四五"期末，南方有色将成为国内重要的铅、锌、铜生产企业，构建形成以铜、铅、锌为主导，锡、锑、银、金、碲、铋、锗、钴、铟、镉、镍、硒、铼、铂、钯、铑等稀贵稀有金属协同发展的多金属探—采—选—冶—新材料全产业链，创新产业链模式，延展冶金副产品与磷、钛等关联产业链，构建生态循环产业链，做精做强有色金属产业。

10年来，南方有色持续推动项目建设，引进先进技术进行转型升级改造。2012年，企业积极响应河池市政府"企业出城入园"号召，将公司从河池市金城江区城郊整体搬迁到河池市南丹县车河镇的河池·南丹有色金属新材料工业园区，在国内首创采用世界先进的富氧侧吹炉一步炼铅技术和设备，建设实施锑银多金属综合回收循环经济及环境治理产

业升级改造工程、铅银多金属产能提质挖潜及复杂物料综合回收项目；2013 年，升级现有炼锌生产系统，使产能得到进一步提升；2019 年推进锌氧压浸出技术创新绿色制造项目，成为当前技术最先进、单系统规模最大的生产工艺；2015 年，建设国内首个富氧侧吹多枪顶吹铜冶炼项目，创新铜冶炼工艺生产技术发展。目前，南方有色已形成南丹铅锌和扶绥南国铜业两大生产基地，真正实现铅、锌、铜多金属协同联合冶炼，最大限度地实现再利用、资源化、减量化、循环化。正是对有色金属产业追求精益求精、锲而不舍的"工匠精神"，2017 年实现销售收入 113.19 亿元，上缴税收 6.9 亿元；2021 年实现营业收入 408.75 亿元、上缴税费 12.65 亿元；公司收入过百亿用了 22 年时间，从百亿元到 400 亿元仅用了 4 年时间，2022 年预计营收 500 亿元。

广西南丹铅锌生产基地

10 年来，按照自治区"强龙头、补链条、聚集群"思路，围绕产业建链、强链、补链、延链思路，坚持项目为王，以南方有色现有铜、铅、锌生产系统为依托，打造以铅、锌、铜、锡、锑、铟多金属"探—采—选—冶—新材料深加工—磷钛循环产业链"为基本框架的产业集群，延伸辐射产业链，形成产业"工业树"和"产业林"。

坚持环境为本，守牢"安全环保就是企业生命线"的底线和红线

南方有色秉承"愿天地人和，做百年企业"的发展愿景，遵循"安全健康、生态环保、珍惜资源、追求卓越、尊重价值、科学发展"的发展理念，坚持人与自然和谐共生，践行习近平总书记提出的"绿水青山就是金山银山"环保理念，坚持环境为本，守牢"安全环保就是企业生命线"的底线和红线，大胆引进新技术、新工艺、新装备，着力打造以"管理科学化、装备现代化、经营国际化、环境优美化"为发展方向的新时代民营企业，成长为有色金属行业的标杆企业。

10 年来，南方有色紧紧围绕建设有色金属产业集约发展模式，大力发展循环经济，加强资源综合回收利用，提升产品科技含量和附加值，减少资源消耗，确保安全环保，实现企业效益、生态效益和社会效益"共赢"的发展格局，坚持节能高效、安全环保、绿色

循环发展理念，采用世界最先进的技术和工艺，形成铜、铅、锌多金属联合冶炼优势，企业内部形成有色金属产业链纵向闭合、横向共生的循环经济发展模式，副产品硫酸就近供给锰、钛、磷等企业使用，固废选矿尾渣供水泥厂做配料，生产废水处理后全部回用，实现废水零排放，产出的固废和危废本着资源化、无害化的原则，按照工业生态链原理，采取就近、互补、分类、共生等多种方式，使上游企业的"废料"成为下游企业的原材料，实现了资源的循环利用，走生态环保持续发展道路，公司连续3年荣获中国铅锌行业"绿色发展杰出贡献奖"。在多次中央环境督查行动中，南方有色得到了高度评价和认可，被称赞为"铜铅锌行业最美工厂之一"。

10年来，南方有色积极践行国家"碳达峰""碳中和"目标，铜、铅、锌生产系统均采用高效节能设备，高温烟气进行了余热利用发电，制酸系统采用低温位热回收技术，提高循环冷却水的用量，全年节能约15%，余热发电量为1亿千瓦时，铜、铅、锌生产系统产品综合能耗均优于国家行业对标的先进值。集团公司旗下3家铜、铅、锌子公司均已通过认定为自治区级绿色工厂、国家级绿色工厂，3家铜、铅、锌子公司同时通过铜、铅、锌行业规范条件企业认定。以智能工厂为整体目标，以产品生产流程为主线，从智能工厂、系统能源优化、资源综合利用等角度出发，对生产工序的技术装备、工艺流程、经济指标、能源消耗、固废综合利用、信息融合、智能管控、智慧运营等开展系统诊断、分析、改造、优化，通过绿色智能工厂整体方案，提升管理水平，提升作业效率。

坚持创新为要，遵循高质量发展道路

习近平总书记指出："发展是第一要务，人才是第一资源，创新是第一动力。"南方有色紧扣项目建设和产业发展需求，创新人才引进方式、搭建培育平台、强化服务保障，有效推动各类人才向公司集聚，引进高层次人才52人，为打造千亿元有色金属循环经济产业赋能供智。公司坚持"共同投入、共同分享、共同研究"的原则，深度整合政校企资源，推动建立高端制造生产模式，助推有色金属新材料产业升级发展，打造新型人才智库，与中南大学、昆明理工大学、广西大学、桂林理工等优秀大学合作共建集人才培养、技术研发与社会服务于一体的协同创新发展平台——有色金属产业人才小高地、金属材料研究院；与中南大学、长沙华时捷环保科技发展股份有限公司合作共建院士暨专家工作站有色金属冶炼清洁生产资源化与智能控制技术产学研合作基地，围绕发展绿色循环经济的目标进行合作研究，带动培养公司青年科研后备人才。

10年来，南方有色全面实施工艺装备转型升级、管理转型升级和人才转型升级三大转型升级，注重企业人才自主内培，通过定期举办南方英才班培养选拔后备人才，搭建起1215名人才库，其中，教授级高级工程师5人，高级工程师12人，工程师、冶炼及工程相关专业技术人员965人、特种作业技术人员233人。1300多名学员顺利从南方英才班毕业，分批外派各级管理干部600余人到外交流学习，拓宽视野，增长见识。另外，公司还组织一线岗位3500名员工，参加职业技能提升培训，通过扎实的理论学习和实操培训，全部通过了职业技能等级考试，取得等级证书，大大提升了员工技能水平，为各类人才储备夯实了基础。

10年来，始终坚持科学发展观为指导，继续做专、做精、做强、做大有色金属产业，加大科技创新引领，多年来，公司承担自治区科技项目 14 项，授权发明专利 12 项，授权实用新型专利 62 项。参与制定《铅锭》《锑锭》国家标准共 2 项，参与制定《铅及铅合金化学分析方法》《铅阳极泥化学分析方法》《高铅渣》《铋废料》《铅冶炼行业清洁生产评价指标体系》等 5 项行业标准和规范。南方有色坚定不移实施创新驱动发展战略，大力推进科技创新，围绕有色金属产业发展，深度开展技术研发创新。2019 年，公司自主研发的《铅锑银多金属物料协同冶炼及综合回收关键技术与装备》及《大极板铅电解自动化生产成套装备研发及产业化》两项技术创新成果获得了中国有色金属工业科技进步一等奖；引进、吸收、集成创新的年产 30 万吨阴极铜连续炼铜（富氧侧吹熔炼+多枪顶吹连续吹炼+火法阳极精炼）工艺在南国铜业成功应用，从而打破了国内侧吹熔炼炉产能不超过 20 万吨的上限，并获得多项专利技术，实现了重大技术突破，其在综合能耗、环保节能、资源综合利用等方面都处于国内领先水平；2020 年，集成创新双向平行流高电流密度铜电解工艺和专用装置研发及应用荣获中国有色金属工业科技进步奖一等奖；2021 年，公司主要负责的技术攻关项目"铅锑银多金属绿色提取关键技术及产业化"建成了以"富氧侧吹氧化—富氧侧吹还原—富氧侧吹烟化—粗铅连续精炼"为技术核心的铅锑银多金属清洁生产示范工厂，荣获广西科学技术进步奖一等奖；2021 年立项的广西重点研发项目（科技搭桥行动）"铅冰铜与硫化砷渣协同处理综合回收及砷产品化技术研究与产业化示范"于 2022 年实现产业化，项目的实施有望攻克铅冰铜和硫化砷渣难以有效处置的难题，形成具有自主知识产权的铅冰铜及硫化砷渣的协同处理技术，高效回收其中有价金属。

凝心聚力创新篇，砥砺前行谋发展。"十四五"是国家发展的关键时期，也是南方有色奠定基础、蓄势待发的重要时期，南方有色严格按照党的二十大和中央的要求，坚持党的领导，始终牢记习近平总书记对民营企业家的嘱咐和重托，以"弘扬企业家精神，爱国敬业、守法经营、创业创新、回报社会"为己任，把目标指向更高更远，公司全体员工加满油，把稳舵，鼓足劲，共同为这个大好的时代、为国家、为社会、为行业进步而贡献力量。

撰稿人：韦伟建　成吉毅　苏秋琼

江铜集团：铜业报国十年路　矢志一流启新程

10 年非凡历程，铜业报国显担当。

回顾过去 10 年，江铜集团营业收入实现强劲增长，连续 10 年跻身《财富》世界 500 强，排名从 2013 年的 414 位跃升至 2022 年的 176 位，企业综合发展实力呈现跨越式提升。

10 年来，江铜集团始终坚持以习近平新时代中国特色社会主义思想为指导，坚持和加强党的领导，完整准确全面贯彻新发展理念，坚定高质量发展不动摇，持续优化产业布局，深入推进改革创新，走出了一条更高质量、更优效益、更可持续的发展之路。

强根铸魂　高质量党建引领高质量发展

坚持党的领导、加强党的建设，是我国国有企业的光荣传统，是国有企业的"根"和"魂"。

在改革发展进程中，江铜集团深入学习贯彻习近平新时代中国特色社会主义思想，毫不动摇坚持党的领导，持续加强党的建设，引领企业高质量发展。通过扎实开展党的群众路线教育实践活动、"两学一做"学习教育、"不忘初心、牢记使命"主题教育、党史学习教育，推动党的创新理论进企业、进车间、进班组、进头脑。

在具体工作实践中，江铜集团注重把学习成果转化为破解难题、推动发展的"金钥匙"，不断凝聚起推动企业改革创新发展的强大驱动力。2021 年是江铜集团"三年创新倍增"攻坚的收官之年，江铜集团通过开展党史学习教育，教育引导广大党员干部员工从百年党史中汲取精神力量，焕发干事创业热情，锚定目标不放松，创新进取争佳绩。这一年，江铜集团实现营业收入 4552 亿元，圆满完成"三年创新倍增"目标任务。

无论是实施国家重大战略，还是抗击自然灾害、应对突发事件，江铜集团始终牢记"国之大者"，担起"国之重任"。近年来，江铜集团大力支持精准扶贫、乡村振兴，在抗击疫情、防洪度汛时奋勇向前、展现担当。

2020 年新冠肺炎疫情暴发后，江铜党委第一时间成立疫情防控工作领导小组，率先全面复工复产，并制定出台 40 条措施，强管理、降成本、促发展，在最短时间内将产能恢复至正常水平，稳定产业链供应链。

走进新时代，江铜集团顺应新形势、新要求，打造党和国家最可信赖的依靠力量，通过不断加强党建领域的改革创新，更好将国有企业的政治优势转化为发展优势，打造国企党建的"江铜样板"。

从创建全国首个党建质量管理体系，到创造性地探索建立了以"一纲要、两系统、一平台、一手册"为主要内容的新时代江铜大党建体系，江铜集团党委以提高党的建设质量为目标，在江西省属国有企业中率先完成"党建入章"、率先实施"三重一大"事项党委前置研究机制、率先建立了党委巡察工作机制。

　　加强党务人才培养，江铜集团首创了党建"双首席"制度，并在德兴铜矿开展试点。德兴铜矿评选出首批 7 名首席政工师、首席党建专家"双首席"党务人才，成立党建"双首席"工作室，推动党建工作创新。新制度进一步激发了员工对党建工作的热情，刚从事党务工作的德兴铜矿员工刘仁昌说："矿里新出台的党建'双首席'制度，让我们党务工作者有了更多的成长空间和渠道。"

　　扛起中组部赋予的铜产业链党建创新试点责任，江铜集团党委领衔开展铜产业链党建试点工作，通过探索开展铜产业上下游企业党建联建共建，把"组织链"嵌入产业链，推动产业链、供应链、创新链融合发展，推动形成以产业链高质量党建带动产业链高质量发展的良好态势。

　　如今，江铜集团形成了以"统筹领导、高效协同、整合资源、全域贯通"为主要特征的江铜大党建工作格局，在企业发展中充分发挥党委"把方向、管大局、促落实"的领导作用，把党的建设有机地融入江铜践行新发展理念和构建新发展格局的具体实践中，汇聚起了企业高质量发展的强劲势能。

强链补链　下好全产业链发展一盘棋

　　银珠山铅锌银矿项目、武山铜矿三期扩建工程陆续开建，铜箔公司三期 1.5 万吨锂电铜箔项目、江铜（上饶）工业园区 22 万吨铜杆及 3 万吨铸造新材料项目相继投产，银山矿业井下 8000 吨项目如期达产……江铜集团围绕产业链上下游，持续强链补链延链，一个个重大工程接踵而至，一项项发展成果硕果累累，汇聚成波澜壮阔的江铜发展新画卷。

　　带着铜业报国的担当使命，江铜集团始终坚持"全产业链"思维，上中下游全线出击，全方位推进铜产业优化升级。

　　2019 年元旦刚过，江西铜业与烟台国丰正式签约，受让国丰公司持有的国兴铜业 65% 股权。目前，双方共同投资建设的江铜国兴（烟台）铜业有限公司搬迁新建 18 万吨阴极铜节能减排项目正在加紧推进中。

　　环绕渤海，江铜收购控股了山东恒邦股份，自此拥有"双上市平台"；江铜华北成功并购天津大无缝铜材公司，铜加工板块转型升级加快推进。连点成片，支撑环渤海经济发展的江铜牌铜基产业带初步形成。

　　从渤海湾畔一路向南，在南海之滨，江铜南方公司与江铜产融公司共同打造"冶炼、加工"全产业链格局和"产贸融"综合运作平台，组建起有色金属产业合作共赢的华南生态圈。

　　风好正是扬帆时。江铜集团"借船出海"，坚定实施"走出去"战略，国际贸易蓬勃发展，积极开展海外资源并购，成功实现对"第一量子"的战略持股，哈萨克斯坦巴库塔钨矿项目全面开工建设，墨西哥渣选矿项目紧锣密鼓推进，成功推进海外资源开发新探索。

　　同时，江铜集团全面推进相关多元产业发展，构建了硫化工、金融、贸易、新材料、装备制造等九大产业板块，形成了科学合理的产业梯度和紧密的产业链关系。

　　深刻把握好业态创新和经营创新，把支撑实体产业发展和有色金属冶炼产能发挥的贸易、金融业务做精。贸易板块大力推进营销模式、盈利模式创新，科学统筹好生产原料保供和产品销售市场开拓，实现国内国际贸易齐头并进。推动金融板块增动能，成立产融公司，以产业链金融业务为核心，积极提供产业投资、融资服务和风险管理等业务，通过全方位金融服务保障江铜集团产业发展，做到"集团产业发展到哪里，产融服务就跟进到哪里"。

10 年来，江铜集团的产业版图越来越广，项目建设千帆竞发，多元化发展后劲十足，企业综合实力稳步提升，在取得"三年创新倍增"的发展成就后，又豪迈开启了打造具有全球核心竞争力的世界一流企业新征程。

创新驱动　科技新动能推动新发展

创新是引领发展的第一动力。近年来，江铜集团深入实施创新驱动发展战略，围绕产业链部署创新链、围绕创新链布局产业链，集中优势资源和力量开展科研攻关，不断增强核心竞争力。

走进江铜南昌高新产业园，一栋一字排开的长条形白色建筑格外引人注目。这是新建成的江铜中试基地，占地面积超 21000 平方米，与中试基地相对而立的是江铜研发中心，也是江铜集团的创新策源地。

2014 年成立至今，江铜研究院组建起一支拥有近百名博士、百余名硕士的高水平研发团队，聚焦行业"卡脖子"难题，开展关键核心技术科研攻关。

10 年来，江铜集团坚定不移走自主创新道路，在关键核心技术上奋力攻坚，重大创新成果不断涌现，企业核心竞争力与日俱增，把创新发展的主动权掌握在自己手中。

更大的浮选设备——全球最大容积的 680 立方米超大型浮选机，被德兴铜矿的员工亲切地称为"胖丫"。凭借这一自主联合研发的"超级工程"，我国成为世界上掌握超大型浮选机关键技术的 3 个国家之一。

更薄的铜箔产品——锂电铜箔是新能源电池的重要原料之一，厚度越薄，技术含量越高。江铜铜箔公司生产的最新一代锂电铜箔厚度仅有 4 微米，是 A4 纸的二十分之一，让江铜集团顺利迈入世界领先高端铜箔制造商行列。

更远的技术输出——贵溪冶炼厂已走出一条"引进—消化—吸收—创新—输出"的技术应用新模式，铜冶炼双圆盘浇铸机等装备销往全国各地，技术输出团队多次走出国门远赴俄罗斯、东南亚等国家和地区。

实现产业创新发展，更需新兴技术加持。

江铜集团顺应数字经济发展趋势，大力实施智能制造升级，全力打造"数字江铜"新平台，推进采、选、冶、加等铜产业全流程升级改造，走进生产一线，数字技术正描绘着全新的生产图景。

在贵溪冶炼厂电解生产车间，世界首条极板智能化转运系统正高效运转，运输、质检、取样等 12 道复杂工序，通过智能化改造融为一体，"基于大数据的智慧冶炼知识平台"成为铜冶炼领域唯一入选国家 2021 年大数据产业发展试点示范项目。

在德兴铜矿，"无人驾驶"电动轮在矿区道路上行驶顺畅。通过搭建车载系统、地面系统、云控平台三大系统，从数里之外发出指令，便可让电动轮立即进入无人驾驶状态，在运输道路上自动行驶并完成装、运、卸等规定动作。

江铜集团贵溪冶炼厂是全球唯一单厂年产能超百万吨的铜冶炼厂，近年来全力推动
智能工厂建设，图为贵溪冶炼厂智能调度大厅

当前，江铜集团的数字化转型还在不断加速。

依托下属铜锐信息技术公司，江铜集团深入推进各产业集群的智慧建设和智能升级，加快推进营销和贸易信息化平台全面运用，探索税务信息化系统建设，力求早日实现关键生产要素、管理要素的全面数字化变革。

2022年《数字江铜顶层设计》正式发布，致力于提升江铜智能生产能力、资源协同能力、运营协作能力、风控管理能力、党建数字化能力、智慧决策能力六大核心能力。

加快实施创新驱动发展，大力推进数字赋能增效，江铜集团不断强化创新技术引领，推动产业数字化转型，推动企业走上发展新台阶。

深化改革　关键一招激发企业新活力

改革是增强发展活力、做强做优做大国有企业的关键一招。

近年来，江铜集团深入开展以"双百行动"为核心的综合性、系统性、突破性改革，高质高效推进"国企改革三年行动"和"对标世界一流管理提升行动"，增强了企业活力，有力推动了高质量跨越式发展。

2020年，江铜集团被国务院国企改革领导小组评为江西省"双百行动"唯一A级企业。国务院国资委在《国资报告》杂志中对江铜党建引领、人才服务、职位体系、三重一大决策等方面工作亮点进行了典型介绍，江铜模式形成新示范。

改革完善治理体系

江铜集团坚持"两个一以贯之"，把党的领导融入公司治理各环节，实现了党委会、董事会、经理层各治理主体的权责边界"全厘清"，党组织建设与投资发展同步安排，现代企业制度加快完善，治理体系和治理能力现代化水平明显提升。

如今，江铜集团已全面建立起以大党建为引领，大风控、大科创、大监督、大协同、对标创标等特色工作为支撑的"1+9"十位一体管理模式。

改革注入内生动力

江铜集团深入推进用人、薪酬、用工等 3 项制度改革，构建"三个晋升条件、四个职位序列、十六级发展"的员工职位体系，实现跨部门、跨专业全员大排名，每年至少 3%的员工职位降级，至少 1%的员工进入内部人力资源市场，员工能进能出取得实质性突破。

职位体系建设为江铜集团员工职业发展提供了通道，要想晋升职位，首先要提升技术水平和业务技能。

技术工人缪国斌练就了一项绝活，可以从生鸡蛋外壳钻洞而内膜不破。"钻生鸡蛋需要精准控制力量，通过这项技术的练习，可以帮助我们提升加工的精度。"缪国斌靠过硬的技术实现了职级晋升，收入同步增长，他开心地说，"这 3 年，我多挣了数万元。"

让工作勤奋、能力突出、业绩出众的员工，能够得到更可观的回报。职位体系实施后，江铜员工主动学技术、提技能的氛围更加浓厚。仅试点员工职位体系考核第一年，就有 1096 人获得职级晋升，占参与试点员工人数的 19%。

改革增强发展后劲

混合所有制改革是新一轮国企改革中最受关注的热点话题之一。按照积极稳妥、既混又改的要求，江铜稳步推进混合所有制改革，已完成所属 7 家"百户混改企业"混改工作，铜锐信息公司、铜箔公司 2 家企业完成了员工持股，企业员工干劲更足。

深化科技体制改革，江铜集团成立了科技创新委员会，出台专利管理办法、科技攻关"揭榜挂帅"工作机制、科技创新专项考核方案等制度，营造了良好创新生态。通过搭建"双创"平台，重奖科技创新和成果转化人员，自实行以来累计奖励金额已超 6600 余万元。

同时，江铜集团还建立了公司党委班子成员联系服务高层次人才工作机制。江铜党委班子成员每人联系服务 1~2 名高层次人才，帮助解决在课题研究、技术攻关等方面遇到的困难，以全方位保障为科研人员解决后顾之忧。

生态优先　绿色低碳赢得发展新优势

2022 年 9 月 2 日，江铜集团以"智赢双碳 绿迎未来"为主题，正式发布"碳达峰碳中和战略规划"，郑重承诺到 2025 年公司万元产值综合能耗和碳排放比 2020 年分别下降18%和20%，力争于 2029 年碳排放整体达到峰值，2060 年之前加快零碳能源替代行动。

率先发布江西省首个企业"双碳"目标规划，是江铜集团走绿色发展道路的一个缩影。

多年来，江铜集团以全面推进绿色矿山（工厂）建设为抓手，将绿色发展理念细化落实到生产经营的全领域、全流程和全环节。

在先进技术、资源利用和产品升级上做"加法"。

总硫利用率、铜冶炼总回收率、铜冶炼综合能耗等多项核心技术指标位列世界第一，这是江铜集团贵溪冶炼厂历经多年对标创标行动取得的最新成绩单。经过多年发展，江铜集团已形成废渣选铜、废水提铜、烟气制酸、余热发电等多条循环利用产业链，每年利用余热发电 2 亿千瓦时以上，产生循环经济效益数十亿元。

在产品终端领域，随着大螺旋角内螺纹管、新能源线缆等产品的成功研发，越来越多契合市场节能、低碳、环保潮流的"江铜造"，正进入家电、医疗、航天等领域。

在资源能源消耗和污染排放上做"减法"。

江西江铜环境资源科技有限公司是江铜集团首家从事环保产业的下属公司，2021 年成功控股了在矿山生态恢复领域具有雄厚实力的广东桃林公司，积极介入固废处理和综合利用、生态修复改良等绿色环保产业。

江铜集团还联合江西省内 40 余家企业，组建了"江西省企业自愿减污降碳联盟"，共同探索实施产业降碳、能源减碳、技术脱碳、制度控碳、生态固碳等举措，推动发展循环经济，强化"减污降碳"协同治理。

"绿水青山就是金山银山"已成为全体江铜人的共识。

从 2014 年德兴铜矿被评为全国首个"国家级绿色矿山"至今，江铜集团主要生产单位已全部完成绿色矿山（工厂）创建，生态复垦面积累计达到 1100 余公顷，冶炼单位空地基本实现 100%绿化，建成国家级绿色矿山（工厂）16 家，每年环保建设项目投入超过 3 亿元。

江铜集团德兴铜矿是首批国家级绿色矿山，图为德兴铜矿废石胶带

踔厉奋发，勇毅前行。新时代新征程，江铜集团将继续坚持以习近平新时代中国特色社会主义思想为指引，深入学习宣传贯彻党的二十大精神，立足新发展阶段、贯彻新发展理念、构建新发展格局，加快打造具有全球核心竞争力的世界一流企业，以高质量发展新业绩为中国式现代化建设贡献江铜力量。

撰稿人：郭　奕　胡锦慧

践行时代担当　成就卓越典范　索通引领绿碳发展

一个时代有一个时代的光辉，一个时代有一个时代的热血，而这光辉印记与满怀热血必是使命和责任的驱动。

索通发展股份有限公司（以下简称索通）迎着改革开放的浪潮起步，10 年筑基，10 年沉淀，跋涉经济社会发展的沧海桑田，在新时代中国特色社会主义中走向 10 年飞跃发展的契机，奋力书写一个民营企业在成长与发展中的家国情怀。

成就规模化发展之路

索通源起渤海之滨，奠基于齐鲁大地，发展在广袤的西部天地，致力于走向全球，成就中国的索通、世界的索通。

1999 年，中国的第一批铝用预焙阳极在天津港口起运走向大洋彼岸，这是索通与炭素阳极深厚渊源的序幕。此后 10 多年间，从贸易到实体，从多领域的涉足到目标方向的坚定，索通在磕磕绊绊的前行中坚守，在市场经济的残酷竞争中发展，从 3 万吨阳极产能到 27 万吨的生产规模奠定了面向全球阳极行业国际化的品牌基石。

在新时期西部大开发中，在"一带一路"的交汇点上，2012 年，索通面向国内市场的第一个生产基地建成投产。这个坐落在西北边陲名城的基地，一经诞生便被赋予了更多的含义。嘉峪关生产基地开启了索通发展史上与优质客户合资共建的战略模式，作为混合所有制经济发展的成功典范，在专业、务实、高效、共赢的良好合作氛围中打造黏性产业链，促进产业经济内循环，实现稳定供应、品质提升和成本优化，推动了索通发展驶向快车道。2015 年，嘉峪关 34 万吨生产线建设；2022 年，甘肃陇西 30 万吨生产线筹建；同年，嘉峪关低碳产业园启动建设，索通在祖国大西北开拓出了一片新天地，为区域社会经济发展贡献了自己的力量，多次上榜甘肃省民营企业纳税、营业收入、提供就业百强企业名单。

在开放型经济新体制构建中，索通站在新的起点上，适应经济发展新常态，依托国际市场品牌效应，向世界铝工业市场深度开放，与世界铝工业企业深度互动、融合，健全全球营销网络，打造世界级阳极出口基地，2016 年携手国内超大电解铝企业建设山东滨州 60 万吨生产线，助推高端铝产业集群发展，2017 年联合全球知名综合性铝工业企业建设山东德州 30 万吨生产线，推动铝用炭素国际化技术创新与产业升级。在面向世界，走向全球的发展道路上，索通的阳极出口量持续稳步提升，自 2008 年以来的连续 14 年阳极出口始终居全国首位。作为中国品牌、中国制造的一部分，"SUNSTONE"牌预焙阳极受到世界大多数超大型电解铝企业的青睐。

在供给侧结构性改革和区域协调发展的引导下，索通适应上下游产业发展趋势调整，跟随铝产业向具有水电绿色清洁能源优势和环境容量优势区域大转移的步伐，做出向西南地区布局的大胆决策。2018 年，索通在重庆并购 16 万吨生产线，实现经营理念的首次成

索通发展股份有限公司山东德州生产基地

功融合，成为产业基地向西南区域延伸的连接点；2020—2021年，先后在云南曲靖建设60万吨和30万吨生产线，充分利用该地区各类资源内外联动、内引外联的区位优势，着力打造西南地区超大型铝用炭材料基地，实现阳极产品在该区域内的全面辐射，为进一步向东南亚等周边海外区域拓展提供了支撑点。

10年间，索通产能规模、经济效益放量成倍增长，阳极建成产能252万吨，在建产能60万吨，产能增长速度超过10倍，年阳极出口量64万吨，出口占据全国超37%，创造产值近100亿元，提供就业近4000个，发展成为世界超大商用预焙阳极生产制造企业，全面走向规模化发展之路。

开启高质量发展征程

索通一以贯之的秉承绿色、节能、技术预焙阳极生产理念，以推动行业技术进步，引领行业健康发展为己任，从技术创新、科技研发到绿色发展，致力于全面打造标杆，实现高质量前行。

作为重要的基础材料产业——电解铝产业在快速发展中，特别是500～600千安大容量、高效节能电解槽技术在国内外市场中广泛推广应用，对阳极净炭耗、电耗、稳定性、均质性等提出了新的挑战。

索通建立低能耗、高品质预焙阳极生产技术体系，瞄准国际水平的产学研合作，组织和吸引区域内外铝用炭素科研、开发、生产、加工、销售领域的有关单位和科技工作者，联合科研院所、高校和企业，对预焙阳极生产原料和工艺过程优化进行系统研究和工程化技术开发，把强化技术开发和创新、加快科技成果转化放在关键地位，刷新电解铝净耗指标。同时，公司率先将统计质量控制理论引入预焙阳极生产过程，建立生产过程参数数据库，对生产工艺的全过程进行实时监控，通对过程参数的统计分析，实现产品质量稳定和持续改进；并在行业首先创造预焙阳极全寿命质量控制系统，开发预焙阳极使用性能预测数学模型，构建预焙阳极使用性能评价体系，成功提升预焙阳极质量控制技术与炭素—电解互联互通。

不断完善科研创新体系，依托现有9个省部级以上（含省部级）9个研发平台，为行业规范有序发展和技术进步提供服务支撑，制订和修订从原料到成品的行业标准和国家标准，促进我国预焙阳极标准体系的健全；主持、参与制定国家及行业标准并已颁布实施 39 项，包括国家标准 20 项，行业标准 19 项；其中，主持制定标准 25 项，参与制定标准 14 项。研究开发的技术成果 14 项获得省部级科技成果认定，174 项技术获授权专利（其中发明专利 32 项，实用新型专利 142 项）。被山东省质量技术监督局认定为"山东省标准创新型企业"，被全国有色金属标准化技术委员会授予"铝用炭素材料系列标准研制创新示范基地"称号，被国家工信部认定为"工业企业知识产权运用试点企业"。

践行节能减排、绿色循环经济发展模式，各工厂项目建设设计和装备配置，力求科学合理，节能高效。索通率先建成当时行业最大的煅烧炉，国际领先水平的生阳极冷却系统，行业单体最大的阳极焙烧炉等一大批技术先进高效、节能的一流装备；将生产过程中产生的大量高温余热进行综合开发利用技术攻关，设立余热发电和余热热媒系统，为居民供暖，给生产供电，在循环经济利用方面开创行业先河；生产运行中推进环保技术创新，组织完成多项环保技术创新改造项目，进行生产全过程污染控制，实现污染物超低超净排放，达到炭素行业环保 A 类企业绩效分级指标要求，入选国家级绿色工厂。公司建成国内预焙阳极行业首家"铝用炭素生产过程资源综合利用行业技术中心"和国内唯一一家"山东省石油焦资源利用工程技术研究中心"，被授予"清洁生产示范企业""节能减排示范企业""山东省优秀节能成果奖""全国炭素行业资源综合利用示范企业"等数十项荣誉称号。

向规范化管理迈进

索通积极适应社会经济发展新形势，把握市场经济发展新趋势，持续接受、融合更加先进、更加科学、更加合理、更加有效的管理理念、管理工具和管理方法，坚持以变革者的勇气，勇于破旧立新，敢于突破自我，特别是自 2017 年在沪市 A 板主板上市以来，在规范经营中，将公司的治理水平和能力提升到了全新的发展阶段。

从传统办公到现代化办公系统上线运行，从 6S 管理到无泄漏工厂创建、森林式生态工厂建设、绿色工厂形成，从安全生产到体系管理全面展开，从自动化、信息化到智能化、数据化探索，始终瞄准企业科学、规范的管理方向迈进。近些年来，精益生产层层深入，低碳智造新理念成功导入，数智运营全面开启，大研发体系构想提上日程，这些成为公司产能规模迅速扩张、综合效益连创新高的根本保障。

2017 年 7 月 18 日，伴随上海证券交易所的一声鸣锣，公司成为预焙阳极行业首家主板上市企业，以破茧成蝶之势，走上了全新的发展阶段，603612 这串简单的数字成为了索通发展的新名片。借助上市的春风，公司持续完善治理结构，结合各发展阶段需要，科学、合埋搭建高效的组织平台体系，深层次推进组织改革，各部门聚焦价值定位，以提升价值创造能力，强化管理能力和核心业务操作能力，深化数据和信息的分析能力，实现业务纵向承接和横向协同，通过整合优化资源，持续为公司的科学决策、规范化运作和管理提升提供助推力。同时，健全各项管理制度、优化流程、提高工作效率和业务效能。在专业化机构指导下，完善内控体系顶层设计系统，逐步将内部控制体系融入日常经营管理活动，建立了一套较为成熟的"四标一体"的内控管理制度体系，形成内部控制长效机制。公司现已形成适应于现代科技和高度竞争力的经营管理体系。

打造特色文化成果

索通致力于将"爱融信责、求索通达"的核心价值观转变成看得见、摸得着、有温度、能动人的企业精神财富。

在企业管理中，关注企业文化建设，并将培养和教育员工，关注年轻员工的成长成才作为自身的担当。多年来，通过发挥党团组织政治引领作用，引导员工树立正确的人生观、价值观和世界观，号召青年员工将个人梦、企业梦和中国梦紧密结合，启发和教育员工立足岗位，服务企业，奉献社会。

始终坚持优先将党员培养成优秀人才，将优秀人才吸纳到党组织中来的用人理念，通过亮身份、树标杆及一系列固定及非固定的红色爱国主义教育活动的开展，提升党员干部的思想觉悟，强化党员干部队伍的纯洁性，激发全体员工爱国、爱党、爱厂、爱家情怀，提升整体员工队伍的奋斗进取心，近年来，一大批80后、90后技术骨干和业务精英走向管理岗位，一支年轻化，专业化，高素质，高层次的人才队伍发展壮大，不仅保障了企业发展的人才需求，更为铝用炭阳极行业未来的发展提供了人才动力。

从工会组织机构和工作机制的建立健全开始，让工会组织在"安康杯"等系列活动及员工职业技能鉴定等工作的开展中发挥积极作用，夏送清凉冬送温暖，金秋助学节日慰问等系列员工福利健全完善，在山东和甘肃推荐各级工匠、劳模荣誉，让员工在与企业共同成长中，不断提升对企业的自豪感和实现自我价值的成就感。

共青团组织在青年员工中始终发挥着强大的感召力和凝聚力，始终坚持将丰富多彩的文化体育活动带到员工生活中，为丰富员工业余生活，活跃企业文化，营造温馨、温暖的企业人文环境不断努力，凝聚人心，振奋精神，促使全体员工以健康的身体、愉悦的心情、充沛的精力投入本职工作中。

以党工团建促进企业文化建设，依托党工团建设打造文化软实力，让党工团建设成为企业的另一张亮丽的名片，成为索通的特色文化。

肩负责任前行

企业财富源于社会公众对企业产品和服务的认同，企业经营的目的，不仅仅是创造利润和对股东利益负责，同时要承担多维度的社会责任，索通在发展成长过程中始终坚持与员工、客户和投资者共赢理念，坚持对国家、对社会负责的态度，全力促进企业与社会的协调、和谐与可持续发展。在生产经营过程中强调对人的价值关注，强调对客户、对环境、对社会的贡献，诚信对待和保护利益相关者，推进环境保护、资源节约，参与社会公益捐助及其慈善事业，以自身发展影响和带动地方经济的振兴。

肩负员工的托付，推动幸福型企业建设。注重人才价值体现，实施终身奋斗者、贡献者价值导向，完善人才培育体系，努力营造有利于优秀人才脱颖而出的培养支持机制，搭建了适合各类人才干事创业的平台，让事业激励人才，让人才成就事业；注重员工生活水平、生活质量的提升，完善员工福利制度，健全员工关爱机制，实施困难员工救助、互助等措施，同时，让员工分享企业发展红利，实施奖金薪酬激励、股权期权激励等，致力于实现共同富裕的幸福型企业。

肩负合作伙伴的托付，打造共创共享共赢生态链。在产品品质管理中，将客户纳为产品质量评价体系建设的共同体，向客户开放产品质量管理过程，参与客户产品使用跟踪评价，为客户产品使用提供技术解决方案支持；在产业合作中，坚守公平、诚信、责任，努力实现资源共享、责任共担、利益共享，以同理心、共情力达成与上下游产业的良好合作和共同发展；在项目共建中，调整、适应、融合不同形式经济体差异，以开放的姿态和最大的真诚一次次促成共同目标的达成；在市场竞争中，尊重经济规律，尊重客观现实，尊重竞争对手，努力向内挖潜，立足自身实力提升。

肩负资本市场的托付，不负广大投资者的信赖。索通自上市以来，虽经历或正在经历着全球贸易争端升级、世纪疫情影响、经济下行压力等各种挑战，但始终保持了稳定的发展态势，各项营业业绩指标连年持续创新高。上市5年，公司产能复合增长率超28%，营业收入复合增长率超30%，产品销量复合增长率超21%，利润复合增长率超8%，企业经营管理更科学合理高效，战略目标方向更加明确清晰，市值实现稳定攀升。索通用实际行动支撑了资本市场发展，树立了资本市场的价值品牌。

肩负政府的托付，支持地方经济建设。严守底线，坚守红线，在发展进程中，索通始终依法经营，照章纳税，坚持打造政府放心的企业。在各地各区域的发展中，索通积极响应政府号召和要求，支持并参与当地经济建设，在德州，为打造京津冀南部的重要生态功能区贡献自己的力量；在嘉峪关，按照"2+6+N"产业链集群发展规划建设低碳产业园区；在滨州，为5000亿级高端铝产业集群发展做出自己的努力；在曲靖，为绿色铝硅千亿级产业发展延链补链。与此同时，在各地区的发展中，索通不仅架起了上下游产业链接的桥梁，也在一定程度上带动和助力了当地交通运输、生活服务、工业建筑及材料等不同行业发展。

肩负社会的托付，为社会发展贡献力量。索通自成立之初便立足于国际化标准，为建设资源节约型、环境友好型社会尽责，走"清洁生产，绿色炭素"之路，多年来，无论发展到哪里，绿色理念从未改变。2016年，公司董事长郎光辉获第145届美国TMS协会年度最佳绿色实践奖；2017年，公司获Rio Tinto最佳HSE（健康、安全、环境）供应商称号。同时，公司在发展过程中，长期坚持对社会回馈，努力创造更多就业机会，关注公益事业发展，持续加大对国家科学、教育、文化、卫生事业的支持力度，关心社会弱势群体，鼓励爱心互帮，为切实促进社会和谐发展贡献力量。

面向未来发展

索通将在实现第二个百年奋斗目标、实现中华民族伟大复兴的新征程中接续奋斗，全面贯彻新发展理念，融入新发展格局，坚定不移走绿色低碳高质量发展之路，落实公司C+战略部署，充分发挥行业领先技术优势，加速信息技术深度融合创新和产业升级，引领行业发展向高端化迈进、智能化升级、绿色化转型，不断提高公司发展活力和国际竞争力，努力为实现习近平总书记提出的"推动中国制造向中国创造转变、中国速度向中国质量转变、中国产品向中国品牌转变"的战略目标贡献自己的力量。

撰稿人：张文权

加快转型升级　推进绿色低碳
豫联集团开创高质量发展全新局面

　　河南豫联能源集团有限责任公司（以下简称豫联集团）位于诗圣杜甫故里——河南省巩义市，1975 年建厂至今，秉承"诚信为本"的核心理念，历经 47 年创新发展，已成长为拥有绿色水电铝及煤电铝双产业链的国际化高端铝合金新材料企业。公司现有总资产 230 亿元，拥有年产 70 万吨铝精深加工、75 万吨电解铝、15 万吨炭素、90 万千瓦电力、422 万吨原煤的产业规模。控股子公司河南中孚实业股份有限公司于 2002 年在上海证券交易所挂牌上市。

　　党的十八大以来，豫联集团坚持以党的方针政策为指引，坚持改革创新，坚持绿色发展，持续推动产业的转型升级，不断完善以绿色铝及高端铝材制造为主线的纵向一体化布局，十年磨一剑建成投产了高精铝项目，从传统电解铝企业转型为国际一流的铝精深加工企业；在水电资源丰富的四川省广元市建设了年产 50 万吨"绿色水电铝"产能转移项目，实现了从火电铝向绿色低碳水电铝的用能结构转变；在债务重整完成后，企业迎来了新的发展阶段。10 年来，豫联集团累计安排就业 13000 余人，发放职工薪酬 64.87 亿元，缴纳税金 75.43 亿元，成为郑州市第二大出口创汇企业。2022 年，豫联集团位列"中国制造业企业 500 强"第 305 位、在豫上榜企业第 11 位、郑州市上榜企业第 2 位，在"2022 河南企业 100 强"中排名第 18 位，所属企业河南中孚高精铝材有限公司入选国家级专精特新"小巨人"企业。

致力绿色轻量化，打造高端铝供给

　　豫联集团紧跟国家政策方向，自 2010 年全面进军铝精深加工领域以来，始终坚持"国际一流、国内领先"的发展目标，不断推进产业的转型升级，投资建设了 60 万吨高精铝项目。主要生产设备由德国西马克、西门子等国际一流企业制造，整体技术达到世界领先水平，2016 年建成投产，企业成为了以高精铝项目为核心、拥有煤电铝全产业链的高端铝合金新材料生产基地。

　　豫联集团坚持"高、精、尖、节能、环保、可持续"定位，瞄准高端市场，开发高端产品，打造了铝精深加工核心竞争力，已通过了 FSSC 22000 食品安全管理体系、IATF 16949 汽车质量管理体系、ISO 45001 职业健康管理体系、ISO 14001 环境管理体系、ISO 50001 能源管理体系、ASI 绩效标准等认证。主要产品包括易拉罐料、拉环料、汽车板用料、新能源电池铝塑膜用铝箔坯料、高档双零铝箔毛料、3C 电子产品用高表面阳极氧化料、油罐车用高性能板材、铝合金车轮、高纯铝等，广泛应用于汽车轻量化、新能源电池及消费电子领域。近年来，公司大力开发国内外高端市场，产品出口至东南亚、南北美洲、欧洲、大洋洲等 20 多个国家和地区，先后与许多世界 500 强企业建立了长期战略合作关系，已成为国内外罐体、罐盖料主流供应商。

为进一步扩大铝精深加工产品市场份额，成为全球性的供应链价值创造型企业，豫联集团不断优化铝精深加工产品结构，积极开发国际先进铝合金新材料新技术，2022 年先后启动了年产 12 万吨第四台冷轧生产线、年产 12 万吨绿色新型包装材料项目及年产 6 万吨涂层生产线及配套项目，项目建成后，铝精深加工将年新增产能 24 万吨、实现利税 5 亿元、产值 60 亿元以上，将进一步提升企业在国际铝高端消费市场的竞争优势。

转移产能科学布局，形成绿色铝产业新优势

随着电解铝供给侧结构性改革的深入，2018 年 10 月，豫联集团按照国家政策要求和河南省"绿色、减量、提质"的铝产业转型方向，抓住机遇，加快转型，将位于河南省内的 50 万吨电解铝产能转移至水电资源丰富的四川省广元市。公司先后克服资金短缺、施工困难、项目审批等难以想象的困难，仅用不到两年时间就完成了从签约到投产的艰巨任务。该项目坚持高起点设计、高标准建设，主要设备采用国内先进的节能环保预焙电解槽，配备行业一流的净化和脱硫处理系统，具有绿色环保、智能创新、高效低耗的特点，实现了超净排放。目前项目已全部建成投产，每年将实现产值 150 亿元、利税 10 亿元、消纳富余水电 70 亿千瓦时，成为公司强劲的利润增长点，同时优化了产业布局，打造了绿色铝产业新优势，为电解铝业务拓展出宽广的发展空间。广元中孚已成为广元市首家纳税大户，为促进广元市铝产业转型升级、为广元市打造千亿级铝产业集群起到有力的推动作用。

不断改善债务结构，轻装上阵优势明显

2012 年以来，国家宏观政策、环保政策、货币政策发生了深刻变化，豫联集团主动关停落后产能，先后投资了高精铝项目、环保升级改造项目、产能转移等建设项目，在产业结构调整、财务负担过重、盈利能力下降等多重因素叠加影响下，企业于近年发生了债务危机。

近两年来，豫联集团及中孚实业在各级政府和社会各界的帮助支持下，依据"市场化、法治化"原则，通过司法重整方式，彻底化解了债务风险，优化了财务结构，大幅降低了债务规模和财务费用，实现了企业轻装上阵，也为实体经济脱困转型获得重生提供了宝贵的典型案例。同时，随着公司产业转型升级及产能转移的完成，公司盈利能力不断增强，各项财务指标持续稳中向好，目前已形成稳健的财务优势，可有效提高公司内生增长力，企业步入"低负债经营、盈利性增长"的健康发展轨道。

强化科技创新引领，坚持人才双向培育

豫联集团高度重视科技创新工作，不断完善、壮大技术体系，以提升公司核心技术竞争力为主线，开发具有自主知识产权的重大关键性技术，重点攻关生产中的重大技术难题；加强知识产权保护，加大新技术攻关、科研开发、科技成果转化的资金支持和投入力

度，进一步完善科技创新激励机制；加强产、学、研、用相结合，积极与科研院所、高等院校、先进企业加强学习交流和沟通合作，借助外部优势资源，提高科技创新综合水平。

豫联集团依托 7 个省级以上创新平台，包括：国家认定企业技术中心、河南省铝冶炼工程技术研究中心、河南省企业技术中心、河南铝基轻量化材料工程技术研究中心、河南省高效能铝基新材料创新中心、河南省博士后创新实践基地、河南省新型研发机构等，取得了一系列重大科技成果："大型铝电解连续稳定运行工艺技术及装备开发"于 2012 年获得国务院颁发的国家技术发明奖二等奖；"高锂盐低温铝电解新技术开发与应用"于 2014 年获得教育部颁发的科学技术进步奖二等奖；"400 千安级低温低电压铝电解技术开发与集成创新"于 2014 年获得河南省人民政府颁发的科学技术进步奖二等奖；"复杂电解质体系下铝电解槽高效率生产技术开发与产业化应用"于 2016 年获得中国有色金属工业协会、学会颁发的科学技术奖三等奖；"多元铝基合金的电解生产关键技术及工业应用"于 2018 年获得中国有色金属工业协会、学会颁发的科学技术奖一等奖。

近年来，豫联集团在铝精深加工领域经过不断探索，主持制定了《铝电解槽系列不停电停、开槽装置》（YS/T 737—2010）行业标准；掌握了批量化生产 0.208 毫米超薄罐盖料技术，开发了 0.235 毫米超薄罐体料，参与起草国家罐料标准《拉深罐用铝合金板、带、箔材》（GB/T 40319—2021），并获得全国有色金属技术标准优秀奖三等奖；牵头制定了河南省《易拉罐罐体用铝合金带材》《易拉罐盖和拉环用铝合金板、带材》团体标准。截至目前，共拥有授权专利 300 余件，有效授权专利 93 件，其中有效发明专利 12 件，一批具有实用价值的专利创造了较大的经济效益。

豫联集团高精铝项目"1+4"热连轧生产线

豫联集团强化人才强企战略，坚持外部引进和自主培育相结合，启动了"千百十"专业技术人才规划，计划培养出 1000 名铝深加工技术产业工人、100 名铝深加工专业技术骨干人才、20 名铝深加工专业技术高端人才。10 年来，公司坚持"德才兼备、五湖四海、人尽其才、实绩突出"的理念，千方百计"引人才"、分类施教"育人才"、健全机制

"管人才"、不拘一格"用人才",激发了人才活力,构建了繁茂"人才树林",保障了公司的可持续发展。

2022年,豫联集团计划围绕未来发展规划,招聘600名大学生及高素质人才,优化人才结构,加快培育年轻化、知识化、专业化的干部员工队伍。未来3~5年将针对不同岗位和目标引进工程技术人员300人以上,邀请院士3~5人、行业专家10人以上参与集团公司课题研发,加入企业技术创新团队,带动人才培养。同时,采用召开专题技术论坛、技术讲座、技术交流会、专业培训班等形式,加强高层及中基层技术人员的培训和培养力度,自主培养中高级资格的工程技术人员80人以上。

践行绿色发展理念,加快低碳循环发展

豫联集团积极贯彻新发展理念,紧紧围绕生态文明建设的战略目标,协同推进降碳、减污、扩绿、增长,推进生态优先、节约集约、绿色低碳发展,助力国家"双碳"目标的实现,为经济高质量发展贡献力量。

豫联集团以打造"山水园林企业、环保生态工厂"为目标,实现了环保达标排放和管理水平持续提升。多年来,豫联集团围绕"传统产业绿色环保转型升级"发展要求,坚持推动产业结构、能源结构等调整优化,积极推进各类资源节约、集约利用,加快构建废弃物循环利用体系,加强污染物协同控制,以更高标准持续深入打好蓝天、碧水、净土保卫战。巩义本部累计投资10多亿元实施环保超低排放改造,各项排放指标优于行业排放限值,其中电解铝粉尘、二氧化硫排放均达到行业超低排放、超净排放要求。在四川广元建成投产的电解铝产能转移项目,每年可减少碳排放量500万吨。目前,公司水电铝产能在电解铝板块占比超过60%,绿色清洁可持续能源优势凸显,完成绿色全产业链经营模式的构建,为加快实现中国铝工业"碳达峰、碳中和"作出了积极贡献。随着能源结构调整和环保技术装备的不断升级,豫联集团迈进绿色清洁高质量发展新阶段。

目前,豫联集团正围绕新能源领域,引进新能源企业投资,利用闲置厂房屋顶资源,开发建设分布式光伏项目,年可实现绿色发电量近4500万千瓦时。未来,将围绕新能源汽车板、新能源电池软包用铝箔等,加快进行技术研发,培育新的利润增长点。

再生铝产业是循环经济的典型代表,是可持续发展理念在铝行业具体应用的体现。豫联集团潜心研究再生铝应用技术,不断提升保级循环铝在不同产品中的使用比例,目前正积极实施再生铝项目建设,未来将使铝精深加工产品中再生铝使用比例达到70%以上。

全面加强党的建设,积极承担社会责任

一直以来,豫联集团党委充分发挥党建引领作用,把党建优势转化成为发展优势,党建成果转化成为发展成果。特别是近年来根据党中央及上级党组织对党建工作的规范标准和对非公企业党建工作的具体要求,结合豫联集团文化和战略需求,在全面总结党建工作思路和工作经验的基础上,加强理论武装,引领企业感党恩、听党话、跟党走,引导全体党员自觉讲党性、重品行、做表率,树立干事创业、创先争优的进取意识,促进了企业健康发展。

豫联集团党委注重党建与生产经营深度融合。创新开展"亮身份、亮职责、亮承诺"三亮活动、组织"最美党员""党员示范岗""党员责任区"评选，调动了党员干部的积极性，发挥了党支部的战斗堡垒作用和党员的先锋模范作用。党员先锋队在疫情防控、重点项目建设、防汛抢险等急难险特任务中冲锋在前，发挥了表率作用。积极承办 2022 年河南省"中孚杯"有色金属行业职业技能竞赛活动，豫联集团技术人员踊跃参与，取得了优异的成绩；广泛开展劳动竞赛、技术比武、"师带徒""大工匠"选树和"青年文明号""巾帼示范岗"创建活动，提升员工素质，推动企业生产经营稳步向好。10 年来，公司累计缔结师徒 2177 对，有力地促进了技能人才队伍建设；大力弘扬精益求精的工匠精神，通过开展业务培训、难点攻关等，带动员工共同成长、共同进步，激发了全员"学技术、钻业务、当工匠"的热情。

同时，豫联集团党委加强宣传思想工作，充分发挥各类宣传载体作用，讲述豫联故事，传播豫联声音，内聚人心，外树形象。坚持评先推优，加强对"时代楷模"、劳动模范、技术能手、优秀党员等先进人物的宣传，强化典型示范引领，近年来评选了两届 16 名"豫联集团时代楷模"、10 名"转型攻坚"优秀党员，树立了典型榜样。畅通沟通渠道，倾听员工呼声，坚持为员工办实事办好事，解决了员工子女上学、交通等"急难愁盼"问题，广泛开展各类文化、体育及青年联谊活动，增强了员工的归属感。2017 年，豫联集团企业文化案例被中国企业联合会、中国企业家协会授予"全国企业文化优秀案例"奖。

多年来，豫联集团累计为巩义供热、城市供水等民生工程投入 5 亿多元，在疫情防控和"7·20"特大暴雨灾害中，公司先后组织下属单位及员工向社会捐赠防疫物资及现金480 万元、捐赠防汛资金 300 万元、捐赠美丽乡村建设帮扶资金 100 余万元，支持社会公益事业 4000 多万元，累计捐款近 2000 万元，发挥了骨干企业的示范带动作用。企业先后荣获"巩义市 2020 年抗击新冠肺炎疫情慈善捐款工作爱心企业"、2020 年第五届郑州慈善"精准扶贫慈善先进单位""巩义市 2021 最具爱心捐赠企业"等荣誉。

向未来，二十大诗篇壮丽，乘风破浪同绘新蓝图；再出发，有色人牢记使命，披荆斩棘谱写新篇章。豫联集团将在中国有色金属工业协会领导下，坚守初心，秉承诚信理念，继续践行"专注实业、奉献社会"的企业使命，坚持"做强、做优、做精、做久"的发展目标，描绘好"打造百年长青企业，实现员工安居乐业"的宏伟蓝图。按照国家和行业供给侧、需求侧改革方向，持续不断优化产业结构和能源结构，持续不断提升经营管理水平，持续不断增进员工福祉，持续不断提高企业绿色化、智能化水平，奋力打造绿色低碳可持续发展高端铝材供应商，向社会提供更多品类、更好品质、更能满足发展需求的产品和服务，同有色金属行业同仁一道，为推动中国有色金属工业由大转强、持续高质量发展作出新的更大的贡献。

撰稿人：张金璐　吴松含

深入推进"1+4"发展战略　认真践行央企使命责任　在新时代展现新气象新作为

——党的十八大以来中国有色集团改革发展情况综述

中国有色矿业集团有限公司（以下简称中国有色集团）成立于 1983 年，是国务院国资委管理的大型中央企业，主营业务为有色金属矿产资源开发、建筑工程、相关贸易及服务。中国有色集团是我国有色金属工业最早实施"走出去"战略、国际化经营成果最丰硕的企业之一，形成了高质量的"一带一路"建设实践，在境外建成了以铜为主的资源开发"全产业链"模式，形成了"走出去"的先发优势、人才优势、品牌优势和带动优势。

近年来，中国有色集团深入学习贯彻习近平总书记对集团公司三次重要指示批示精神，按照国务院国资委要求，在中国有色金属工业协会的悉心指导下，经过充分讨论，集中全集团智慧形成了"创新引领，做大资源、做精材料、做强工程、做优贸易"的"1+4"发展战略，实现了战略上的重新校准，企业面貌焕然一新，各项经营指标连创历史新高，实现"高位跃升"，企业发展赢来近 10 年的重要拐点。

位于北京市朝阳区的中国有色矿业集团有限公司总部外景

把牢"定盘星"，"两个维护"更加坚定

中国有色集团坚持把党的政治建设摆在首位，把捍卫"两个确立"、做到"两个维

护"作为首要任务，强"根"固"魂"，为公司改革发展提供坚强政治保证。

在加强理论武装中感悟"两个维护"。 把学习贯彻习近平新时代中国特色社会主义思想作为"首要责任"，建立"第一议题"制度，深化对国资央企、有色金属行业、特别是总书记对集团公司三次重要指示批示精神的学习，制订《行动方案》，建立"台账化管理、项目化推进、清单化销账"贯彻落实机制，确保习近平总书记重要指示批示和党中央决策部署一贯到底、落实落地。高质量开展"不忘初心、牢记使命"主题教育和党史学习教育，组织"大学习大普及大调研大落实"活动，领导班子成员带头到基层宣讲并上专题党课，首次在中央党校本部举办中高层干部培训班，定期举办中青年干部培训班，召开学习庆祝建团 100 周年大会精神座谈会等会议，组织"建功新时代，喜迎二十大"再学习再落实再提升等主题活动，提高了党员干部的政治能力。

在明晰发展战略中体现"两个维护"。 全面贯彻落实习近平总书记三次重要指示批示精神，主动对接国家能源资源安全战略，牢牢把握"做保障国家战略资源安全和有色金属新材料安全的主力军"战略定位，召开改革与发展战略研讨会，在全系统征集意见建议 500 余条，形成集团"十四五"规划，编制 19 个专项规划，细化未来 5 年重点实施的 38 项重点任务，首次实现集团公司战略指标、考核指标、预算编制的有机统一，先后与天津市政府、中国农业银行、中核工业、中国中铁、厦门钨业、北京工业大学等 34 家央企及有关政府、银行机构签署战略合作协议，拓展了集团公司发展的新空间。

在服务国家大局中践行"两个维护"。 着眼国家所需、企业所长，深入推进"走出去"战略，举办中国—赞比亚工商论坛，参加"一带一路"国际合作高峰论坛、中国国际进口博览会，承办非洲大湖区投资推介会，参展首届非博会并得到中央和国资委领导的充分肯定。全面开展海外"资源拓展"行动，推动中色非矿东南矿体项目、迪兹瓦主矿体项目、刚波夫主矿体湿法炼铜项目、卢阿拉巴冶炼厂项目建成投产并达产达标，深入推进中南部非洲、南美等地区资源项目研究论证，在国内外拥有重有色金属资源量 3000 余万吨，助力"一带一路"高质量建设。集团公司位居"全球 100 大跨国公司"第 31 位，荣获"新中国成立 70 周年跨国公司杰出贡献奖""有色金属行业境外资源开发功勋企业"等称号。

深耕"责任田"，发展质量持续攀升

中国有色集团坚持发展是第一要务，牢记总书记对集团公司"做强做优"寄予的深切厚望，自觉践行"在经济领域为党工作"的光荣使命，奋力提升发展质量。

经营质量稳步提升。 突出质量第一、效益优先，坚持"季度分析+月度调度"机制，围绕"六稳""六保"强化提质增效，主要经济指标实现历史性突破。2021 年，生产有色金属产品较 2017 年增长 8.3%，营业收入较 2017 年增长 16.8%，利润总额较 2017 年增长 3.9 倍，净利润较 2017 年增长 4.1 倍，营业收入利润率较 2017 年增加 3.5 个百分点，全员劳动生产率较 2017 年增长 64.8%，研发经费投入较 2017 年增长 16.9%，资产负债率较 2017 年末下降 4.2 个百分点，经济增加值 8 年来首次为正。香港上市公司成功实现闪电配售，募集资金 9.9 亿港币，实现上市以来首次资本市场再融资，荣获 2021 年中国融资大奖。

中国有色集团在赞比亚出资企业中色卢安夏铜业有限公司

结构调整优化升级。坚持以深化供给侧结构性改革为主线，聚焦主责主业，对各级次企业进行业务分类和主业定位。加快调存量、优增量，强化内部资源整合，实现优势业务强强联合，产业链上下游协同。加强亏损企业治理，专注产业链高端环节，着力发展高附加值产业，对历史遗留问题多、亏损严重企业，克服困难下大力气平稳调整退出，实现资源优化配置。新投产中色迪兹瓦、刚波夫矿业、卢阿拉巴铜冶炼等项目，实现向投资增产要效益。新建中色大冶40万吨高纯阴极铜示范项目实现投料生产，正全力实现达产。

有效防范化解风险。坚守底线思维，加强贸易业务监管，推进套期保值风险管理信息系统建设，在近两年极端市场行情下未发生重大价格风险。以财务管理为核心全面加强管理，深化"七个专项治理"，推进资金集中管理与统一调度，实现境外资金"颗粒归仓"，"境内外资金集中管理"入选国资委管理标杆创建行动项目名单。认真践行习近平生态文明思想，持续开展污染防治攻坚战，一批环境隐患和突出生态环境问题得到及时消除，主要污染物持续下降，绿色发展的底色更加鲜明。刚性落实安全生产十五条"硬措施"，扎实开展安全隐患大排查大整治和重点领域专项排查，安全生产形势持续平稳向好。健全风险防控机制，出资企业审计与风险管理委员会设置率达到100%，全面风险管理制度完善率达到100%，打造法治央企，集团公司进入中央企业法治建设 A 级行列，境外风险防控获国资委书面表扬。抓实抓细疫情防控，成立防疫专班、海外特别工作组，建设应急指挥中心系统，推进境外企业医务室建设，强化境外人员健康管理，接入中央企业远程医疗平台，对境外企业、项目部进行常态化视频巡检，境外单位疫情防控形势稳定，实现疫情"零输入"，获国资委表扬。

激发"动力源"，改革创新取得突破

中国有色集团坚持科技是第一生产力，创新是第一动力，依靠改革应变局、开新局，推动传统生产要素驱动向创新驱动转变，企业发展活力效率大幅提升。

深化改革行动。 坚持向啃"硬骨头"发力，建立党委定期研究改革、主要领导亲自抓改革、分管领导一岗双责推改革的有效机制，推动改革工作全面铺开、多点突破、纵深推进。深入推进深化改革三年行动，有效解决了一些长期想解决而没有解决的重点难点问题，市场化改革实现重大突破。历史性完成公司制改制，全面完成剥离企业办社会职能和解决历史遗留问题，三项制度改革在更大范围更深层次破冰突围，在国资委评估中获评一级（A类）；全面实行经理层成员任期制和契约化管理，全面落实市场化用工、末等调整和不胜任退出等制度；积极推进混合所有制改革，试点子企业差异化管控。统筹用好中长期激励工具，创新实施"三个不低于"薪酬激励机制，"科改示范企业"中色东方创公司成立以来最好利润水平，"双百"企业中色大冶、中色股份和中色沈矿被国资委评为优秀。

推进科技创新。 坚持把科技创新放在企业发展核心位置，组织首届国防科学技术成果鉴定会，召开两次集团公司科技大会，推出"六个一"重大举措，出台《科技60条》，编制绿色发展规划和"十四五"信息化规划。加快国家重点实验室等研发平台建设，成立专家技术委员会和创新研究院（天津）公司，设立国际研发中心和海外实验室。灵活运用"科技创新军令状""揭榜挂帅"等创新机制，加强规范和引导科技成果转化，首次参与中国—南非矿产资源可持续开发利用"一带一路"联合实验室相关国家重点研发计划，实施项目分红、股权激励等中长期激励措施。1项科研成果纳入中央企业2021年度核心技术产品推广目录，6项成果入选央企科技创新成果推荐目录。铁岭药剂跻身国家专精特新小巨人企业之列，东方钽业荣获2021年上市公司"科技创新奖"。2020年以来，以第一完成单位身份获得有色金属工业科技进步奖一等奖5项。

优化公司治理。 坚持"两个一以贯之"，在完善公司治理中加强党的领导组织化、制度化、具体化，全面落实"党建进章程""一肩挑""前置清单"等要求，建立集团公司董事会，修订党委会议事规则等公司治理类制度，完善决策权责清单，子企业实现董事会应建尽建和外部董事占多数；选派经验丰富的专职董事赴境内外企业任职。深入推进对标世界一流管理提升行动，制定并实施《落实出资企业董事会职权工作方案》，实现董事会从"建立机制"向"发挥作用"的重要转变，中国特色现代企业制度建设在集团公司全系统走深走实。

扎稳"基本盘"，组织活力有效彰显

中国有色集团坚持党建是第一责任，压茬推进党建工作落实年、党建质量提升年、基层党建推进年、党建巩固深化年和党建创新拓展年，推动党建全面严起来、实起来、强起来，形成围绕发展抓党建、抓好党建促发展的生动局面。

三基建设坚强有力。 压实党建工作责任，严格开展党建责任制考核，考核结果同薪酬激励、奖惩任免挂钩，把党建"责任田"变成"高产田"。夯实党建基层基础，制订实施党建引领规划，建立党建月度例会机制，开展贯彻落实全国国企党建会精神"回头看"，每年举办党务干部、支部书记示范培训班，每两年开展"两优一先"评选表彰，制订完善《基层示范党支部创建评价管理办法》等党建制度，建立"不忘初心、牢记使命"长效机制。近年来，集团公司各级党组织获得省部级以上"两优一先"荣誉20余项。

融入中心扎实有效。 以服务实施"1+4"发展战略为切入点，广泛开展"大学习大融合大提升"行动,组织党建与业务深度融合经验交流会,通过开展专题研讨、党员责任区、党员先锋岗等各种形式活动,推动党员立足岗位作贡献,基层党组织战斗堡垒作用和党员先锋模范作用在生产经营、改革创新、疫情防控等工作中充分彰显,党旗在基层一线高高飘扬。党建融合课题获中央企业党建思想政治工作优秀研究成果二等奖,中色大冶"让支部党建晒清单"案例入选全国基层党组织案例选编。

海外党建品牌凸显。突出海外党建特色,成立赞比亚、刚果(金)党工委、纪工委,配齐配强专职党建力量,首次开展中色海外功勋奖、杰出贡献奖评选表彰,举办海外全体党员培训班,组织海外党建工作调研,发布国别社会责任报告,全面开展海外跨文化传播,海外党建课题荣获"全国国企管理(党建)创新成果"一等奖,海外党建"红色引擎"作用有效发挥。

人才强企加快推进。落实党管干部、党管人才工作要求,实施人才强企战略,编制发布人力资源发展专项规划,出台优秀年轻干部队伍建设实施方案,形成了"1+N"规划和制度体系;深化人才发展体制机制改革,在集团层面实施"三个不低于"政策,与有研总院、北矿院相互选派科技创新复合型优秀干部挂职,与中南大学、北京工业大学、郑州大学签订战略合作协议,提升工程硕博士联合培养能力,参与"国聘行动",搭建境外中方人员交流平台和"预备队",锻造政治过硬、适应新时代要求的干部队伍,为落实"1+4"发展战略提供了组织保障和人才支撑。

上下"一股绳",奋斗旋律更加昂扬

坚持正面宣传引导,强化统战群团工作,认真履行社会责任,弘扬新时代企业精神,加强软实力建设,为企业改革发展营造良好氛围。

企业文化建设扎实推进。坚持举旗帜、聚人心、兴文化、展形象,全面开展企业文化"筑魂行动",提炼形成以"开拓创新、敢为人先、合作共享、回报社会"为核心的新时代企业精神,结合"喜迎二十大,发扬新精神,建功新征程"主题活动,在集团全系统进行宣贯。组织开展新中国成立70周年、建党100周年主题宣传活动,编制发布《新中国成立70周年中国有色集团70个故事》《红色先锋——百名优秀共产党员故事》。构建多层次新闻宣传格局,综合运用中央媒体、主流媒体、国资媒体、行业媒体宣传集团改革发展党建成效,在《人民日报》、新华网、《学习时报》《经济日报》等媒体发布稿件累计超过300篇,企业影响力、感召力、塑造力显著提升。中色东方、中色红透山荣获"全国文明单位",中色股份荣获"首都文明单位"。

统战群团工作有效开展。加强统一战线工作,制订《统战工作管理办法》,开展"庆百年　爱企业　献良策　作贡献""携手共绘同心圆 聚力献礼二十大"主题活动,成立党外人士建言献策工作室,发挥党外人士优势作用。坚持党建带团建,实施青年马克思主义者培养工程和青年精神素养提升工程,组织"青春心向党　建功新时代""青年大学习""永远跟党走、奋进新征程"等主题活动,开展青年创新创效项目评选,8个团组织或青年团员获全国表彰、29团组织或青年团员获省级表彰。坚持党建带工建,大力弘扬劳模精神、劳动精神、工匠精神,创建职工(劳模)创新工作室41个,开展1100余项创新项目,获"全国五一劳动奖状""全国工人先锋号"等省部级以上荣誉30余项。

社会责任切实有效履行。坚持助力打赢脱贫攻坚战，推进巩固拓展脱贫攻坚成果同乡村振兴有效衔接，向定点帮扶的梁河县、20 余个地方结对帮扶村镇累计投入和引进帮扶资金 7750 万元，培训基层干部和技术人员 4000 多人次，采购帮销农特产品 1400 余万元，支援央企乡村振兴产业基金 3000 万元，推动梁河县提前实现脱贫摘帽，其他帮扶村镇全部如期脱贫。深化扩大海外履责领域，深度参与中非合作"八大行动"和"九项工程"，实施"百企千村"项目，赞比亚总统出席项目启动仪式，创办我国境外第一个高等职业技术学院，使我国职业教育教学标准首次进入主权国家国民教育体系，中色非矿、中赞友谊医院等 6 个案例入选央企社会责任蓝皮书。

惟其艰难，方显勇毅；惟其笃行，弥足珍贵。中国有色集团砥砺前行、高位跃升的恢弘画卷，生动诠释了自 1983 年成立以来不忘初心、牢记使命的奋斗历程。39 年前，从借用的原冶金工业部四层休息大厅出发，以 1298 万元借款起家，一代代中国有色人胸怀着对党的无限忠诚、对集团公司事业的无限热爱，承载着保障国家战略资源安全的光荣使命，矢志不渝、接续奋斗，用智慧和汗水谱写了集团公司高质量发展的壮丽篇章，书写出无愧于历史、无愧于时代的优秀答卷，得到了党和国家领导人的肯定和批示。

初心永不褪色，使命历久弥新。在党的二十大报告中，习近平总书记告诫全党同志："务必不忘初心、牢记使命，务必谦虚谨慎、艰苦奋斗，务必敢于斗争、善于斗争"。作为中央企业，中国有色集团将始终胸怀"两个大局"、牢记"国之大者"，永葆"资源报国"的初心和使命，深刻总结集团公司改革发展党建实践给我们留下的重要启示，坚定历史自信，增强历史主动，撸起袖子加油干、风雨无阻向前行，加快建设世界一流企业，为保障国家战略资源安全作出新贡献。

撰稿人：马月龙　王运征

稳舵奋楫、强根铸魂，海亮集团争做高质量发展的"先行者"

　　10 年，一个跨越历史的时间维度；10 年，一段砥砺奋进的发展历程。党的十八大以来，海亮集团始终坚持以高质量党建引领高质量赶超发展，踔厉奋发，砥砺奋进，书写了新时代高质量赶超发展的海亮新篇章。

　　这 10 年，海亮集团企业综合实力跨越提升。转型升级、高质量发展新篇章全面开启，成效卓著。综合实力跨越提升，产业结构持续优化，聚焦教育、有色金属材料智造、生态农业三大主业，均成为行业标杆。2019 年，海亮集团首次迈入世界 500 强榜单，并在此后连续 4 年上榜。2021 年，企业实现营业收入 2002.74 亿元。目前，旗下的海亮股份在亚洲、美洲、欧洲设有 21 个生产基地、是全球铜管棒加工行业的标杆和领袖级企业。海亮教育坚持"为党育人、为国育才"的办学理念，成为国内 K12 领域覆盖最广、最具综合实力的民办教育集团之一。明康汇生态农业发挥全产业链优势，一头挑起农民的"菜园子"，一头挑起市民的"菜篮子"，成为守护人间烟火的一根"金扁担"。2021 年 12 月以来，明康汇累计为上海、嘉兴等隔离区群众配送物资超 550 万份，成为浙江省和上海市沪外保供企业中供应量最大的企业，被评为杭州"联保联供一级企业"。

　　这 10 年，海亮集团企业人才聚集力跨越增进。人才强企战略强力推动，组织活力持续迸发。近年来，通过持续实施全球招聘"星生代"青年英才行动，近 1800 名双一流高校英才，以当代教育名家为代表的 100 余名各类高级专家与管理人才加盟海亮，明德院、远航计划、干部铁军学校、名师发展学校等人才培养平台日臻完善，大量青年才俊走进海亮，铸就了企业持续发展的核心动能。

　　这 10 年，海亮集团积极履行社会责任，彰显担当。海亮集团一直秉持"既讲企业效益，更求社会公德"的发展理念，积极投身公益慈善事业。先后推行雏鹰高飞孤儿培养工程、贫困少年英才培养工程、"一带一路"国际英才培养工程、励志助学工程、温暖救助工程、抗击疫情专项、援藏班、特殊儿童的融爱项目等一系列长期慈善项目，在教育助学、扶贫济困、残障儿童康复等各个领域展开精准帮扶，并积极响应国家号召开展乡村振兴事业。截至 2021 年底，累计惠及数十万人。

以"六双"为载体　打造"红心永亮·潮生大海"党建品牌

　　海亮集团成长在党旗下，沐浴在改革开放的春风里，海亮集团创建伊始就高度重视党建工作，1992 年设立诸暨市铜材厂工业党支部，1997 年 4 月经诸暨市委批复成立浙江海亮铜业集团有限公司党委（2000 年更名为海亮集团有限公司党委），为浙江省第一家民营企业党委，目前拥有党员 2203 名。

　　多年来，海亮集团不忘初心、守正出新，始终朝着打造"党建名企"奋斗目标一路践行。由浙江一座小城走向全球的同时，逐渐探索形成了行业特色鲜明的"红心永亮·潮生大海"党建品牌，创造性通过了"六双"党建工作法，在业内树起了一面非公党建的旗帜。

开展"双进双强"工程，促进党建工作和企业发展同频共振、同步实施。"双进双强"，即党建工作进章程，党委书记进班子；党建把舵确保发展强，企业稳健保障党建强。海亮坚定不移听党话、跟党走，始终紧跟中央宏观政策走向开展产业布局，持续完善顶层设计制度框架，始终将集团党委作为新时代公司治理体系的核心组成部分。

开展"双联双引"工程，实行组织建设与经营管理同时推进、同向联动。"双联双引"，就是将党建工作与行政工作联合，组织建设与项目发展联动；党组织在思想上引导，党员在行动上引领。海亮以党建为引领，强化党建工作与企业经营管理、项目建设等中心工作有机融合，按照"支部建在一线上"的要求和"成熟一个设立一个"的原则推进基层党组织设置，积极推动党建工作与企业战略、业务发展深度融合，推动党组织成为企业生产经营活动中参与管理、服务工作的坚强核心，做到"党组织始终在现场"。

开展"双培双推"工程，推动党员培育与人才建设互相促进、互相转化。"双培双推"，即把优秀人才培养成党员，把党员培养成突出优秀人才；把经营管理层中的优秀党员推荐为党务工作者，把优秀党务工作者推荐到经营管理层。海亮集团党委主动承担起党员和各类骨干人才的培养职责，分层分类开展党员人才培养工程，相继推出针对新员工和各级管理者培养的"海缘""启航""远航""领航"等项目，以完整的培训体系，突出教育培训的针对性和政治属性，为企业培养了一支数量充足、素质优良的党员人才队伍。

开展"双带双促"工程，推动党建工作与群团工作浑然一体、相辅相成。"双带双促"，即党建带群建促企业合力，党建带新社会阶层促企业活力。海亮集团党委始终把群团工作纳入党建工作总体布局，每年年初统一规划党群工作思路。企业各级工团妇组织负责人进入同级党组织班子，设立专项党群经费账户，保障工作资源。通过党组织指向哪里、群团工作就推进到哪里，群众需求在哪里、服务管理就跟进到哪里的群团工作理念，确定了"党建引领、计划共订、遇事共商、活动联办、职位互兼"的工作方针，全力打通服务好员工的"最后一公里"。

开展"双传双创"工程，促进员工价值理念与企业文化建设互为补充、互相呼应。"双传双创"，即传扬道德规范创经典品牌，传播价值理念创核心文化。海亮集团将党的先进性引领企业文化的先进性放在最前，用信义品格、清正文化、奋斗精神等海亮品质诠释社会主义核心价值观。在坚持诚信供应营商理念、拒绝投机经营理念、以人为本管理理念、功德为先价值理念的基础上，海亮集团围绕发展战略，将企业文化融入品牌、服务、员工素质提升各个环节，构筑适应现代企业要求的文化体系。集团将企业文化与企业员工的集体追求融为一体，通过不断创设新的企业文化载体、阵地和途径，增强企业的凝聚力和向心力。

开展"双思双建"工程，实现关爱员工和社会责任相生相长、步调一致。"双思双建"，即致富思源，构建社企命运共同体；富而思进，构建高质量发展体系。海亮视每一位为梦想而奋斗的员工为最重要的"上帝"，构建企业员工命运共同体，关爱员工，维护员工权益。每年出资2000余万元专项资金，用于员工生日、婚假、产假、全员体检等福利项目。与此同时，海亮集团把对社会贡献最大化作为企业永恒的追求，推行励志助学工程、雏鹰高飞孤儿培养、贫困少年英才培养、国际英才培养、援藏班等公益慈善项目，累计惠及数十万人。

以"民生"为导向 三大产业齐头并进

党的十八届五中全会鲜明提出要坚持以人民为中心的发展思想，把增进人民福祉、促进人的全面发展、朝着共同富裕方向稳步前进作为经济发展的出发点和落脚点。10 年来，海亮集团在核心产业板块上不断地进行优化调整，逐步实现集团产业结构向"民生服务型"的转移，确立了三大产业战略方向，为致力提供实现美好生活的"海亮方案"不懈努力。

有色金属材料智造跨越发展，有新作为。海亮集团因铜而生，与铜结缘 30 余载，现已成为全球规模最大的铜加工企业之一。在这 33 年间，海亮集团坚持以实体为基，以匠心精工服务社稷百姓为初心，立志成为引领有色金属材料智造生态圈的国际巨匠。

过去 10 年，中国制造从原来劳动密集型的传统产业加速向智能制造转型升级，逐渐进入一个新的发展阶段。海亮集团深知创新引领的重要性，不断解放思想、迭代升级，向更高端、更智能、更具备科技与品牌含量、更富有全球竞争力的方向转变。每年投入销售收入的 3% 用于技术改进和创新，实现从对标到立标，从"制造"到"智造"的蝶变。80% 以上的铜管制造装备自主研发，首创空调制冷用铜管两化融合高速连续轧制技术、铜及铜合金管件无人化智能制造技术等领先技术，填补国内空白；首创耐蚀铜合金管连续化制备技术国际领先。先后承担完成了超长铜合金冷凝管等 3 项国家创新基金项目，制冷用高效高强薄壁瘦高齿内螺纹铜管等 7 项国家火炬计划项目，海水淡化装置用铜合金无缝管等 5 项国家重点新产品项目。第五代连铸连轧盘管生产线拥有 191 项发明专利保护，被权威机构评价为技术水平国际领先。获得国内外授权专利 616 项，主起草了 80% 以上铜管材国家及行业标准，《海水淡化装置用铜合金无缝管》标准达到国际最高水平，并成为国际标准化组织铜及铜合金技术委员会主席单位。

通过系列创新，海亮集团实现铜管产销量占全球市场份额 20% 以上，耐蚀合金管更是高达 70%，成为最具竞争力的铜管企业。上市 10 多年来，海亮股份成为唯一持续盈利且稳定增长的铜管制造企业。

教育事业优先发展，有善作为。历经二十七载的发展，在自强不息的海亮精神感召下，海亮教育历尽坎坷不断壮大，走过了一条"从无到有、从有到优、从小到大、从大到强"的发展历程，树立起了良好的公众形象，目前已成长为国内 K12 领域覆盖最广、最具综合实力的民办教育集团之一。

教育是人类传承文明和知识、培养优秀下一代、创造美好生活的根本途径。海亮教育坚持"精品化、特色化、国际化"的办学定位，涵盖幼教、小学、初中、高中多个学龄阶段，跨基础教育、特殊教育、素质教育、研留学等多个领域，目前自主举办和运营管理的中小学、幼儿园达 130 多所，遍及全国 18 个省市，在校学生总数超过 17 万人。累计超过 5 万学子圆梦国内双一流建设高校。

扶贫先扶志，扶贫必扶智。自 2020 年 9 月以来，在浙江省援藏指挥部、那曲色尼区委区政府和海亮集团的共同推动下，已经有 110 位来自藏区的孩子，来到海亮教育天马实验学校就读。这批援藏班的小卓玛，从雪域高原来到烟雨江南，跨越海拔 4500 米、距离 8000 里开启他们全新的求学生涯。天马以"爱党自信、习惯养成、民族融合、卓越成长"为办学理念，以"陪伴式"教育为抓手，对他们进行了悉心培养，帮助这群藏族孩子们扣好"人生的第一颗扣子"。

生态农业快速发展，有好作为。2012 年 10 月，海亮集团创立了明康汇生态农业集团有限公司，其时的初心异常单纯：解决海亮教育集团 3 万多名师生的食品安全问题。

过去的 10 年是不平凡的 10 年，明康汇一直在探索革新，以"让每一个人享受生鲜的美好"为使命，逐步发展为拥有核心生鲜供应链，融合农产品销售业务、智慧生鲜生态运营的集团公司。从小我到大我，从事业到善业，从内部需求延展至千万家庭的舌尖安全，遍布全国的近百个基地为明康汇销售渠道提供了强大的资源支持。通过自建基地、自有检测、自配物流、自营终端，以实体+互联网方式布局社区生鲜连锁菜市，社区生鲜便利店为核心业务，匹配当代百姓的食品消费升级需求，解决社区家庭最后 500 米生鲜食材购买难题，让更多的老百姓吃得到、买得起安全的菜。全力打造全产业链的经营模式，从源头到餐桌的保证，致力于提供安全、健康、口感好的生鲜产品。

经过多年发展，明康汇已经发展成集农产品科研、种植、养殖、水产、加工、物流、仓储、销售为一体的全产业链运营的集团公司。2016 年明康汇作为 G20 杭州峰会食材总仓供应商之一，出色完成 23 个品种、130 余吨供应任务，承担蔬菜用量的近半壁江山。2021 年招商局资本旗下浙江"两山"基金、中国农垦产业基金正式战略投资明康汇。

全力以赴保民生，勇担社会责任，在疫情肆虐的非常时期，明康汇迅速响应，全力保障百姓生活所需。自 2021 年 12 月起，已陆续参与浙江、上海等多地保供行动，累计配送食材超 550 万份，单日最高可满足 20 万份的食材需求，"既能满足一户家庭的 2~3 天日常生活所需，也严格遵守新鲜、安全、健康的标准"。

以"双碳"为牵引　高起点、高标准抢跑新能源赛道

2021 年，集团顺应国家"双碳"目标及新能源发展大势，在兰州启动总投资 89 亿元、年产 15 万吨高性能铜箔材料项目。该项目作为海亮集团进入新能源材料的重要切入点，也是海亮集团单体投资金额最大、人财物等资源最集中的一号工程。

项目位于兰州新区中川园区，拟分三期建设（每期年产 5 万吨），2024 年全部投产后将形成 15 万吨/年的高性能铜箔生产能力，其中，年产锂电铜箔 12 万吨，标准铜箔 3 万吨。

自 2021 年 12 月 16 日开工建设，再到 2022 年 6 月 14 日一期首条生产线试产成功，在不到半年的时间里，用"海亮速度"创造了行业产能建设新纪录、新奇迹。目前，首条产线已进入平稳运行的生产状态，已具备 4.5~8 微米铜箔的规模量产能力，攻克了 3.5 微米铜箔生产技术，截至 2022 年 8 月底，产品综合合格率超过了 71.9%。2022 年 9 月 15 日，项目一期 1.25 万吨生产线提前开机，这标志着海亮集团在新能源材料领域的发展进入了一个全新的阶段，产能将逐步释放。海亮人继续超越自我，再次证明和刷新了自身的资源组织效率与产线建设能力。利用首条产线积累的设备调试与良率提升经验，1.25 万吨产线将迅速切换到产能爬坡阶段，实现四季度稳定量产出货。

海亮甘肃高性能铜箔材料项目

为更好布局新能源赛道，海亮集团专门设立海亮新能源材料研究院，布局 5 个研究所、立项 25 个课题，聘请干勇院士作为研究院首席顾问、吴峰院士作为名誉院长兼首席科学家深度参与和指导公司研发，现已形成"院士—专家—博硕研究员"的专业化人才梯队，拥有清华、北大、浙大、兰大、北理工等 C9、双一流高校硕博背景青年人才 20 余人。海亮新材团队已拥有 8 名具备 20 年以上铜箔行业丰富经验的关键技术专家与高级管理人员，涉及研发、生产、品质等主要价值环节，掌握各类锂电铜箔的制造技术，包括添加剂应用技术、阴极辊研磨技术、高效溶铜技术、电解液净化技术、防氧化技术和铜箔分切技术等多项核心技术。

以"教育+农业"为双引擎 助力乡村振兴释放新动能

2021 年，海亮集团积极响应党中央关于乡村振兴战略号召和部署，投身乡村振兴共同富裕的伟大事业。海亮集团将乡村振兴事业作为今后很长一段时期极为重要的工作，重点面向省内山区 26 县、国家乡村振兴重点帮扶县等，通过"教育+农业"双引擎模式，与目标县域结成"乡村教育事业和乡村农业产业振兴共同体"，助力县域教育振兴、百姓致富。自 2021 年 9 月开展以来，已在浙江山区 26 县的淳安、武义、开化、青田、景宁等地，以及云南、贵州、四川、陕西等全国 12 个省 30 个县开展项目合作，取得了一批可见可感的合作成果。海亮集团获得了"全国脱贫攻坚先进集体"称号，被评为"全国消费帮扶助力乡村振兴优秀典型案例"，成为浙江省助力共同富裕首批八个"民企样本"之一。

重农固本，国之大纲。党的十八大以来，党中央把解决好"三农"问题作为全党工作的重中之重，持续加大强农惠农富农政策力度，坚持农业农村优先发展总方针，推动农业农村发展取得历史性成就、发生历史性变革。海亮旗下明康汇生态农业集团是一家以生鲜供应链为核心的全产业链运营公司，如同一根"金扁担"，一头挑着农民的菜园子，一头挑着市民的菜篮子，以产销合作、订单农业示范基地建设、特色农产品品牌打造等模式，科技、品牌和数字赋能三管齐下，形成全产业链闭环精准帮扶，力争实现激活一片区域、壮大一个产业、带动一方农民。帮扶项目累计投资达 30 亿元，直接惠及贫困户 38480 余户，聘用农户务工人员超 180 万人次，间接带动农户就业 30 万余户，做到真帮农、真帮富。

2022 年，海亮集团与景宁合作共建高山果蔬数字农业基地，占地面积已达 150 余亩，是景宁最大的大棚果蔬基地。经过半年合作，累计销售了 320 余吨高山果蔬。双方联合打造的高山冷水茭白等特色果蔬品牌一经上市即受到热烈欢迎，不到 2 个月销售额已近 200 万元。与此同时，带动周边 50 余户农户创收，平均每户增收近 2 万元，村集体增收 30 万元。

百年大计，教育为本。党的十八大以来，以习近平同志为核心的党中央把教育作为国之大计、党之大计，对教育工作作出了一系列重要部署和决策，推动教育面貌发生格局性变化。海亮教育萃取 27 年优质教学经验，大力实施乡村名师优师培育、拔尖人才培养、乡村智慧教育建设等行动，输出海亮教育先进的机制、理念、方法和优秀师资、教育科技成果，带动县域基础教育水平整体提升，力争实现"管一所学校、树一面旗帜、成一片森林"目标。截至 2022 年，已在全国近 40 所学校实践海亮模式，并赢得了广泛赞誉。

在淳安大下姜村，海亮集团与淳安联合打造"乡村教育振兴共同体"，以合作学校为培养基地，整合优质素教资源，组建有 39 名山区留守儿童参加的"山海合唱团"，开创性探索乡村美育教学新模式。"山海合唱团"入选浙江卫视纪录片《26 县纪事》，成为浙江省教育领域乡村振兴的典型范本。

10 年成就鼓舞人心，宏伟蓝图催人奋进。海亮集团始终坚定不移听党话、感党恩、跟党走，新征程上，将以勇担时代使命的底气、紧跟时代步伐，以不断开拓进取的眼界、积极创业创新，以主动感恩回报的担当、勇挑社会责任，为全面建成社会主义现代化强国、实现第二个百年奋斗目标贡献一份力量。

撰稿人：卢俊君　花　茹

百年云锡奋楫笃行谱新篇

——云锡控股公司十年高质量发展综述

百年云锡是云南现代工业文明的摇篮，始终与国家民族同呼吸共命运。在抗战和社会主义建设时期，作为"滇锡贷款"换取外汇的重要战略物资及苏联援建的 156 个重点建设项目之一，就曾为国家及云南地方经济社会发展作出重要贡献。锡作为国家稀有金属战略资源，在半导体芯片、5G 通信、光伏电池、军工国防等多个产业门类中广泛应用、不可或缺。云锡控股公司（以下简称云锡）作为全球锡、铟"双龙头"企业，是全球唯一的锡产业链纵向一体化企业，锡、铟资源储量全球第一，锡产品市场占有率自 2005 年以来 16 年稳居全球第一，创造了"世界锡业看中国、中国锡业看云锡"的发展跨越。

聚焦主责主业　彰显国企担当

党的十八大以来，云锡以服务国家战略需求为己任，深入贯彻新发展理念，主动融入新发展格局，积极服务云南省"三个定位"，主动为党分忧、为国尽责、为民奉献，较好履行了国有企业的社会责任。

10 年来，主动融入国家战略，全力保障锡、铟产业链供应链自主可控和安全稳定。深刻把握云锡在国家稀有战略金属布局中的定位和责任担当，以保障国家战略材料需求安全为核心目标，立足云南、谋划国内、辐射海外，全面推进以锡为主多金属资源拓展，目前保有锡资源储量占全球 10%，铟资源储量占全球 30%，位居全球第一，资源保障能力持续增强。着力畅通锡产品国际国内"双循环"，充分利用两个市场两种资源构建全球供应链平台，在美国、德国和中国内地、香港、澳门等地设有辐射全球的资源采购、产品销售及贸易机构，10 年来国内市场占有率从 39.4% 提高至 49.3%、国际市场占有率从 18.4% 提高至 23.9%，进出口业务在疫情冲击下，实现逆势上扬，进出口额位列云南省前茅，增长幅度连续多年保持云南省第一。紧跟国家外贸政策，积极提升国际市场竞争力，控股的锡业股份成为 RCEP（《区域全面经济伙伴关系协定》）实施后云南省首家、全国第十三家经核准出口商。坚决扛起国有骨干企业、行业龙头企业在突发事件面前的保链稳链责任担当，克服疫情突发初期物流运输等极大困难，竭尽全力保供中国宝武、首钢股份等下游重点企业，确保不因疫情断供断货停产，保障产业链供应链安全。

10 年来，围绕做强做优做大主业，全力当好稳增长和产业转型升级的主力军。紧扣提升制造业核心竞争力、全产业链重塑云南有色金属产业新优势的战略布局，围绕"精深加工延链、绿色智能补链、改革创新强链"思路，全面打造"跨周期可持续、逆周期可调节"的发展能力。深入推进内涵式高质量发展，始终坚守制造业久久为功、精益求精的本质，把自己的事情做到极致，整体发展呈现良好势头，10 年来，资产规模从 495 亿元增长至 604 亿元、营收从 263 亿元增长至 662 亿元、利润总额从 1.61 亿元增长至 25.11 亿元、利税总额从 16.43 亿元增长至 47.83 亿元、全员劳动生产率从 14.45 万元/人提高至 41.43 万元/人，累计上缴税费 148.09 亿元，带动就业 10.56 万人，2021 年多项主要经营指标创下历史新高，国有资产保值增值、提质增效稳增长的能力不断增强。快速切入新能源、半导体等高度强相关的国家战略性新兴产业，依托在稀有多金属探采选冶方面独特的专利技术能力，加强市场头部企业的开放合作，培育壮大新增长点增长极。用大数据、互联网、人工智能等新技术，大力推进制造业高端化、绿色化、智能化改造，高效采矿、智能选矿、智慧冶炼和深加工工厂等一大批先进设备、工艺技术加快应用推广，产业转型升级步伐不断提速。

深入践行安全绿色发展理念，当好安全环保标兵。始终把"人民至上、生命至上""绿水青山就是金山银山"摆在首位，10 年来，云锡在生态环境保护和安全生产上投入资金超过 53 亿元，建设"安全云锡""美丽云锡"。注重资源的保护性开发利用，大力推广预选抛废、二次资源利用、低品位资源利用等新技术，资源综合利用率领先行业。建设绿色矿山，下属 4 家主力矿山全部进入"国家级"绿色矿山行列，井下矿山基本达到废石废渣不出坑，近年来矿山生态面积修复达 3.56 万亩，复绿复垦成活率超 95%。积极响应国家"双碳"号召，推动冶炼节能降耗、清洁生产，锡冶炼工厂作为云南省首个"退城入园"标杆项目，创造了全球锡冶炼"产能规模最大、技术装备最强、节能环保最优、数字化程度最高、综合效益最好"的"五个世界之最"行业新标杆，实现废水"零排放"、废气"超净排放"、废渣完全利用、噪声全面管控，促进生产活动与自然环境和谐共存。"以商招商"引进光伏头部企业，建设云南首个"光伏+生态修复"大型新能源项目——中澜·云锡尾矿库光伏电站群项目，同时实现绿电供应、矿山尾矿库生态修复和资源增值。

云锡集团践行绿色发展，锡冶炼退城入园

10 年来，坚持共享共建，构建和谐共赢的"生态圈"。云锡作为一个产业分布广、产业链条长的大型国企，"生态圈"涵盖了政府、股东、投资者、金融机构、客户、供应商、员工、当地社区和村寨等众多相关方。坚持对政府有税收、对投资者有回报、对社会有回馈、对周边有反哺、对职工有提升，努力构建新时期的社会、民众与企业和谐共生的良好关系。着力加强与行业协会、行业机构、主要友商的战略合作伙伴关系，为产业链上各合作方创造价值，构建健康的全产业链生态系统。为员工搭建良好的职业通道和发展平台，全面推行差异化激励约束机制，让奋斗者的荣誉亮起来、腰包鼓起来、腰杆硬起来，共享改革发展成果。在云南省委、省政府政策支持下，完成 3 万多职工住房的"三供一业"改造，解决了 6000 余户职工的保障性住房问题，实现居有其所、安居乐业。全力支援盈江、鲁甸地震灾区和个旧干旱灾区，10 年来投入资金 3425 万元助力定点帮扶的马宗村、新寨村、者台村实现脱贫摘帽。在疫情防控中，贡献了保产抗疫"双胜利"的云锡经验，被云南省国资委转发省属企业交流学习。控股的锡业股份多次荣获"年度社会责任奖公司""最具社会责任上市公司"称号，ESG 指数位列深交所有色金属行业 111 家上市公司第 6 位、深交所上市的云南有色公司首位。

科技领航发展　创新激发活力

党的十八大以来，云锡坚定不移实施创新驱动发展战略，围绕产业链布局创新链，大力推进科技创新，全产业链核心竞争力不断增强，综合实力不断提升。2022 年，位列"中国战略新兴产业领军企业 100 强"第 56 位、"中国企业 500 强"榜单第 342 位。

10 年来，持续完善创新体系，打造创新平台。通过不断完善决策层、管理层、执行层等各个层级的功能定位，提高对科技创新工作的宏观管理和统筹协调；健全基层单位科技管理机构，实现科技管理职能全覆盖，形成分层管理、优势互补、资源共享的管理模式；出台科技成果转化管理办法，建立成果转化技术要素效益分享机制，修订奖励制度，不断加强制度引导和正向激励，为创新体系建设提供制度保障。围绕锡铟产业发展，坚持需求牵引，梳理锡铟全产业链创新需求，遴选出 30 个项目榜单，面向全国"揭榜挂帅"，共收到有效技术攻关项目申请 52 个，最终 29 个项目获立项支持。全力建设创新平台集群，10 年来投入研发经费 32 亿元，组织实施科技项目 1000 余项，获授权专利 320 件，获省部级及以上科技进步成果奖励 45 项，主导制定国家标准 34 项、行业标准 10 项、团体标准 3 项；完成"两中心、三基地"建设，建成国家级、省级创新平台及创新主体 65 个，下属 5 家企业通过高新技术企业认定、2 家企业入选云南省"专精特新"企业。

10 年来，持续扩大开放合作，构建锡创新链。借助有色金属工业协会、国际锡协等行业协会的平台优势，积极参与国际锡业论坛、亚洲锡业周、中国（伦敦）有色金属报告会等行业峰会，加强与行业内企业的交流联动，不断提升和巩固云锡行业地位。加快国际化布局，构建全球锡创新链，持续同奥图泰公司、奥美公司、康索夫公司等开展项目技术合作，先后与美国铟泰公司、意大利 E+R 资源公司、巴斯夫（中国）有限公司等签订了战略合作协议，国际化创新合作网络逐步建立。深化产学研合作，以项目为纽带，加强与昆明理工大学、上海大学、云南大学、中南大学、中国地质大学，以及中科院金属研究所、北京矿冶研究院、广州有色院、恩菲公司、瑞林公司等院校和企业的交流与合作，突破技术研发创新瓶颈，完成资源综合利用关键技术、安全高效采矿技术、难选低品位多金属矿高效分离与提取、有色金属冶炼清洁生产关键技术与装备研究、锡基阻燃剂、高纯铟关键制备技术等一批重大关键技术研究，与上海大学合作的"锡铟材料基因工程专用数据库平台建设及示范应用"项目，成为云南省材料基因工程的产业化示范。

10 年来，持续厚植人才"沃土"，夯实发展基础。始终把人才作为改革创新、实现高质量发展的"第一资源"，大力实施"人才强企战略"，通过构建领军人才、高端科技人才、学科带头人和创新团队、专业技术委员会等多层次的科技创新人才体系，创新人才规模不断扩大。目前，公司拥有国家级博士后工作站 2 个、省级博士后工作站 1 个、国家级技能大师工作室 1 个、省级技能大师工作室 8 个、省级创新团队 1 个。在岗职工中，省部级以上技能人才 210 人、云岭产业技术领军人才 7 人、省技术创新人才 8 人、省突出贡献人才 4 人，享受国务院政府特殊津贴 4 人、省政府特殊津贴 10 人。同时，把人才工作同生产经营、深化改革、产业发展等中心任务紧密联系，出台实施了《人才发展奖励办法》《领军人才及学科带头人管理办法》等系列政策措施，营造了良好的引智引才环境，2020 年以来大力引进高层次人才和急需紧缺人才，其中，博士研究生 6 人、硕士研究生 78 人、大学本科生 605 人，市场化引进战略研究、产业发展研究、证券金融、法律风控、财务、审计、投资、科技研发、大数据等高层次人才 106 人，专项招聘组建融资团队、"数字云锡"团队。人才队伍结构得到进一步优化，为云锡加快高质量发展步伐夯基固本、汇聚力量。

10 年来，持续突破关键技术，加快成果转化。围绕采选冶精深加工全产业链，聚焦"卡脖子"技术开展攻关，在新技术应用、新工艺改进、新产品开发等方面取得重大突破，各领域均有极具代表性的科技成果转化。采矿领域，"缓倾斜矿体超前切顶采矿环境再造协同开采综合技术"，达到国际领先水平，荣获中国有色金属工业科学技术奖一等奖。选矿领域，"铟锌锡铜共伴生多金属矿资源高效利用关键技术及产业化"项目，整体技术达国际领先水平，获云南省科技进步奖一等奖。冶炼领域，12.5 万吨/年铜冶炼项目是目前全球唯一一座双顶吹铜冶炼项目，荣获 2017 年度中国有色金属工业科学技术奖一等奖；"复杂多金属锌精矿绿色高效冶炼新技术"填补了中国锌冶炼技术空白，荣获 2019 年度中国铅锌行业创新发展杰出贡献奖。精深加工领域，联合云天化股份有限公司，共同申报实施省科技厅重点科技项目锡-磷无卤阻燃剂产品研究与关键技术开发，建设 500 吨/年锡-磷阻燃材料示范线，填补云南在木制品和高分子材料应用领域高附加值阻燃材料的空白。信息化领域，完成全产业链数字化运营管控展示平台建设，充分展示云锡全产业链数字化、智能化、科技创新成果、双链互动情况。

坚持党建引领　汇聚奋进力量

党的十八大以来，云锡赓续"勇担国之大者""忠党报国、产业报国"的红色基因，坚持以习近平新时代中国特色社会主义思想为指导，筑牢国有企业的"根"和"魂"，坚持"两个一以贯之"，深刻把握国企党建工作"融入中心、凝聚人心"的本质要求和核心价值，勇于自我革命、变革图强，不断凝聚发展共识，汇聚奋进力量，为企业高质量发展注入红色动能。

10 年来，始终秉承"党建工作做实了就是生产力、做强了就是竞争力、做细了就是凝聚力"的工作理念。围绕"云岭国企党旗红"党建品牌创建，云锡控股公司党委倾力构建企业党建工作高效落地见成效机制，通过"贴近实际、以小见大、以特见长"，打造以"党建引领 锡写辉煌"为主品牌，基层党组织党建品牌为子品牌的"1+X"一主多元党建特色品牌矩阵，持续总结提炼出"红色基因铸堡垒 百里锡山当先锋""手把红旗不放 争当排头不让""地层深处党旗红 迎头采场当先锋""党建润'新田'科技创锌铟""匠心筑梦 铸锡成材""永续革命薪火 锻造开山'神斧'""上善若水践初心 润泽万家担使命"等基层党建品牌，并制作基层党建品牌故事短视频，展示基层党建融入中心、服务大局、创新提质的工作成效。目前，云锡控股公司党委共创建 172 个党建品牌，云南省国资委在全省国资委国企系统推广"党建引领 锡写辉煌"党建品牌创建方案，云锡华联锌铟机关党建书屋被评为云南省党建读物学用平台示范点。

10 年来，不断加强基层党组织建设，充分发挥基层党组织在企业生产经营的战斗堡垒作用。构建形成了党支部书记"领办项目"、支委班子成员"攻关项目"、党支部"创新项目"，劳模、先进骨干党员"争先项目"的基层党建良好局面，引导各党支部围绕企业中心工作抓党建，切实把党的政治优势、组织优势转化为企业改革的发展优势。云锡控股公司所属上市公司云南锡业股份有限公司锡业分公司熔炼车间党支部，以建设创新融合型党支部引领打造全球最具竞争力的锡冶炼标杆车间。该党支部支委、车间班子发挥"领头鹰"作用，带头认领"降低顶吹炉锡入烟尘率""克莱德粉煤系统堵塞"等难题，进三班、找症结、定措施、见实效，顶吹炉烟尘率降低 2%；党员认领"制粒成球率低"难题，履诺践诺出实招，连续攻关 21 天，成球率由 61% 提高至 95%；针对达产达标过程中存在的流程不匹配、工艺不完善等"卡脖子"问题，支部党员抢当"产效安环"解题"排头兵"，找准制约瓶颈，提出"金点子"84 个，助力分公司 20 天拉通工艺流程，以速度最快、用时最短实现主系统达产，把不可能变成可能。

10 年来，聚焦"两个围绕"，抓好"两队一岗一区"党建有效载体。云锡控股公司各级党组织围绕生产经营重点、难点，深化"党员先锋岗""党员责任区""党员突击队"攻坚克难载体。卡房党员突击队在"百日提速工程"中干出"卡房速度"；老厂竹叶山坑三工区"劳模党员突击队"实现从日产 300 吨提升到 800 吨；华联锌铟新田车间党支部在"党员先锋工程"公开栏上亮初心、亮目标、亮承诺，推动党员比担当、比干劲、比作为，快速提升各项生产指标。响应各级党委和政府号召，服务职工群众，云锡控股公司各级组建"党员服务队""青年志愿队"和"媛媛+"志愿服务队等服务载体。在文山州马关县新冠肺炎疫情防控中，云锡控股公司驻文山壮族苗族自治州的两家公司党员志愿服务队奋不顾身投入疫情防控最前沿，取得疫情防控和保供保产的"双战双胜"。云锡青年志愿者罗文明坚持做公益 10 余年，荣获全国红十字志愿服务先进典型、第十一届中国青年志愿者优秀个人、第二届云南省岗位学雷锋标兵、云南省新冠肺炎疫情防控优秀志愿者等多项荣誉。目前，云锡控股公司共有党员责任区 1111 个、党员先锋岗 323 个、党员突击队 155 支、党员服务队 127 支。

舵稳当奋楫，风劲好扬帆。新征程上，云锡将学习好、宣传好、贯彻好党的二十大精神，弘扬伟大建党精神，筑牢国有企业的"根"和"魂"，胸怀"国之大者"，踔厉奋发、勇毅前行，锚定创建世界一流企业示范企业目标，以"绿色智能补链、精深加工延链、改革创新强链"为重点，通过优化产业布局、运营管理提效、深度市场化改革，努力实现资产、资源、市场、管理、创新"五个增效"，持续发挥好国有企业"稳定器"和"压舱石"作用，为中国式现代化贡献云锡智慧和力量！

撰稿人：严小利　吴雯雯　李　沛

强化创新引领　推动产业升级
实现高质量发展　建设共享型企业

——伊电控股集团有限公司改革发展侧记

洛阳市隶属河南省，历史悠久，底蕴深厚，有"山壁崭岩断复连"的壮美，也有"魂牵洛阳三月花"的婉约。伊电控股集团有限公司（以下简称伊电集团）主导产业集聚于此，20多年来，受山川滋养，采天地灵气，继承中华民族以人为本的优良传统、勤劳坚韧的劳动美德和开拓创新的进取精神，不断创造着一个又一个辉煌。如今，伊电集团已发展成为以铝冶炼、铝加工、发供电为主业，铝用炭素、循环经济、装备制造、贸易、物流为辅业的综合性企业集团、中国500强企业、区域铝工业产业链领航企业和新材料、新零售产业协同发展引领企业，获得"全国五一劳动奖状""中国有色金属行业先进集体""中国铝箔创新奖"等荣誉。

伊电集团能取得良好的发展成绩，最根本的是确立了共享型企业建设目标和利润分成长效机制，充分激发广大职工干事创业、创新创造的主观能动性；最关键的是通过管理改革放权赋能、创新经营模式，使企业整体经营效益、管理效率明显提高，实现由生产管理型向经营效益型的根本转变；最重要的是管理团队思路清晰，决策果断，团结务实，善作善成，基层职工服从大局，忠于职守，精进技术，创造价值；最可贵的是面对困难和挑战，全体干部职工顽强拼搏，积极进取，敢于斗争，展现了非凡的勇气和力量。

当前，经过体制转换、机制建设、管理改革，通过全体职工的共同奋斗，伊电集团确立了"聚焦实业，绿色发展，科技引领，产业报国"的发展战略和"共建、共享"的经营理念，完善了"以铝冶炼、铝加工、发供电为主业，以铝用炭素、循环经济、装备制造、物流、贸易为辅业"的产业体系，站上高质量转型发展的新起点。企业发展与时代发展同频共振，与行业发展紧密相连。伊电集团新的发展起点以百年变局加速演进、党的二十大开启中国式现代化建设新征程为时代背景。经过供给侧结构性改革，铝工业实现稳定有序发展，"双碳"目标、能耗"双控"赋予铝工业发展时代印记。资源推动型的再生铝产业迎来新的发展机遇，成为铝工业新的发展重点和热点。铝基新材料产业向规模化、精深化、高端化、新型化发展，铝工业在国民经济中的支柱地位更加突显。阶梯电价及电力市场化交易倒逼企业加快用能结构转型，提高清洁能源的使用比重。

党建引领　凝聚发展力量

党建强，企业更强。伊电集团始终坚定不移坚持党的领导，加强党的建设，以高质量党建引领企业高质量发展，在实际工作中以"三会一课"为重要抓手，以"学习强国"学习平台为主要载体，以"主题党日+"活动为创新形式，充分发挥党支部的战斗堡垒作用和党员的先锋模范作用，调动职工的主观能动性，激发广大职工心系企业、干事创业的热情，提升企业凝聚力、向心力、战斗力，为企业发展注入强劲动力，推动实现高质量发展。

伊电集团党建工作带动群团工作展开。伊电集团工会多次承办冶金建材行业及省市级技能竞赛，并在全国性技能竞赛中取得优异成绩，激发职工技能提升热情。培养了"全国五一劳动奖章"获得者、叉车驾驶员胡任官，"河洛大工匠"侯飞瑞等一大批技能人才、工匠人才。开辟了专业技能人才晋升"双通道"。推动职工道德建设再上新台阶，涌现出见义勇为刘家琛、拾金不昧刘秦峡、抗洪抢险"雷锋"康玉辉等先进模范人物，塑造了伊电职工无私奉献、诚信友善、守望相助、爱岗敬业的高尚情操。

伊电集团党建工作带动企业文化建设繁荣。篮球、羽毛球、乒乓球、书画、摄影等9个文体协会常态化高效运作，举办精彩纷呈的重大节庆文体活动和职工运动会，开展全民健身活动，丰富职工精神世界和文化生活。伊电集团篮球队荣获2018年"江铃汽车杯"第八届全国城市篮球邀请赛冠军、2019年丝绸之路中国中西部"鲲鹏杯"男子篮球赛冠军、2018年"钱王杯"第十届全国小城镇篮球邀请赛亚军、2019年中国潍坊"滨海旅游"杯第二届全国特色小城镇篮球邀请赛亚军，篮球队员王浩宇获得2021年赛季"UBK中国球王"称号。

伊电集团党委书记、副董事长、总经理陈世昌表示："伊电集团将全面贯彻落实党的二十大精神，按照非公经济党组织建设'把握方向，遵守法规，团结员工，维护权益，促进发展'的总体要求，围绕共享型企业建设目标，进一步增强党建工作融入生产经营的深度，推动生产经营提质增效和战略发展行稳致远。"

以人为本　　实现利润共享

"十几年前，我就来过伊电集团。这次再来，伊电集团发生的变化超乎我的想象——产业更完善，车间更有序，运行更高效，尤其要为企业职工的精神面貌点赞!"在党的二十大召开前夕，一位铝业同行到访伊电集团时颇有感触地说道。

职工是企业的财富，以人为本是企业永恒的经营之道。伊电集团董事长霍斌表示，伊电集团之所以能焕发新气象、迈上新台阶，主要是坚持以人民为中心的发展思想，推进共享型企业建设，让职工分享企业发展红利，充分激发广大职工干事创业的主观能动性，树立企业与职工命运共同体意识，在价值创造中与企业相互成就，共同成长。

伊电集团始终把实现好、维护好、发展好广大职工的切身利益作为企业发展的出发点和落脚点。为了让职工分享到更多的发展成果，伊电集团在原有股权激励基础上和管理改革条件下，以利润分成为主线，建立利益共享长效机制。创造效益的主动权和分成利润的支配权完全掌握在经营主体手中，企业创造的利润越多，职工的收入就会越高。

伊电集团共享型企业建设既有目标，更有载体。伊电集团把"同利，同心，同行，同创，同享"理念融入企业生产经营和改革发展各环节，让广大职工从思想上和内心深处认同企业发展和自身利益的紧密联系，实现"自我燃烧"，激发自身内在的驱动力，最大限度汇聚全体职工的磅礴力量，为共同的事业努力奋斗。

伊电集团通过发挥利润分成机制的杠杆激励作用，增强了职工参与经营的投入感和责任感、分享利润的获得感和成就感，让想干事的人有机会、能干事的人有舞台、干成事的人有收获，使真正为企业付出的人劳有所得，切实保障踏实肯干之人的劳动权益和经济利益。

改革赋能　激发经营活力

生活从不眷顾因循守旧、满足现状者，从不等待不思进取、坐享其成者，而将更多机遇留给勇于和敢于、善于改革创新的人们。唯改革者进，唯创新者强，唯改革创新者胜。在建设共享型企业目标的引领下，伊电集团通过管理改革放权赋能、创新经营模式，使企业整体经营效益、管理效率明显提高。

2014年，伊电集团实施以"转变观念、解放思想、再造流程、规范管理"为核心的集团化管理改革，用精干有效和可执行的制度规范治理，强化全员合规意识，实现了人员精简、观念转变。2019年，伊电集团实施以放开、搞活为核心的放权赋能二次管理改革，建立以事业部为经营主体的管理架构，实现了从决策端到经营端的扁平化管理，以及干部队伍年轻化、知识化、专业化，形成技术领先、管理科学、流程优化、效益显著、环境友好的管理体系。

在此基础上，一方面，伊电集团持续推进理念创新，服务经营。霍斌提出，经营大于管理，管理为经营服务，要超越企业的管理边界做好企业的经营工作。具体来看，伊电集团总部突出"管理"职能，核心是流程控制，考虑如何把事情做正确，重点为经营主体做好服务，负责战略决策、目标制订、过程监督、结果考核，以及资金管控、干部管理，不再直接参与下属企业日常经营管理。各事业部、各单位突出"经营"职能，本质在于获取利润，考虑如何选择正确的事。围绕利润目标，落实经营主体责任，变成本控制中心为利润实现中心，日常经营自主决策。

另一方面，伊电集团坚持经营模式创新，提高效率。燃煤管理历来是电厂管理的重点和难点，也是廉政建设的关键环节之一。"实行燃煤度电承包后，由燃煤供应商自主负责煤质管理，我们按照发电量结算煤款，减少了60余名燃煤管理人员和大量的燃煤采样、制样、化验、监督工作，可以把更多的精力投入到提质增效上。"伊电集团副总经理、电力事业部总经理姚光对燃煤度电承包模式创新赞不绝口。

洛阳龙泉天松碳素有限公司是伊电集团的子公司，2019年出现经营亏损。2020年，伊电集团对天松碳素实行试点承包经营，公开竞聘经营承包人。承包经营切实调动了经营者的主观能动性和广大职工的创效积极性，天松碳素当年实现扭亏增盈6385万元。2021年，伊电集团将承包经营模式推广到工程公司、天松实业、华晟物流等下属企业。2022年，伊电集团按照阿米巴模式，进一步划小承包经营单元。各单位主体意识、责任意识、效益意识显著增强，压实责任、挖潜增效，经营活力竞相迸发。

伊电集团副总经理、铝冶炼事业部总经理王志谦表示："我们在总结氧化铝仓库承包经营的基础上，对电解工区、阳极车间、铸造车间等可量化单元全部实行承包经营。层层承包经营，层层分解落实，形成了人人头上有指标、肩上有任务、脚下有动力的新局面。"

"我们成立洛阳龙鼎电子商务有限公司、开通'铝行家'龙鼎铝业淘宝店，深耕终端消费细分市场；对关键机台和重点工序实行承包经营；根据市场需求，打破横向设置组织机构的做法，纵向组合成立版基分厂、电池箔车间。尤其是'铝行家'龙鼎铝业淘宝店，为铝箔产品向下游延伸制造的餐盒、家用铝箔小卷等产品拓宽了销售路径。"说起经营模式创新，伊电集团副总经理、铝加工事业部总经理吉冰旭如数家珍。

科技创新　释放发展动力

近年来，外部环境更趋复杂和不确定，要在危机中育先机、于变局中开新局，必须向科技创新要答案。伊电集团再一次勇立潮头，将"科技引领"作为主战略之一，抢抓新一轮科技革命和产业变革机遇，以及国家实施高端制造和高科技发展战略机遇，把创新放在发展首位，贯穿生产经营始终，落实到触及创新主体核心利益、实现创新向价值转变的具体工作上，通过技术改造、智能化改造、数字化改造，着力提升装备水平和装备管理能力及工艺和技术的智能化水平，充分发挥创新驱动作用，推动产业向高端化、绿色化、智能化方向发展。

在伊电集团二铝厂，一辆装载炭块的平板车在无人驾驶状态下沿着厂区道路平稳行驶，在电解车间预定位置准确停靠。这是伊电集团研发的超强抗磁5G+无人驾驶工艺车辆。该成果获得全国第四届"绽放杯"5G应用大赛智慧能源专题赛一等奖。伊电集团建设的铝工业互联网平台，强化了新一代信息技术的创新策源能力，促进集团各产业数字化转型，实现与行业数字化转型协同联动。

伊电获得全国第四届"绽放杯"5G应用大赛智慧能源专题赛一等奖的
超强抗磁5G+无人驾驶工艺车辆

同时，伊电集团通过多模块集成开发的铝加工连铸连轧工艺达到世界领先水平，联合申报的《高通量连铸连轧铝合金板板材关键技术与应用项目》获得中国有色金属工业科学技术奖一等奖。"铝电解槽先进节能阴极技术"获评高等学校科学研究优秀成果奖二等奖。龙鼎铝业作为国家高新技术企业，连续六年获得中国铝箔创新奖，同时，与知名高校合作建设"绿色低碳铝产业创新研究院",推动实现产学研一体化和科技成果在企业就地转化。电解槽生产数据智能化管理投入应用,连铸连轧（哈兹列特）铸嘴实现国产化替代应用。

目前,伊电集团获得国家专利授权37项、省部级科技进步奖16项、省部级科技成果9项,制订河南省有色金属行业协会团体标准6项,研发投入年增速10%以上。

绿色低碳　筑牢发展根基

在"双碳"目标下,绿色低碳、节能减排既是经济发展的内在要求,也是企业主动减少碳足迹的现实需要。伊电集团始终秉持绿水青山就是金山银山的理念,把环境发展作为一项重要课题,依法依规依标治污,构建绿色供应链体系,提高绿色低碳比重,努力成为对社会环境和生态环境负责任的企业,推动生态建设可持续发展,为建设美丽中国作出贡献。

霍斌表示:"伊电集团切实提高生态环境保护的主体意识和全局意识,建立减污降碳的激励约束机制,大力推进绿色、低碳、减排转型发展,建设达标排放、清洁生产、绿色低碳、节能降耗、资源综合利用、循环经济协调发展的环境友好型企业,使节能环保工作成效转化为推动高质量发展的新动能。"

近年来,伊电集团累计投入26亿元,利用先进的环保工艺、环保技术、环保设备,对现有生产进行绿色化改造,主动排查产污、治污、排污的各个环节,实现了污染物在产、治、排全环节的可核查、可追溯、可监管。相继完成发电机组脱硫、脱硝改造及液氨改尿素技术改造和全产业超低排放改造,实现炭渣等固废无害化处理和资源化利用,在行业内率先建成全封闭储煤棚,"公改铁"燃煤运输铁路专用线于2021年全面建成。目前,伊电集团正稳步推进光伏、林业碳汇、再生铝等项目建设,落实能耗"双控"措施,有效推动用能结构转型。

社会责任　彰显企业担当

伊电集团把企业发展融入国家建设,同国家民族的命运结合起来,将社会责任纳入企业战略范畴。作为中国有色金属工业协会副会长单位、河南省有色金属行业协会会长单位,伊电集团发挥区域龙头企业的引领作用,致力于建设产业链领航企业,推动产业基础高级化和产业链条现代化,带动区域铝工业全产业链发展和新零售、物流运输、设备检修、物资商贸、仓储租赁等关联产业协同发展,合计形成年产值约1000亿元,创造关联就业岗位2万余个,为区域经济发展、社会进步和民生改善作出突出贡献。

同时,伊电集团发扬"扶贫济困,乐善好施"的慈善情怀,坚持不懈参与慈善助学、慰问救助、疫情防控、脱贫攻坚、乡村振兴等社会事业,加强企业与社会的情感联结,助力实现共同富裕。近年来,伊电集团累计慈善捐赠约2.8亿元,获得"中华慈善事业突出贡献奖""河南省脱贫攻坚先进集体"等荣誉。2021年,霍斌荣获中国慈善榜"年度慈善家"、河南省"慈善之星"等称号。

2016年开始,伊电集团连续举办七届慈善助学活动,捐赠2000余万元,资助学生3180人。该项活动已经成为伊电集团的一张慈善名片。"捐资助学这样的大爱行动,不仅能在物质上支持我们，更重要的是给予我们精神上的激励与鞭策。"在伊电集团 2022 年慈善助学捐赠仪式上，一名受捐赠的学生无比感激地说道。

回顾伊电集团的发展史，就是一部敢闯敢试敢为人先的历史。2001 年，伊电集团建设亚洲第一条 300 千安铝电解生产线；2007 年，建设亚洲第一条连铸连轧（哈兹列特）铝加工生产线。进入新时代，伊电集团抓住物流、金融、贸易产业发展机遇，完善了"主业突出，关联发展，有限多元"的产业体系。2022 年 4 月，伊电集团以高附加值新能源电池箔为突破口进行延链补链，进一步优化产业结构，建设年产 10 万吨电池箔/双零箔项目，以及 2 个年产 50 万吨再生铝项目、年产 10 万吨铝精深加工项目，推动企业向产品高端化、技术高端化、价值高端化、绿色低碳化转型发展。

党的二十大擘画了建设社会主义现代化强国的宏伟蓝图。新征程时不我待，新使命催人奋进。伊电集团将完整、准确、全面贯彻新发展理念，主动融入国家发展大局，抓住铝工业向好发展机遇，以更高质量、更有效率、更可持续发展为目标，以经营规范化、管理高效化、利润最大化为主线，打造具有全球视野和区域领军能力的规模化、共享型企业，以实实在在的经营业绩，为积累社会财富、提供就业机遇、促进经济社会发展、增强综合国力作出更大的贡献，书写无愧于时代的企业华章。

撰稿人：代志刚　何　健